Jürgen Oeder

ANGELN im MITTELMEER

KROATIEN • MALLORCA • EBRO-DELTA • KRETA

DER ULTIMATIVE RATGEBER

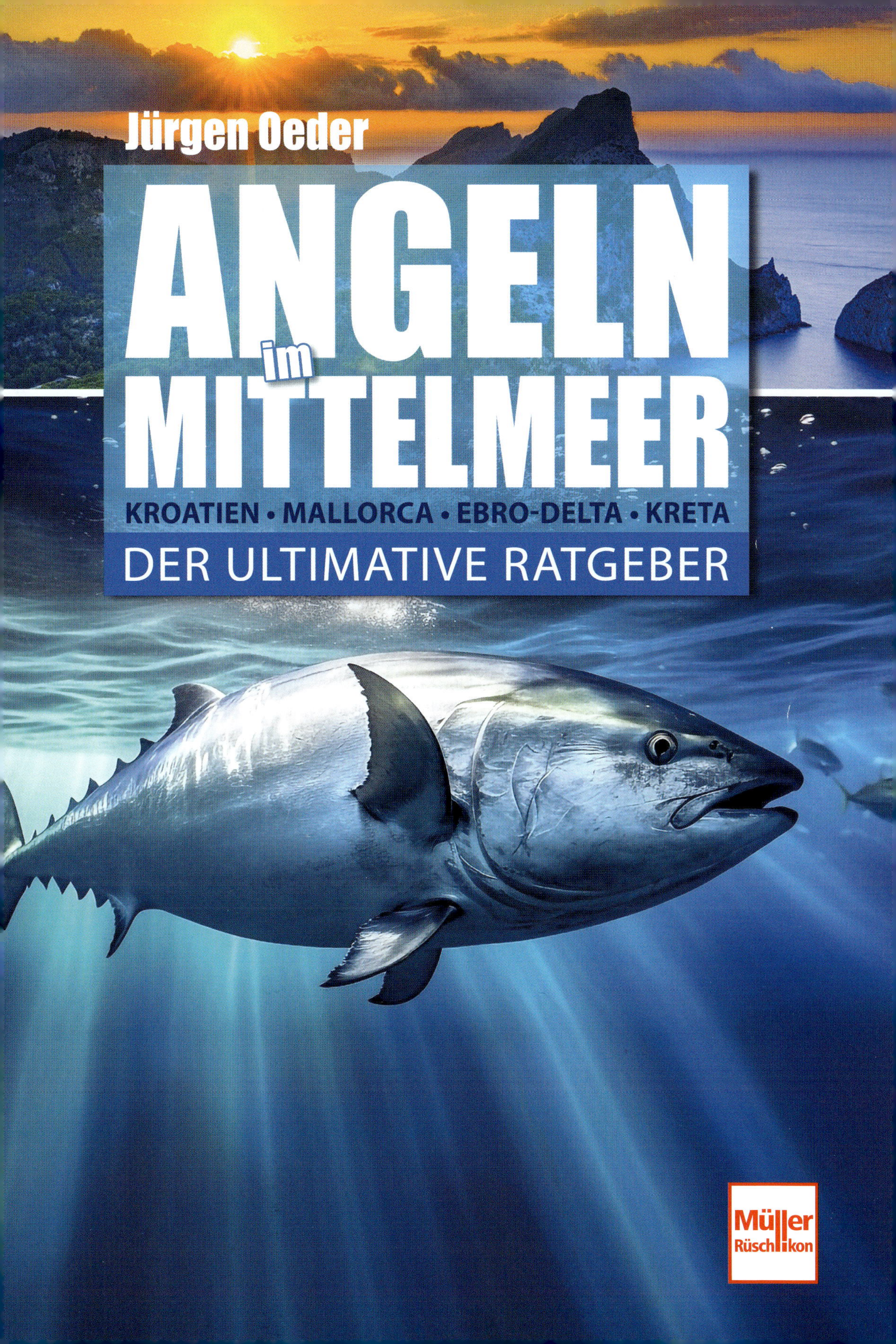

Müller Rüschlikon

Einbandgestaltung: Hannes Dänekas

Titelfotos:
© Frédéric Prochasson – stock.adobe.com (Sonnenaufgang Formentor, Mallorca),
© Oleh – stock.adobe.com (Thunfisch), privat

Bildnachweis:
© Ethan Daniels/Shutterstock.com: S. 7, 164–65; © OPIS Zagreb/Shutterstock.com: S. 10–11; © motorolka/Shutterstock.com: S.14; © Stephan Langhans/Shutterstock.com: S. 16; © liggrafie/Shutterstock.com: S. 17; © milan noga/Shutterstock.com: S. 23; © Igor Karasi/Shutterstock.com: S. 26; © Ramilya Bogens/Shutterstock.com: S. 36–37; © BEST-BACKGROUNDS/Shutterstock.com: S. 40; © BearFotos/Shutterstock.com: S. 41; ©swa182/Shutterstock.com: S.69; © Lecker studio/Schutterstock.com: S.83; © goran_safarek/Shutterstock.com: S. 188 (unten); © Fernando M. Elkspera/Shutterstock.com: S. 189; ©Kaiskynet Studio/Shutterstock.com: S. 190 (unten); © davidpstephens/Shutterstock.com: S. 192–93; © Tiago Sa Brito/Shutterstock.com: S. 194; © Vladimir Wrangel/Shutterstock.com: S. 196; © lunamarina/Shutterstock.com: S. 200; © Jesus Cobaleda/Shutterstock.com: S. 201; © Azdora/Shutterstock.com: S. 204; © fotosub/Shutterstock.com: S. 205; © MP cz/Shutterstock.com: S. 216; © lunamarina/Shutterstock.com: S. 226; © Dennis Jacobsen/Shutterstock.com: S. 229; © Nuno Vasco Rodrigues/Shutterstock.com: S. 230; © Gerald Robert Fischer/Shutterstock.com: S. 233

ISBN 978-3-275-02329-5

Postfach 103743, 70032 Stuttgart
Ein Unternehmen der Paul Pietsch Verlage GmbH & Co. KG

1. Auflage 2024

Sie finden uns im Internet unter www.mueller-rueschlikon-verlag.de

Gesamtleitung: Claudia König
Innengestaltung: Julia Wagner, grafikanstalt
Druck und Bindung: Graspo CZ, 76302 Zlin
Printed in Czech Republic

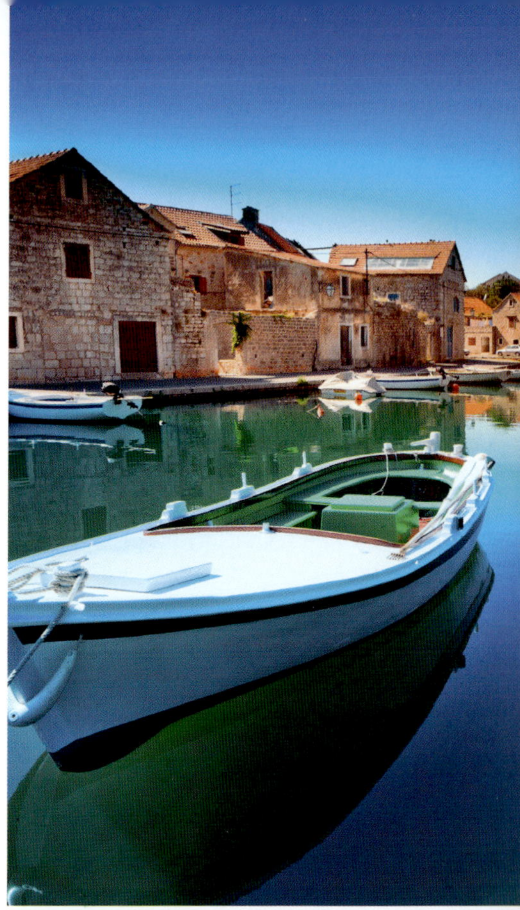

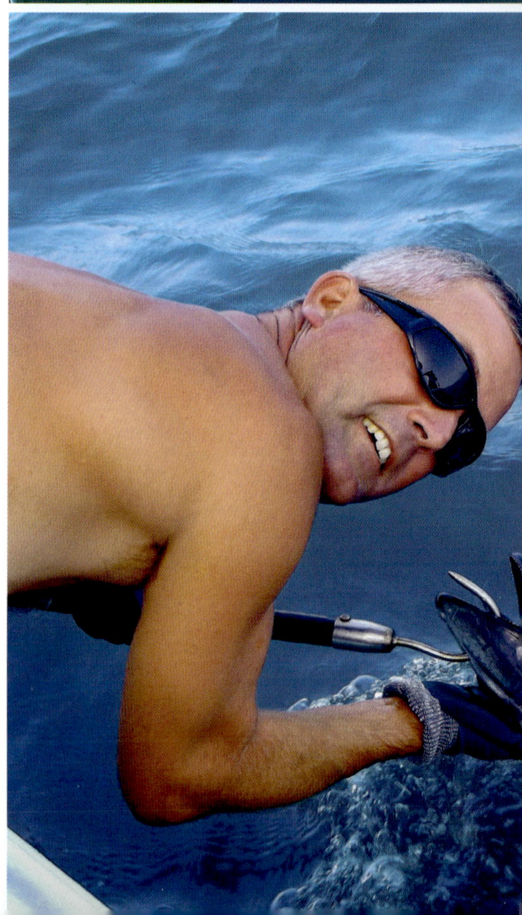

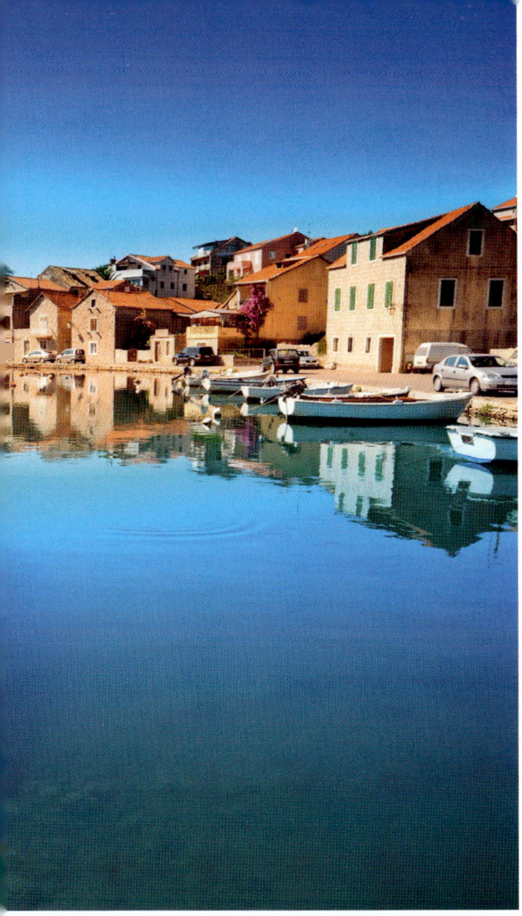

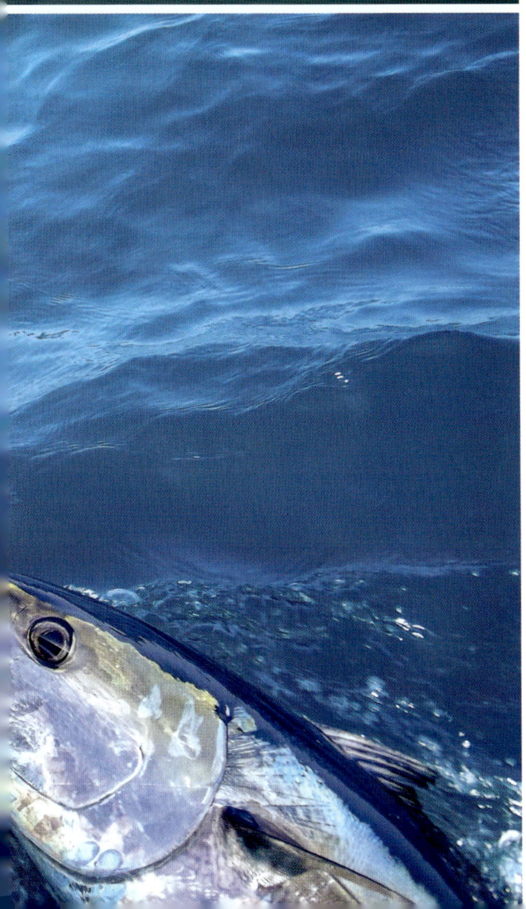

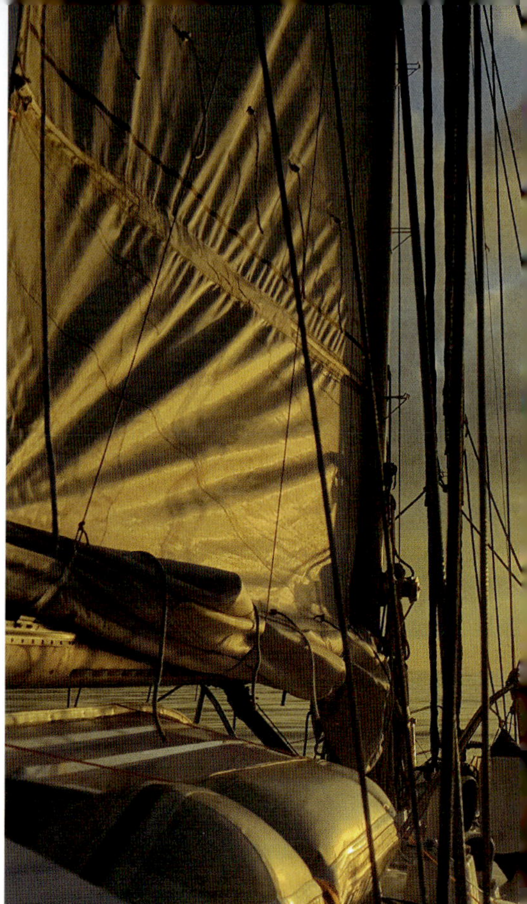

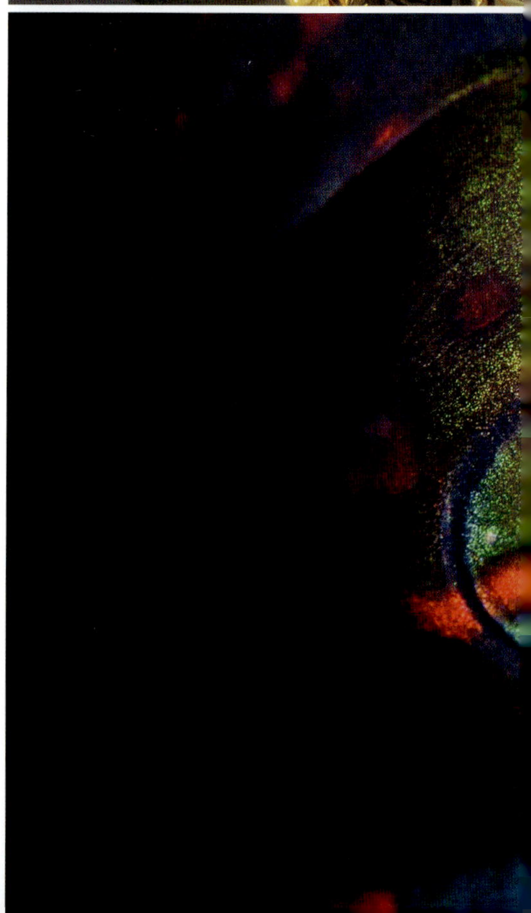

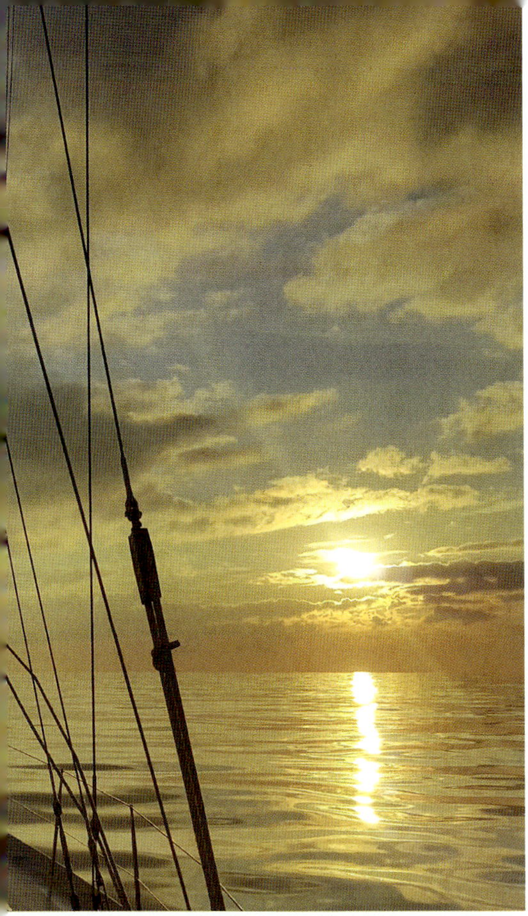

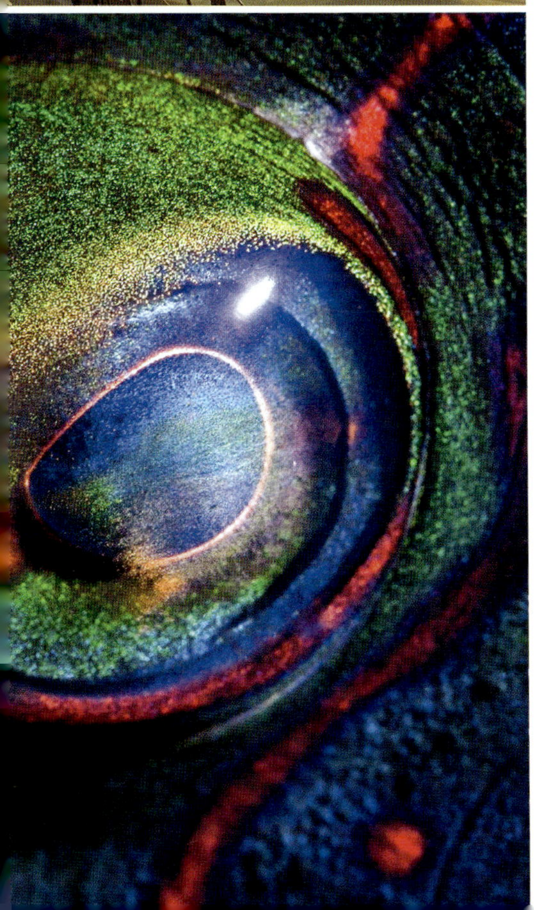

Einleitung

Dieses Buch ist ein Ratgeber für alle, die im Mittelmeer mit Spaß und Freude Fische fangen wollen. Dass das Angeln dort allerdings nicht so einfach ist, hat einen Grund. Viele der rund 700 im Mittelmeer lebenden Arten sind nach jahrhundertelangem Befischungsdruck überaus gewitzt geworden. Nicht weil sie ‚dazugelernt' haben, das können Fische kaum. Der Mensch hat im Lauf der Zeit vielmehr die risikobereiten und gierigen Fische weggefangen, und deshalb konnten die scheuen und misstrauischen ihre Gene weitergeben.

Die Angler am Mittelmeer haben aber ebenfalls dazugelernt. Sie fischen heute mit immer neuen Techniken und bekommen auch die Gewitzten an den Haken. Die wichtigsten dieser erprobten Angelmethoden werden hier vorgestellt und Tipps zu guten Fangplätzen gegeben, damit bei Ihnen, liebe Leser, hoffentlich eintritt, was dieser „ultimative Ratgeber" bewirken soll: Erfolgreich angeln im Mittelmeer.

Dieser Erfolg steht und fällt auch mit der Qualität des eingesetzten Angelgerätes. Die hier erwähnten Ruten, Rollen und Kunstköder haben sich zur Zeit der Drucklegung des Buches alle bewährt. Dieses Gerät werden die Hersteller allerdings über Jahr und Tag sicherlich durch ‚noch bessere' Modelle ersetzen. Das ändert aber nichts an der Empfehlung etwa zum Wurfgewicht einer Rute und ihrer Aktion beim Spinnfischen oder den Angaben zu den Größen, Farben und dem Laufverhalten der geeigneten Kunstköder. Wer diese Angaben beim Kauf neuerer Modelle beachtet, macht also nichts falsch.

Wie die jeweils gefangene Art ‚richtig' heißt, diese Frage ist nicht einfach zu beantworten. Für Sprachpuristen wird es ein Graus sein, dass hier

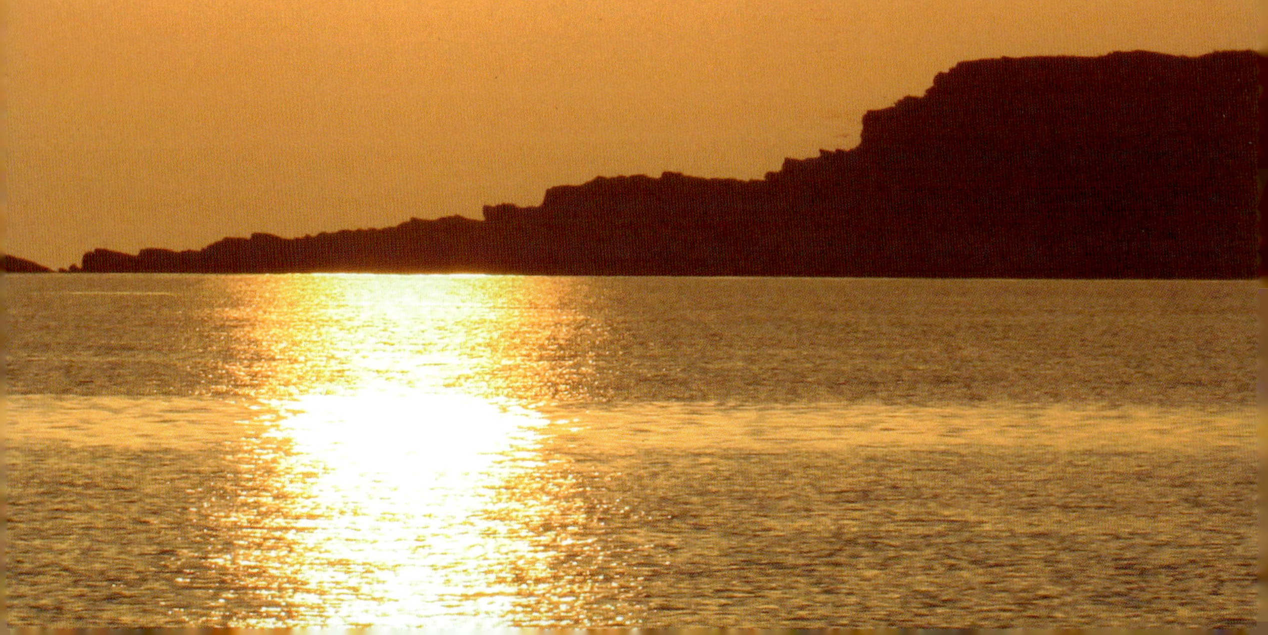

nicht durchgängig die jeweils deutschen Bezeichnungen der Fischarten genannt werden: So heißt etwa der größte aller Thunfische korrekt „Roter Thun“ (weil sein Fleisch dunkelrot ist). Die sehr viel pragmatischeren englischsprachigen Angler gehen von seinem Erscheinungsbild aus und nennen ihn „Bluefin Tuna“, da seine Brustflossen dunkelblau sind. Und so heißt er unter Anglern hierzulande auch eingedeutscht seit langem: „Blauflossenthun“.

Ähnliches gilt auch für die die Große Gabelmakrele (Leerfish). Sie wird vor allem an spanischen Küsten gefangen und dort „Palometa“ genannt. Deshalb wird der Name durchgängig nur im Kapitel „Spanien“ benutzt. In den „Allgemeinen Fangzeiten“ zu jedem Kapitel werden für ein besseres Verständnis die deutschen und die international gebräuchlichen Namen angegeben. Wer es dann ganz genau wissen will, findet im Kapitel „Wie heißt mein Fisch“ zudem all die Namen in den jeweiligen Landessprachen.

Noch ein Tipp vorweg: Das Küsten- oder Meeresangeln ist von Spanien bis Griechenland reglementiert – man braucht einen Angelschein. Diese Lizenzen gibt es oft in Angelgeschäften und Hafenmeistereien vor Ort oder vorab im Internet. (Für Kroatien: www.mps.hr/ribarstvo)

Wer in der nördlichen Adria mit dem eigenen Boot unterwegs ist, sollte auch unbedingt die Wetterprognosen beachten. Von den Bergen kommend, können Fallwinde („Bura“) in Orkanstärke das Angeln lebensgefährlich machen. Aber auch plötzlich aufziehende Gewitterfronten sind nicht ohne. Deshalb sollte man vor jedem Trip einen Blick werfen auf die staatliche Wetterseite: www.prognoza.hr

Kroatien

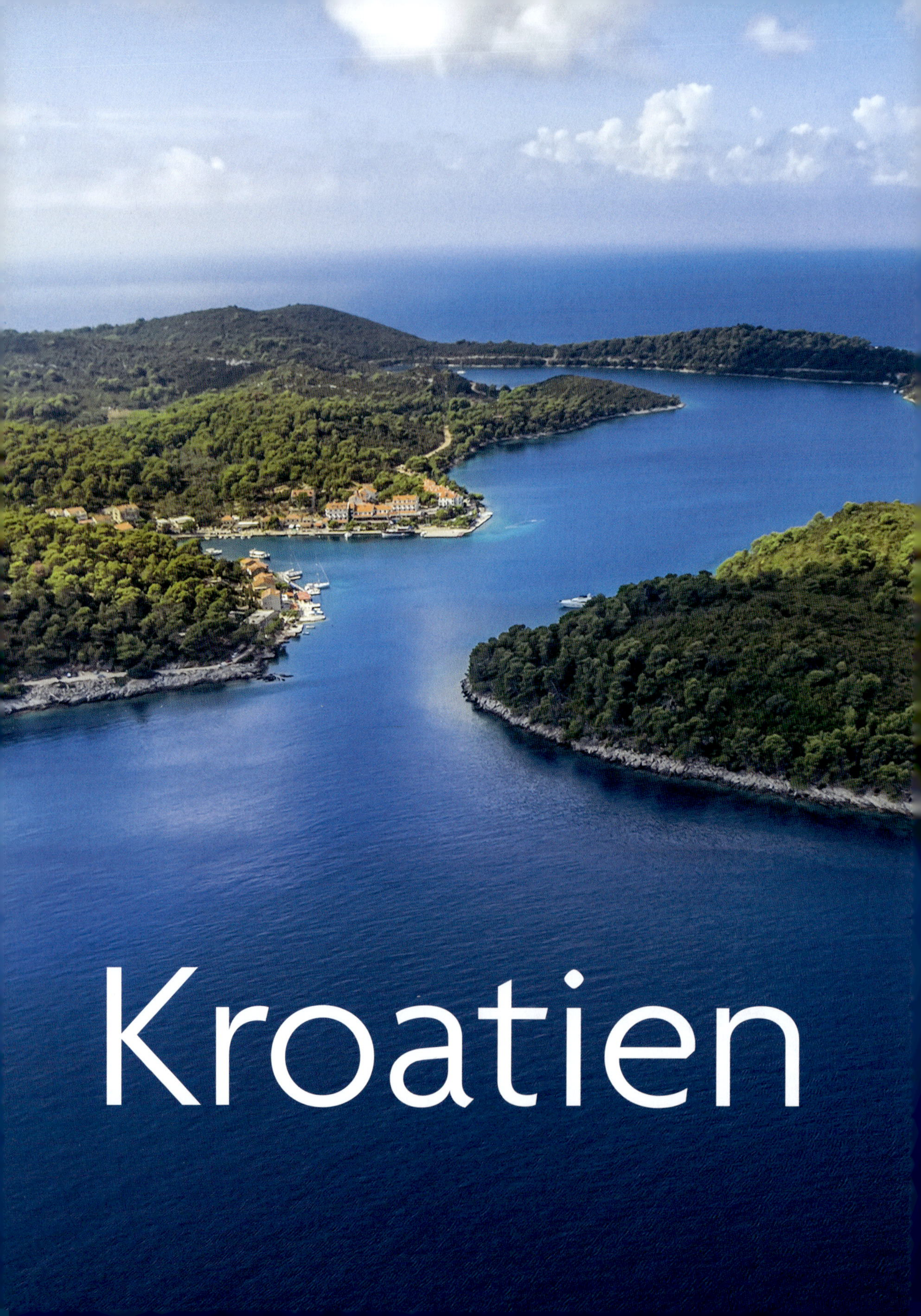

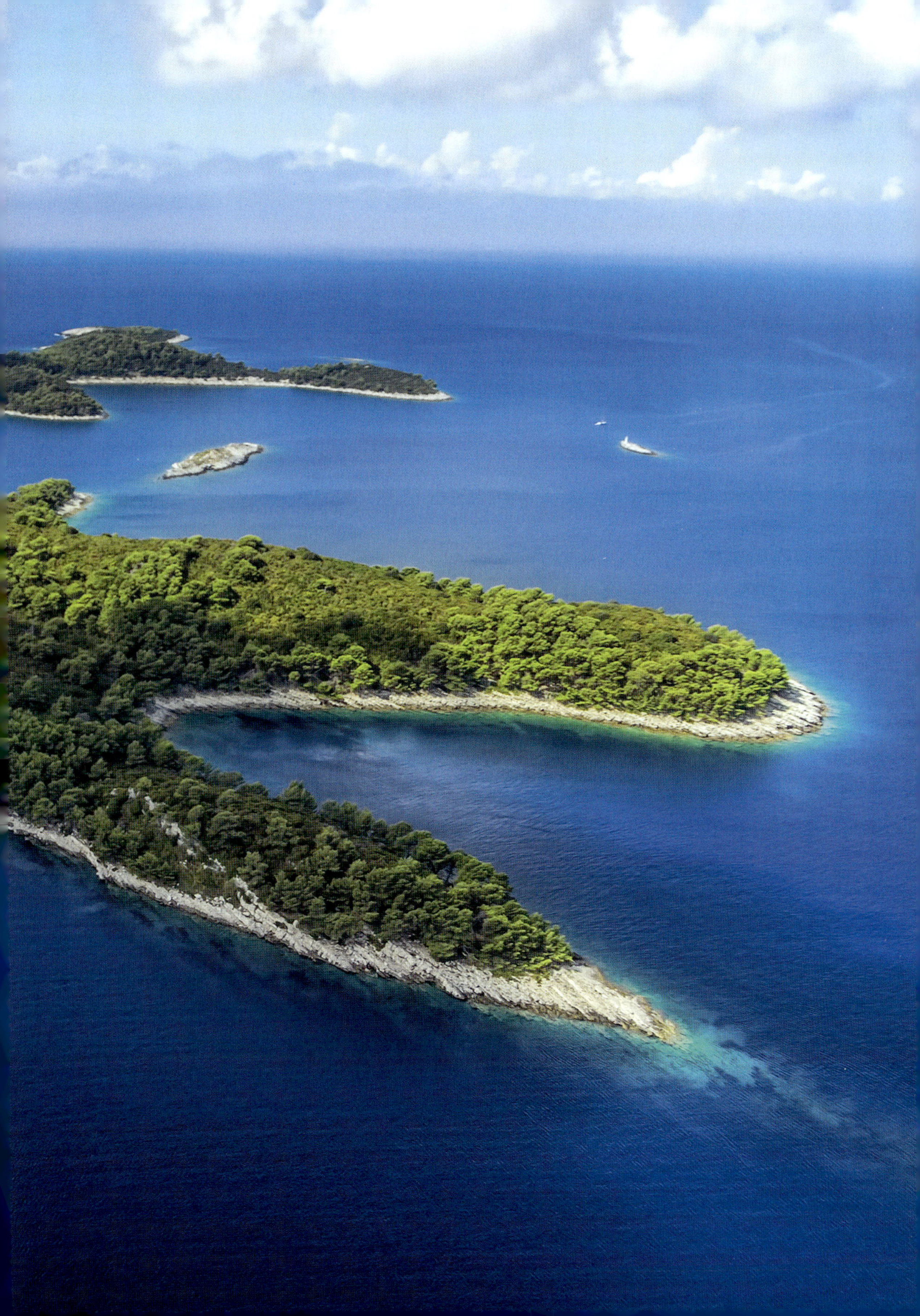

Allgemeine Fangzeiten

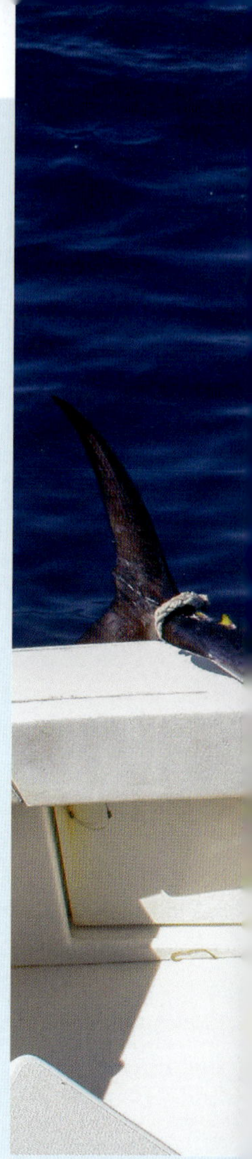

Blauflossenthun (Bluefin Tuna)

April bis Mai und Anfang/Mitte Juli bis Ende Oktober
Im Juni laichen die Fische außerhalb der Adria!

Gewicht: meist 30–60 kg,
Ausnahmefische bis über 200 kg

Technik: Driftfischen, Spinnfischen.
Vor Istrien schon im Frühjahr sehr gut mit Stickbaits.

Hotspots: Istrien, Jezera

Weißer Thun (Albacore)

Mitte August bis Oktober/November

Gewicht: meist 8–10 kg

Technik: Trolling mit Wobbler/Lure

Falscher Bonito (Little Tunny)

April und Oktober

Gewicht: 14 kg sind keine Seltenheit.
Weltrekordgrößen in der südlichen Adria vorhanden.

Technik: Trolling mit Wobbler/Lure

Atlantischer Bonito

Ganzjährig, die beste Zeit ist der Spätherbst.

Gewicht: bis 11 kg

Technik: Trolling, Chumming mit Sardinen vom verankerten Boot

Bernsteinmakrele (Amberjack)

Ganzjährig, am besten im Herbst und Winter

Gewicht: 10–30 kg, bis 70 kg möglich

Technik: Trolling mit Lebendköder, mit Jigs an Unterwasserbergen

Goldmakrele

Beste Zeit ist August bis Oktober

Gewicht: 3–5 kg, selten bis 10 kg

Technik: Trolling mit Lures, Driften mit Naturködern

Große Gabelmakrele (Leerfish)

Sommermonate und im Herbst

Gewicht: 5–7 kg, selten bis 30 kg

Technik: Trolling mit natürlichen und künstlichen Ködern

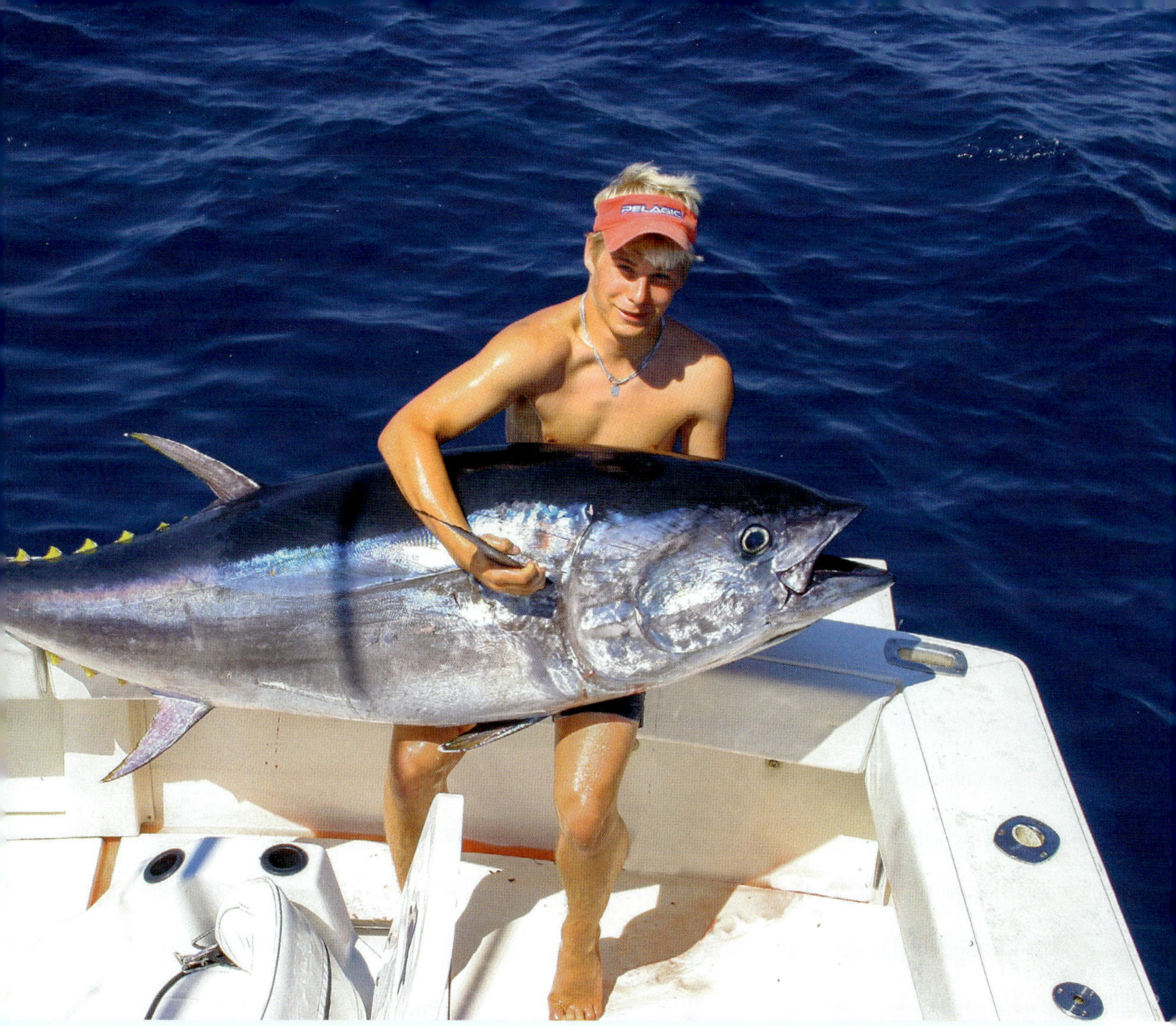

Wolfsbarsch

Spätherbst- und Wintermonate

Gewicht: 3–10 kg

Technik: Trolling, Spinnfischen mit Wobbler

Blaufisch (Bluefish)

Spätsommer und Herbst

Gewicht: um die 3–7 kg

Technik: Trolling mit natürlichen und künstlichen Ködern

Zahnbrasse

Ganzjährig, beste Zeit: Mai bis Juni und September bis Oktober

Gewicht: bis 14 kg, meist 2–7 kg

Technik: Trolling mit Lebendködern, Jigging

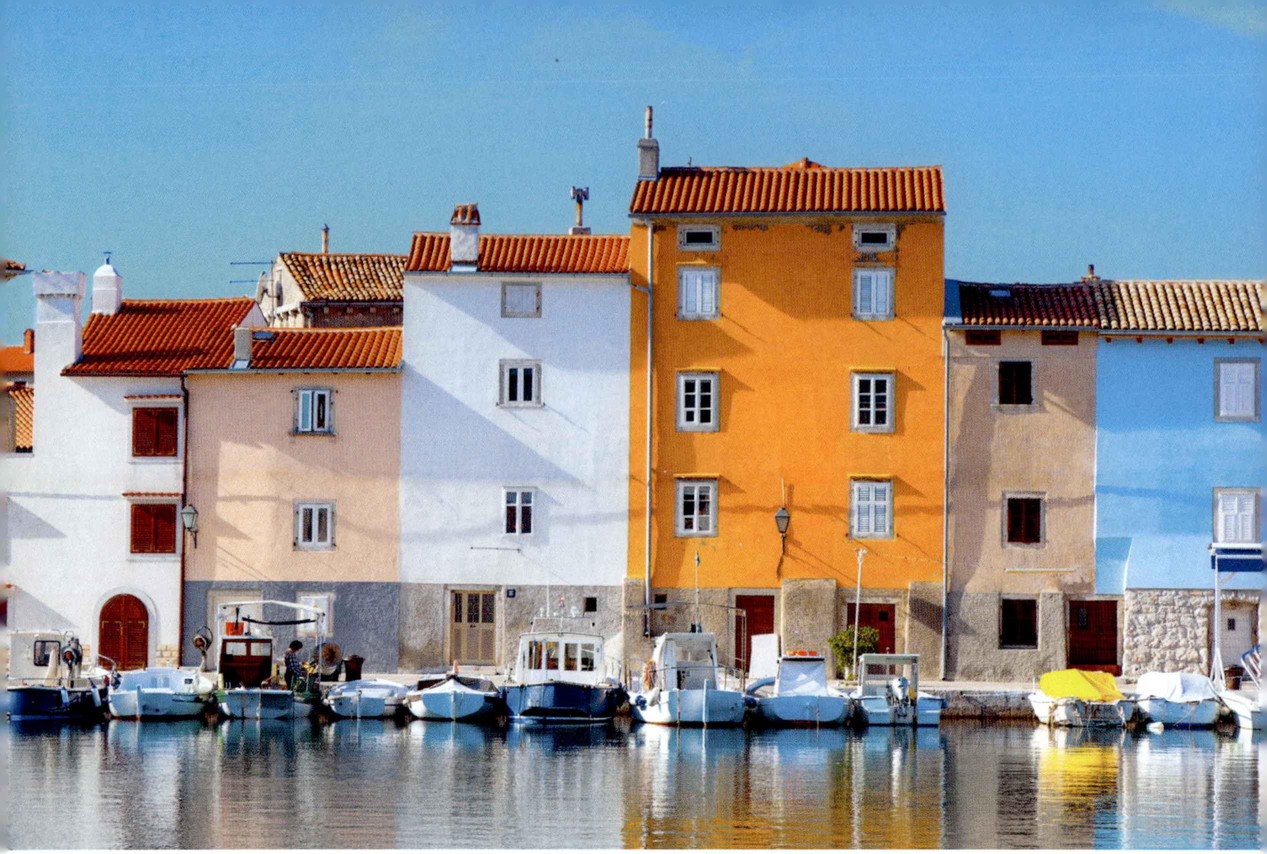

Das beschauliche Novigrad liegt abseits der großen Touristenzentren auf einer kleinen Insel, die im 18. Jahrhundert mit dem Festland verbunden wurde.

Istrien

Die kroatische Küste ist fast 1800 km lang. Angeln im Urlaub kann man dort und rund um die fast 1000 Inseln überall. Durchaus auch mit Erfolg: Sei es vom Ufer aus mit der Spinnrute oder vom Boot bei einem gezielten Trip auf Thunfisch, auf Amberjack und die verschiedenen Grundfischarten.

All diese Optionen vereint aufs Schönste der Landesteil Istrien am oberen Teil der Adria. Istrien zählt überdies zu Kroatiens beliebtesten Urlaubsregionen, wegen seiner traumhaften Badebuchten mit kristallklarem Wasser, wegen der malerischen Küstenstädte mit viel Historie und wegen der intakten Natur. Spinnangler kommen mit leichten Ruten und kleinen Wobblern an Istriens Küsten auf ihre Kosten, wenn sie neben dem Wie, vor allem das Wo und Wann beachten (→ Spinnangeln vom Ufer). Selbst Spezialisten, die ansehnliche Fische beim →Shore Jiggen fangen, kann man an den felsigen Küsten im Osten der Halbinsel antreffen.

Dass nur rund fünf Autostunden von München entfernt ein exzellentes Thunfisch-Revier vor unserer Haustür liegt, ist der Gewässerstruktur der nördlichen Adria zu verdanken. Sie ist dort noch so flach, dass sich das Wasser schon im

Frühjahr deutlich erwärmt und die Nahrungskette vom Plankton bis hin zu Futterfischen beizeiten ankurbelt. Der reich gedeckte Tisch lockt dann die ewig hungrigen Thune an. Sie treiben ihre Beutefische zum wilden Fressen, den sogenannten Feeding Frenzys, an die Oberfläche und kesseln sie ein.

Nun schlägt die Stunde der Spinnfischer. Sie sind vor allem mit sinkenden →Stickbaits auf Blauflossenthun erfolgreich. Ein wahrer Meister in diesen Techniken ist der deutsche Charterboot-Skipper →Marc Inoue vor Vsar. Er bringt seine Kunden an Fische mit Gewichten von meist 30–60 kg. Sein persönlicher Rekord liegt bei über 100 kg – an der Spinnrute! „Das muss ich aber nicht jeden Tag haben", sagt er.

Doch der Reihe nach: Den Auftakt der Fanggebiete macht Savudrija, etwa 50 Kilometer südwestlich der italienischen Grenze. Dort können im Flachwasser dicht unter Land im Sommer →Große Gabelmakrelen gefangen werden. Das ist in der Morgendämmerung mit der Spinnrute erfolgreich, wenn die Fische an der Küste rauben, aber auch tagsüber beim Trolling mit totem Köderfisch.

Rund 60 km südlich von Savudrija liegt die Ortschaft Vrsar. Das malerische Fischerdorf mit Flair ist eine Hochburg für Angler, die speziell mit der Spinnrute Thunfischen nachstellen (siehe unten: Die Spezialisten).

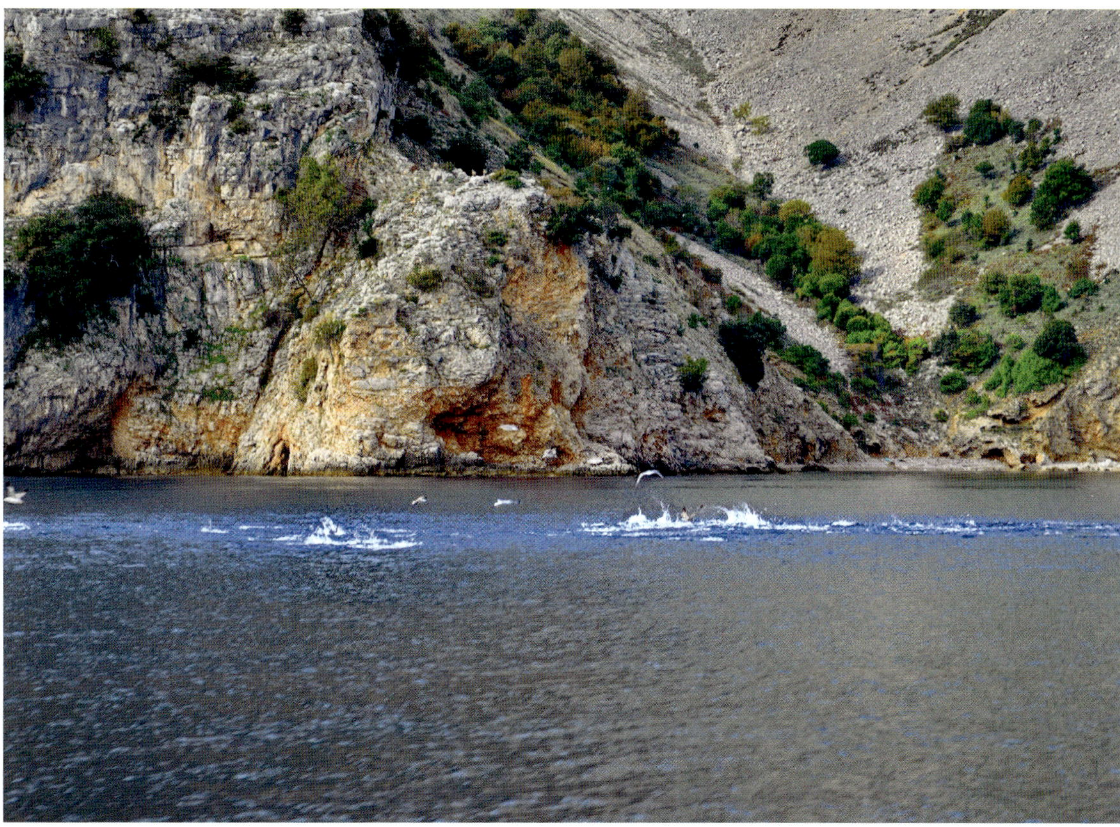

Rauben Thune an der Oberfläche, dann nichts wie hin! Der Spuk ist oft schnell vorbei.

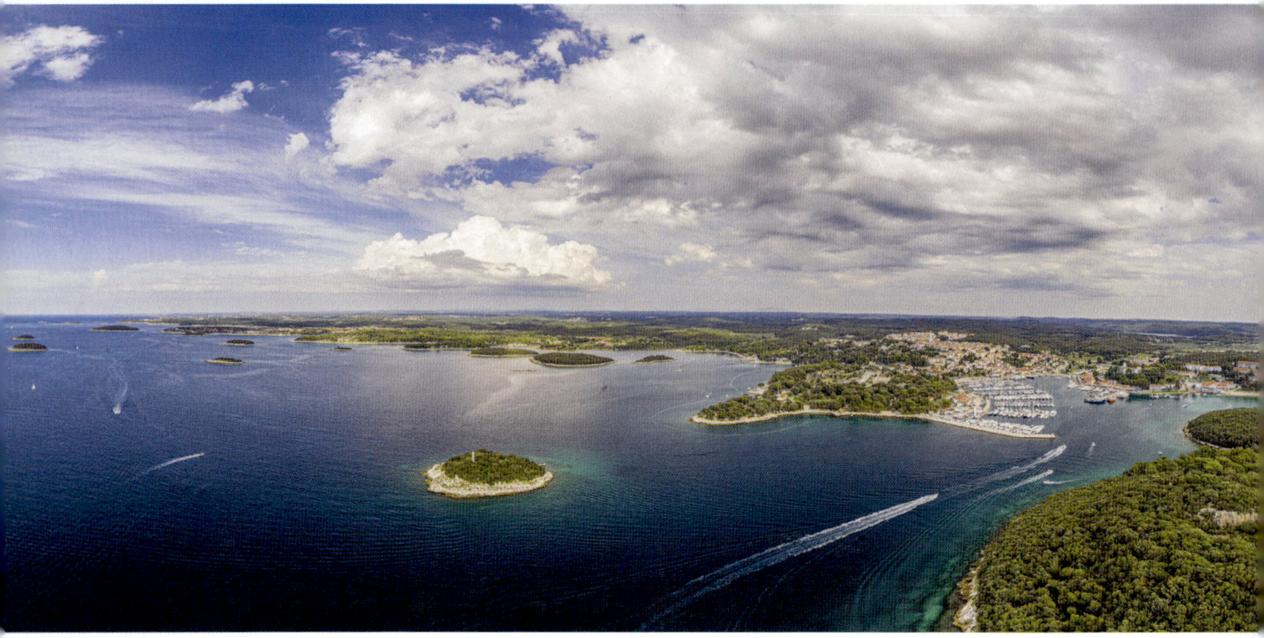

In der Marina von Vsar gibt es Liegeplätze für Selbstfahrer. Boote in allen Größen können auch gemietet werden. Rechtzeitig anfragen!

In dieser Region liegt von Poreč bis Rovinj ein Winterfanggebiet für sehr große Blauflossenthune mit einem Durchschnittsgewicht von 100–150 kg. Fische mit über 200 kg sind möglich, ein Rekordfisch wog 330 kg. Profikapitäne wie →Alexander Schmid folgen dann mit ihren Booten den Fischen. Die größten Thune stehen oft etwas oberhalb von Rovinj, beste Zeit ist November bis Januar/ Februar.

Etwa 25 Seemeilen vor der Stadt wird nach Gas gebohrt. Die Strukturen im „Ivana Gas Field" sind ein guter Platz zum →Slow Jiggen und zum Fischen mit Inchikus und Slidern. Sie sind besonders fängig mit einem Stück Kalmar (gibt es gefroren im Supermarkt) am Haken. Zudem kann vor der Stadt an einem Wrack auf Zahnbrassen und andere Arten gefischt werden. Der 85 m lange Passagierdampfer BARON GAUTSCH liegt etwa 6 Seemeilen südlich vom Leuchtturm „Sveti Ivan na Pucini" in einer Tiefe von 37–41 m.

Koordinaten: 44° 56.387' N – 13° 34.579' E

Die Küste um Pula und weiter in Richtung Kap Medulin ist reich an Struktur und ermöglicht gutes Schleppangeln mit lebenden Kalmaren auf Zahnbrassen und Amberjack, aber auch erfolgreiches Driftfischen auf Blauflossenthun. Die größte Stadt Istriens ist zudem voller historischer Sehenswürdigkeiten bis hin zu einem Amphitheater aus römischer Zeit. Ist es zum Angeln zu stürmisch, wird Sightseeing in Pula zu einer guten Alternative.

An der südlichen Landspitze Istriens, dem Kap Premantura, ist rings um den Leuchtturm Albanez ebenfalls gutes Angeln auf Zahnbrassen möglich. Der Leuchtturm liegt etwa 2 Seemeilen südlich vom Kap auf den Koordinaten: 44° 44.95 N – 13° 54.23 E. In Tiefen um 70 m ist sehr gute Struktur, dort lohnt es

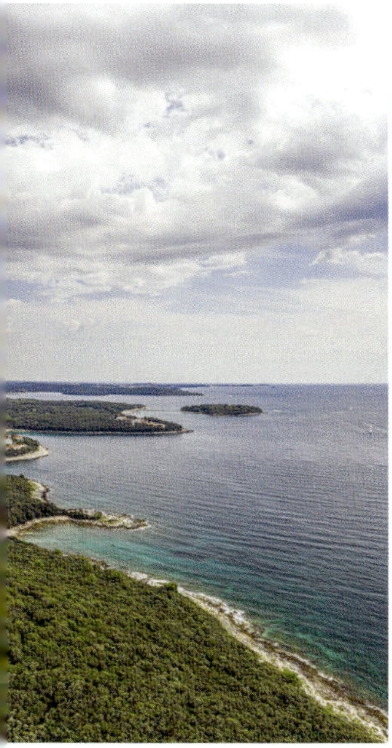

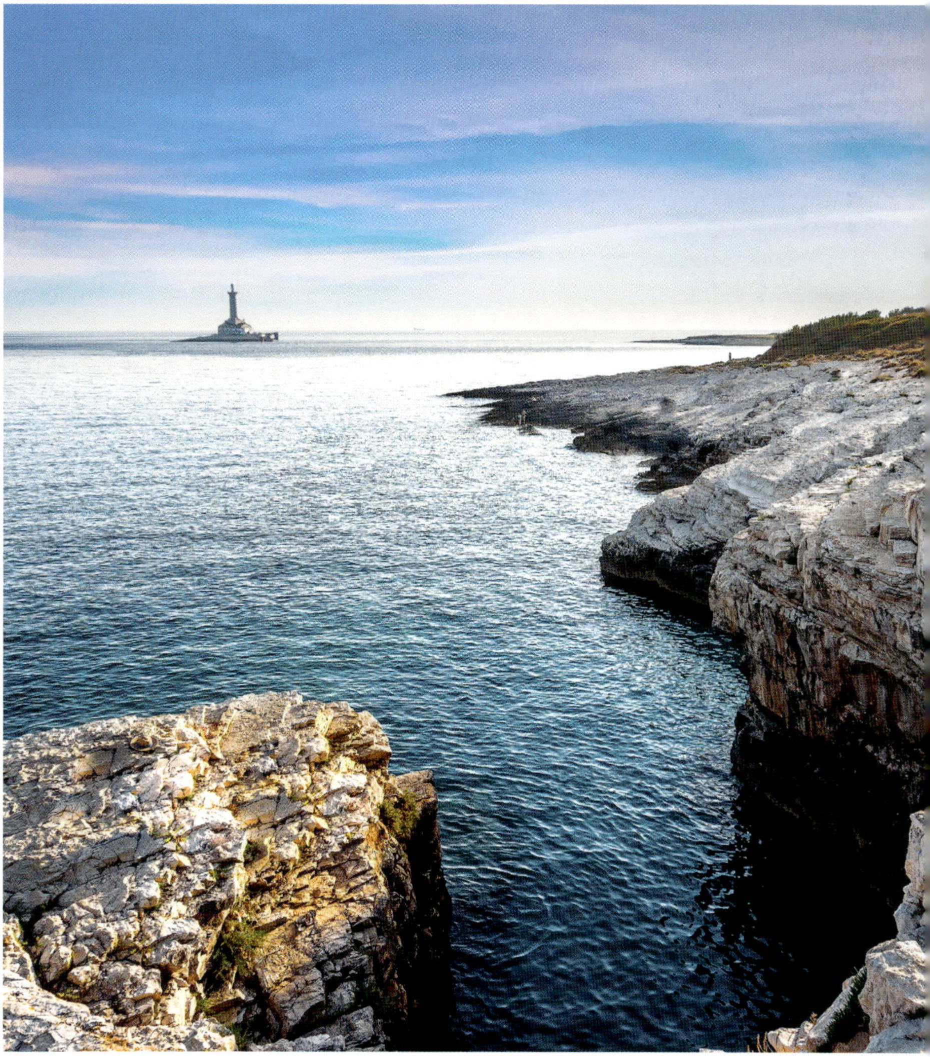

Steile Küsten und ufernah tiefes Wasser am Kap Premantura sind ideal zum Fischen.

sich im Frühjahr vom Boot aus zu Jiggen. Zudem findet man am Kap einige gute Stellen zum Spinnfischen vom Ufer aus. Bei diesem sogenannten →Shore Jiggen sind schlankere Metalljigs mit Gewichten bis 80 g erfolgreich.
Am oberen nordöstlichen Ende des Kaps Premantura liegen in einer Bucht die Städte Pomer und Medulin. Von beiden Orten aus kann zum Kap hinunter auf Thun, Zahnbrasse und Amberjack gefischt werden. Vor Medulin operiert der Charterboot-Skipper →Marko Pavlovic und fängt beständig dicke Thune.

Auf der Ostseite Istriens liegt mit der Kvarner Bucht ein gutes Revier zum Angeln auf große Bluefins. Opatija an der linken Seite der Bucht sowie Rijeka gegenüber bieten Anglern ansehnliche Marinas. Zielfische sind hier Blauflossenthun sowie Little Tunny im Herbst. An der Hafenmole von Rijeka angeln Einheimische im Herbst auch auf Atlantische Bonitos.

Mit Profis zum Fisch

Marc Inoue – Vrsar

Dass Angler mit Vrsar nun eine großartige Destination in ihrem Reiseatlas haben, verdanken sie auch dem Profiskipper Marc Inoue. Der ehemalige Berliner mit hawaiianischen Wurzeln und Weltreisender in Sachen Angeln hat nach einer Odyssee seine Heimat in Vsar gefunden. Dort gründete er eine Familie und bietet mit seinen Booten nun unter anderem Spinnfischen auf Thune an. „Ich kenne in der Adria keinen besseren Spot für diese Art der Angelei", sagt er. Die Statistik spricht für ihn: Er fängt im Durchschnitt 3–4 Thune am Tag, 12 Fische waren sein bislang bestes Ergebnis. Es gibt aber auch jedes Jahr 3–4 Schneidertage.

Voraussetzung für diesen Erfolg? – Bei Marc ist alles High End: Sein Boot ist mit einem sogenannten Bird Finding Radar ausgestattet. Marc sieht damit über Meilen hinweg Vogelschwärme, die mit den raubenden Thunen mitziehen. Dann heißt es „mit Vollgas nix wie hin" bis auf Wurfdistanz. Marc stellt dann das Boot mit dem Wind im Rücken so an den Schwarm, dass die Gäste vor die Fische werfen können. Sie tun das mit Gerät vom Feinsten. An Bord sind Ruten der japanischen Nobelmarke Zenaq sowie Daiwa-Saltiga-Rollen und die Stellas von Shimano.

Mitte April bis Mitte Mai ist die beste Zeit für diese Methode. Gefischt wird vor Vsar mit sinkenden →Stickbaits, überwiegend mit Sardinen-Dekor. Jagen die Thune früh in der Saison Fischbrut, kommen kleine Casting Jigs und kleine Gummiköder an der Wasserkugel zum Einsatz. Eine weitere erfolgreiche Methode ist das Angeln mit →Speedjigs auf Thun. Gejiggt wird in der Nähe von Sardinenfängern. Wenn sie ihre Netze heben, sind Thunfische nicht weit …

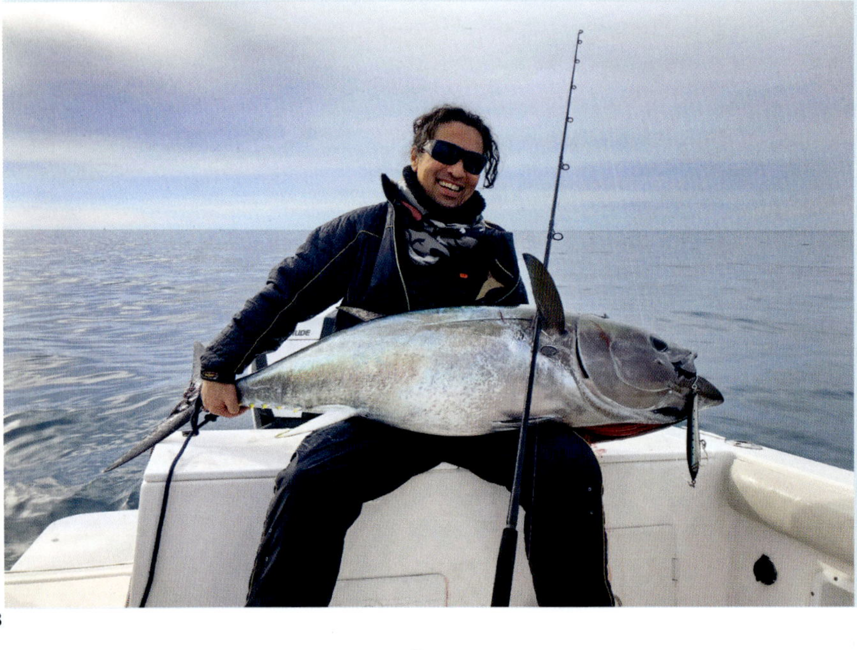

Marc Inoue freut sich noch immer über jeden gefangenen Thun. Diesen hier überlistete er mit einem Stickbait.

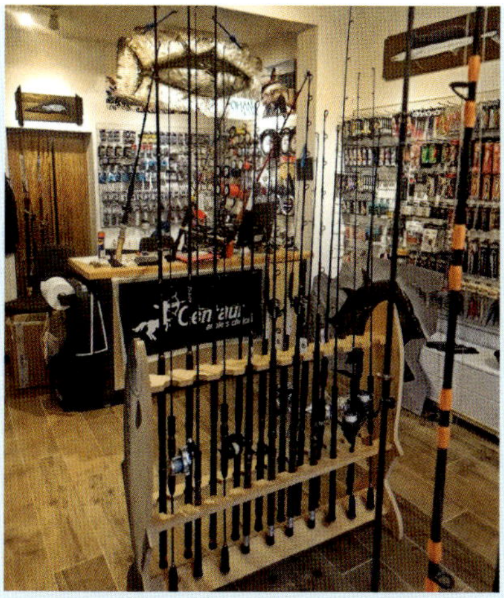

Marc ist ein „tackle freak" und führt in seinem Shop deshalb nur das beste Gerät Hier ist mit Blick auf die Haushaltskasse Disziplin gefordert!

Ist dann ein Fisch mit durchschnittlich 40–50 kg gehakt, hat der Angler gut zu tun mit dem Thun. Etwa 20 Minuten dauert der Drill. Es beißen aber jedes Jahr auch Fische mit 80–120 kg an. Ein wenig Training vorab in der Mucki-Bude ist zumindest für Schreibtischtäter dann ein guter Rat.

Wer lieber mit eigenem Gerät fischen will, dem empfiehlt Marc Ruten mit 60–120 g WG, 14.000er Rollen, hoch übersetzt und PE 6 Schnur. Marc vermittelt auch Unterkünfte in jedem Preissegment. Bei sich im Haus sind auch Familien willkommen, denn Marc hat selbst zwei Kinder.

Kontakt:
Über Marcs Website: ohanafishing.com
Tel.: +385 52 517 878

Alexander Schmid – Pula

Nachts auf Thun? Ja! Vor Pula operiert der deutsche Skipper Alexander Schmid und hat seine 10,8 m lange „Ladesta" eigens für das nächtliche Fischen auf zentnerschwere Thune ausgerüstet. Der sympathische Familienvater aus Bayern lebt und arbeitet seit über 15 Jahren an der Küste Istriens und ist als Angler mittlerweile so bekannt, dass ihn der italienische Rutenbauer Antonio De Prado beim Testen neuer Modelle um Rat fragt.

Dass Alexander weiß, wovon er spricht, hat er auch in Angelmeisterschaften bewiesen. 2019 nahm er erstmals an der istrischen Meisterschaft im Thunfischangeln teil, und wurde auf Anhieb Sieger. Im Oktober 2022 nahm er erneut teil und wurde wieder Erster. An der Competition hatten 13 Boote insgesamt 17 Bluefins gefangen. Allein 5 davon konnte die Mannschaft um Alexander fangen. Die Fische wogen bis 100 kg und wurden alle releast. Mit in Alexanders Team war Ezio Pinzan, der Minister für Landwirtschaft, Jagd und Fischerei in Istrien. Zu ihm hat Alexander nun guten Kontakt. Auch das ist ein Gewinn.

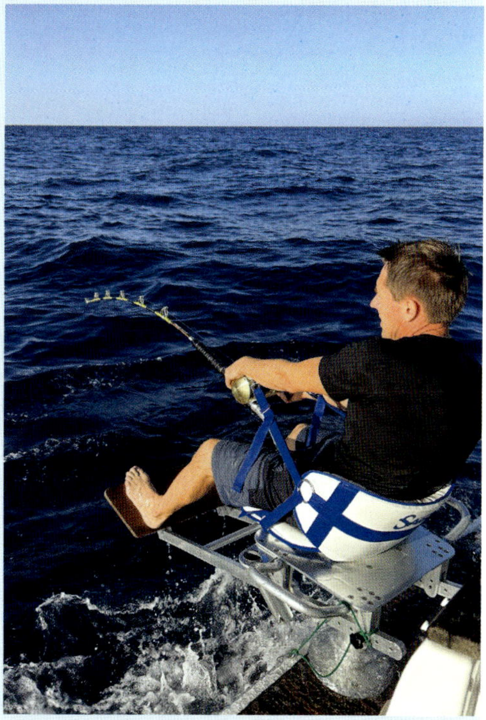

Bei Alexander sind Angler nah am Thun; der Kampfstuhl ist außenbords.
So ist mehr Platz zum Stand-Up-Fischen an Deck.

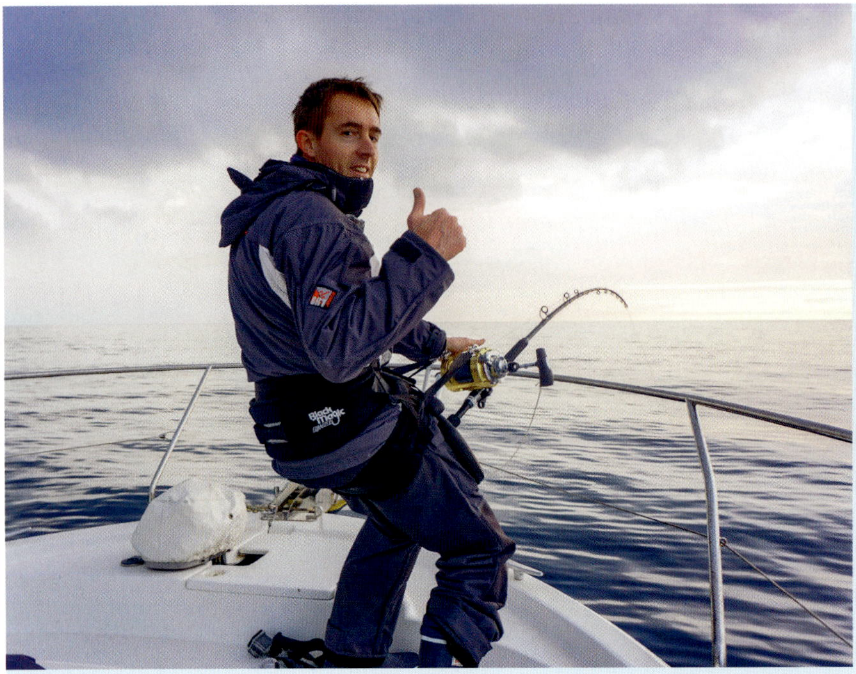

Der Skipper angelt selbst am liebsten im Stand Up. Die Ruten mit Spiralberingung kommen vom italienischen Rutenbauer Antonio De Prado.

In einem brütend heißen Sommer erprobte Alexander das Nachtfischen auf Thun und imitiert seitdem, was Berufsfischer machen. Mit sehr starken LED-Strahlern lockt er große Sardinenschwärme ans Boot, die dann bald von Thunfischen umkreist werden. Alexander behält dabei den Sardinenschwarm auf dem Echolot/Fishfinder immer im Auge: Teilt sich der Schwarm plötzlich und verschwindet vom Bildschirm, ist ein Thunfisch unter dem Boot am Rauben. Dann wird der Köderfisch animiert und ...Action! Bis zu 12 Thune hat Alexander in solch einer Nacht schon gefangen: Die beste Zeit dafür sind die 10 Tage vor Vollmond.

Kontakt:
www.big-game-fishing-istrien.de
Tel.: +385 98 1819 453
Email: biggamefishingistrien@gmail.com

Marko Pavlovic – Medulin

Erfolg beim Angeln, vor allem im Meer, hat viel mit Erfahrung im eigentlichen Wortsinn zu tun. Berufsfischer fahren die, je nach Jahreszeit, Wind und Wetter, besten Fangplätze an, und haben dieses Wissen über Generationen in ihren Familien gesammelt, gehütet und weitergegeben.

Die Pavlovic's in Medulin an der Südspitze von Istrien sind solch eine Familie und von ihrem Wissen können wir Angler profitieren: Sinisa Pavlovic hat von seinem Vater ein Sardinenfangboot übernommen und war damals der jüngste Bootskapitän für den Sardinenfang mit Ringwadennetzen. Sein jüngerer Bruder Marko half ihm dabei. Klar, dass Sinisa sich über die

Zeit ein großes Wissen über die Wanderwege der Sardinen und der ihnen folgenden Thunfischen aneignete. Und klar, dass Marko, der 2013 den Charterbetrieb „Tunana“ gründete, davon profitiert. Ein Funkspruch vom Bruder und Marko weiß, wo er mit seinen Chartergästen auf Thun angeln muss.

Markos Fangstatistik ist mit einer großen Zahl von Thunfischen in der 100–200 kg-Klasse beachtlich. Darunter war auch ein Gigant mit 262 kg! Dessen Drill dauerte in dem flachen Wasser nur 50 Minuten Es war ein „fish of the lifetime“, erinnert sich Marko.

Kontakt:
www.tunana-fishing.com
Tel.: +385 99 2497 979
Email: info@tunana-fishing.com

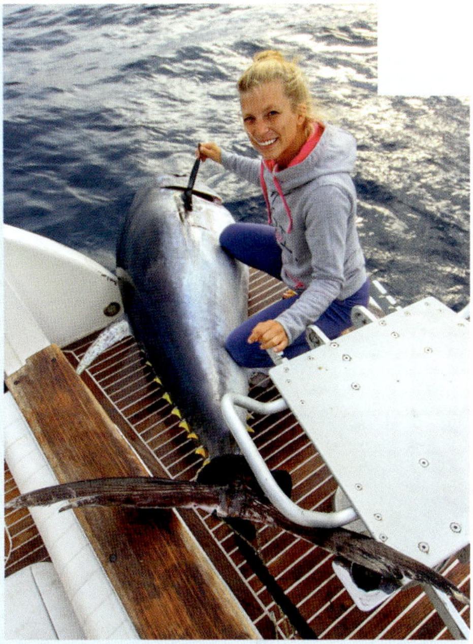

Anglerinnen beim Big Game auf Thun? Das ist schon längst Alltag!

Wenn Sardinenboote die Netze einholen, schlägt die Stunde der Thunfischangler.

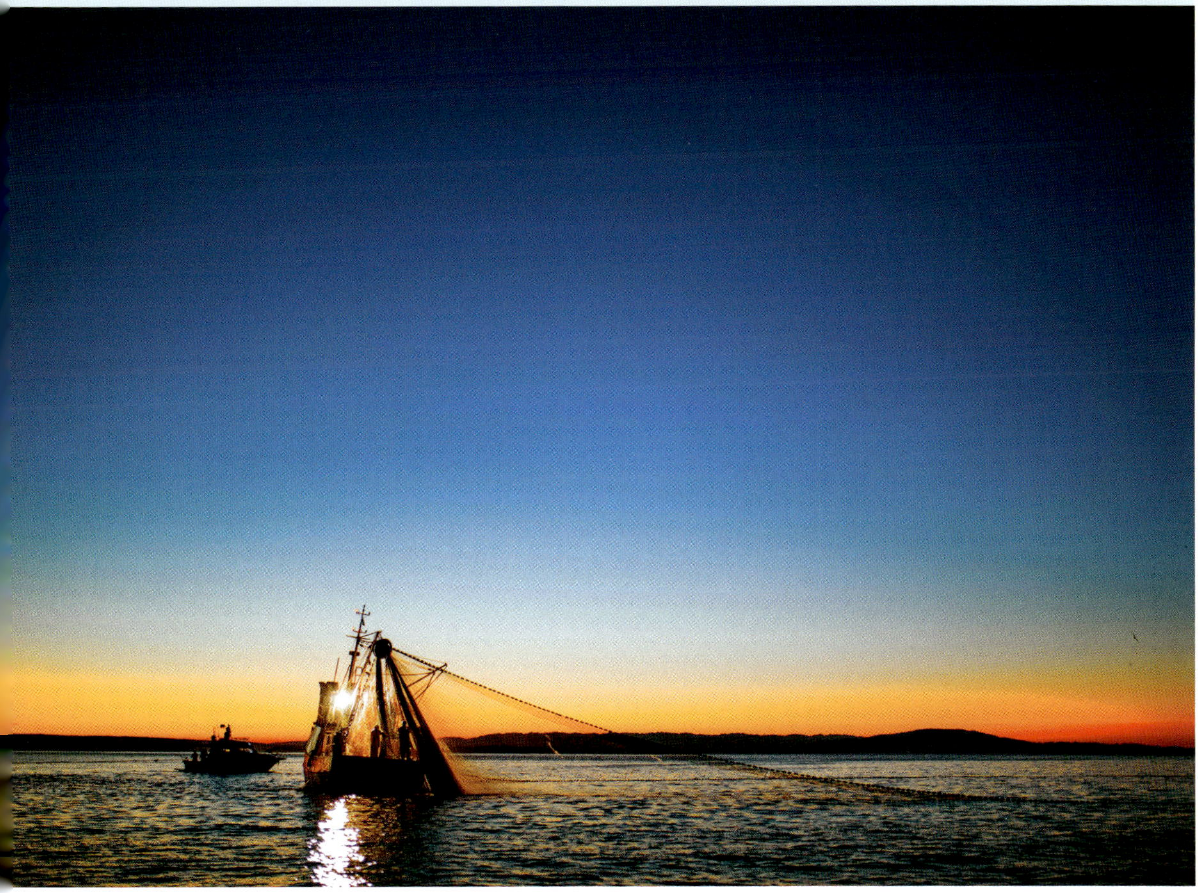

Zentralkroatien

Die Inseln Cres und Krk sind Kreuzworträtsel-Fans ein Begriff, vielen Anglern dagegen nicht. Blauflossenthune treiben vor Cres Sardinenschwärme gegen die Steilwände der Küsten. Weil Felswände dort auf bis zu 50 m Tiefe abfallen, kann dort auch von kleineren Booten direkt unter Land gefischt werden. Im Fährhafen von Merag kommen im Herbst Wolfsbarsche in Rekordgrößen vor. Gummishads und Lebendköder fangen hier sehr gut. Zudem ist um den Leuchtturm Zaglav vor Cres erfolgreiches Angeln auf Zahnbrassen möglich.

Auch Wrackangler kommen hier manchmal auf ihre Kosten: Der 74 m lange Frachter GUISEPPE DORMIO liegt im Kanal Vela Vrata zwischen dem Festland und der Insel Cres in einer Tiefe von 49–65 m. Koordinaten: 45° 07.667‘ N – 14°15.187‘ E

Im Norden der Insel Krk liegt der Ort Omišalj. Vor dessen Hafeneinfahrt befindet sich weniger als eine Seemeile entfernt ein mit einer Laterne markierter Unterwasserberg. Dort kann vom Bluefin bis zur Goldbrasse alles gefangen werden. Im Spätherbst sind Schleppköder auf Atlantischen Bonito erfolgreich. Vor Krk gibt es überdies einen guten Zahnbrassen-Bestand, insbesondere entlang der Küste von Nijvice in Richtung der Stadt Krk sowie rings um die Insel Plavnik (zwischen Cres und Krk) und um die Untiefe Koromat. Wolfsbarsche in Rekordgrößen ziehen in den Fährhafen von Valbiska (im Westen der Stadt Krk). Am besten fangen dort Gummishads sowie Lebendköder im Herbst und frei driftende Sardinen vom verankerten Boo. Im Kanal zum Festland kann an tieferen Stellen auch Petersfisch gefangen werden. Gut ist das Gebiet zwischen dem Ort Silo auf Krk und der auf dem Festland gelegenen Stadt Crikvenica.

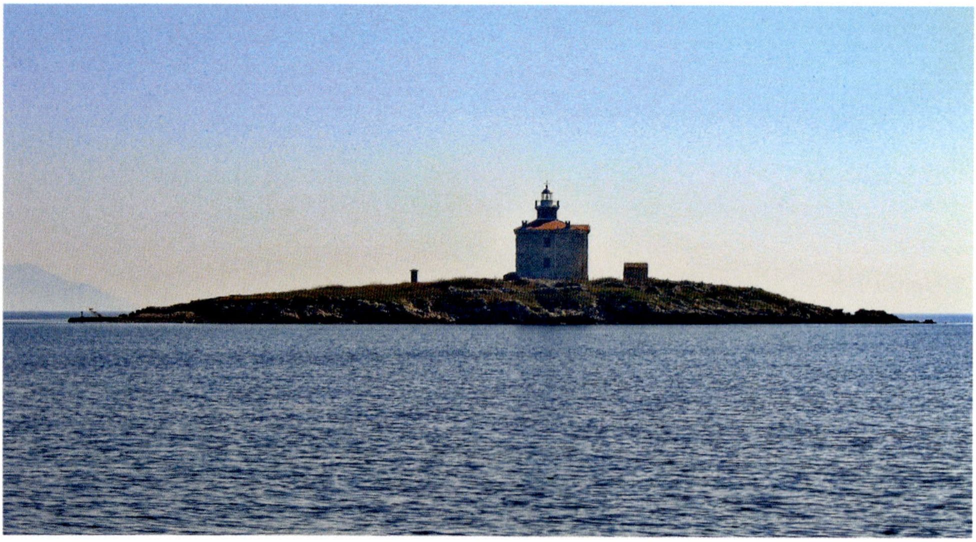

Der Leuchtturm Zaglav liegt etwa 1,2 km westlich von der Mitte der Insel Cres.

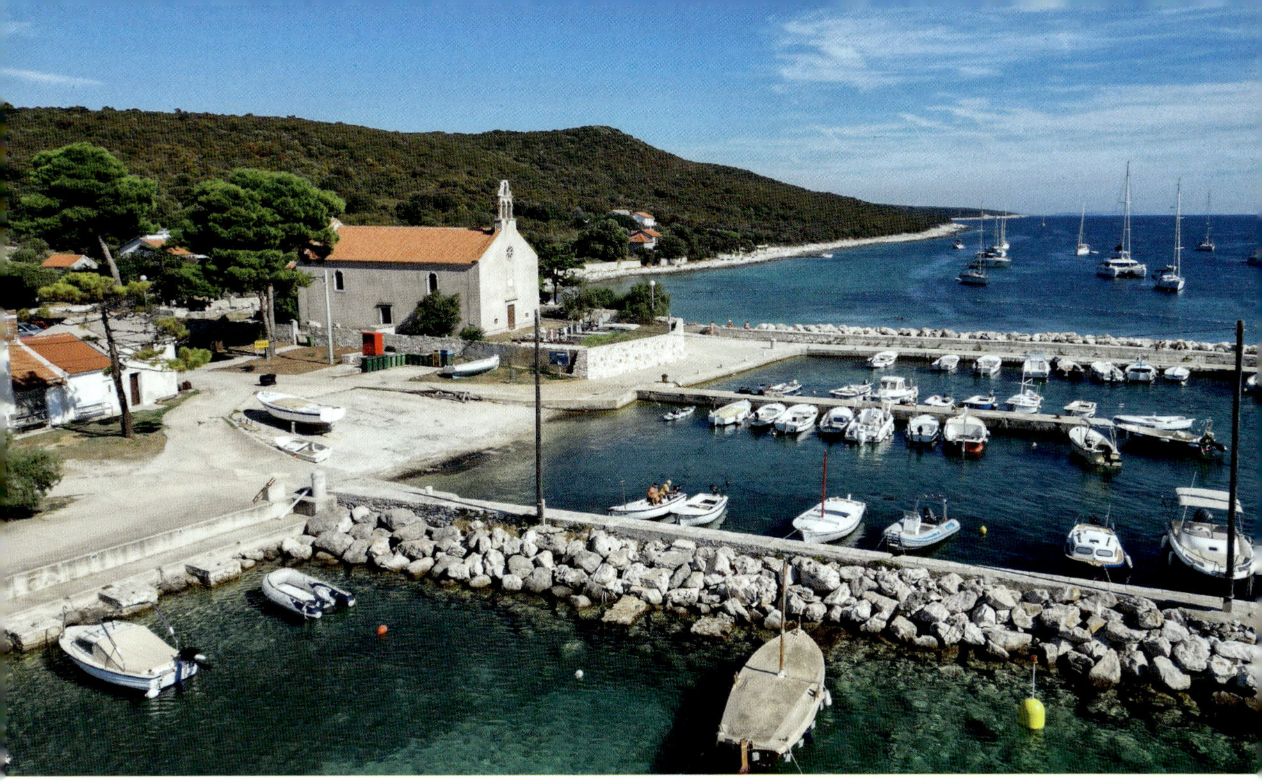

Der kleine Yachthafen von Premuda ist für Selbstfahrer Rastplatz und idealer Ausgangspunkt zum Fischen auf Zahnbrassen am Riff.

Dalmatien

Etwa 40 km nordwestlich von Zadar liegen die beiden Inseln Škarda und Ist. Der Kanal zwischen ihnen wird gesäumt von Steilwänden, die senkrecht auf Tiefen von bis zu 70 m abfallen. In der starken Strömung können dort gewichtige Amberjacks und Zahnbrassen mit lebend geschleppten Hornhechten (im Sommer) oder Kalmaren gefangen werden.

Oberhalb von Škarda liegt die Insel Premuda. Im Westen der Insel befindet sich ein etwa 2 km langes Riff, dessen Felsen teils auch aus dem Wasser herausragen. Vor der Südspitze des Riffs ist eine gute Stelle für Zahnbrassen.

In Zadar bietet der deutsche Charterbootskipper Patrick Baier seit Jahren erfolgreiches Angeln auf Thunfisch und andere Arten an. Patrick fährt eine 10,5 m lange Faeton-Yacht mit 2 x 260 PS Dieselmotoren. Sie bietet bis zu 6 Anglern Platz. (Kontakt: www.biggame-kroatien.de)

Direkt vor Zadar liegen die Inseln Ugljan und Pašman. Beide sind gute Angelreviere. Spinnfischen und Ufferangeln ist sehr gut im Kanal unter der Brücke zwischen Ugljan und Pašman sowie im Hafen von Kukljica. Zudem ist die südliche Spitze von Pašman eine gute Ecke zum Schleppen auf Große Gabelmakrelen. Zwischen Pašman und der Insel Kornat liegt die Insel Žut. Entlang ihrer strukturreichen Nordostküste kommen ansehnliche Amberjack und Zahnbrassen vor.

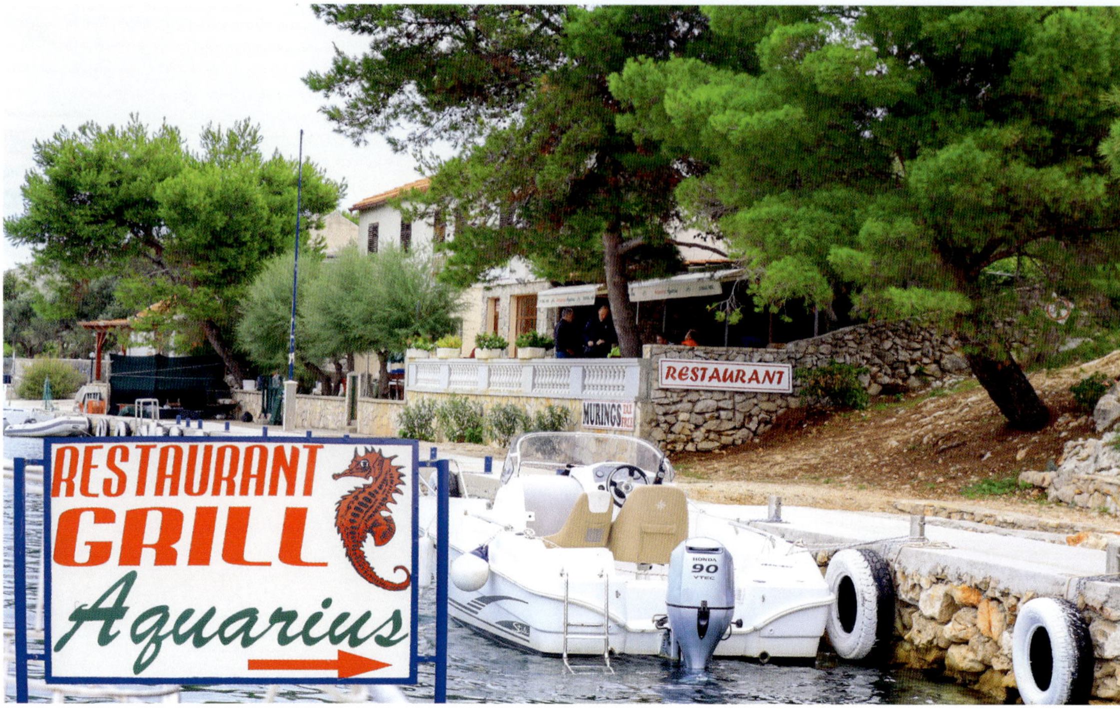

Auf einigen kleinen Inseln locken Restaurants mit oft erstaunlicher Küche. Zu erreichen sind sie nur mit dem Boot, wie etwa das Aquarius auf Katina: 43°53' 20.3" N – 15°13'00.6". Vorbestellen ist kein Fehler, hier die Telefonnummer: +385 (0) 23-78 888 18.

Auf der westlichen Seite von Ugljan befinden sich mehrere Fischfarmen. Dort ziehen häufig größere Blauflossenthune sowie Amberjack und Leerfish entlang. Aber Vorsicht, unbedingt mindestens 300 m Abstand zu den äußeren Bojen der Fischfarmen halten. Die Aufpasser an den Käfigen verstehen keinen Spaß.

Nordwestlich von Ugljan befindet sich die Insel Sestrunji mit der Bucht Hrvatin in der Mitte der Nordostküste. Direkt gegenüber dieser Bucht liegen die drei kleinen unbewohnten Inseln „Tri Sestrice" (Die drei Schwestern).

Die Wassertiefe liegt hier bei 28–34 m über steinigem Grund. Direkt neben der kleinsten der drei Inseln (an welchen auch das Leuchtfeuer montiert ist) findet man mit Hilfe des Echolots einen Unterwasserberg, der von 28 m auf 9 m ansteigt: Bedingt durch den Rivanjski Kanal ist hier eine stärkere Strömung. Sie sorgt dafür, dass sich ganzjährig gut Zahnbrassen fangen lassen.

Vor der Insel Premuda ist ein weiteres gutes Angelrevier. Auf der Nordwestseite der Insel liegt oberhalb des Ortes Premuda die kleine Bucht Krijal (44° 20' N - 14° 36' E). Dort ist Fischen auf Amberjack von April bis Oktober möglich. Vorsicht beim Anfahren der Bucht, dort gibt es einige Untiefen!

Zur Ansteuerung: Südwestlich der Bucht liegt eine gefährliche Klippenreihe. Als optische Hilfen dienen der rote Turm (rotes Leuchtfeuer!) auf dem Kopf des Nordwellenbrechers sowie die Kapelle. Man kann den kleinen Hafen aus Südost sowie Nordwest kommend anfahren. Man muss sich aber in jedem Fall nahe unter Küste der Insel halten. Auf keinen Fall sollten Skipper versuchen, zwischen den Klippen durchzufahren! Hier gibt es einige Untiefen, die das Echolot erst erkennt, wenn es schon zu spät ist. Diese Untiefen und Unterwasserriffe machen das Schleppen mit lebendem Hornhecht auf Amberjack meist erfolgreich. Man sollte deshalb vor dem Schleppangeln einmal die Stellen vorsichtig abfahren und gegebenenfalls Wegpunkte auf dem Plotter anlegen.

Genauso schnell, wie man hier Bisse von kapitalen Amberjacks bekommt, kann das Angeln aber auch wieder vorbei sein. Die Fische flüchten nach einem Biss oft zwischen die scharfkantigen Unterwasserfelsen. Damit sie nicht verloren gehen, müssen Skipper schnell reagieren und manövrieren können. Weiteres Handicap: Beginnt dort eine „Bura" (starker Fallwind von den Bergen) zu wehen, ist die Rückkehr zur Küste manchmal unmöglich. Zudem ist auf der offenen Seeseite vor Premuda, ca. 3–4 Seemeilen weit draußen, von Juli bis Oktober gutes Driftfischen auf Thun möglich.

Zwischen den Inseln Otok und Ugljan liegt die Insel Iž. An ihrer Nordostküste können gut Hornhechte gefangen werden und damit dann Amberjack und Zahnbrassen (→Schleppsystem für Hornhecht). Vor Iž liegen zudem Netzgehege zur Mast von Thunfischen. Diese Thune locken mit ihrem Geruch und dem Duft des Futters Wildfische an, die sich dann um die Netzgehege einstellen. Aber Achtung: Weit genug von den Käfigen wegbleiben. Die Aufseher verstehen keinen Spaß!

Kampfstarke und sehr gut schmeckende Zahnbrassen lassen sich auch mit Slow Jigs (→Technik) überlisten.

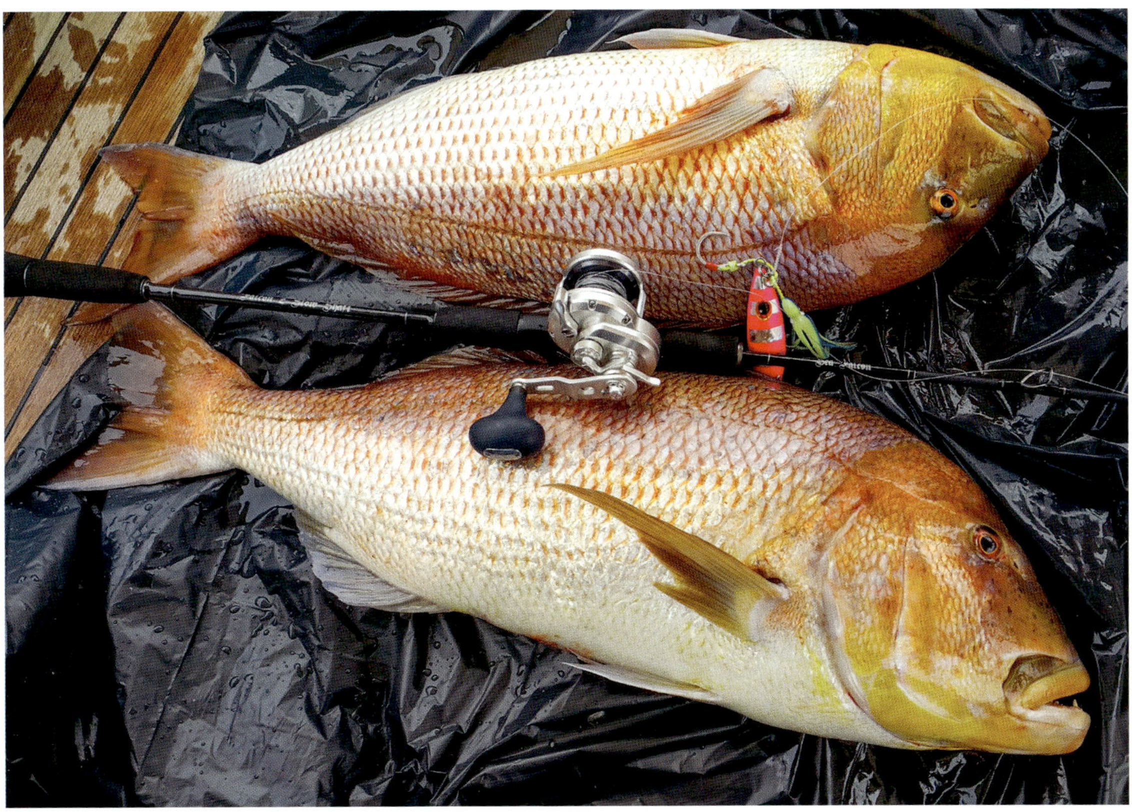

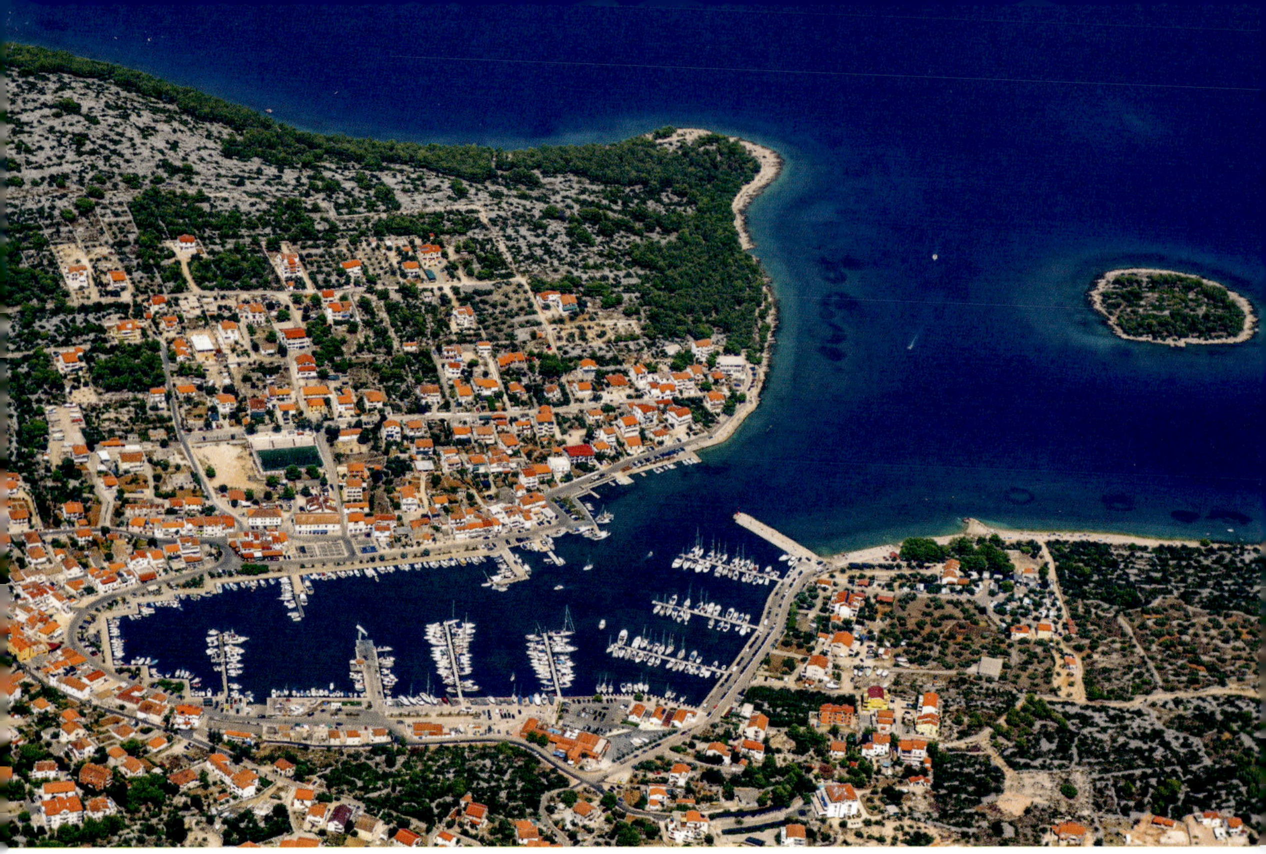

Angeln, Segeln, Baden und Relaxen: Auch Jezera lebt überwiegend vom Tourismus.

Die Koordinaten der Tuna-Farm von IŽ lauten: 44° 1‘ 424“ N – 15° 6‘ 318“ E. Die Insel bietet Selbstfahrern zudem die kleine, aber feine Marina Veli IZ (44° 03‘ N – 15° 06‘ E). Sie liegt an der Ostküste der Insel (gegenüber der Insel Ugljan). Die Wassertiefe in der Marina beträgt nur 2-3 Meter. Liegeplätze gibt es für 50 Boote (bis 14 m Länge), jedoch nicht an Stegen, sondern am Kai mit Moorings.

Südöstlich von Pašman liegt die Halbinsel Murter mit dem Ort Jezera und darunter auf dem Festland die beiden Städte Vodice und Šibenik. Alle drei sind Ausgangspunkt für Fahrten zu einem sehr guten Thunfisch-Revier. Jezera zeigt im Sommer ein buntes Bild: Boote mit flatternden Wimpeln im Hafen, geschäftiges Treiben auf den Anlegestegen und in den Restaurants rund um die Hafenpromenade. Dass der Ort in den Blick der Big Game Angler Europas rückte, verdankt er vor allem einem Mann: Der Deutsch-Kroate Georg Blaenich entdeckte dort in den 80-er Jahren bei einem Angelurlaub die Blauflossenthune und legte mit seinem ersten Fang, einem 171 kg schweren Fisch, den Grundstein für den guten Ruf Jezeras. Mittlerweile drängen sich im Hochsommer dutzende Angelboote in dem kleinen Hafen. Sogar aus Holland und Skandinavien trailern Urlauber ihre Boote zum Thunfischfang nach Jezera.

Georg Blaenich, den man auch die „Graue Eminenz von Jezera“ nennt, bietet noch immer seine Dienste als Charterboot-Skipper an. Nun aber nur noch mit einem kleineren Boot zur individuellen Betreuung einzelner Gäste. Ein sehr erfolgreicher und zuverlässiger Charterboot-Skipper vor Ort ist Ivan Babic (→Mit Profis zum Fisch)

Ob nun von Jezera, Šibenik oder Vodice aus: Die Angler haben alle ein Ziel: die Gewässer südwestlich der Insel Žirje. Vor Žirje fällt der Meeresgrund auf rund 200 m ab. Dort, südwestlich vor dem Leuchtturm von Blitvenica, finden sich im Sommer manchmal dutzende Boote zum Driftfischen auf Blauflossenthune ein.

Zum Saisonauftakt sind weniger, aber dafür größere Fische da. Im September kommt es zu einem Run kleinerer Fische. Bei gutem Wetter kann bis Ende November geangelt werden. Mehrere Bluefins pro Tag und Boot sind möglich. In Vollmondwochen (wenn Thune meist nachts fressen) kann Grundfischen in 150 m Tiefe mit Naturködern viel Spaß bringen, etwa auf eine Delikatesse der Adria, den Großen Roten Drachenkopf (Scorpaena scrofa), auch Meersau genannt. Wer es schwerer mag: Dicke Muränen und Conger bis 1,8 m Länge wurden auch schon erbeutet.

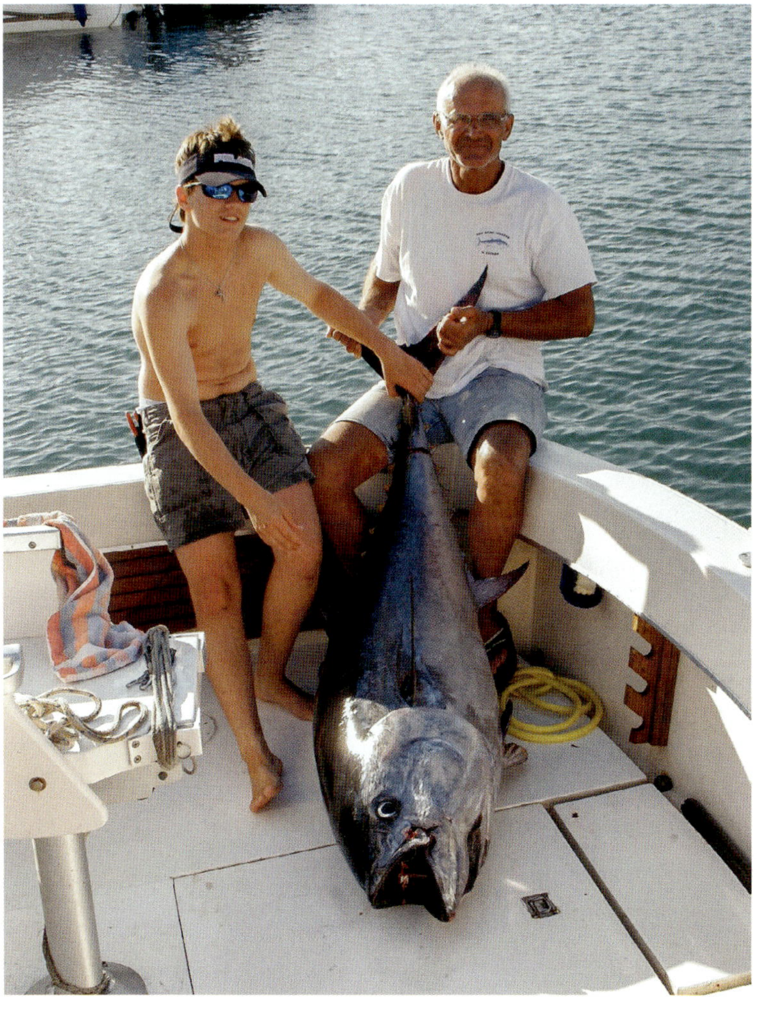

Georg Blänich ist Charterkapitän der ersten Stunde und am besten über Handy zu erreichen: 00385 918 901 007.

Mit Profis zum Fisch

Damir Brajcovic – Šibenik

Wer die immer noch wegen Überfischung gefährdeten Blauflossenthune lieber markieren und zurücksetzen will, anstatt sie tot zu sehen, ist bei Skipper Damir Brajcovic bestens aufgehoben. Aber nicht nur deshalb. Damir operiert von Šibenik aus und kann sowohl die Fanggebiete in Richtung Zadar oder Jezera anfahren. Seine große Spezialität ist das Winterfischen auf Amberjack mit lebendem Kalmar in Tiefen von etwa 80-100 m. Dafür nutzt er ein zusätzlichen leisen E-Motor. Er mit dem GPS gekoppelt und lässt das Boot auch auf einer Stelle stehen, perfekt zum Fischen über Abbruchkanten.

Damir beherrscht das im Kroatischen „Panula" genannte Schleppfischen meisterlich. Das Rig für die lebenden Kalmare besteht aus drei Haken, wovon die oberen beiden auf dem Vorfach verschoben werden können (siehe →Mit Kalmaren fischen).

Kontakt:
www.tunabird.eu
Tel.: +385 91 628 0200
Email: tunabirdsibenik@gmail.com

Damir muss früher mal selbst ein Fisch gewesen sein. So gut fängt er mit seiner 8 m langen „Cranitic", ob im Sommer Thune oder große Amberjacks im Winter.

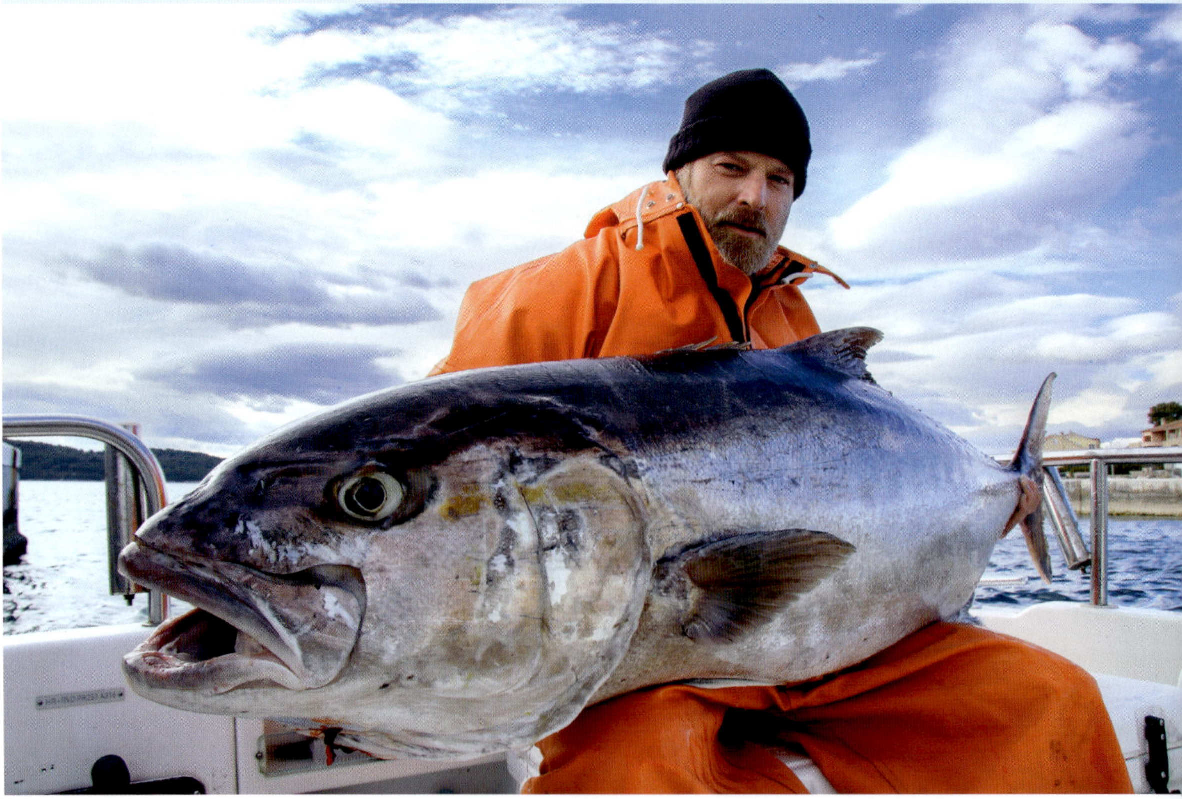

Auf seine großen Thune ist Skipper Ivan Babic besonders stolz. Das Durchschnittsgewicht der Fische liegt meist um 40–50 kg.

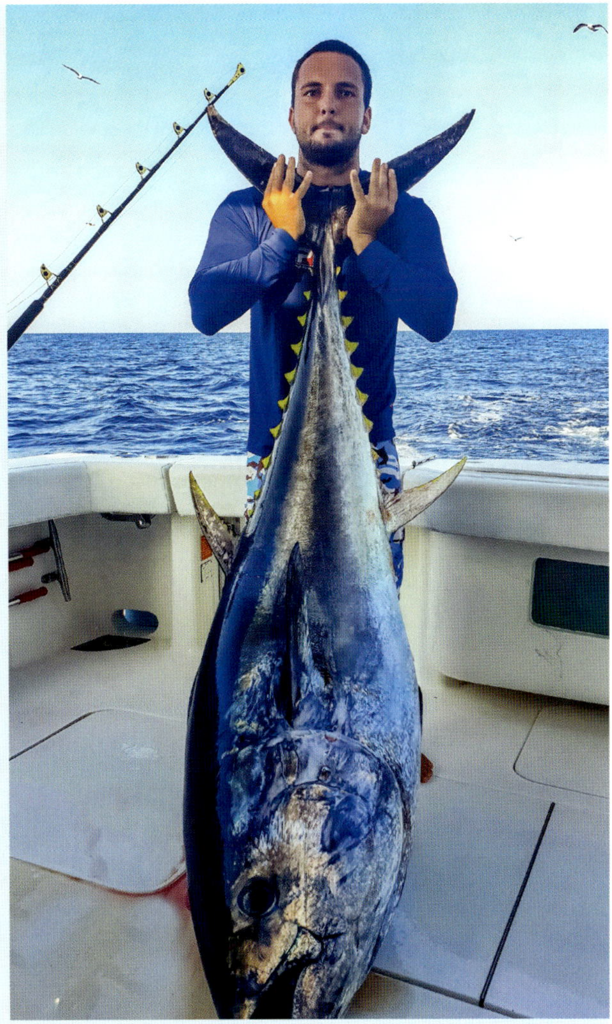

Ivan Babic – Jezera

Skipper Ivan Babic ist ein Glücksfall für all jene, die vor Jezera auf Bluefins angeln möchten. Dass Ivan (Jahrgang 1991) die richtigen Gene von seinem Vater, dem Berufsfischer Marinko, geerbt hat, zeigt die Karriere des heutigen Profis: „Den ersten Fisch fing ich als kleiner Bub, es war ein Hecht", erinnert er sich. Später durfte er mit dem Vater zum Grundangeln hinaus aufs Meer und erlebte als Teenager ein Highlight, von dem viele Angler ein Leben lang träumen: „Ich war 14 Jahre alt und hatte den ersten Blauflossenthun am Haken. Es war ein Riese, und mein Vater wollte mir zuerst schon die Rute aus der Hand nehmen. Ich weigerte mich und drillte zwei Stunden lang im Stand Up, bis der Thun aufgab. Er war 2,3 m lang und wog 160 kg!"

Klar, dass der Junge ‚infiziert' war. Ivan ging bei seinem Vater, einem der ersten Berufsfischer auf Thun, in die Lehre und ist nun seit 2009 Profi und Charterbootkapitän. Die Fänge seiner Gäste sind beeindruckend: Der bislang schwerste Thun – gefangen am 50-er Gerät – wog 230 kg, gefolgt von Fischen mit 190 und 160 kg.

Ivan unterhält zwei Boote: Die 9 m lange „Calypso" mit einer Cruising Speed von 28 (!) Knoten ist mit modernster Elektronik ausgerüstet. Bis hin zu einem Fishfinder, der mit seinem Airmar Transducer auch die Abbruchkante vor der Insel Žirje ausleuchtet. Dort, wo die Thune und Schwertfische im Sommer langziehen. Ein mit dem GPS verbundener E-Motor hält das Boot dann genau an der Kante zu dem 200 m tiefen Loch davor. Bis zu 5 Gäste nimmt Ivan auf der „Calypso" mit.

Das zweite Boot ist die 7,3 m lange und 17 Knoten schnelle „Graal". Ebenfalls perfekt bis hin zum Minkota-Stellmotor ausgestattet, nutzt Ivan sie mit maximal 3 Gästen vor allem zum Angeln auf Amberjack und Zahnbrassen im Winter.

Ivan bietet auch familienfreundliches Angeln mit leichtem Gerät (20 lb) an: In den Sommermonaten Juli/August stehen die Fische tief, dann bringt den Kiddies leichtes Grundangeln mit Naturködern den meisten Spaß. Im Juni können sich Teenager auch an kleinen Blauflossenthunen messen, die beim Chumming oder Trolling mit Wobbler gefangen werden. Und im Juni gehen auch noch Große Gabelmakrelen beim Schleppfischen mit Lebendköder an den Haken. Die Saison für diese kampfstarken Fische startet Ende September. Dies gilt auch für das Angeln mit Lebendköder und Jigs auf Zahnbrassen und Amberjack.

Kontakt:
Ivan Babic
Email: tuna.com@live.com
Tel.: +3859 9803 8333
Instagram: @bicba991

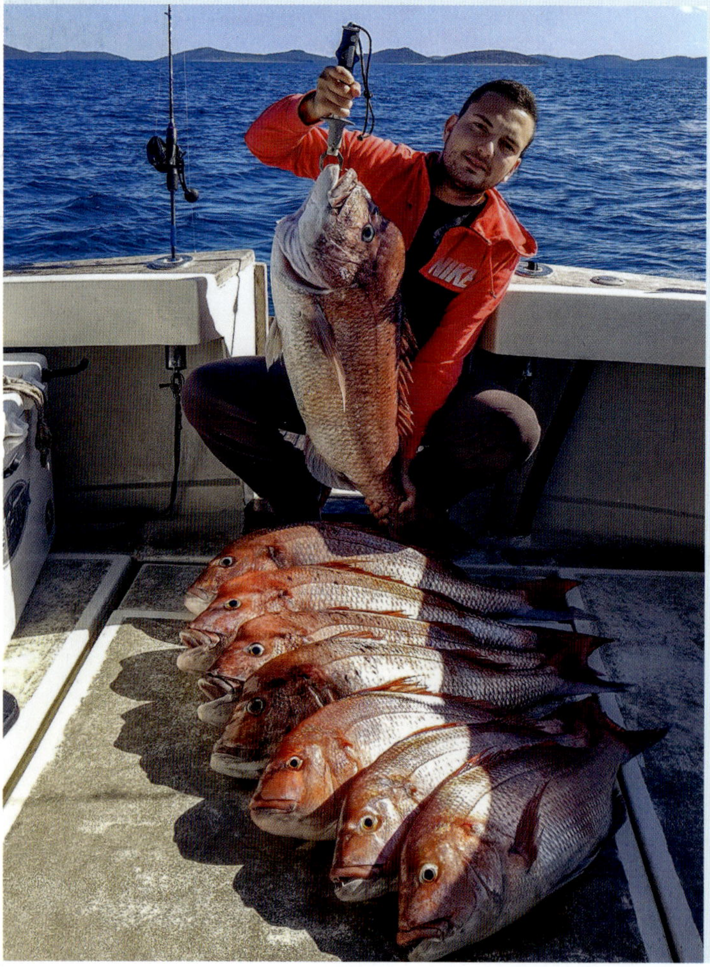

Große Zahnbrassen! Stimmen Jahreszeit, Ort und Methode sind solche Fänge möglich. Der Fisch mit der „Beule" am Kopf, den Ivan hochhält, ist eine →Dickkopf-Zahnbrasse.

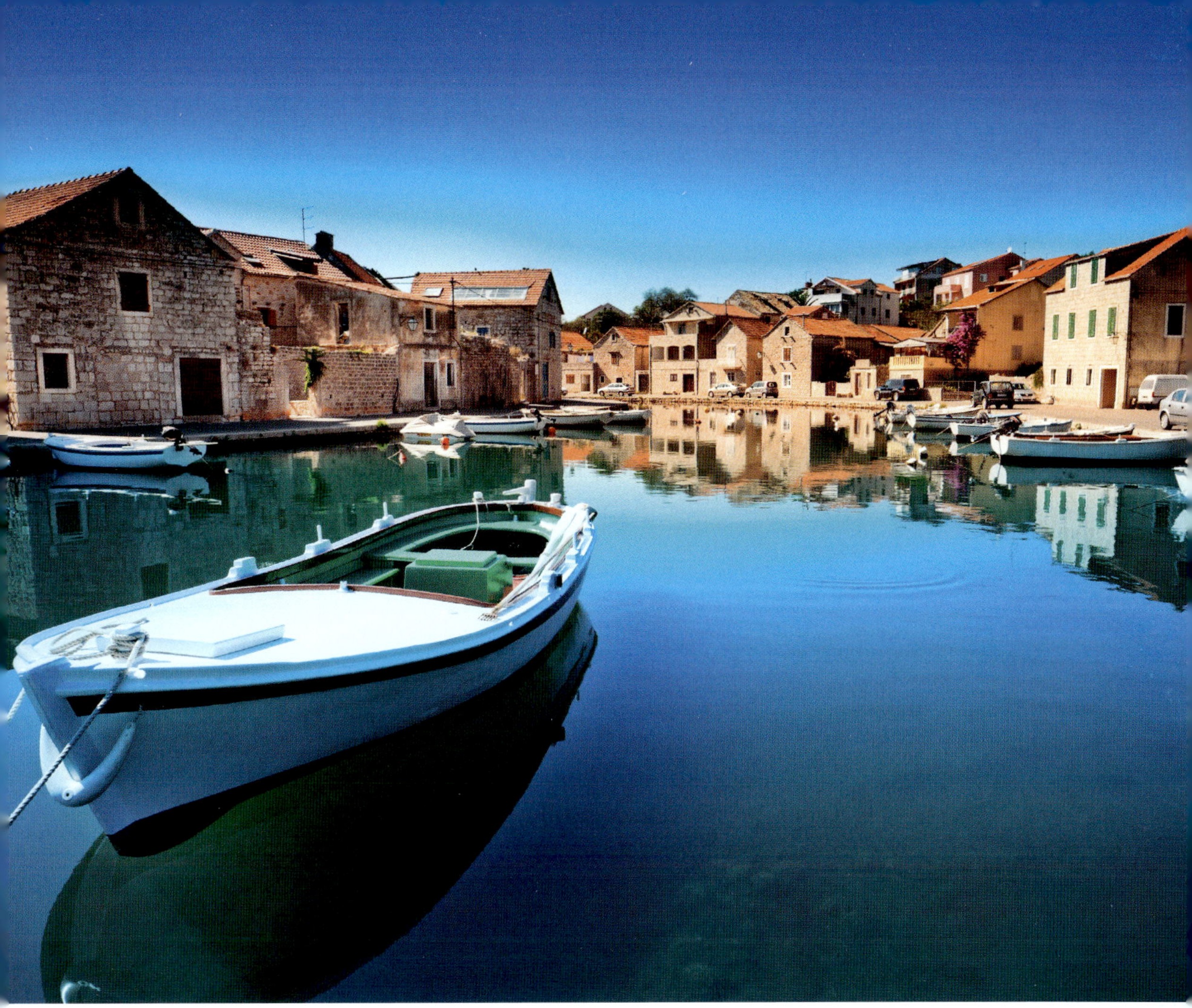

Südliche Adria

Etwa 60 km südsüdwestlich von Split liegt die Insel Vis und im Südwesten dieser Insel das Eiland Budikovac. Dort findet sich im Osten vorgelagert die Untiefe Plic Pokrivena sowie weitere Unterwasserberge, die gutes Fischen auf Amberjacks und Zahnbrassen ermöglichen.

Gut 100 km südöstlich von Split liegt die kleine Hafenstadt Ploče mit der Mündung der Neretva. Deren Flachwasserzonen sind Jagdrevier für große Blaufische, Wolfsbarsch und Große Gabelmakrelen.

Auf etwa halber Höhe zwischen Ploče und Dubrovnik befindet sich die Insel Mljet. Sie ist noch voller Wald und zeigt, wie die kahlen Kornaten einst ausgesehen haben. Die Westküste der Insel zählt zum Nationalpark Mljet. Angeln ist dort verboten. An der Südspitze der Insel können aber große Zahnbrassen und Rotbrassen gefangen werden. Zudem ist saisonal gutes Fischen auf Little Tunny möglich.

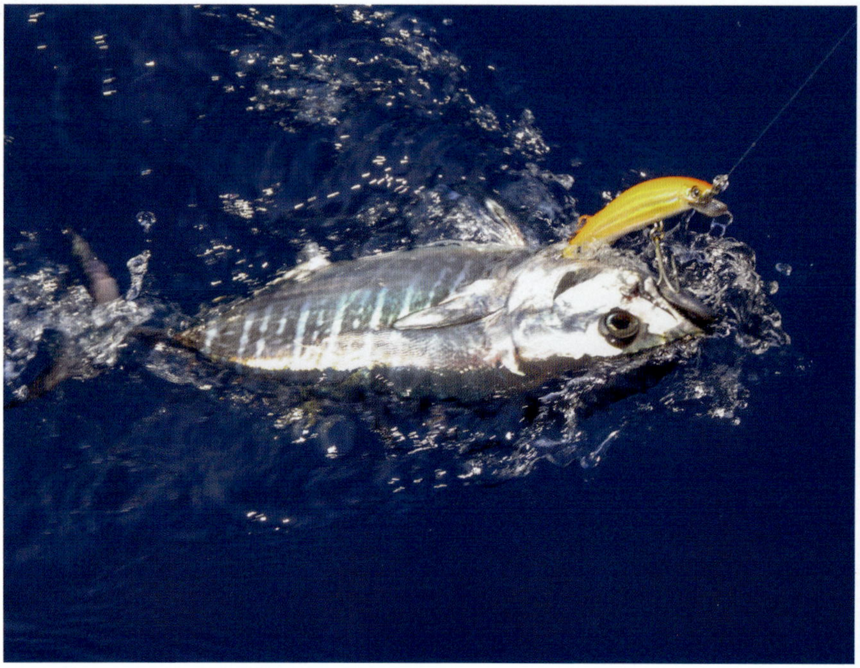

Im September geraten beim Schleppfischen mit kleinen Wobblern oftmals Baby-Bluefins an die Haken. Dann sollte man sie schonend zurücksetzen und den Angelplatz wechseln, falls die Thune in Schwärmen unterwegs sind.

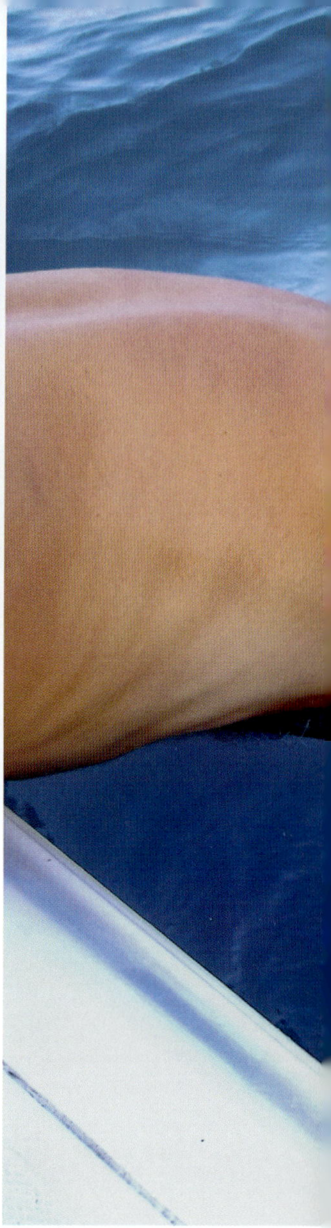

Wie schwer ist mein Fisch?

Um das Gewicht eines Blauflossenthuns einigermaßen gut zu schätzen, braucht man Erfahrung. Und trotzdem wollen Angler wissen, wie schwer ihr womöglich erster Thun war. Dazu muss man wissen, wie lang sie sind. Weil sich Thune nach dem Drill an der Bordwand meist ruhig verhalten, kann ihre Länge mit einem Stück Schnur schnell festgestellt werden. Gemessen wird in cm vom Maul bis zum Ende der Schwanzwurzel. Die folgenden Daten stammen von Thunen, die von Berufsfischern verwogen wurden. Gleichwohl sind es nur Anhaltswerte, denn das Gewicht der Thune kann je nach Futterangebot variieren, aber auch, ob sie vor oder nach der Laichzeit gefangen wurden

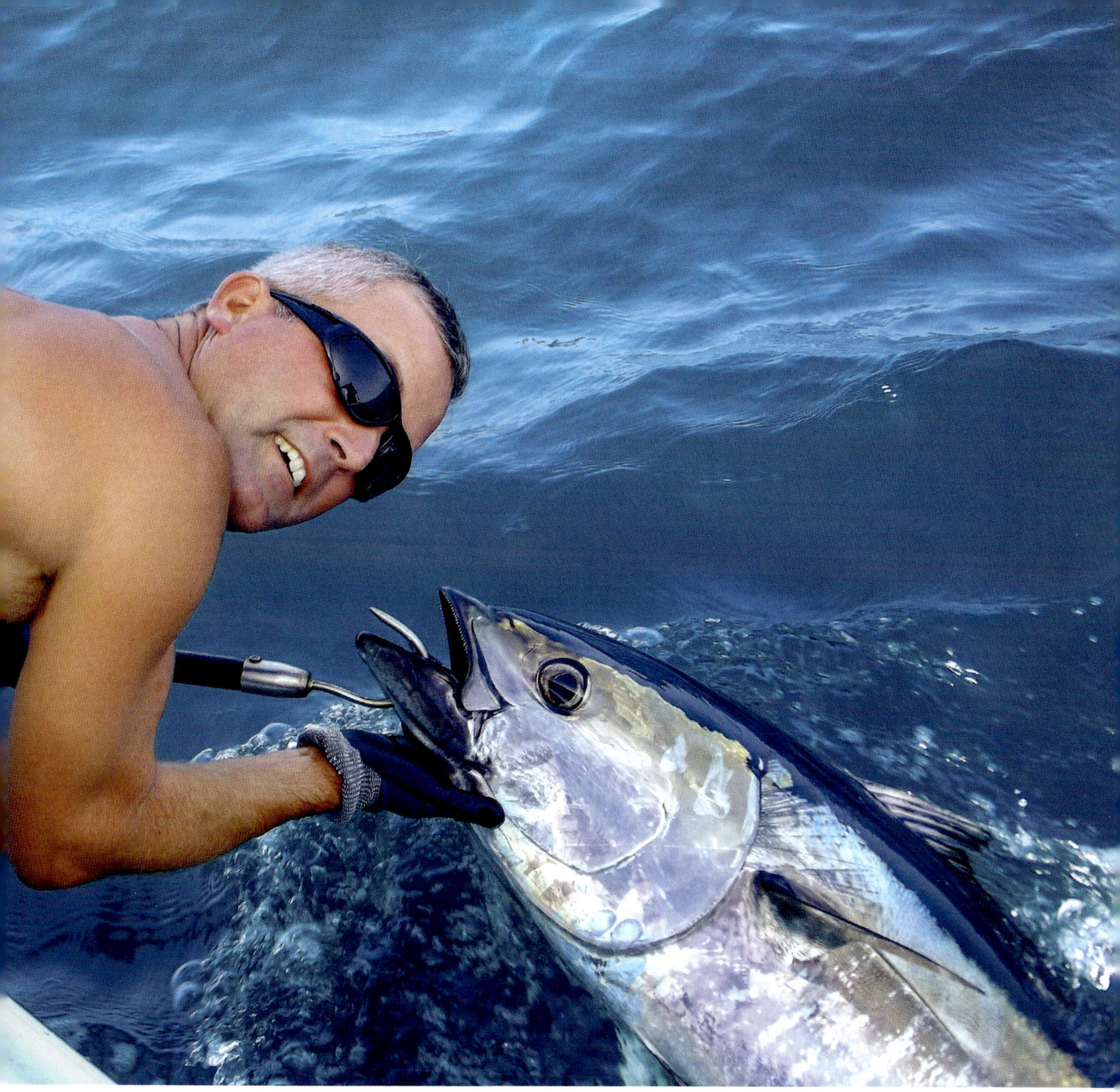

Länge in cm	Gewicht in kg	Länge in cm	Gewicht in kg	Länge in cm	Gewicht in kg
120	28	140	47	170	89
125	32	146	53	180	107
130	36	150	58	202	135
135	40	155	64	233	230

Wrackangeln vor Kroatien

Wrackangeln kann abends/nachts erfolgreich sein, tagsüber eher nicht. Je tiefer die Wracks liegen, desto größer sind die Fische. Vor allem Drachenköpfe und Conger können dort gefangen werden. Die Erwartungen aber bitte nicht zu hoch schrauben, einheimische Angler kennen die Koordinaten seit vielen Jahren und ihr Befischungsdruck ist hoch.

1. **Kalliopi:** Der 133 m lange Frachter liegt an der Insel Cres in einer Tiefe von 49–60 m. Koordinaten: 45° 09.267‘ N – 14° 15.850‘ E (auf 30 m genau)
2. **Guiseppe Dormio:** Der Frachter ist 74 m lang und liegt auf 50 bis 65 m im Kanal zwischen dem Festland und Cres. Koordinaten: 45° 7.667‘ N – 14° 15.187‘ E
3. **Baron Gautsch:** Der 85 m lange Passagierdampfer liegt 6 sm südwestlich des Leuchtturms „Sveti Ivan na Pucini" (auf der Höhe von Pula) in einer Tiefe von 37–41 m. Koordinaten: 44° 56.387‘ N – 13° 34.579‘ E
4. **Argo:** Das in zwei Teile zerbrochene Kühlschiff ist 52 m lang und liegt etwa 5 sm östlich des Kaps Crna Punta in 44–50 m Tiefe. Koordinaten: 44° 52.155‘ N – 14° 12.029‘ E (Bug); 44° 52.162‘ N – 14° 12.067‘ E (Heck)
5. **LUANA:** Der 68 m lange Frachter liegt zwischen 42 und 50 m Tiefe südöstlich vom Kap Premantura. Koordinaten: 44° 42.117‘ N – 13° 59.800‘ E (auf 40 m genau)
6. **Albanien:** Der 65 m lange Dampfer liegt in 60–75 m Tiefe westlich von Jakišnica auf der Insel Pag. Koordinaten: 44 °37.743‘ N – 14° 44.948‘ E
7. **ALDENHAM:** Der britische Zerstörer ist in zwei Teile zerbrochen. Sie liegen in etwa 80 m Tiefe westlich von Pag sowie nordwestlich von der Insel Skrda. Koordinaten: 44° 29.818‘ N – 14° 50.250‘ E; 44° 29.865‘ N – 14° 49.898‘ E
8. **PASCOLI:** Der 99 m lange Dampfer liegt auf 40–61 m Tiefe südlich der Insel Susak und beherbergt größere Fische. Koordinaten: 44° 19‘ 33.4" N – 14° 20‘ 24.5" E
9. **Brioni:** Der 68 m lange Frachter liegt auf der Südseite der Insel Ravnik, unmittelbar neben dem Kap Jezera, etwa 50 m von der steilen Küste entfernt. Die Tiefe von 45 bis 61 m ist ideal zum Angeln auf Große Drachenköpfe und andere Arten. Koordinaten: 43°0.86‘ N – 16° 20‘ E

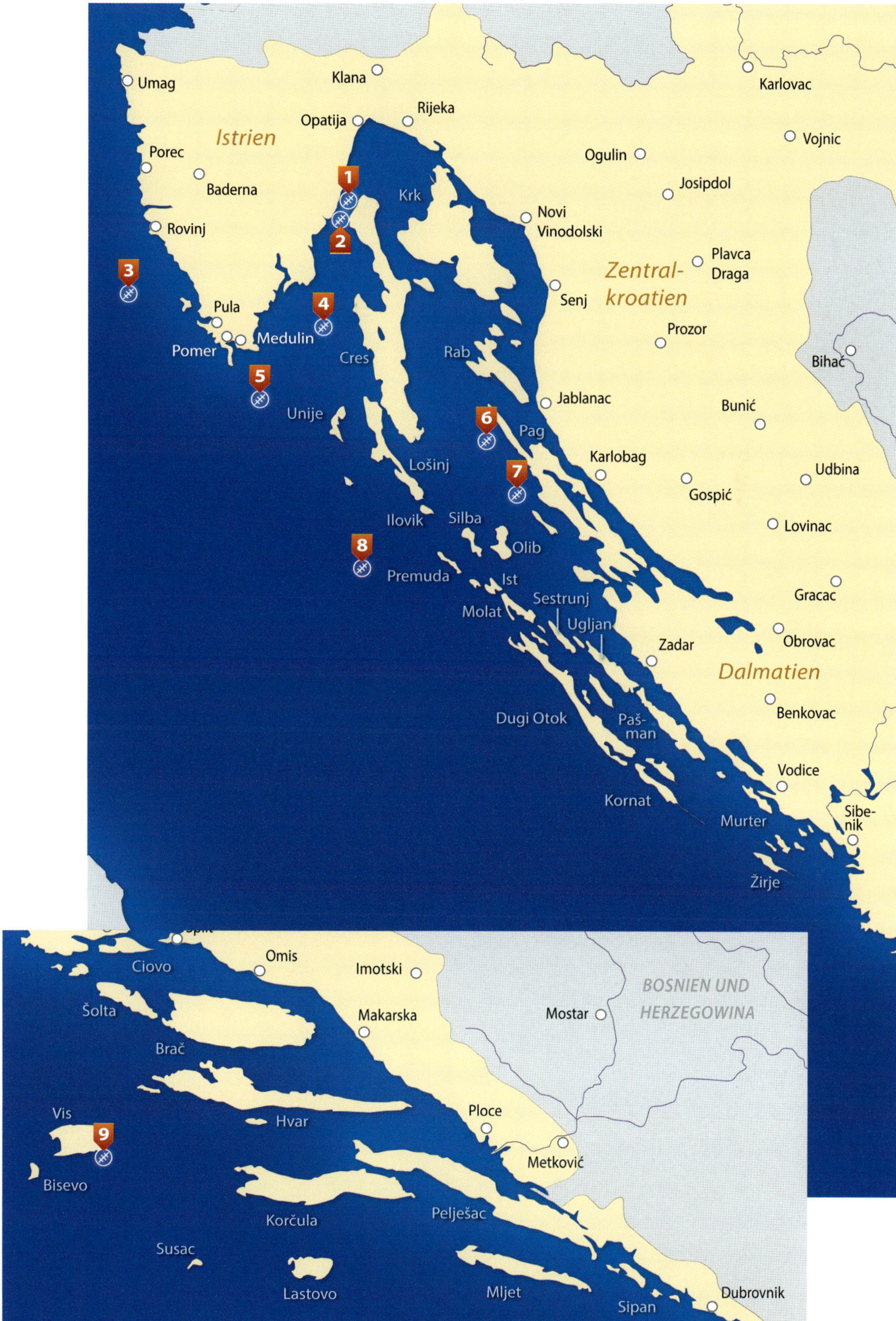
Umag
Klana
Karlovac
Opatija
Rijeka
Istrien
Porec
Baderna
Rovinj
Vojnic
Ogulin
Josipdol
Krk
Novi
Vinodolski
Plavca
Draga
Zentral-
kroatien
Senj
Pula
Medulin
Pomer
Cres
Rab
Prozor
Bihać
Unije
Jablanac
Bunić
Pag
Lošinj
Karlobag
Gospić
Udbina
Ilovik
Silba
Lovinac
Olib
Premuda
Ist
Gracac
Sestrunj
Molat
Ugljan
Zadar
Obrovac
Dalmatien
Benkovac
Dugi Otok
Paš-
man
Vodice
Kornat
Murter
Sibe-
nik
Žirje
1
2
3
4
5
6
7
8
9
Ciovo
Omis
Imotski
Šolta
BOSNIEN UND
HERZEGOWINA
Makarska
Mostar
Brač
Vis
Hvar
Ploce
Metković
Bisevo
Korčula
Pelješac
Susac
Lastovo
Mljet
Sipan
Dubrovnik

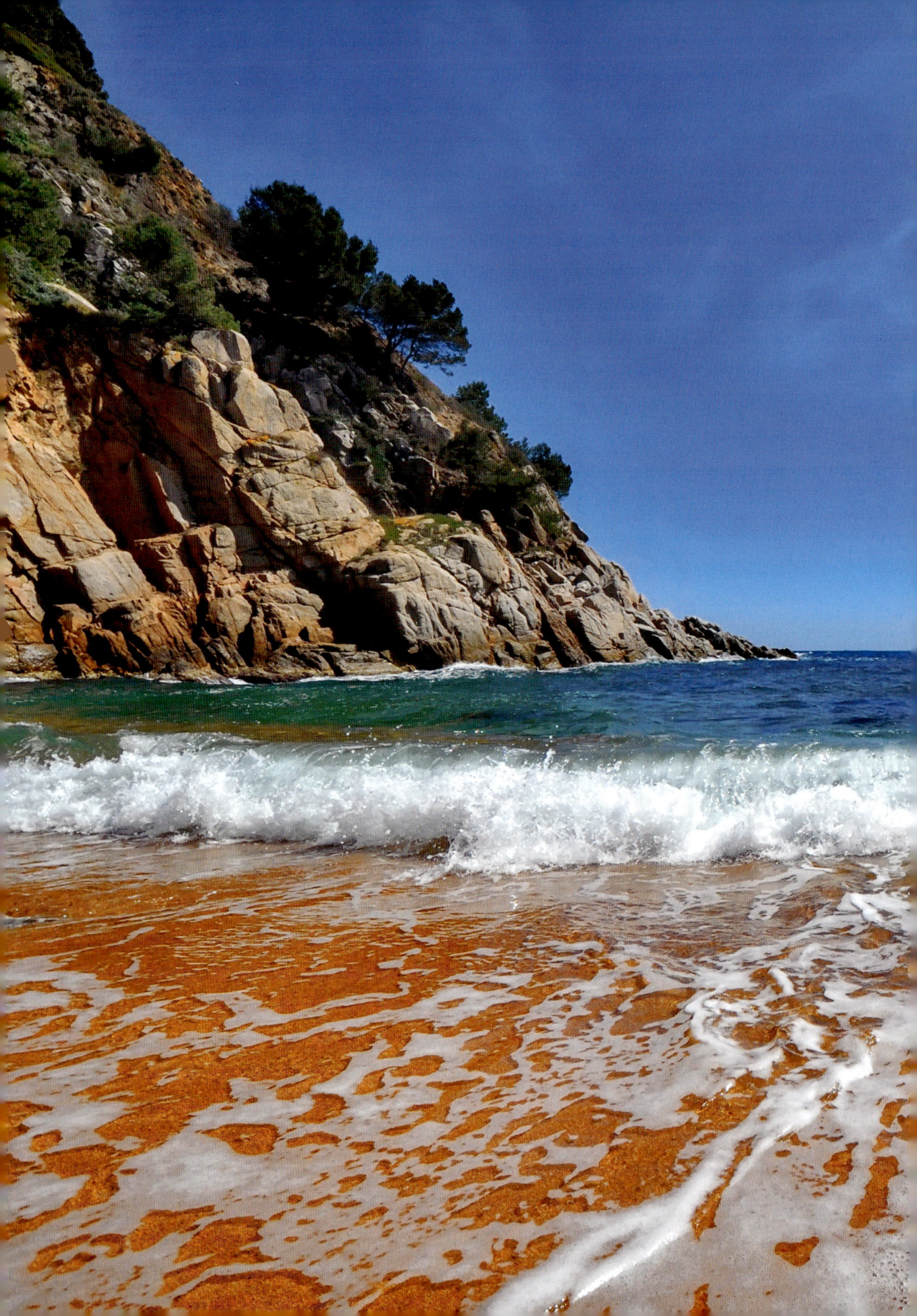

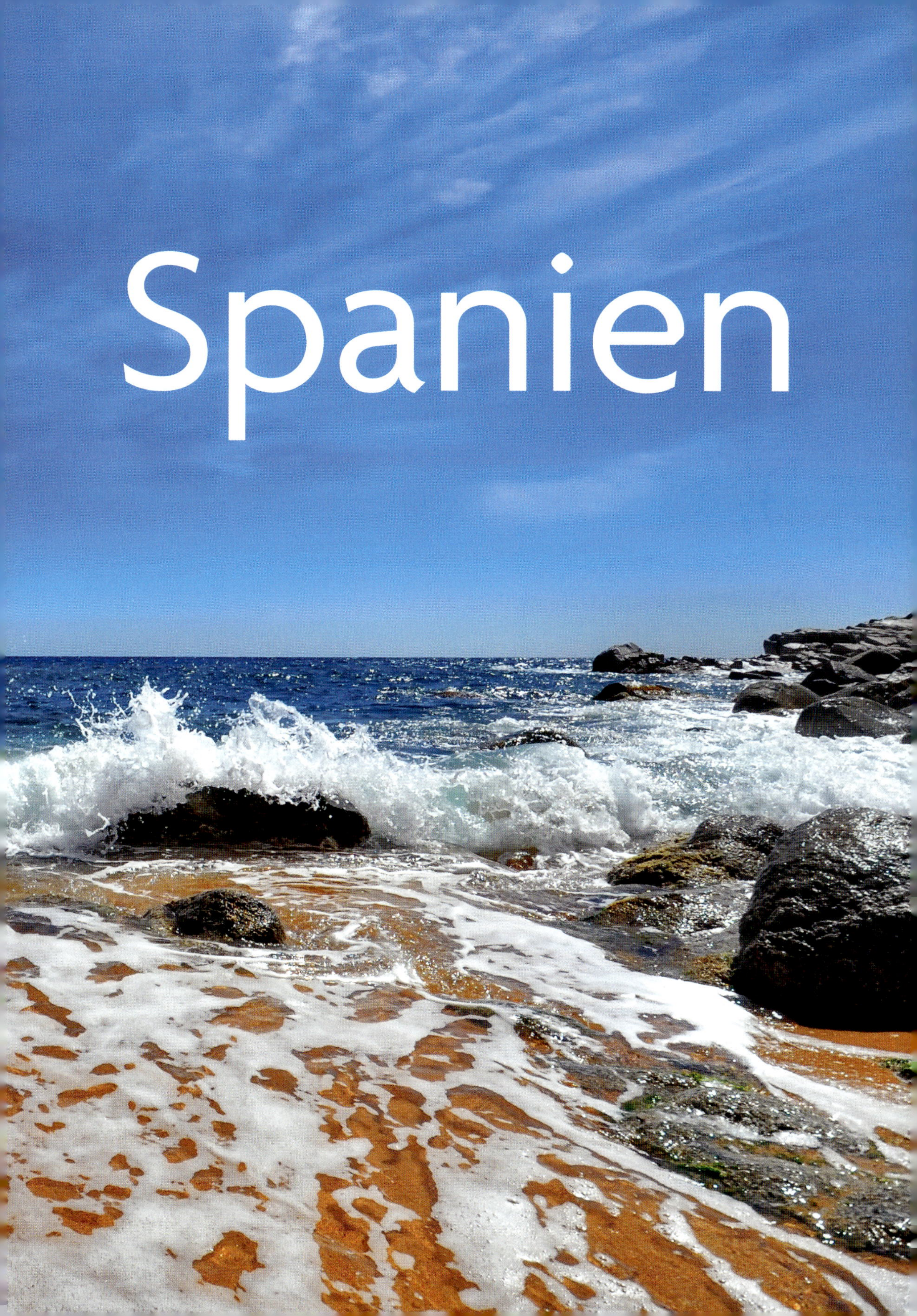
Spanien

An Spaniens Mittelmeerküste liegen zahlreiche gute Angelreviere. Etwa in Valencia, dort vor der Küste ziehen von Mitte Juni bis Mitte Juli über 200 kg schwere Blauflossenthune zu ihren Laichgebieten um die Balearen. Ein Anbieter für dieses herausfordernde Fischen ist Adrian Vidal (greenflakefishing.com) mit seinen Wellcraft-Booten.

An der Küste gibt es allerdings nur wenige gute Destination, wo Urlauber geeignete Angelboote mit Rutenhaltern und Echolot mieten können. Eine große Ausnahme ist das fischreiche Ebro-Delta. Deshalb steht es hier an erster Stelle.

Voraussetzung, um überhaupt in Spanien angeln zu können, ist der Erwerb der „Licencia de pesca recreativa". Dieser Erlaubnisschein ist auf allen Rathäusern, bei den Bootsverleihern und Angelgeschäften erhältlich. Die Lizenz wird immer für mindestens ein Jahr erteilt und mit ihr darf man in allen Binnen- und Küstengewässern Kataloniens angeln. Für den Fang der Blauflossenthune ist sogar eine separate Erlaubnis erforderlich, und sie gilt sie nicht für Personen, sondern für Boote.

Allgemeine Fangzeiten am Ebro-Delta

Blauflossenthun

Ende Juni bis Oktober

Gewicht: meist 35–60 kg, bis 500 kg,

Technik: Driften mit Sardine, Popping

Große Gabelmakrele (Palometa)

Ende Mai bis Oktober, die großen später

Gewicht: 8–30 kg

Technik: Trolling mit Köderfisch, Kunstköder, Spinnfischen

Blaufisch (Bluefish)

April und Oktober

Gewicht: Bis etwa 10 kg

Technik: Schlepp- und Spinnfischen mit Kunstködern

Wolfsbarsch

Oktober bis Mai

Gewicht: 2–10 kg

Technik: abends mit Wobbler und Gummifisch

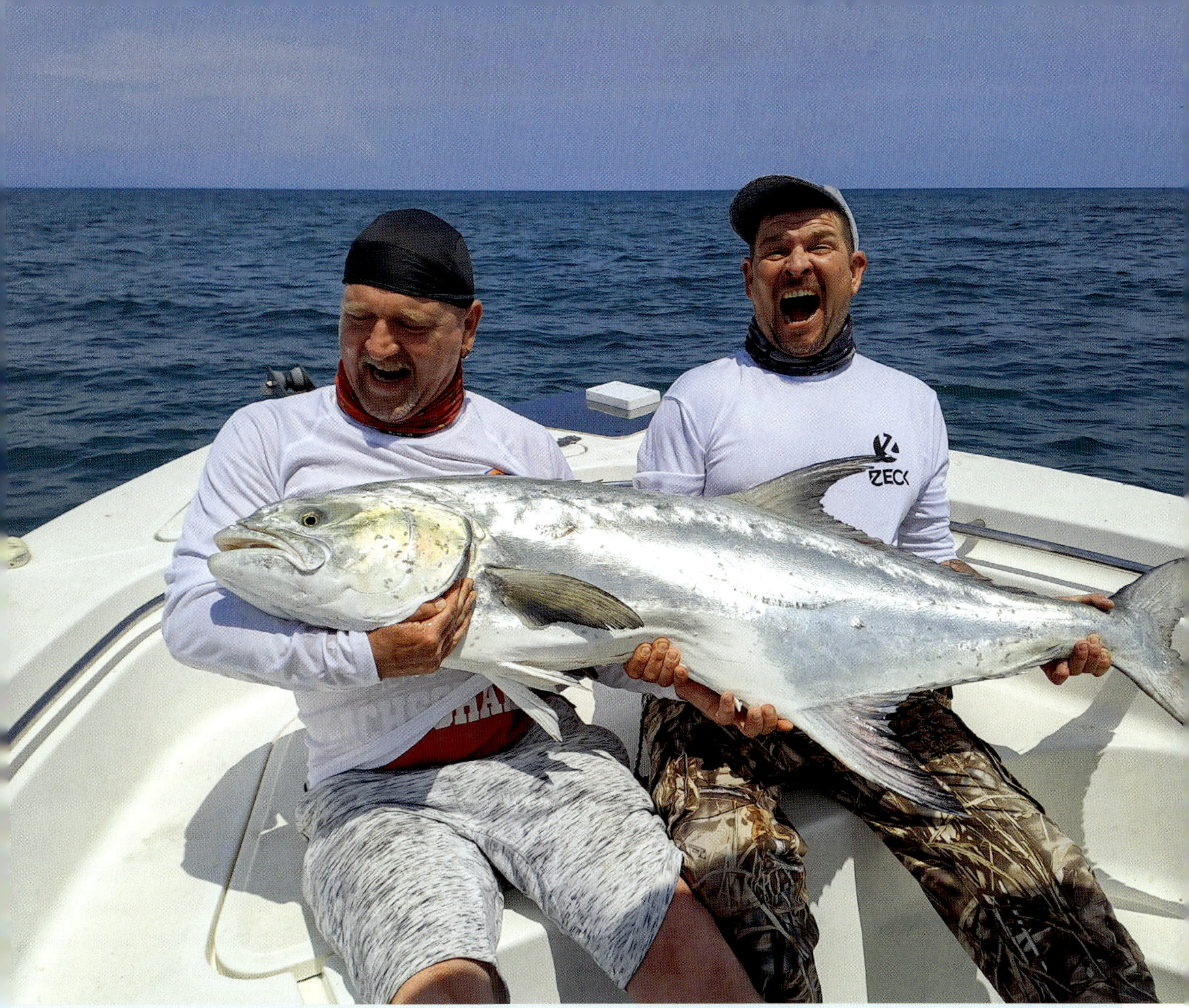

Bernsteinmakrele (Amberjack)

September/Oktober

Gewicht: bis 50 kg

Technik: Jiggen, Trolling

Falscher Bonito (Little Tunny)

Ab Mai/Juni

Gewicht: bis 15 kg

Technik: Trolling mit Kunstködern

Fregattmakrele

Juni bis Anfang Oktober

Gewicht: 1–2 kg

Technik: Naturköder, kleine Kunstköder

Atlantischer Bonito

Juni bis Oktober

Gewicht: bis 6 kg

Technik: Trolling mit Kunstködern

Makrelen

Sommermonate

Gewicht: bis zu 2 kg

Technik: Paternoster, kleine Kunstköder, Fliegenrute

Goldmakrele (Dorado)

August bis Oktober

Größe: bis zu 1 m lang

Technik: Trolling mit Kunstködern

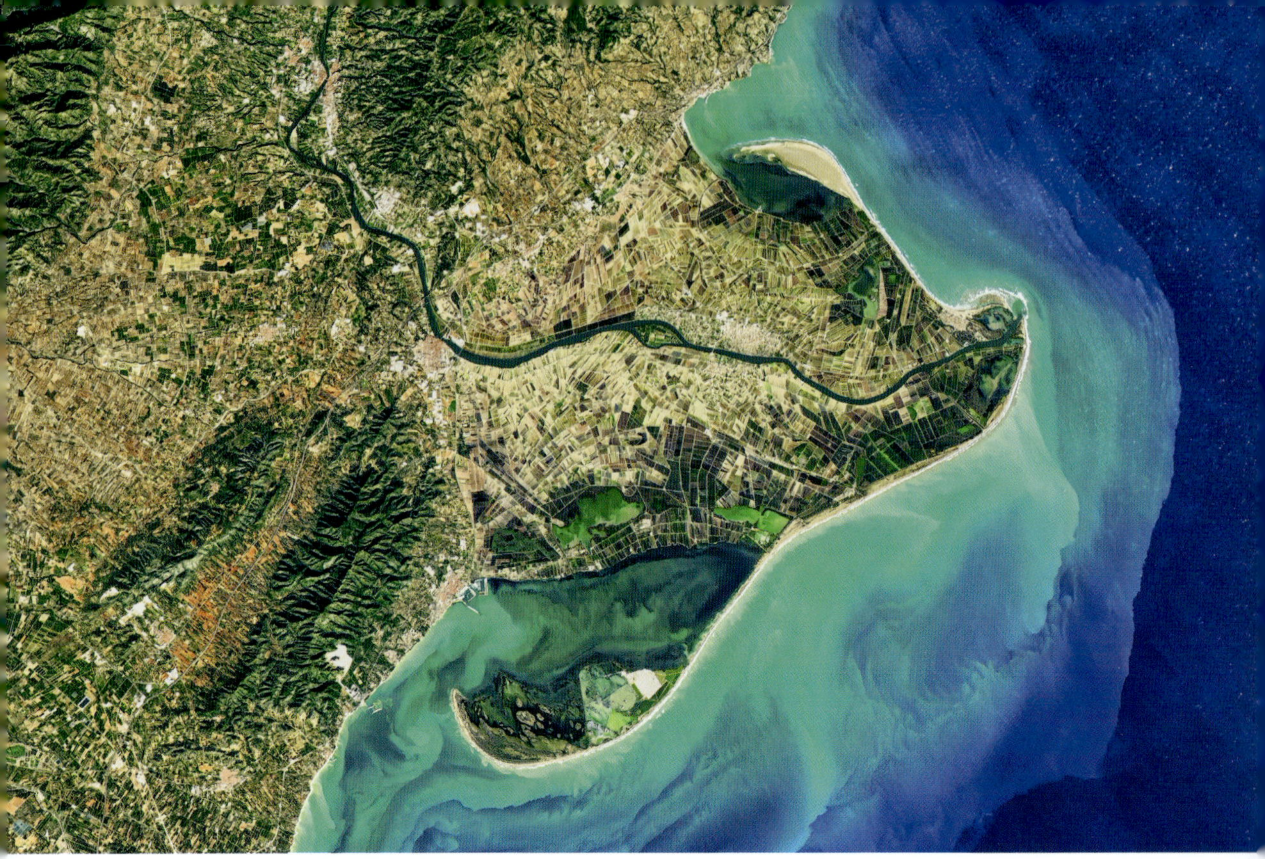

Algenblüte vor dem flachen Ebro-Delta. Sie ist die Basis der gesamten Nahrungspyramide schon früh im Jahr.

Ebro-Delta

Für Angler ist der Ort Riumar am Ebro-Delta die wichtigste Destination. Riumar liegt an der katalanischen Küste, etwa 180 km südwestlich von Barcelona. Das Delta verdankt seine Existenz der rund 4000 Jahre alten Landwirtschaft: Über unzählige Bewässerungskanäle haben sich im Lauf der Zeit immer mehr Sedimente abgelagert und das Land so über die Zeit rund 20 km ins Meer hinausgeschoben. Der Fluss bringt zudem viele Nährstoffe. Sie sind die Nahrungspyramide von Algen und Zooplankton bis hin zu Futterfisch für die großen Räuber.

Das Delta und das Meer unmittelbar davor gehören deshalb zu den fischreichsten Gebieten des Mittelmeers. Im Fluss tummeln sich kapitale Welse, in der Brackwasserzone Wolfsbarsche und Bluefish, zudem werden im offenen Meer seit der Erholung der Thunfischbestände wieder regelmäßig 40–60 kg schwere Bluefins gefangen. Vereinzelt erreichen die Fische ein Gewicht von 200 kg und mehr. Der bislang schwerste Thun wog 2015 über 500 kg! Er wurde allerdings bei der umstrittenen Fischerei an den Mastkäfigen gehakt.

Dass solche Giganten überhaupt gelandet werden können, liegt an dem für dieses Delta so typisch flachen Wasser. Darüber hinaus bietet Riumar eine exzellente Fischerei auf Palometa (teils in Weltrekordgrößen).

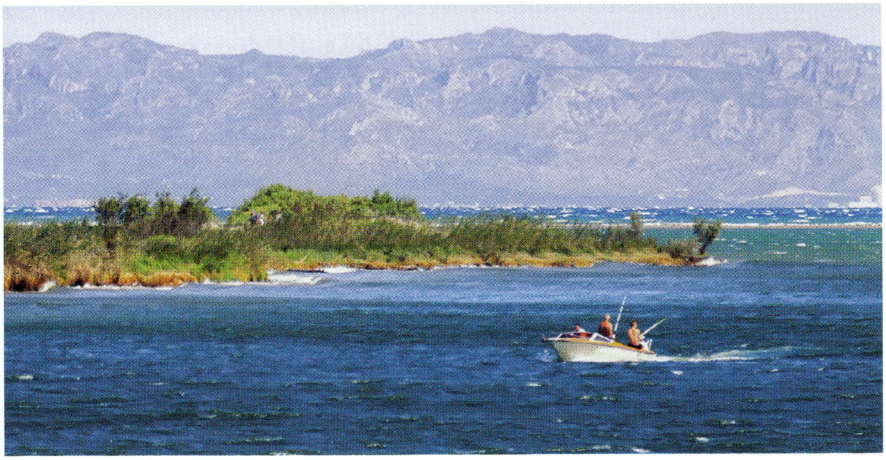

Im Hintergrund sind sie zu erahnen: Wind türmt vor dem Delta oft steile Kreuzseen auf. Dann kann nur im Mündungsbereich geangelt werden.

Allerdings hat das flache Delta einen erheblichen Nachteil. Es gibt dort von keiner Seite Windschutz wie andernorts durch Küstengebirge. So manche Angeltage fallen deshalb dem Wetter zum Opfer. Wind kann in der flachen Mündung zudem so steile Wellen auftürmen, dass ein Herauskommen aus dem Delta (und der Weg zurück) für kleinere Boote sehr schwierig wird. Das Risiko ist insoweit relativ groß, während eines einwöchigen Aufenthalts nicht zum Angeln zu kommen. Deshalb sollten zumindest zwei Wochen eingeplant und an windigen Tagen die Umgebung erkundet werden: Nur wenige Kilometer nördlich von der touristisch eher reizlosen Urlaubersiedlung Riumar liegen die Orte L'Ampolla und L'Ametlla de Mar mit schönen Stränden, Flaniermeilen und guten Angelrevieren direkt vor der Küste.

Apropos Tackle: Wer mit dem Auto ans Delta fährt, kommt zwangsläufig an Barcelona vorbei. Dort findet sich (unweit vom sehenswerten Meeresaquarium) der „Game Fisher"-Shop, eines der günstigsten Angelgeschäfte in der EU! Ein Blick vorab auf die Seite www.game-fisher.com lohnt sich.

Die guten Plätze vor dem Delta zu finden, ist herausfordernd. Das Revier weist sehr wenige Strukturen auf, zudem wird es durch den Sedimenteintrag und die Herbst- und Winterstürme jedes Jahr grundlegend verändert. Fischträchtige Stellen (Untiefen) verschwinden einfach übers Jahr und neue tauchen aus dem Nichts auf. Selbst Waypoint-Koordinaten von fängigen Plätzen haben äußerst kurze Halbwertzeiten. Dies gilt zudem für einige Wracks, die bereits völlig von Sand und Schlick bedeckt sind. Anfängern ist deshalb dringend empfohlen, zunächst für einige Tage mit einem erfahrenen Guide auf Tour zu gehen, bevor sie es auf eigene Faust versuchen.

Am Delta sind Dienstleister auf die Bedürfnisse von Anglern längst eingestellt. Der bekannteste, „Housing & Fishing" in Riumar, bietet Guiding an und verleiht über 20 Boote mit Echolot und Rutenhaltern. Das größte ist 7,5 m lang, angetrieben von 2 x 125 PS. Der Service für Angler reicht bis ans Land. Die Bellaubi Familie vermittelt zudem 18 Ferienhäuser mit 3–5 Schlafzimmern, alles Einzelhäuser mit Pool und Einstellplatz fürs Auto (Kontakt: www.housingandfishingjb.com Tel: ++607 2055 22).

Aussichtsreiche Angelstellen

An den ehemaligen Miesmuschelbänken vor L'Ampolla (6) liegt noch genug Struktur am Grund, um auf Bernsteinmakrele (Amberjack) und Zahnbrassen (Dentex) zu angeln. In den flachen Buchten vor L'Ampolla ziehen die großen Austern-Zuchten (8) Zahnbrassen an. Am Leuchtturm (9) kann ebenfalls mit Jig auf Amberjack und Zahnbrassen gefischt werden. Nordöstlich davon ab der Tiefenlinie von 35 m, kommen Goldmakrele, Little Tunnys, Atlantische Bonitos und Makrelen vor.

Die neuen Miesmuschelfarmen liegen nun südlich vom Delta (15). In nur 15 m Tiefe, auch dort schauen Amberjack, Zahnbrassen und Palometa vorbei.

Große Thune werden häufig um die (immer mal wieder zwischen L'Ametlla de Mar und Calafat verlegten) Thunfischmastkäfige (4) abgerissen, weil die Thune in die Verankerungen der Käfige und Bojen flüchten. Unter 130er Tackle sollte man erst gar keinen Versuch wagen. Weiter draußen, an der 50-m-Linie können Thune mit Popper gefischt werden.

An den Ölförderplattformen (11) stehen häufig Thune in allen Größen. Zwischen den Plattformen und der Verladestation liegt ein Jigger-Paradies in 120 m Tiefe auf alle Barscharten. Leider lässt ein Arbeitsschiff dort Angler nicht auf mehr als 100 Meter an die Strukturen heran.

6. **Alte Muschelbänke:** N 40° 47' 42" – E 0° 46' 17.976"; N 40° 48' 11.988" – E 0° 48' 23.976"; N 40° 47' 35.988" – E 0° 51' 36"; N 40° 45' 11.988" – E 0° 53' 59.964"
8. **Aktive Muschelbänke „Bahia del Fangar":** N 40° 46' 17.976" – E 0° 44' 53.988"
9. **Leuchtturm von Riumar:** N 40° 42' 54" – E 0° 55' 35.976"
11. **Ölförderplattform:** N 40° 42' 47.988" – E 1° 21' 18"
12. **Muschelbänke „Sant Carles de la Rápita":** N 40° 37' 5.988" – E 0° 38' 23.964"
15. **Aktive Muschelbank:** N 40° 32' 36.78" – E 0° 33' 34.956"

WRACKS:

3. **SKOGLAND (+1917):** Das 100 m lange Wrack liegt in 75 m Tiefe. Koordinaten auf 100 m bis 1 km genau: N 41° 3' 20.664" – E 1° 10' 19.091"
5. **CAVOUR:** Das Wrack ist 116 m lang und liegt in etwa 45–52 m Tiefe. Lloyds gibt die Position mit 2.5 sm östlich von L' Ametlla de Mar an. Koordinaten auf 100 m bis 1 km genau: N 40°54.811' – E 00°53.999'.
7. **MEDJERDAN (+ 1917):** Das Passagierschiff ist 86 m lang liegt in etwa 70 m Tiefe: N 40° 47.814' – E 0° 55.346'. Die Koordinaten sind ungefähr auf 100 m bis 1 km genau.

1.	N 41° 05' 50.46" – E 1° 14' 16.998"	2.	N 41° 03' 19.08" – E 1° 10' 12.971"
10.	N 40° 43' 0.156" – E 1° 3' 24.156"	13.	N 40° 34' 51.276" – E 0° 51' 59.148"
14.	N 40° 33' 10.08" – E 0° 42' 15.624"	16.	N 40° 27' 48.24" – E 0° 39' 20.808"
17.	N 40° 27' 20.376" – E 0° 31' 55.308"	18.	N 40° 23' 33.108" – E 0° 28' 21.828"
19.	N 40° 21' 55.764" – E 0° 40' 49.62"	20.	N 40° 21' 39.24" – E 0° 27' 31.5"

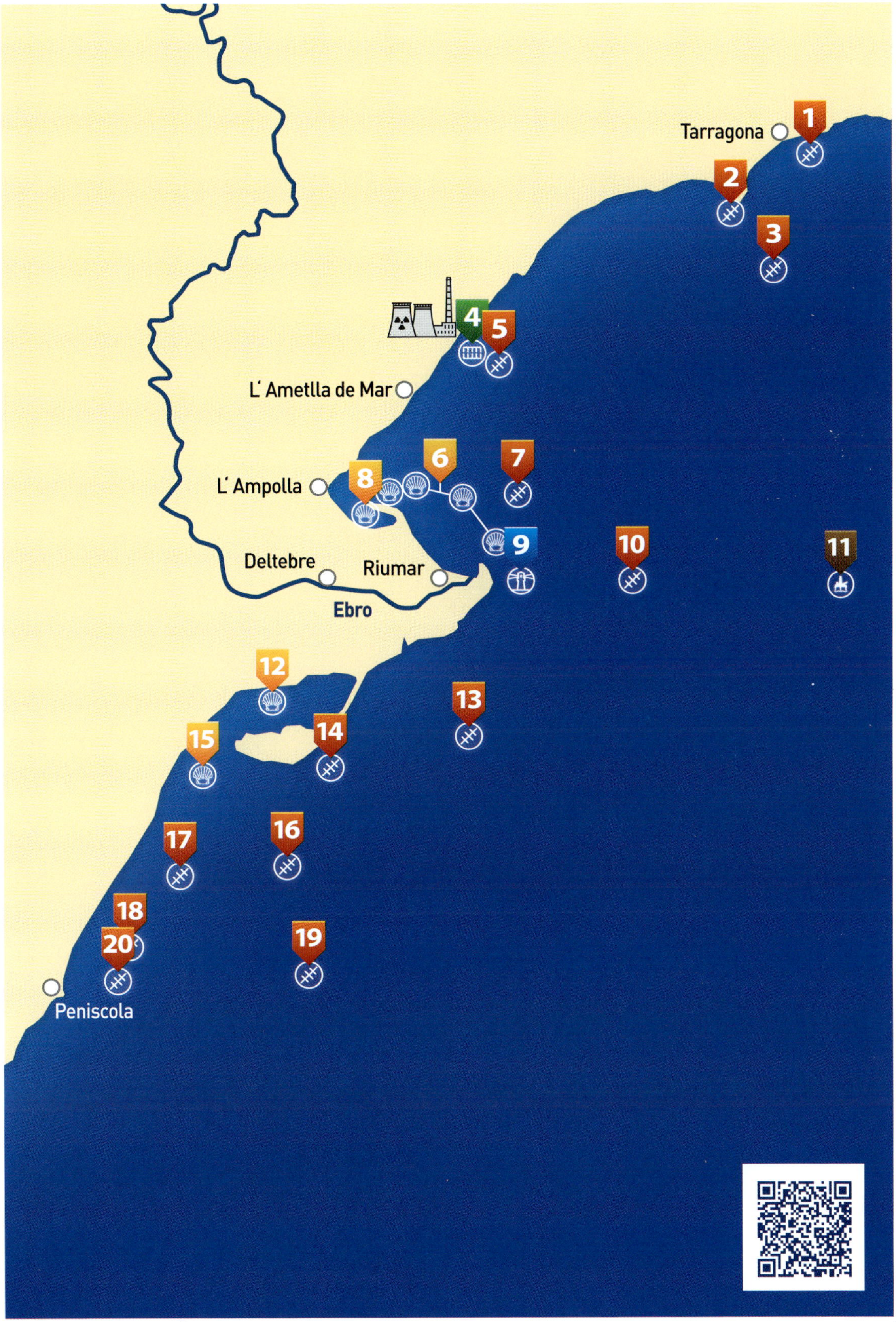
Tarragona
1
2
3
4
5
L' Ametlla de Mar
6
7
8
L' Ampolla
9
10
11
Deltebre
Riumar
Ebro
12
13
14
15
16
17
18
20
19
Peniscola

Mit Profis zum Fisch

Einer von uns – Ron Nieuweboer

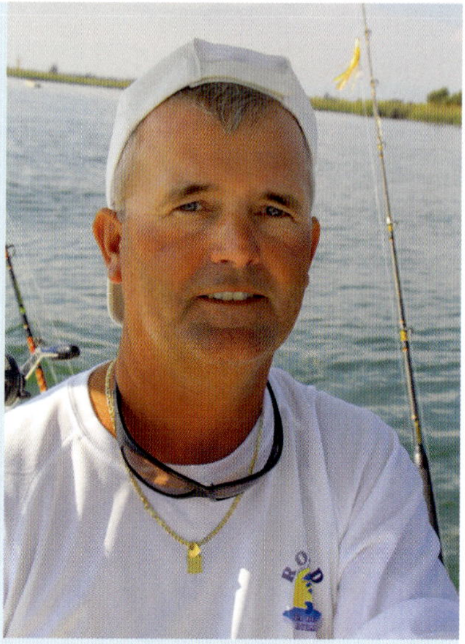

Gute Skipper bringen Angler an den Fisch. Dabei verlieren sie nie die Geduld und erklären ihren Gästen mit Blick auf vielleicht allzu große Wünsche, was sie erwarten können. So einer ist Skipper Ron am Ebro-Delta, sagen viele, die ihn kennen. Ron hat das Angeln in den Genen: Schon als sechsjähriger Bub saß er vor Großmutters Tür an einer der vielen holländischen Grachten und stippte auf Weißfische. Seitdem begleitet ihn die Leidenschaft für alles, was Flossen und Schuppen hat. Nach einigen Jahren bei der Marine zog Ron 1996 ans spanische Ebro-Delta und verdient seitdem seinen Lebensunterhalt als professioneller Skipper und Guide.

Ron fängt am Delta vom Bluefish bis zum Bluefin alles, was die Küste zu bieten hat. Einige seiner Gäste sind auch mit der Spinnrute und Popper unterwegs, um im flachen Delta Blauflossenthune zu fangen. Fische bis 87 kg wurden so schon auf Rons Boot bezwungen. Andere Angler fischen lieber konventionell: Mit Bootsrute, Multirolle und 80er Schnur. „Jeder wie er mag, ich bin für alles offen", sagt Ron. Für eine spezielle Fischerei ist Ron mittlerweile weithin bekannt: Kein anderer Skipper fängt so viele Palometas wie er. Für Zielfischangler ist er die erste Anlaufadresse.

Und um seinen Service rund zu machen, vermittelt Ron auf Wunsch Unterkünfte, vom günstigen Apartment bis zur luxuriösen Villa mit Pool.

Kontakt:
www.roned.de
Email: ronedspanje@gmail.com
Tel.: 0034 610 427 459 (auch WhatsApp)

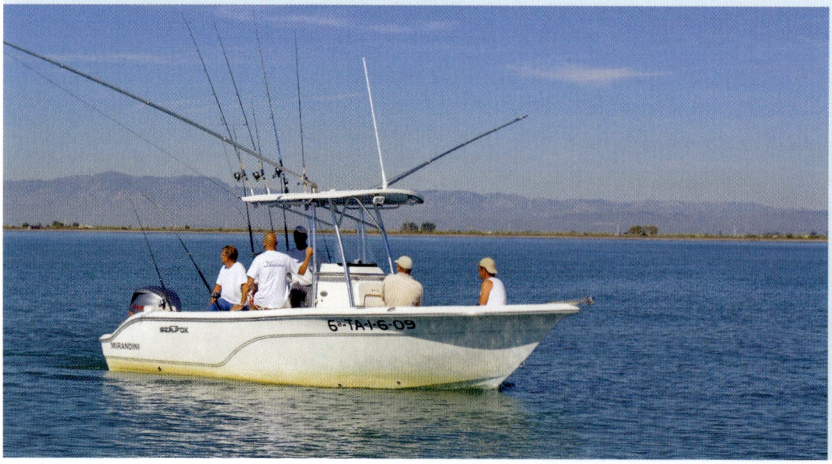

Rons Boot ist eine 7 m lange Seafox mit 175 PS.

Fische und Fischen

Vor dem Delta können Angler über das Jahr mehr als ein Dutzend Arten fangen. Das Spektrum reicht von großen Blauflossenthunen über Palometas bis hin zu verschiedensten Grund- und Plattfischarten. Selbst Blauhaie und Kuhnasenrochen gehören dazu. Fast alle Arten haben aber ihre Fangzeit und reagieren auf manche Köder besonders gut. Den Auftakt macht hier der Palometa. Der Fisch ist Power pur und kommt hier in Weltrekordgrößen vor.

Große Gabelmakrele (Palometa)

Auf Palometa wird im Ebro und über den Mündungsbereich bis in 18 m Tiefe des Deltas gefischt. Also flach und strandnah, wenn die Räuber dort etwa den Meeräschen nachstellen. Und tief, wenn sich Stöckermakrelen am Grund in Schwärmen sammeln und Palometa zur Jagd einladen. Außer einigen Stellen im Sandmeer vor der Ebro-Mündung kennt Skipper→Ron Nieuweboer, der wohl beste Skipper vor Ort zum Palo-Fischen, überdies gute Plätze in der nördlich gelegenen Bucht von L'Ampolla. Dort sammeln sich dann im Frühsommer (Mai/Juni) große Laichfische. Darunter sind XXL-Kaliber mit 30 kg und mehr. Den schwersten hatte ein Kunde von Ron 2022 am Boot verloren: „Der Fisch war etwa 1,7 m lang und dürfte über 40 kg gewogen haben. Leider kam er wenige Meter vor dem Boot vom Haken ab", erinnert sich Ron.

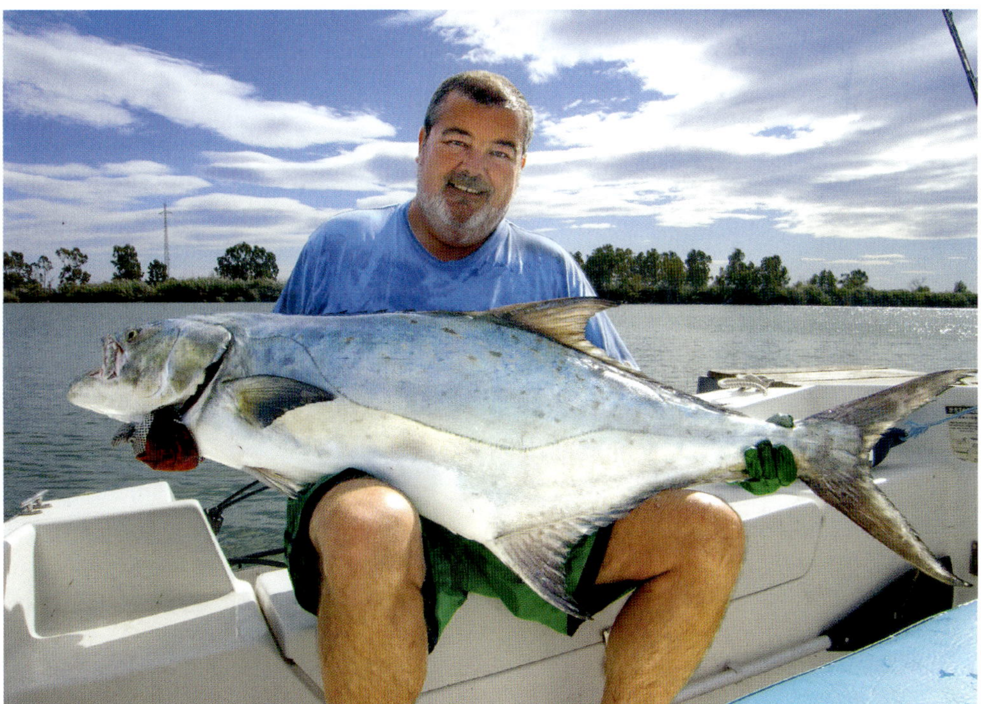

Reinhold Schwarzwälder mit rekordverdächtigem Palometa. Von ihm stammen einige der hier vorgestellten Tipps.

September bis Oktober ist die Zeit der mittelgroßen Fische. Sie wiegen dann meist um die 12 kg, mit Ausreißern nach oben. Lieblingsköder der Angler sind kleine Mittelmeer-Barrakudas. Die kann man beim Fischhändler frisch kaufen und muss sich nicht die Mühe machen, Meeräschen zu fangen.

Im Frühsommer, wenn die größeren Palos um die 20–35 kg wiegen, bevorzugen Skipper steife Ruten der Klasse 20–30 lb und geflochtene Schnur, damit sich der Fisch beim Anbiss selbst anschlägt. Sind kleinere Palos unterwegs, wird mit leichterem Gerät der Schnurklasse 12–20 lb gefischt.

Doch einerlei wie, Spaß beim Drill ist garantiert. Die Kampfkraft der Palometa reicht durchaus an die von Blauflossenthunen heran. Nach einem ersten schnellen Run folgt dann ein Stellungskampf an der Oberfläche, der in die Tiefe übergeht, je näher der Fisch ans Boot kommt. Der Drill eines Palo mit 20 kg an der 30er Rute dauert durchaus 15 Minuten und mehr.

Top-Water Palometa

Palometa können zudem mit Kunstködern überlistet. Beste Zeit dafür ist Mai/ Juni, wenn nach Erreichen der magischen 20°-Wassertemperatur die ersten hungrigen Fische das Delta unsicher machen oder um die Käfige der Thunfisch-Mastfarmen ziehen. Die Räuber sind dann meist in Trupps unterwegs und entsprechend futterneidisch, was Kunstköderanglern mit Popper, Stickbait sowie Wobbler sehr entgegenkommt. Die Durchschnittsgröße der Palos liegt zunächst bei 8–15 kg. Das fehlende Gewicht machen die Fische aber durch ihre Kampfkraft wieder wett. Mit Glück können dann 3–4 Palometa gefangen werden.

Eine gute Fischerei mit Popper & Co. startet wieder, wenn die Palometa im Oktober bei fallenden Wassertemperaturen in den Flusslauf ziehen und dort deutlich sichtbar in den Futterfisch-Schwärmen rauben. Dann werden sie gezielt mit Kunstködern angeworfen.

Wenn man früh morgens bei spiegelglattem Meer vor einer Flussmündung unterwegs ist, kann man die Palometas manchmal sogar sehen, denn die Spitzen ihrer Schwanzflossen schauen dabei oft aus dem Wasser. Hat man eine solche Stelle gefunden, sind Sternstunden möglich.

Als Köder kommen Stickbaits und der bewährte Popper „Sakura Pulsion TR135“ (55 g) zum Einsatz. Er lässt sich gut werfen, leicht führen und provoziert Bisse. Sind Palometa allerdings einzeln unterwegs, verfolgen sie den Popper oft über längere Distanzen, ohne ihn zu nehmen. Dann heißt es, den Köder schnell zu führen; „zu schnell geht nicht!“, sagen die Profis.

Palometas fressen gerne Hornhechte. Hornhechtimitate sind deshalb sehr gut als Köder geeignet. Wie etwa der bewährte „Don Belone“ von Lurenzo, der mit leichten Schlägen an der Oberfläche, aber auch tiefer geführt werden kann. Ein Vorteil von Stickbaits ist, dass sie sich responsiv fischen lassen: Taucht ein Fisch hinter dem Köder auf und packt nicht zu, so kann man durch deutliches Beschleunigen des Köders den Biss provozieren. Ein weiteres Hornhechtimitat,

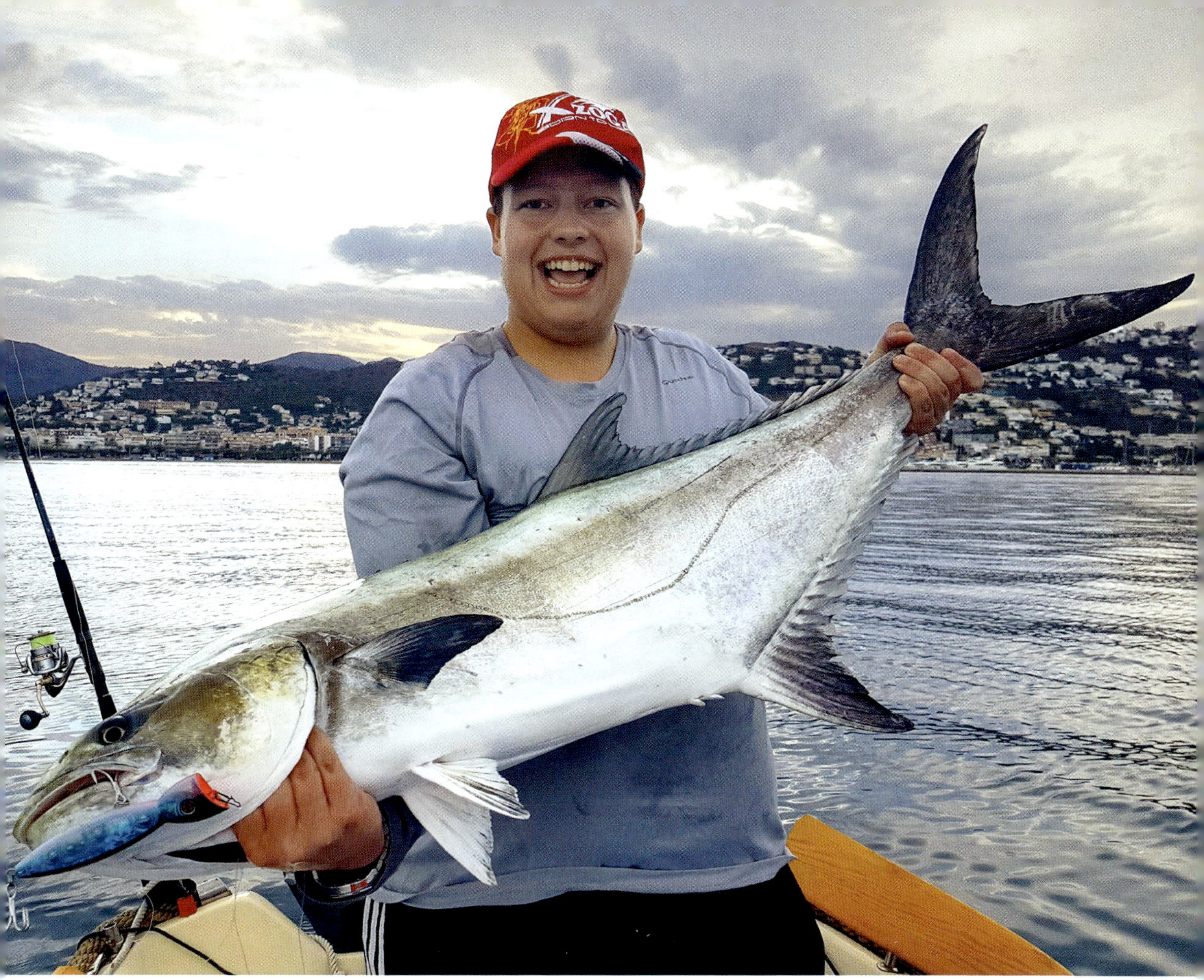

Der Popper Sakura Pulsion TR 135 ist ein bewährter Köder für Palometa.

der Jackfin Stylo, kann besonders bei hoher Geschwindigkeit einen sehr attraktiven Lauf erzeugen (Skipping)!

Nach einem Drill sollte dieselbe Stelle erneut befischt werden, da Palometas oft in Gruppen unterwegs sind. Zudem attackieren Bluefish gerne die Köder und liefern mit ihren wilden Sprüngen einen spannenden Drill. Die Spinnrute sollte straff sein. Dario Gajewski, der uns hier diese Tipps gab, fischt mit einer „Sakura Mitsio" (25 lb). Sie hat genug Power, um selbst große Palometa sicher auszudrillen, seine Rolle ist eine 5.000er Shimano „Biomaster". Als Vorfach eignet sich Fluorocarbon von 0,40 mm.

Auf Palometa kann spannend und sportlich vom Ufer aus geangelt werden: am Badestrand von Riumar. Dazu muss man frühmorgens mit dem ersten Licht den langen Strand nach Raubaktivitäten im flachen Wasser absuchen, dann so schnell wie möglich durch den Sand dorthin rennen und etwa einen Wobbler servieren. Wenn sich dann hinter dem Köder eine Welle aufbaut und ein 25 kg schwerer Palometa den Köder inhaliert, hält die Atemlosigkeit mindestens noch 30 weitere Minuten an.

Palometa tief

Popper stundenlang ins Nichts zu werfen, kann anstrengend und frustrierend werden. Eine sehr erfolgreiche Alternative wäre es dann, mit totem Köderfisch zu schleppen. Skipper Ron Nieuweboer ist am Delta der unbestrittene Meister darin. Seien Methode: Als Köder nutzt er kleine Mittelmeer-Barrakuda, die es selbst in besseren Supermärkten frisch zu kaufen gibt.

Die Köderfische werden geschleppt, entweder oberflächennah oder mit einem Schleppblei mit Kiel, wenn der Köderfisch über Grund laufen soll. Mit einer Geschwindigkeit von etwa 5 Knoten wird beim tiefen Schleppen so eine große Wasserfläche abgedeckt.

Ron bestückt die kleinen Barrakudas zusätzlich im Bauch mit Stahlvorfach und Drilling, damit auch Bluefish mit ihren rasiermesserscharfen Zähnen hängen bleiben. Die Montage ist clever: Das am Mono hängende Stahlvorfach wird durch den Köder gezogen, danach wird der Einzelhaken aufs Vorfach gefädelt und am Fischmaul eingesteckt. Nun wird das Mono einige Male um den Hakenschenkel gewickelt und zurück durchs Hakenöhr geführt. Fertig!

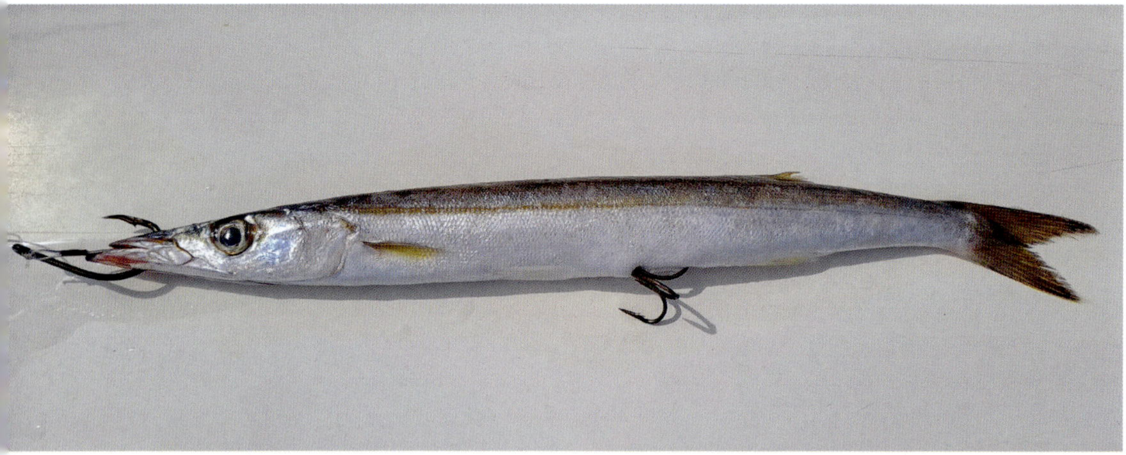

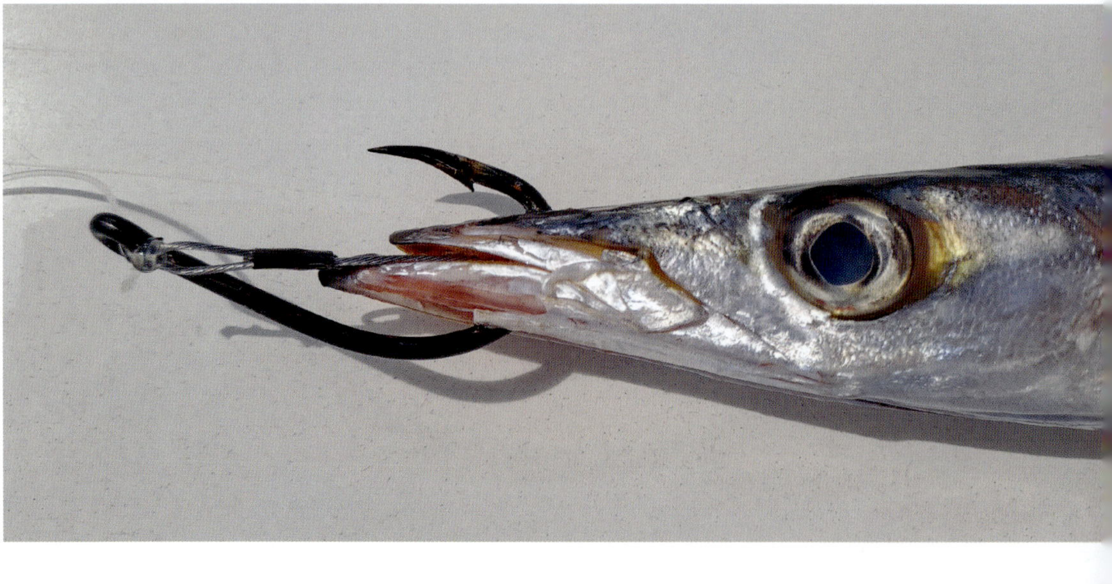

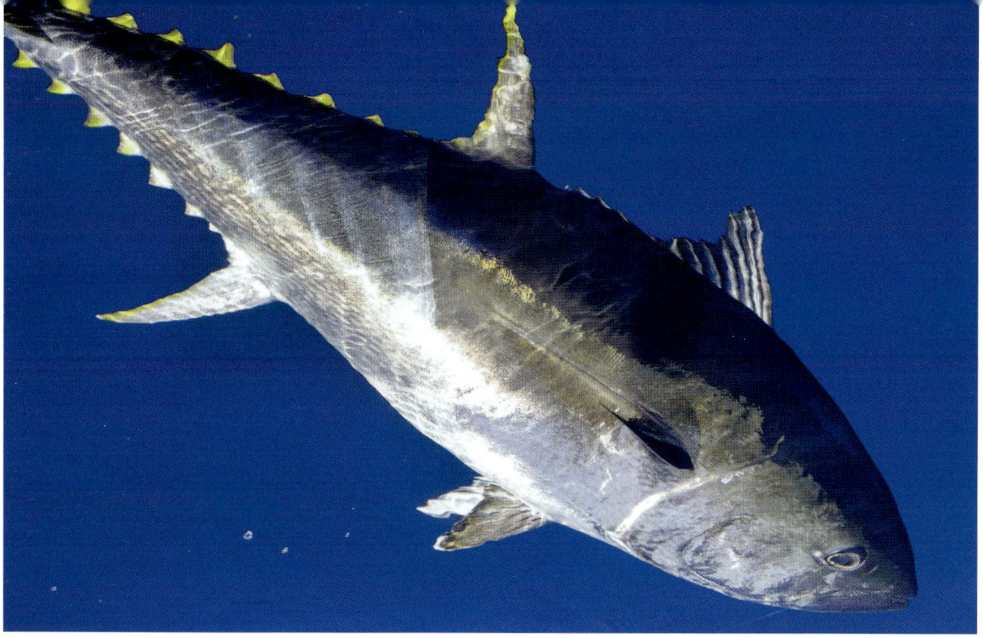

Blauflossenthun

Die klassische Fischerei mit Sardinenanfüttern vom driftenden oder verankerten Boot aus, das sogenannte Bromeo, ist die Methode der Wahl, um regelmäßig große Thune zu haken (→Technik). In dem flachen Wasser vor dem Delta rauben Bluefins sehr häufig an der Oberfläche. Für Angler, die mit Popper, Stickbait oder mit Gummishads an der →Wasserkugel die Grenzen ihrer Kraft an fitten Thunfischen testen wollen, ist das Delta deshalb eine sehr gute Destination im gesamten Mittelmeer. Auch das Jiggen auf die Boliden wird immer erfolgreicher praktiziert.

Die Thunfischschwärme zu finden, ist die erste Herausforderung. Etliche Fische halten sich meist um die Thunfischmastfarmen vor L'Ametlla de Mar auf, die etwa 12 Bootskilometer nördlich vom Delta liegen. Angler, die sich auf Thun spezialisieren, wählen deshalb den alten Fischerort und nicht Riumar als Standort, weil L'Ametlla relativ windgeschützt liegt, und von dort fast immer zu den Mastfarmen hinausgefahren werden kann. Zudem liegt ein weiteres gutes Revier etwa 5 km nördlich von L'Ametlla vor einem stillgelegten Kraftwerk. Dort rauben Thune vor der Küste oftmals an der Oberfläche und können mit Poppern befischt werden. Boote vermietet www.topfisher.cat.

Bluefish

Die Bluefish/Blaubarsche treiben sich vom Frühling bis in den Herbst in und an der Ebro-Mündung herum. Anfang April sind es noch größere Einzelfische. Spätestens ab Mitte April, je nach Wassertemperatur, kommen sie dann in größerer Zahl vor. Blaubarsche sind für viele Ebroangler der Brot-und-Butter-Fisch und durch ihre Sprungfreude im Drill an leichterem Gerät immer eine schöne Herausforderung. Blaubarsche können ebenfalls sehr gut frühmorgens vom Strand aus ohne Boot aktiv befischt werden. Stahlvorfach ist wegen der scharfen Zähnchen Pflicht.

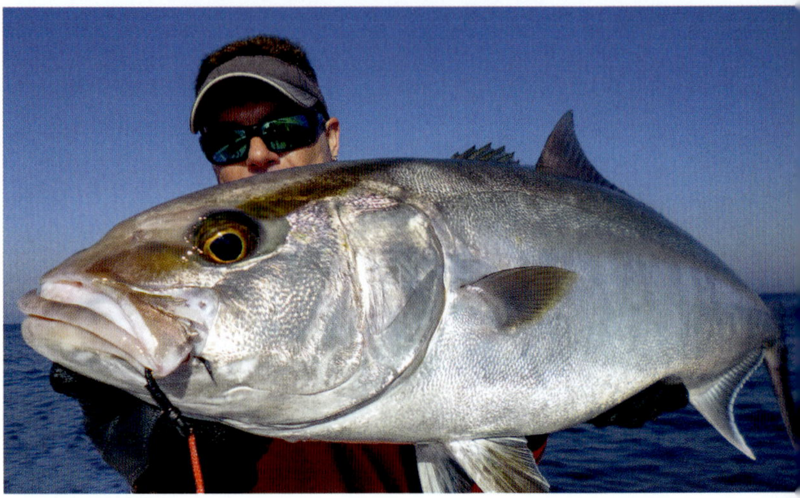

Bernsteinmakrelen sind an ihrer ‚Kriegsbemalung', dem braunen Streifen über Auge und Kopf, leicht zu erkennen.

Wolfsbarsch

Die beste Fischerei startet Ende Oktober und steigert sich bis Ende Dezember/Januar mit zahlreichen, aber auch größeren Fischen. Dann flacht die Menge etwas ab, kapitale Fische gehen weiterhin an den Haken. Ab Ende Mai, bei einer Wassertemperatur von ca. 20° C, werden die Wolfsbarsche dann schlagartig kleiner und bis Oktober lässt sich kaum mehr ein guter Fisch überlisten.

Die Winterfischerei am Ebro ist nachts am besten. Dazu kann vom Ufer aus mit Kunstködern geangelt oder vom Boot gefischt werden. Es wird dabei seeseitig vor den sich brechenden Wellen verankert und schwimmende Wobbler in den Surf geworfen. Gute Kunstköder sind etwa der Rapala Max Rap 11 cm in der Farbe „Mullet", sowie entsprechende Gummifische mit Bleiköpfen.

Bernsteinmakrele (Amberjack)

Die Amberjacks ziehen in Trupps um das Delta und sind überall und nirgends. September bis Oktober ist die Zeit der großen und vielen Bernsteinmakrelen. Fische mit bis zu 50 kg wurden schon gefangen. Angler und vor allem das Gerät müssen den harten Kämpfern aber gewachsen sein. Die Stellen zum erfolgreichen Amberjack-Jiggen sind alle weit vom Delta entfernt und liegen dort, wo Strukturen vorkommen. Als erfolgreiche Herbstplätze haben sich die ausgedehnten Muschelzuchten und Austernbänke vor Ampolla und die Thunfisch-Käfige vor L'Ametlla erwiesen: In dem nur ca. 40–50 Meter tiefen Wasser lassen sich mit leichteren Jigs Erfolge erzielen.

Little Tunny (Falscher Bonito)

Little Tunny kommen meist im Juni ab einer Wassertemperatur von 22–23° C in großen Schwärmen vor dem Delta an. Gute Fänge in der Klasse von 10–15 kg sind mit verschiedensten Kunstködern leicht möglich. Ideal sind zum Schleppfischen sind 8–15 cm große Wobbler und Stickbaits sowie eine 2,4 m lange Spinnrute mit 50–90 g Wurfgewicht. Little Tunny sind zudem für Fliegenfischer interessant, da sie ebenso wie kleinere Bluefins sehr gut auf Streamer reagieren.

Fregattmakrele

Die Melvas kommen mit den Makrelenschwärmen im Juni/Juli und verschwinden meistens Anfang Oktober wieder. Die Fische wiegen im Schnitt 1–2 kg und sind am feinen Gerät bis hin zur Fliegenrute echte Spaßbringer. Die Fische können leicht ausgemacht werden, da sie weithin sichtbar an der Oberfläche rauben.

Atlantischer Bonito

Die Atlantischen Bonitos (Bonito del Norte) sind leider spärlicher gesät und eher klein. Fische mit 6 kg sind schon gewichtige Exemplare. Zudem werden die Bonitos eher zufällig beim Angeln auf andere Fischarten gefangen. Die hervorragenden Speisefische ziehen oftmals mit Schwärmen der →Fregattmakrelen (Melva). Dann sollte man mit Zockern und kleinen Jigs fischen. Das ist sehr selektiv, weil die Bonitos immer etwas tiefer unter den Melvas stehen.

Makrelen

Sobald die Makrelen im Sommer in Schwärmen eintreffen, werden die Fische für manche Angler zur Plage. Fliegenfischer freuen sich dagegen am starken Drill von außergewöhnlich großen Makrelen mit Gewichten von über 2 kg. Für das gezielte Makrelenfangen hat sich das Füttern mit kleingeschnittenen Sardinen sehr gut bewährt.

Goldmakrelen

Die Goldmakrelen treffen meistens im August ab Wassertemperaturen von 25° C in Massen ein. Allerdings sind die ersten Fische ziemlich klein, bis zum Oktober kann der hervorragende Speise- und Sportfisch fast in beliebiger Menge gehakt werden. Aber erst im Oktober, wenn die Anzahl geringer wird, steigt das Stückgewicht deutlich an. Größen bis zu 1 m sind möglich.

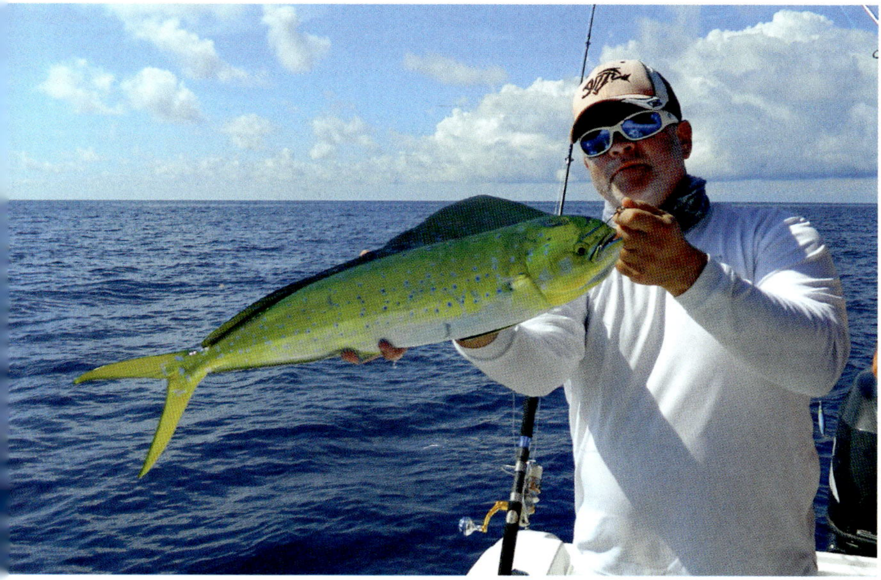

Für das Ebro-Delta ist das schon eine kapitale Goldmakrele.

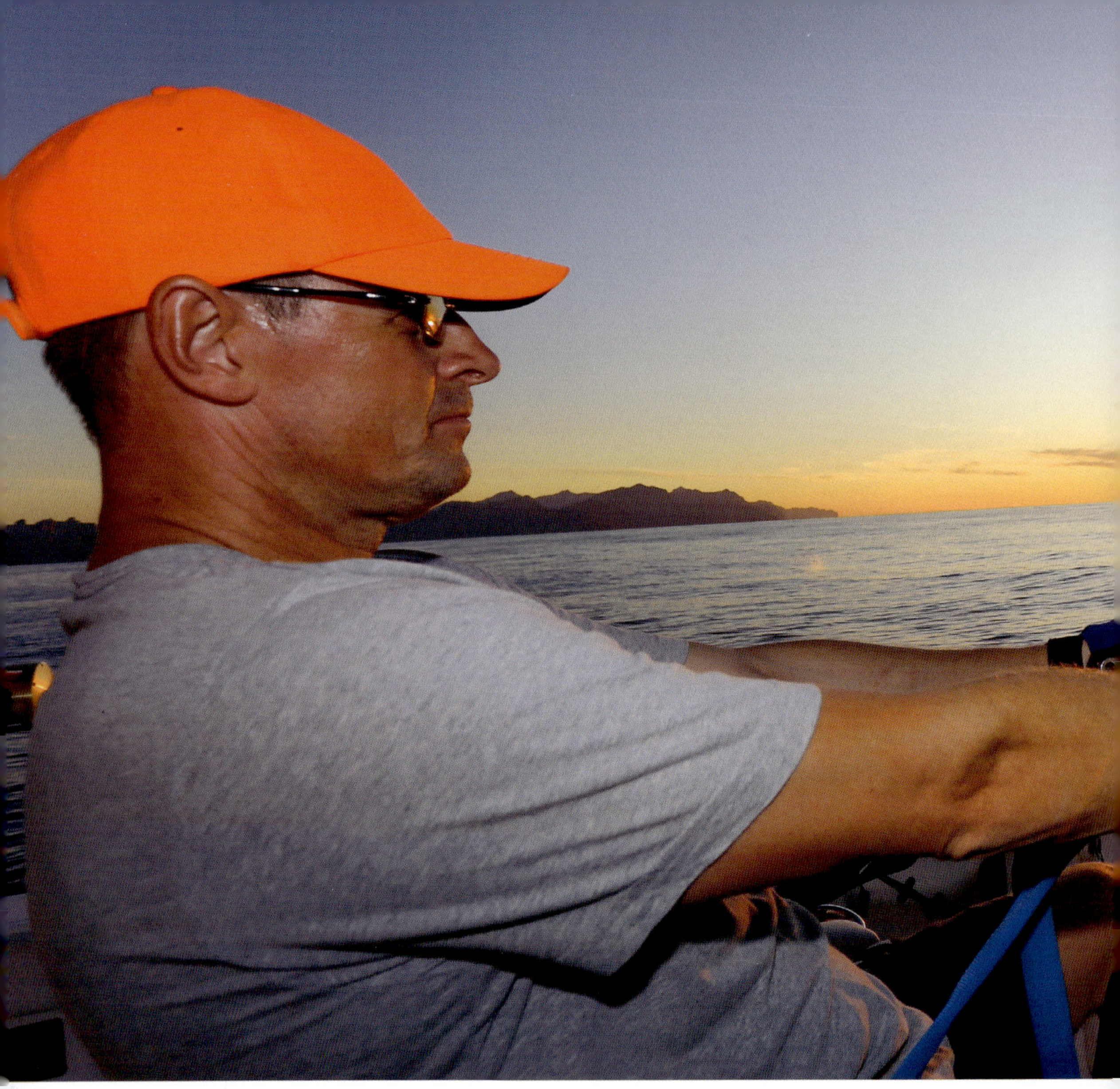

Mallorca

Im Norden Mallorcas treffen zwei Meeresströmungen mit unterschiedlichem Salzgehalt aufeinander und machen die Region so fischreich. Weil die Larven der Blauflossenthune in diesen Mischzonen reichlich Nahrung finden, sind die Balearen das wichtigste Laichgebiet selbst der aus dem Atlantik dorthin ziehenden Thune.

Im Norden der Insel, vor dem Cap Formentor, wird den Thunen sogar ganzjährig nachgestellt, denn dort kommt ihr Futterfisch, die Mittelmeer-Makrele, in großen Mengen vor. Im Norden ist Port d'Alducia deshalb der beste Hafen für Ausfahrten auf gewichtige Bluefins. Der Südosten ist bekannt für

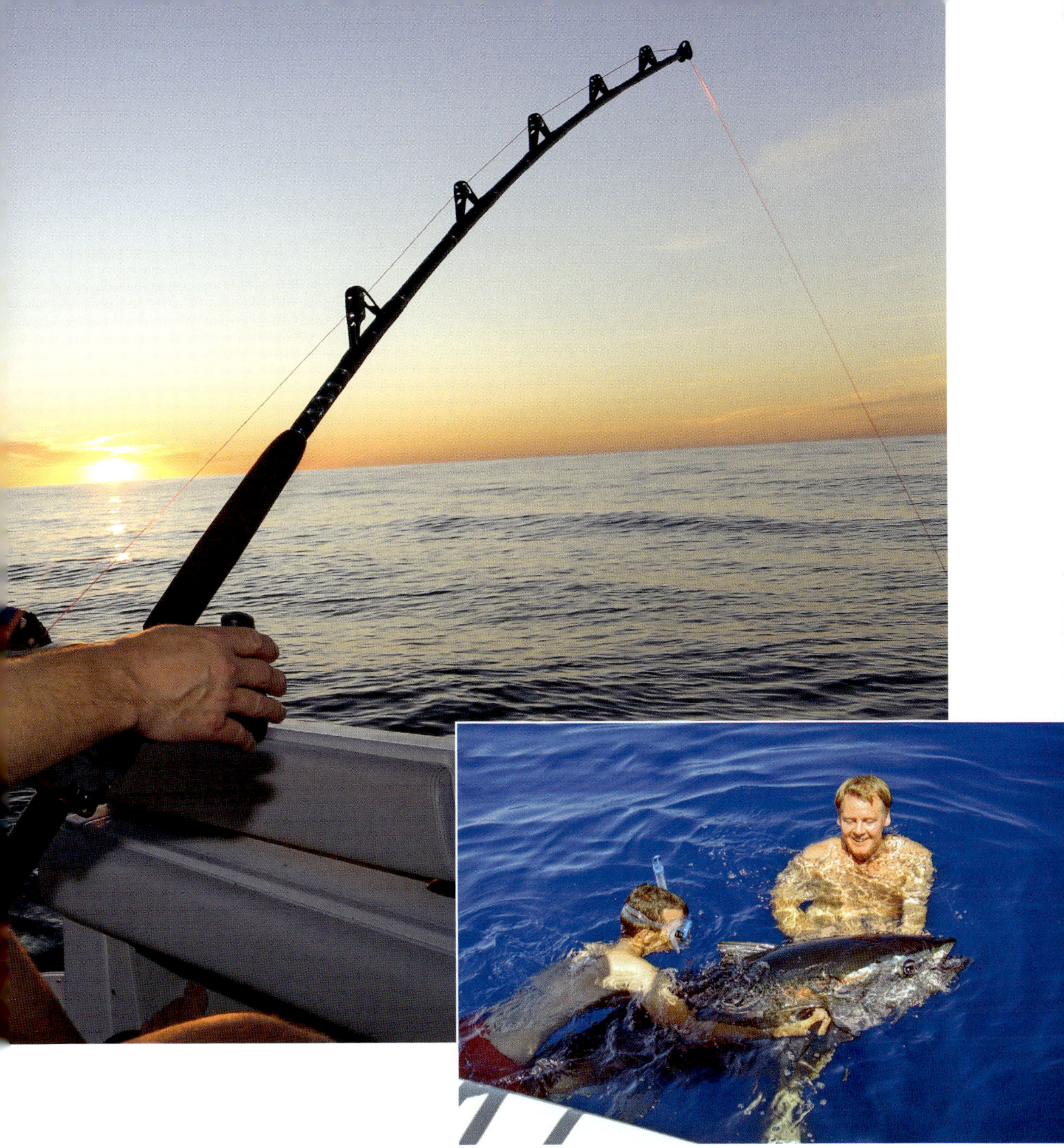

saisonal sehr gutes Angeln auf Little Tunny und Albacore (Weißer Thun) an leichtem Gerät. Dort werden zudem viele Speerfische gefangen.

Auch auf den Balearen ist ein Angelschein nötig. Wer nur vom Ufer aus angeln möchte, braucht die „licencia de pesca marítima recreativa individual". Mit ihr dürfen zudem Kajaks, Kanus sowie Tretboote genutzt werden. Der Angelschein kostet 16,21 Euro und ist drei Jahre lang gültig. Die Lizenz (PDF-Dokument) kann im Internet gekauft werden unter bit.ly/angelschein (Spanisch, Google translator hilft).

Allgemeine Fangzeiten

Blauflossenthun

April bis Ende Oktober
Mai/Juni: Giants bis über 350 kg
Juli bis Oktober: junge Bluefins

Technik: mit lebendem Köderfisch, Trolling

Gewicht: meist 60–80 kg

Schwertfisch

Ganzjährig

Gewicht: meist 20–60 kg

Technik: Trolling bei Vollmond, nachts

Speerfisch

Mai bis Mitte August

Gewicht: 10–30 kg

Methode: Trolling

Weißer Thun (Albacore)

Juni bis August

Gewicht: 5–20 kg

Technik: Trolling

Falscher Bonito (Little Tunny)

Juli/August, Winter

Gewicht: 10–20 kg

Technik: Trolling

Echter Bonito (Skipjack Tuna)

Juni/Juli

Gewicht: 8–14 kg

Technik: Trolling

Amberjack

Wintermonate ab Oktober

Gewicht: bis 35 kg

Technik: tief Schleppen mit lebendem Köder

Goldmakrele

Juni bis September

Gewicht: meist 1–4 kg

Technik: Trolling mit kleinen Lures und Wobbler

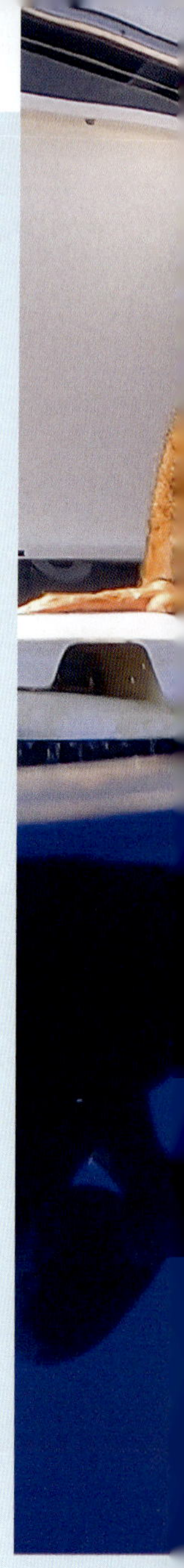

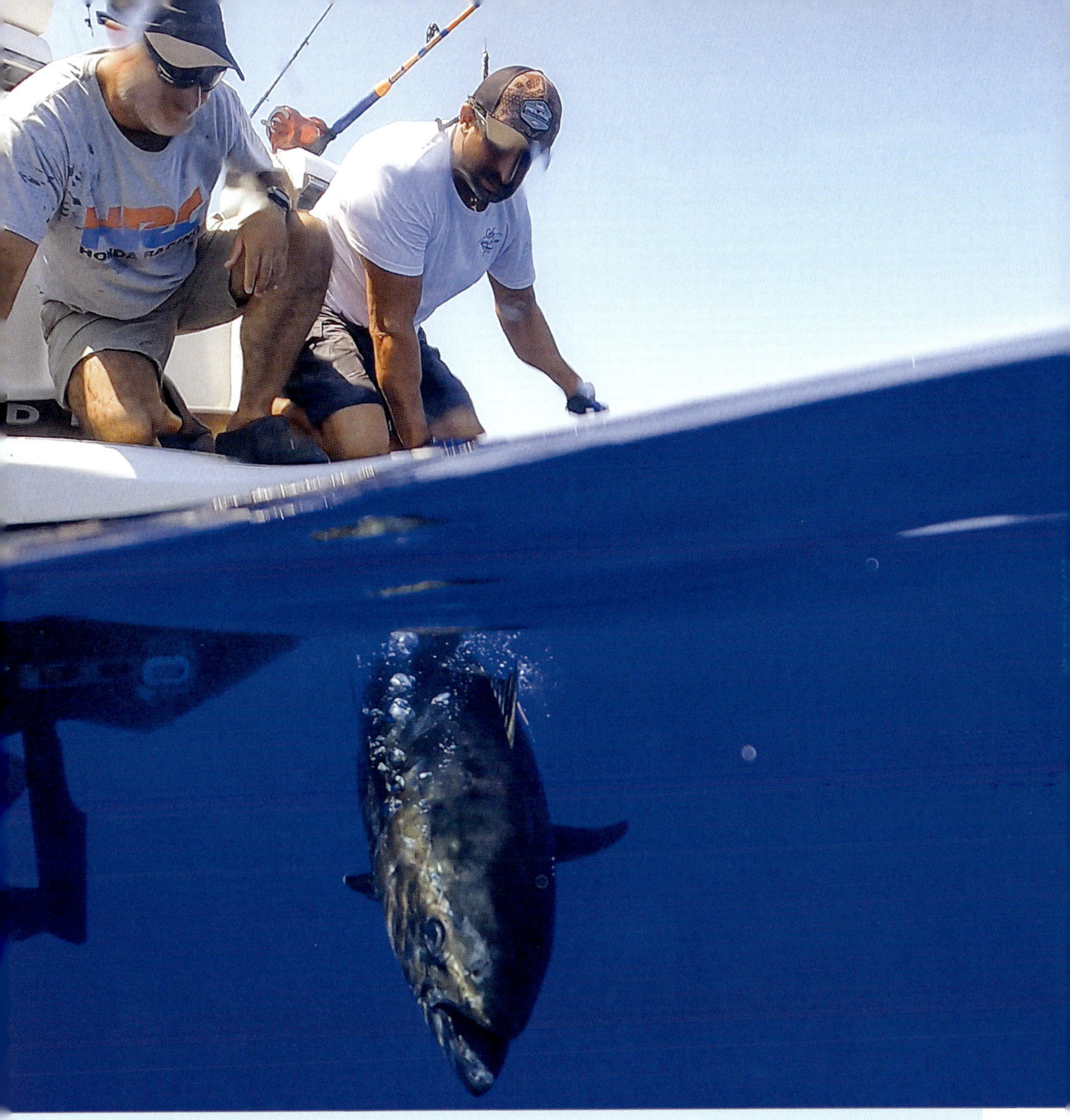

Zahnbrasse

Juli/August, Winter

Gewicht: bis 12 kg

Technik: Sommer tief mit Wobbler

Winter: mit lebendem Kalmar

Petersfisch

ganzjährig

Gewicht: 1–4 kg

Technik: Überbeißmontage am Grund

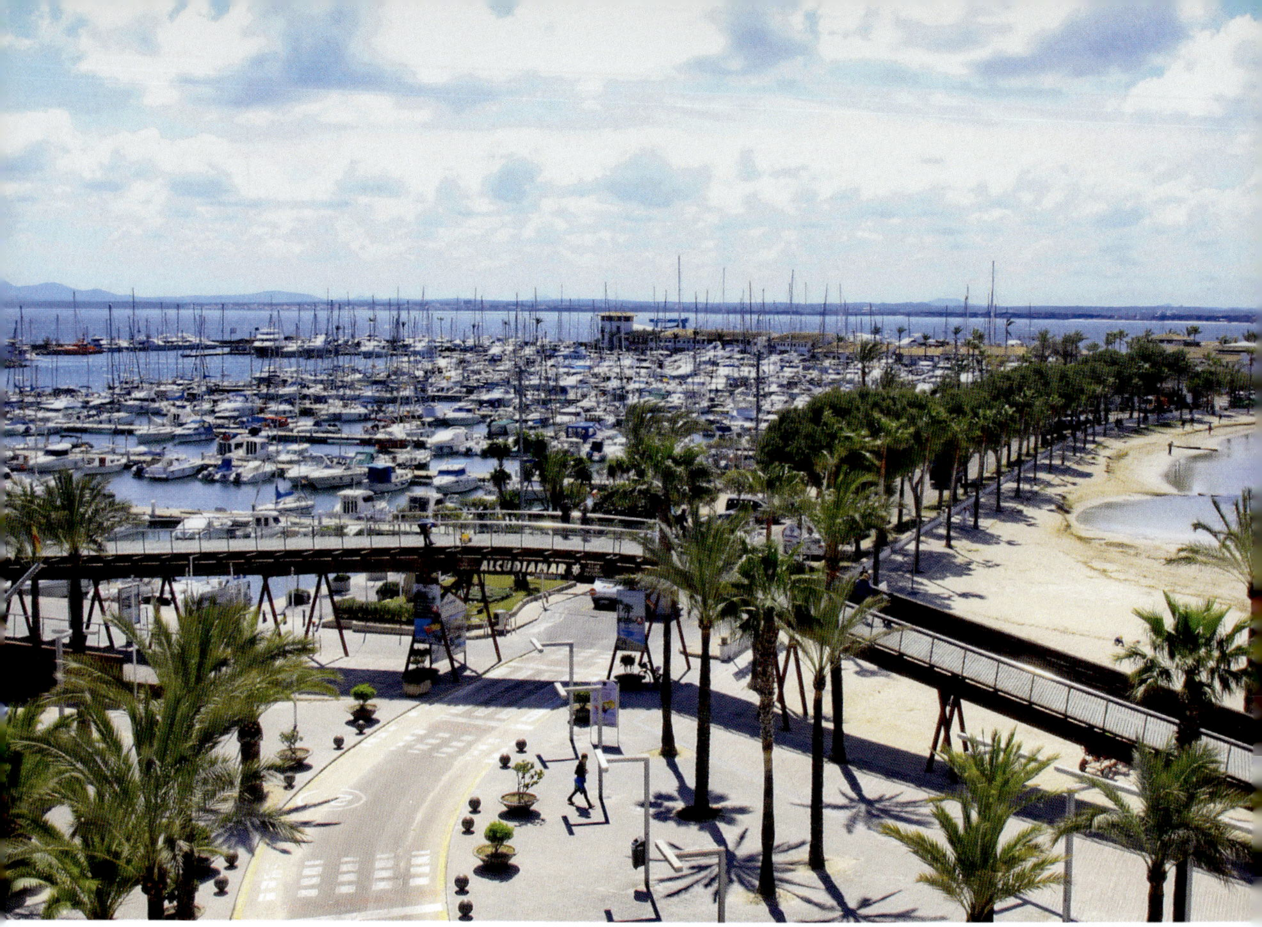

Näher dran geht's nicht: Blick aus dem Apartment auf die Marina und den kinderfreundlichen flachen Strand von Port d'Alcudia.

Alcudia

Port d'Alcudia und die Stadt Alcudia sind durch einen kilometerlangen feinen Sandstrand verbunden, der auch in der touristischen Hauptsaison viel Platz bietet. Die Gemeinde mit über 4000-jähriger Geschichte bietet zudem viele Sehenswürdigkeiten mit Ausgrabungen aus der Römerzeit und der historischen Altstadt mit ihren Renaissance-Bauten. An windigen, angelfreien Tagen sind mit dem Auto in wenigen Minuten Ausgangspunkte für Wanderungen in allen Schwierigkeitsgraden zu erreichen.

Um Mallorca lebt ganzjährig eine Subpopulation von Blauflossenthunen. Auf sie kann bis auf die Laichzeit (Juli) nahezu das ganze Jahr gefischt werden. Weitere sehr große Thune ziehen zum Laichen (Mitte Mai-Ende Juni) aus dem Atlantik an die Balearen. Von Port d'Alcudia aus operiert der lizensierte IGFA-Capt. Vince Riera. Er gehört zu den besten auf der Insel. (www.fishing-mallorca.net)

Auf Thun und Schwertfisch angelt Vince vor dem Kap Formentor mit lebendem Stöcker (span. Sorel). Deshalb heißt es zunächst: Über dem Schelf der Insel mit „Makrelenfliegen" am Paternoster Köderfische fangen. Willkommener

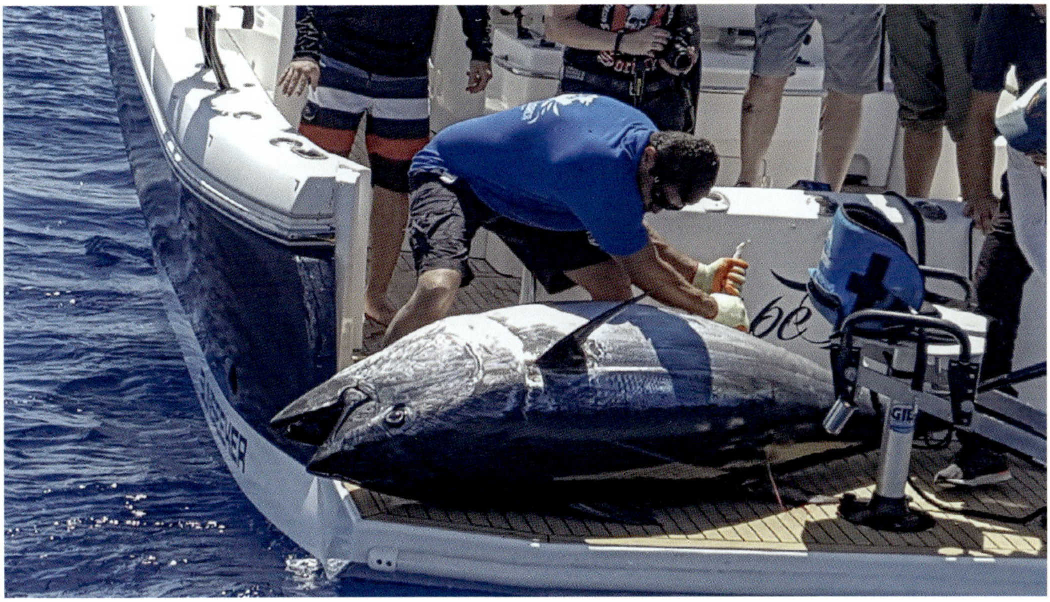

Ein Rekordfang: Der von Capt. Vince Riera markierte und releaste Thun wog laut Längen-Gewichtsformel 348 kg.

Beifang sind delikate Petersfische. Sind genug Stöcker im Lebendködertank, ankert die „Mad Max“ von Vince an einer Kante in etwa 100 m Tiefe.

Gefischt wird mit meist mit 80er Gerät und 4–5 m langen Fluorocarbon-Vorfächern sowie Circle Hooks von Mustad. Etwa 15 m vom Haken entfernt wird an der Hauptschnur ein Bleigewicht angehängt, das den Köderfisch auf Tiefe bringt. Die lebenden Stöcker werden hinter dem Kopf durchs Fleisch gehakt, ohne die Wirbelsäule zu verletzen. Gefischt wird mit drei Ruten in Tiefen von 90 m, 60 m und 40 m.

In einem damals neuen Fangebiet entdeckte Vince im Frühjahr 2015 besonders gewichtige Thune. Mit Gästen, die noch nie geangelt haben, fährt Vince diese Stelle eher selten an. Thune mit Gewichten von über 300 kg können dort im Mai bis Juni gefangen werden.

Der Kapitän fühlt sich dem Artenschutz verpflichtet. Blauflossenthune, deren Bestand geschützt wird, markiert er für wissenschaftliche Zwecke mit einem roten „Plastik-Spaghetti“ und setzt die Fische zurück. Zu jedem dieser nummerierten und mit einer Adresse versehenen Tags gehört eine entsprechende Postkarte. Auf ihr wird Fangort, Datum, Größe und Gewicht eingetragen. Diese Karte wird dann einem wissenschaftlichen Institut geschickt. Wird ein markierter Thun später erneut gefangen, kann man Wanderwege und Wachstumsraten ersehen.

Vince und seine Gäste haben mittlerweile sehr viele Thune getaggt. 2017 waren darunter 9 Fische, die Vince zuvor schon einmal gefangen hatte und 2019 wurde von ihm ein Fisch zum dritten Mal getaggt! Dies beweist erneut, dass es im Norden Mallorcas einen standorttreuen Thunfisch-Bestand gibt.

Beim Warten auf den großen Fisch kann unterdessen weiter auf Stöcker geangelt werden. Die gehakten Stöcker bleiben aber unten am Grund und dienen als Lebendköder für Petersfisch. Dazu wird mit einer sogenannten →Überbeißmontage gefischt.

Längst etabliert ist das gezielte Angeln auf Mittelmeer-Speerfisch vor Alcudia. Skipper Vince Riera hatte in einem Sommer durch Zufall zwei Plätze entdeckt, an welchen die schlanken Fische vermehrt vorkamen. Mit schnell geschleppten Lures konnte er 14 Speerfische haken und 12 davon markieren und zurücksetzen. Kampfstark sind sie nicht, wer also Kraftakte bevorzugt, sollte beim Angeln auf Blauflossenthun bleiben. An leichtem Gerät, mit etwa 20 lb Schnüren, bieten die sprunggewaltigen Speerfische aber ein tolles Schauspiel.

Dass Alcudia eine Speerfisch-Destinationen wurde, ist für Big Game Angler eine wichtige Nachricht. So manche unter ihnen wollen alle 9 Schwertträger im Pazifik und Atlantik fangen. Ist das geschafft, stellt die IGFA eine repräsentative „Royal Billfish Slam“-Urkunde aus. Dazu müssen die Angler neben dem Schwertfisch zwar alle Marlin- und Segelfisch-Arten fangen, aber wegen ihrer Seltenheit nur eine von vier Speerfisch-Arten. Die drei anderen Arten sind ozeanweit so selten, dass sie kaum gezielt beangelt werden können. Einzige Ausnahme ist der Shortbill Spearfish vor Hawaii.

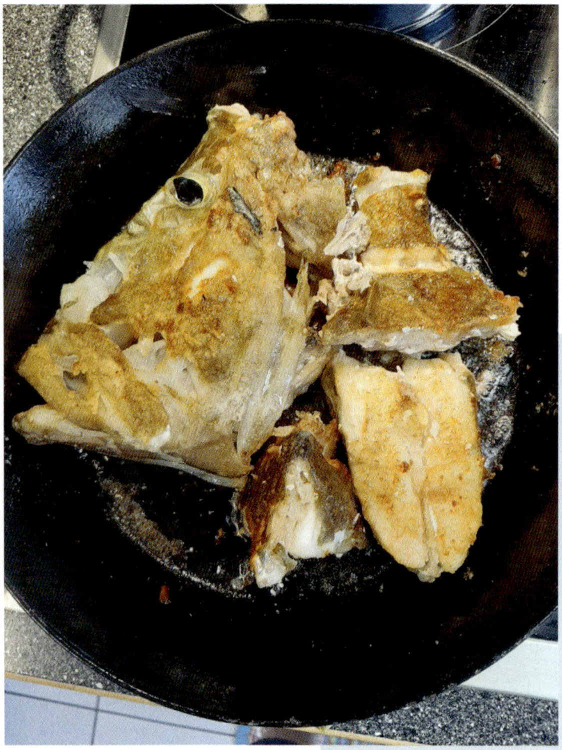

Das Rezept!
In der Pfanne etwa 1,5 cm Olivenöl erhitzen, darin je 5 angedrückte Knoblauchzehen und 5 getrocknete Chilischoten sanft anbraten. Alles herausnehmen, sobald der Knobi braun wird. Unterdessen den Fisch in dicke Tranchen schneiden, salzen, pfeffern und in Mehl wenden. In dem aromatisierten Öl langsam, aber nicht zu lange braten. Fertig!

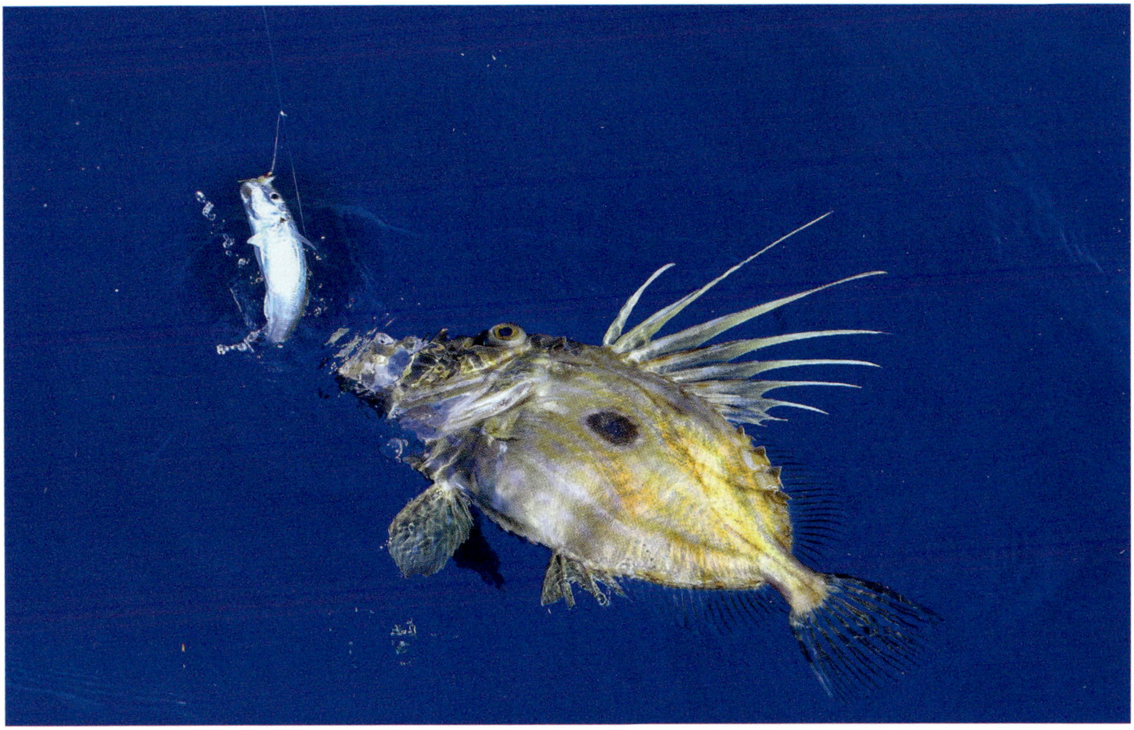

Von zwei am Heringsvorfach zappelnden Makrelen hat sich der Petersfisch für die untere entschieden.

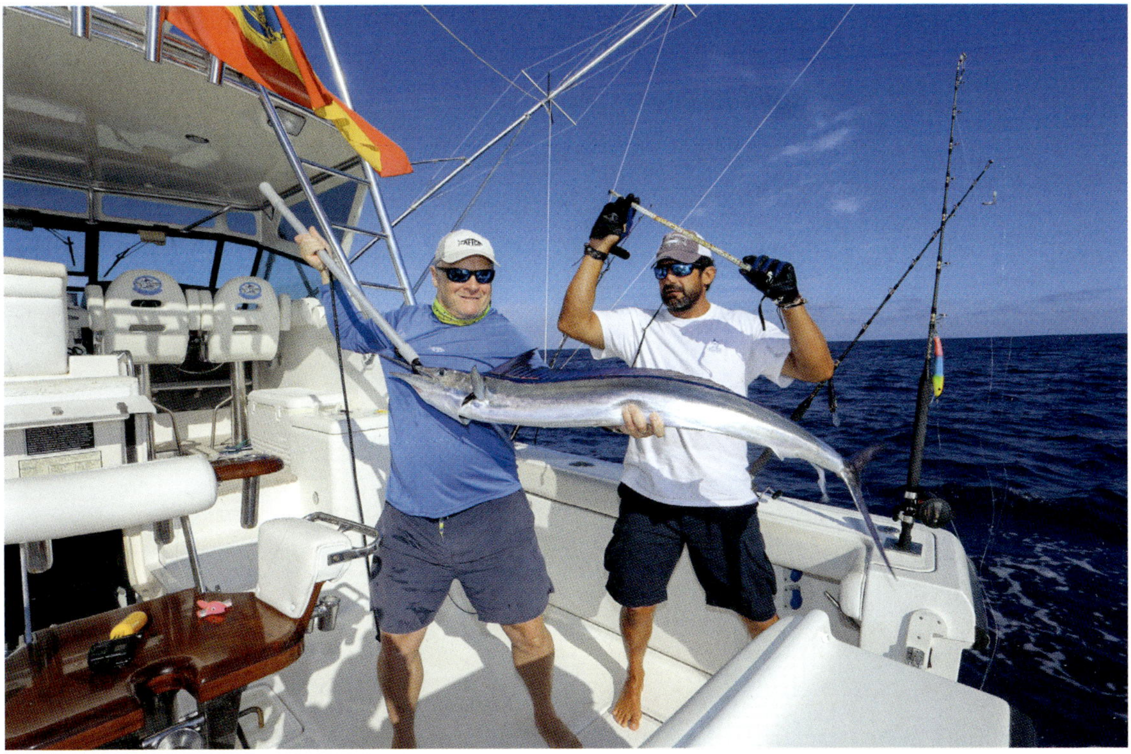

Die Speerfische werden vermessen, markiert und zurückgesetzt. Über diese Art ist noch so wenig bekannt, dass Wissenschaftler sie mit Unterstützung der Angler erforschen.

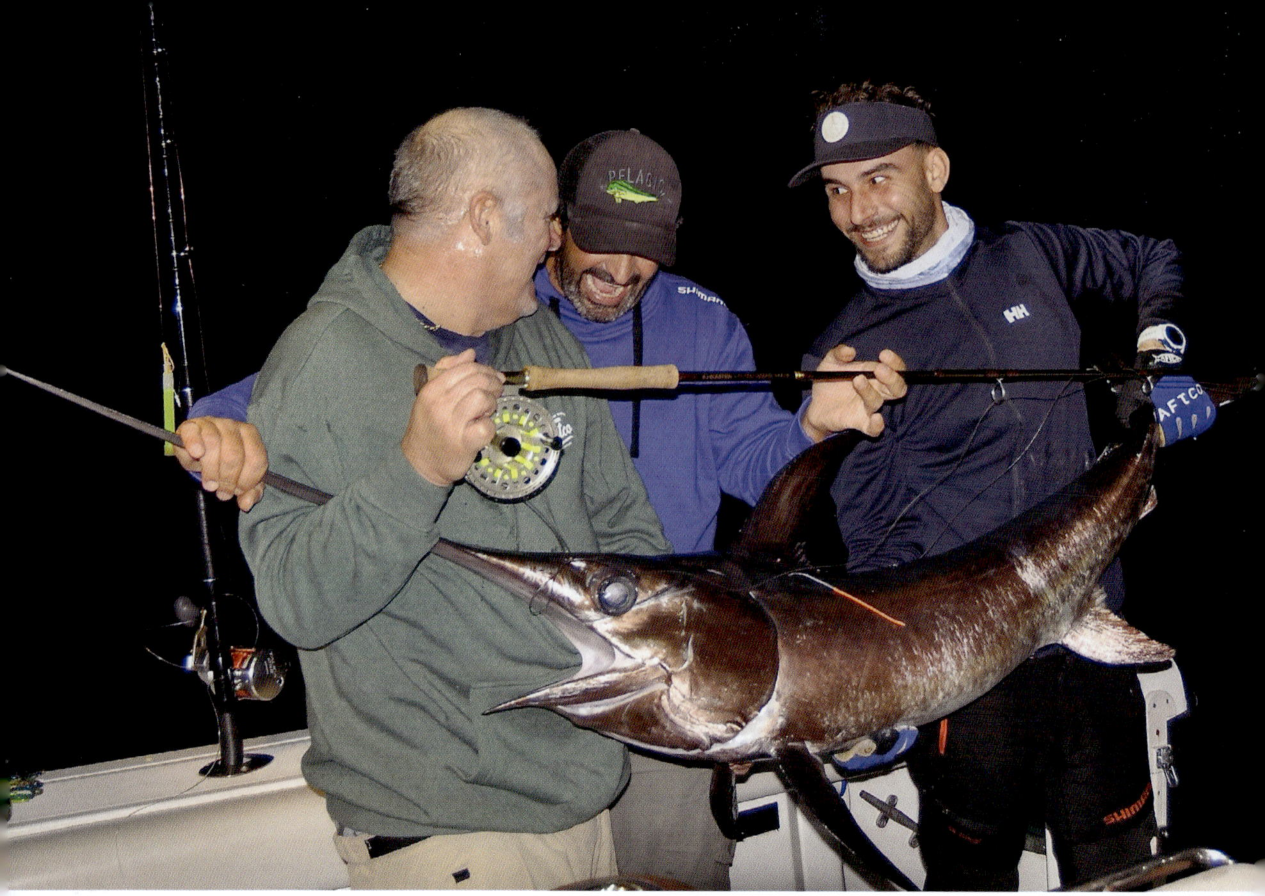

Alcudia special – Mit der Fliege!

Die internationale Anglerszene beäugt mit Interesse, dass auf der „Mad Max" nicht nur Speerfische mit der Fliegenrute gefangen werden. Dem englischen Angler Dave Lewis gelang im Februar 2024 sogar das bislang Unmögliche. In einer ruhigen Vollmondnacht im Januar 2024 konnte er mit Skipper Vince Riera einen Schwertfisch fangen – an der Fliege!

Hier sein Bericht:
Es ist schon einige Jahre her, dass Kapitän Vince zum ersten Mal mit dem Gedanken spielte, einen Schwertfisch mit der Fliege zu fangen. Es war auch mein Traum. Wir wussten, dass das erste Problem immer darin bestehen würde, einen Fisch nachts nahe genug an das Boot zu locken, um ihm eine Fliege zu präsentieren. Vince bestätigte, dass die Winter am produktivsten sind, vor allem um die Zeit des Vollmonds herum. Vince rief mich dann im Januar an und bat mich, alles stehen und liegen zu lassen und einen Flug zu buchen. Genau das habe ich dann getan!

In der ersten Nacht, in der wir fischten, hatten wir zwei Angriffe. Aber keiner der Fische wollte vom hakenlosen Teaser zur Fliege wechseln. In der folgenden Nacht fischten wir in einem anderen Gebiet und bereiteten das Boot schon bei Sonnenuntergang vor.

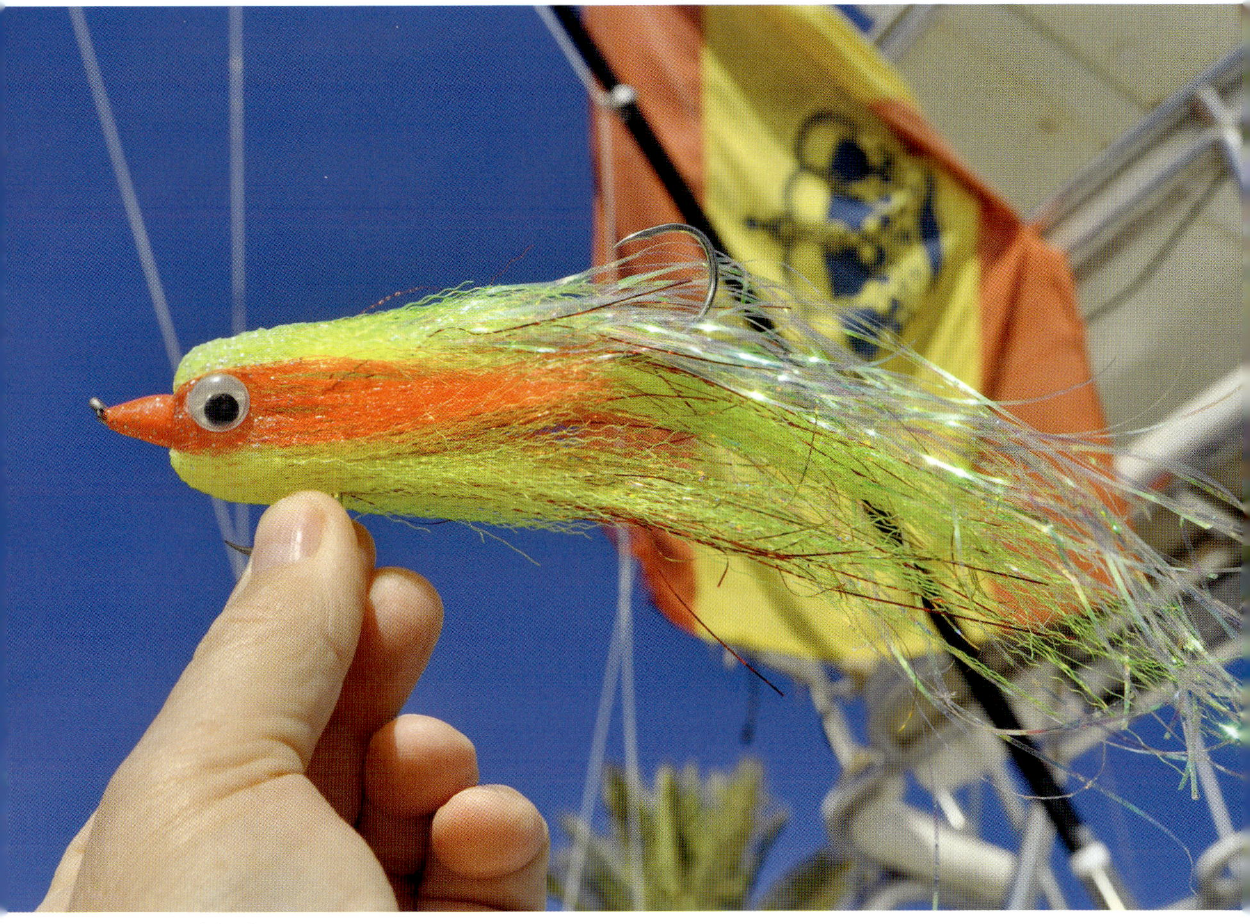

Die Erfolgsfliege

Ein Teaser wurde an einem Planer in einer Tiefe von 10–15 m geschleppt, der zweite an der Oberfläche. An beiden hatten wir ein leuchtendes Knicklicht befestigt. Sie gaben mir auch einen genauen Anhaltspunkt, wo sich der Teaser befand und wo der Fisch war, den ich anwerfen wollte.

Wir hatten mehr oder weniger sofort den ersten Strike. Crewmitglied Oliver zog den Teaser aus dem Wasser. Ich warf, und in der Sekunde, in der die Fliege das Wasser berührte, kam auch schon der Strike. Ich setzte den Haken und die Fliegenschnur war straff gespannt.

Der Fisch sprang dann weniger als 10 m hinter dem Boot in die Luft, machte eine Flucht und tauchte dann bis in etwa 100 m Tiefe ab. Der anschließende einstündige Drill bis ans Boot war sehr intensiv. Der Fisch, dessen Gewicht wir auf etwa 25 kg schätzten, wurde markiert und freigelassen, wie es in spanischen Gewässern gesetzlich vorgeschrieben ist. Uns wurde gesagt, dass dies wahrscheinlich der erste Schwertfisch ist, der jemals in europäischen Gewässern mit der Fliege gefangen wurde.

Der Südosten – Cala Figuera

Das malerische Fischerdorf Cala Figuera, liegt etwa 20 km unterhalb der Touristenhochburg Cala d'Dor und entwickelte sich zu einem neuen Hotspot für Salzwasserangler. Das liegt auch an den beiden sympathischen Deutschen, Skipper Marek Freyer und Mate Jonas Bock. Sie wagten nach einigen Jahren im Charterboot-Geschäft den Schritt in die Selbstständigkeit und fahren seitdem eine Bertram-Yacht.

Die „Caliope" wurde ihre Basis für das gemeinsame Charterbootbusiness „Average Fishing Company". Dass die jungen Angelverrückten alles andere als Durchschnitt sind, hatten sie zuvor bei einem anderen Unternehmen mit zufriedenen Gästen und unglaublichen Fängen eindrucksvoll unter Beweis gestellt.

Die „Caliope" ist ein waschechter Klassiker der Big-Game-Szene:
Eine Bertram-Hochseeangelyacht mit 33 Fuß (10 m).

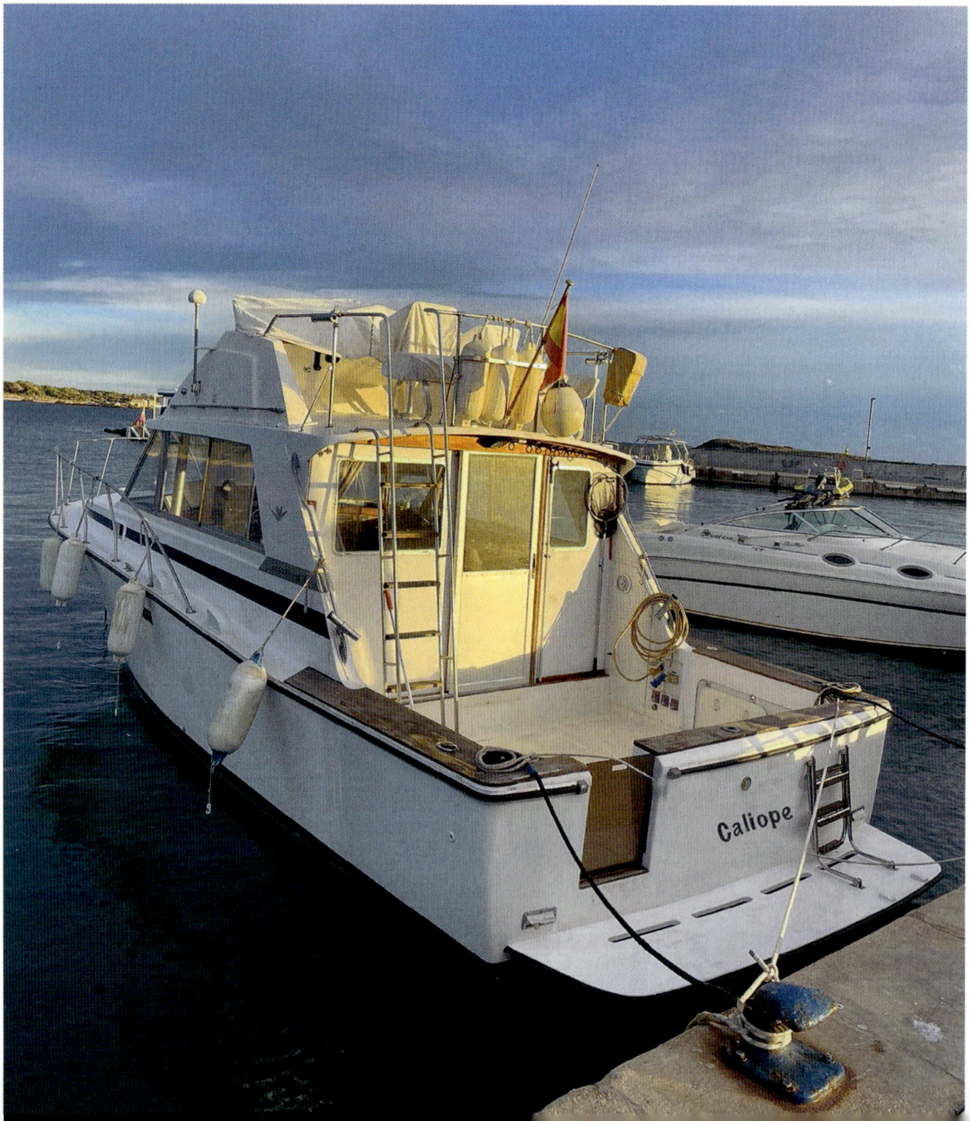

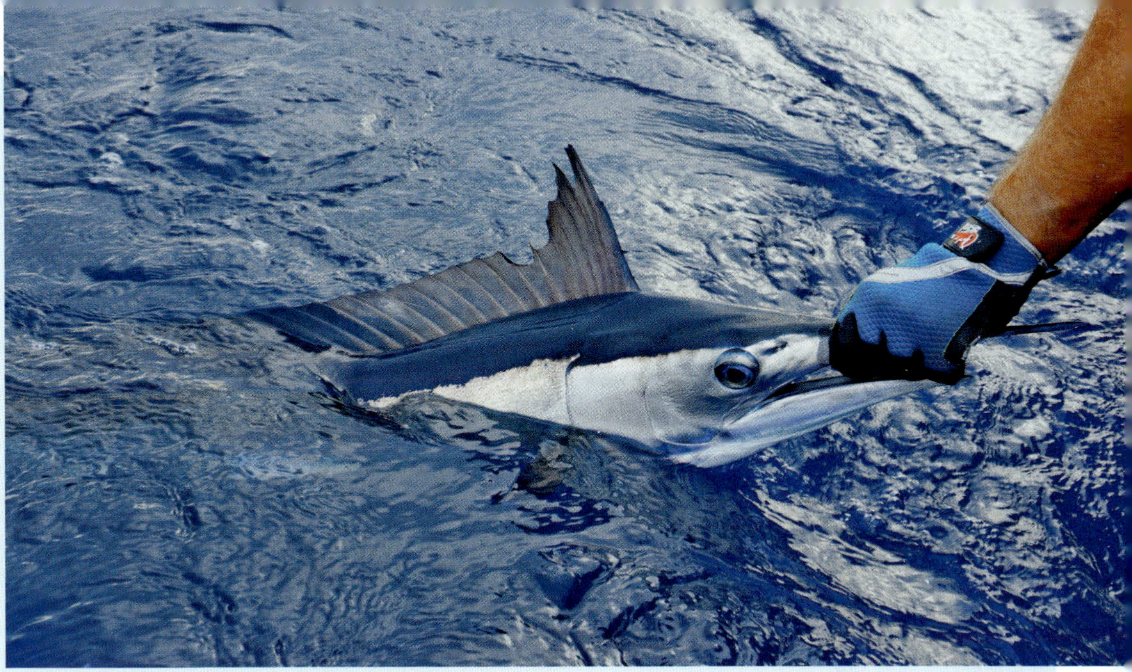

Allgemeine Fangzeiten

Blauflossenthun

ganzjährig: 40–80 kg
Ende Mai bis Mitte Juli: Giants, mit 200+ kg

Technik: driften oder ankern mit Lebendköder, Trolling

Mittelmeer-Speerfisch

ganzjährig
Juli bis Ende September; viele kleinere Fische mit 1–1,6 m Länge
und Herbst/Winter: weniger Fische, aber gute Größen bis 2,20 m

Technik: Trolling, Lures mit 14–21 cm

Weißer Thun (Albacore)

Mitte Mai bis Mitte Juli

Technik: Trolling offshore mit Federjigs in Pink-Weiß oder Grün-Weiß, Halco-Wobbler

Echter Bonito (Skipjack Tuna)

August bis Oktober

Gewicht: 4–29 kg

Falscher Bonito (Little Tunny)

ganzjährig
im Herbst Massenfänge kleinerer Fische

Goldmakrele (Dorado)

September bis November:
Massenfänge, Gewicht 1–6 kg
die größeren Fische ab Ende Oktober

Technik: Trolling mit kleineren Lures, Federjigs, Wobbler

Schwertfisch

ganzjährig an Tagen um Vollmond

Technik: nachts, verankert oder driftend mit lebendem Kalmar

Banco de Emille Baudot

ganzjährig bei gutem Wetter

alle Fischarten

am Grund: Sechskiemenhai, Zackenbarsche, Rochen

alle Techniken, bis hin zu Slow- und Speedjiggen

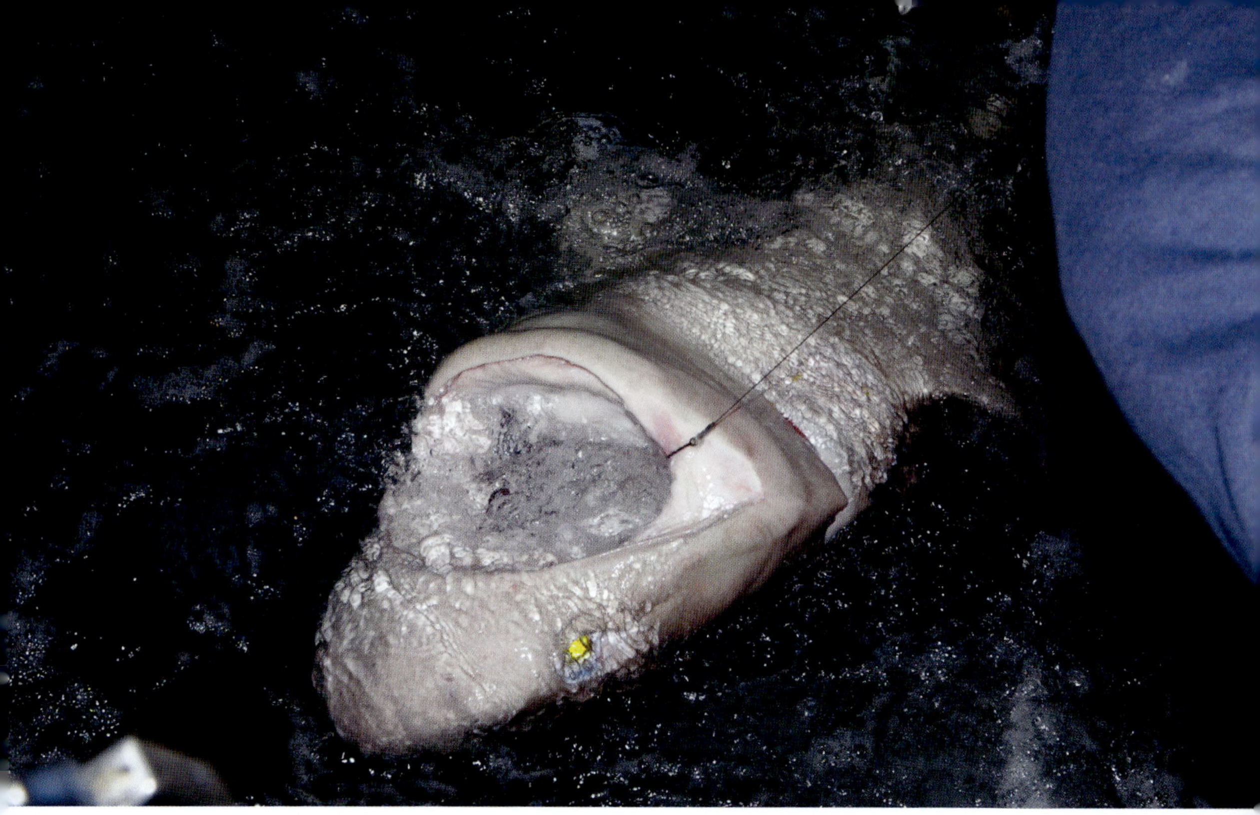

Die urtümlichen Sechskiemenhaie sind kein Aufreger im Drill, ihr Anblick schon.

Der Heimathafen der „Caliope" in Cala Figuera liegt ideal. Dies gilt nicht nur für all die Arten vor der Haustür: Bauflossenthune mit Gewichten von 40–80 kg werden auch hier ganzjährig gefangen. An leichtem Gerät sind Skipjack Tuna, Goldmakrelen und vor allem Speerfische sehr große Spaßbringer. Sie kommen hier saisonal so häufig vor, dass bei jeder Ausfahrt mehrere der agilen Luftakrobaten gehakt werden. 10 Speerfische waren es einmal an einem Tag!

Cala Figuera eröffnet Anglern darüber hinaus ein ganz besonderes Abenteuer: Rund 50 Seemeilen entfernt liegt die Bank „Emille Baudot". Ihre Unterwasserberge mit Tiefen zwischen 90 und 400 Metern sind beim Angeln immer für eine Überraschung gut. Zackenbarsche bis 50 kg werden tagsüber mit Naturköder am Grund überlistet und nachts Schwertfische, die meist um 40 kg wiegen aber auch mal die Marke von 80 kg erreichen.

Eine immer sichere Bank auf der Bank aber ist das Grundangeln auf die großen Sechskiemenhaie. „Der Boden ist voll davon, bei einem Trip fingen wir 7 Haie mit Gewichten von bis zu 300 kg", erinnert sich Jonas. Und er sagt auch, dass bei den Gewichten noch „Luft nach oben" sei. Er weiß von einem Hai, der 5,6 m lang war. Biologen schätzen sein Gewicht auf etwa 600 kg. Schätzten, die Haie sind geschützt und dürfen nicht entnommen werden.

Kontakt:
www.averagefishingcompany.com
Jonas Bock – Tel.: +49 176 72 99 31 49
Email: jb_averagefishing@yahoo.com

Einer für alle

Die Crew der "Calypso", und nicht nur sie, schwört auf einen Schleppköder, der alles fängt: den 21 cm langen „Big Game Catcher“ von Williamson. Die Proportionen des Kopfes mit seiner konkaven Front sind so gut getroffen, dass das Lure beim Abtauchen weithin sichtbare Fahnen aus Luftblasen hinter sich herzieht.

Standardfarbe auf der „Calypso“ ist pink-weiß für große Speerfische, Albacore oder Skipjack Tuna. Wird im Herbst speziell auf Blauflossenthun geschleppt, geht der „Lumo“ über Bord: Thune jagen dann Goldmakrelen, und genauso sieht der „Lumo“ aus mit seinem blauen Rücken, grünen Flanken und gelbem Bauch. Der „Big Game Catcher“ hat übrigens noch ein Geschwisterchen. Der 14 cm lange „Sailfish Catcher“ fängt alle kleineren Arten und die noch halbstarken Großen. Beide Modelle gibt es zu einem vernünftigen Preis auch vorgeriggt, mit einem guten Vorfach von Sufix und stabilen VMC-Haken.

Der „Big Game Catcher“ kann bis zu 7 Knoten schnell geschleppt werden.

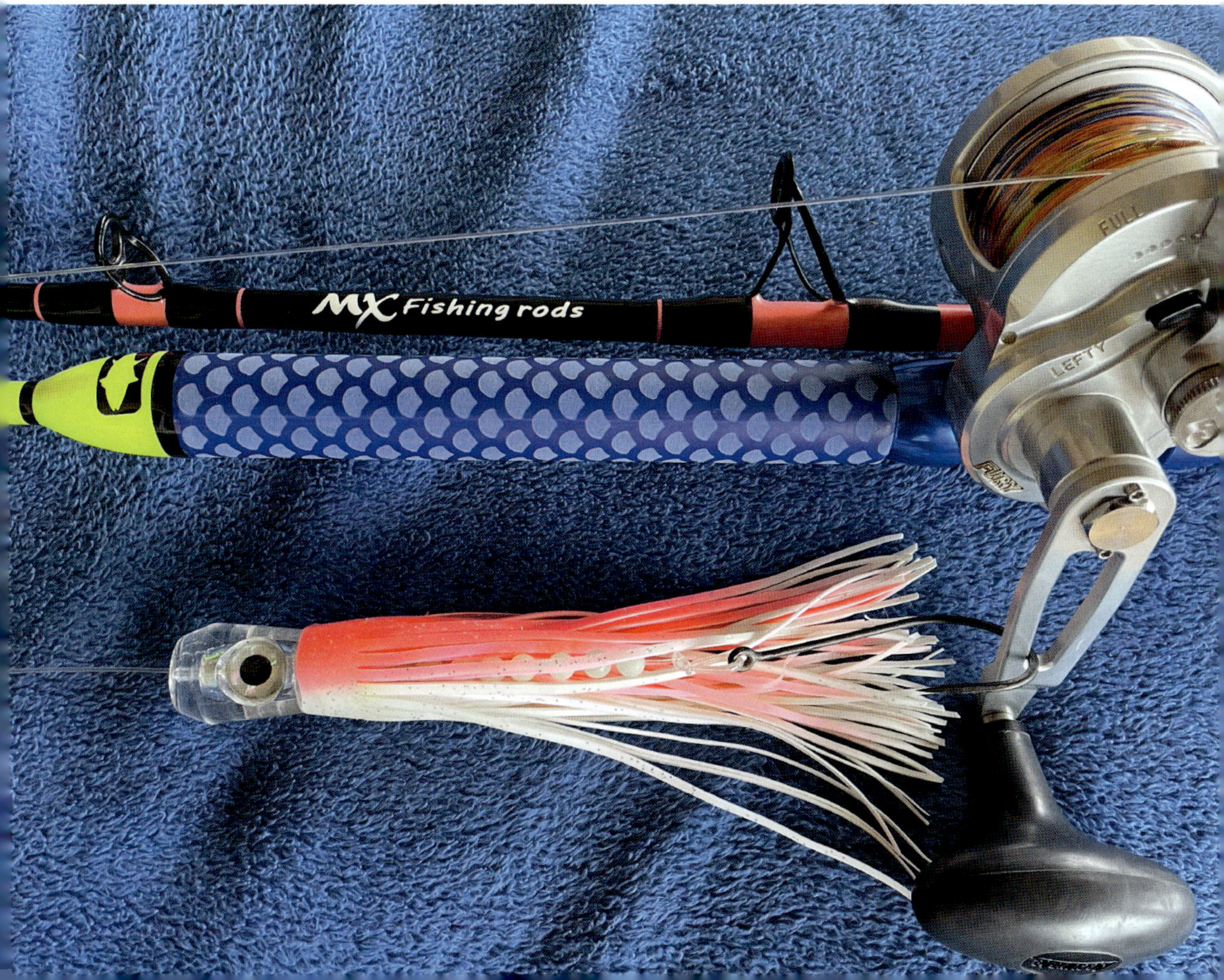

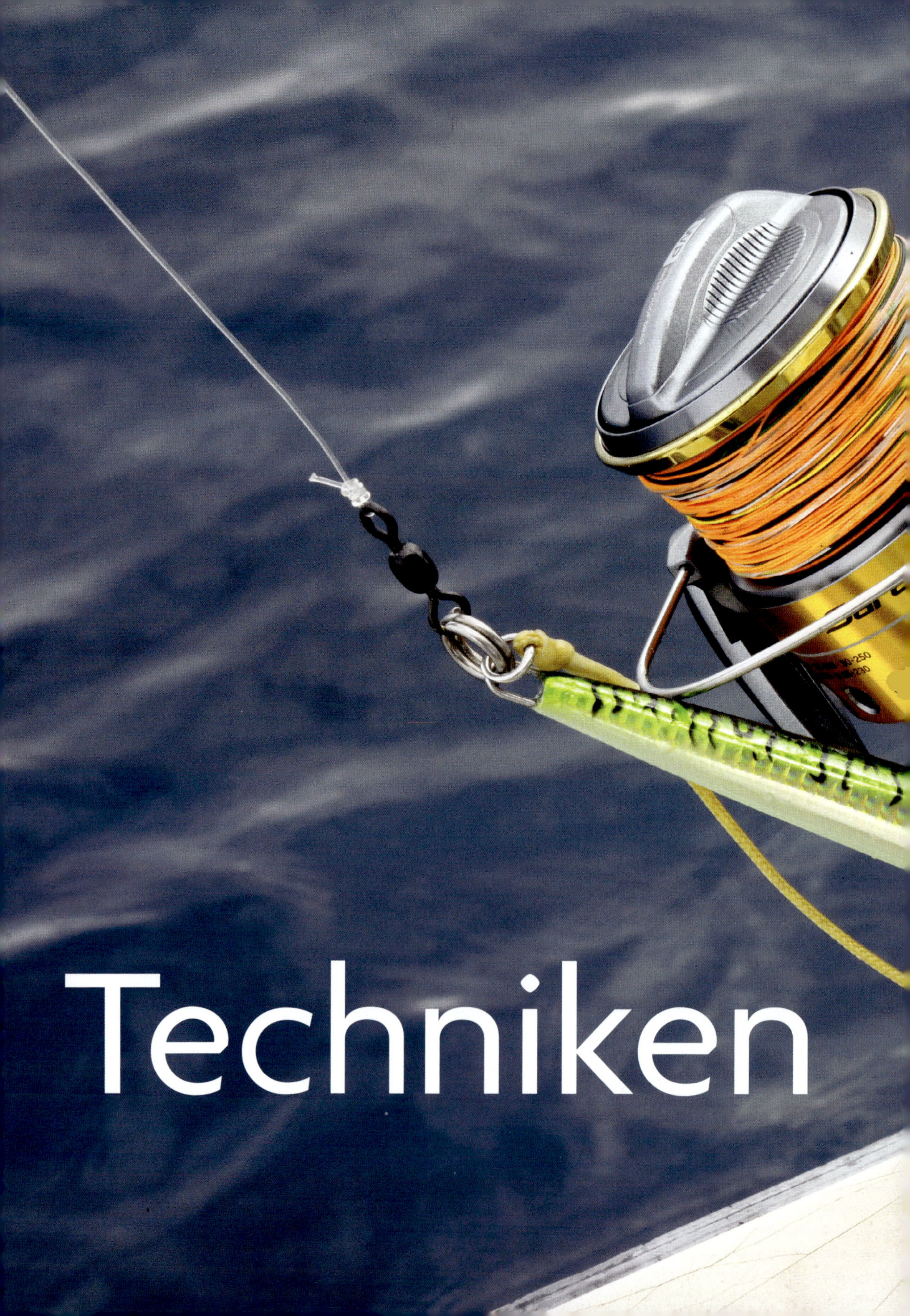

Techniken

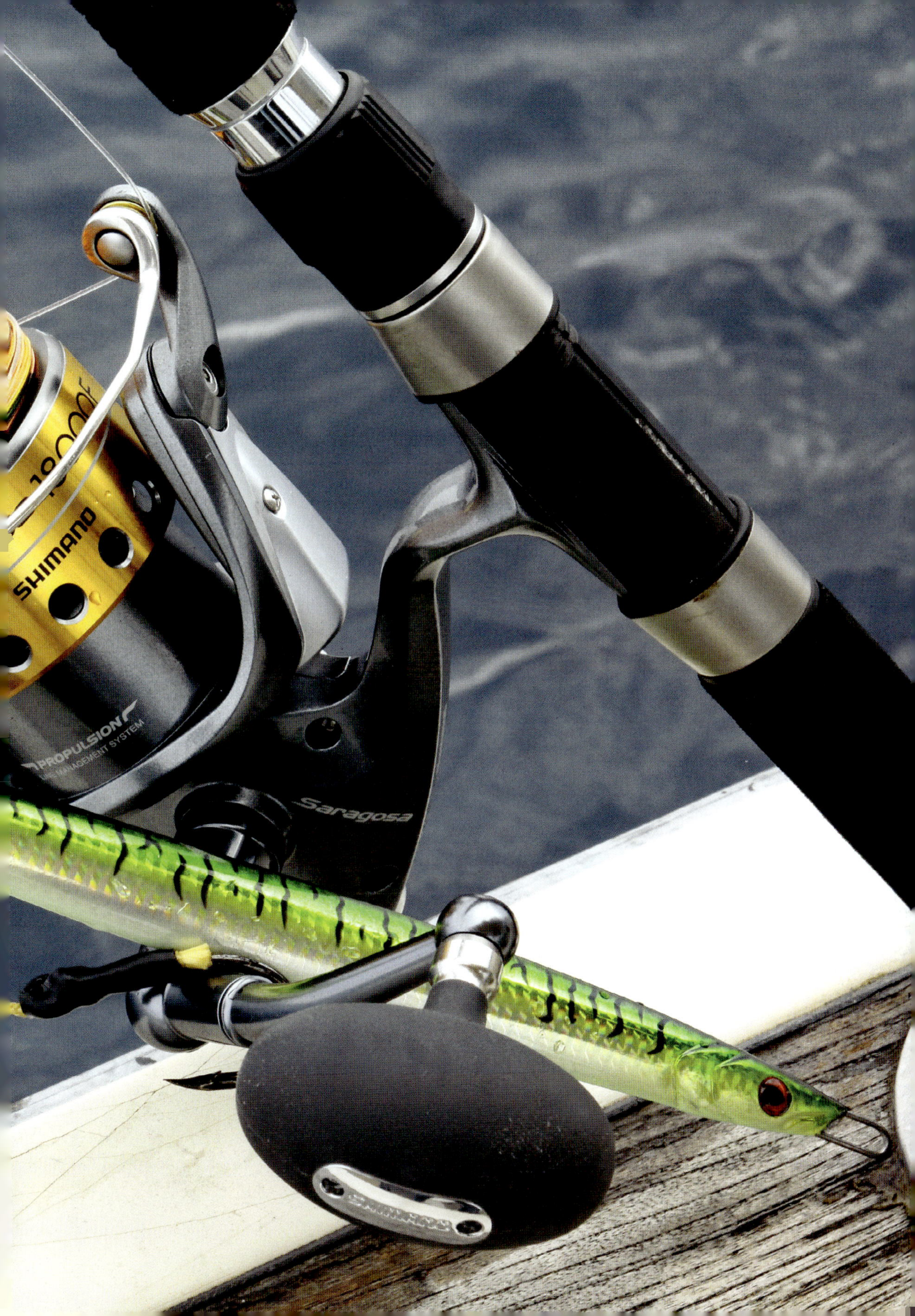
SHIMANO
PROPULSION
Saragosa

Wie, wo und wann?

„Fangen ist einfach: am richtigen Ort, zur richtigen Zeit, mit dem richtigen Köder!“ - Diese oft kolportierte Binsenweisheit gilt vor allem im Mittelmeer, wo die Schuppenträger in tausenden Jahren Befischungsdruck immer gewitzter wurden. Die hier vorgestellten Methoden haben sich dort alle in der Praxis bewährt.

Den Auftaktmacht das Kapitel Uferfischen. Es soll unter anderem all jene Gelegenheitsangler ansprechen, die im Familienurlaub mit Spinnrute und Kunstköder vielleicht einen Pfannenfisch fangen möchten. Aber auch das Fischen mit Jigs vom Ufer aus wird vorgestellt, wie das Angeln mit Naturköder und andere Techniken mehr.

Dem Blauflossenthun wird ein großes Kapitel gewidmet. Einerseits, weil er wegen seiner Größe und Kampfkraft weit oben auf der Wunschliste vieler Angler steht. Zum anderen sind Bluefins von allen größeren Fischen im Mittelmeer seit einigen Jahren am leichtesten zu fangen. Die hier beschriebenen Techniken führen dann auch Newcomer zum Erfolg.

Einen wichtigen Teil machen die Tipps zum Schleppfischen und dem Fang der besten Naturköder aus: Hornhecht und Tintenfisch, die lebend geschleppt, sind eine unwiderstehliche Beute für Amberjack, Leerfish & Co sind. Dann folgen Montagen zum Angeln auf die kleineren, aber überaus schmackhaften Vertreter der Kategorie „Bunt und Gestreift“. Vor allem beim Fischen auf sie ist Können gefragt.

Ein eigenes Kapitel ist den Seglern gewidmet. Die meisten von ihnen sind keine Angler. Wie sie gleichwohl mit einfachen Methoden ihre Bordküche bereichern, wird zum Schluss dargestellt.

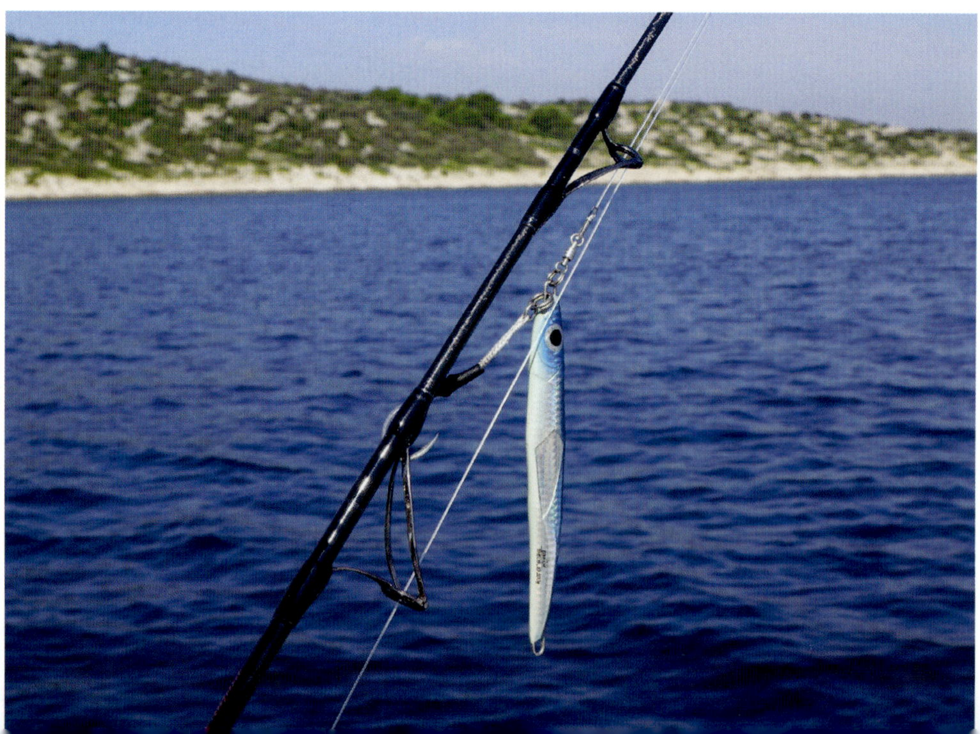

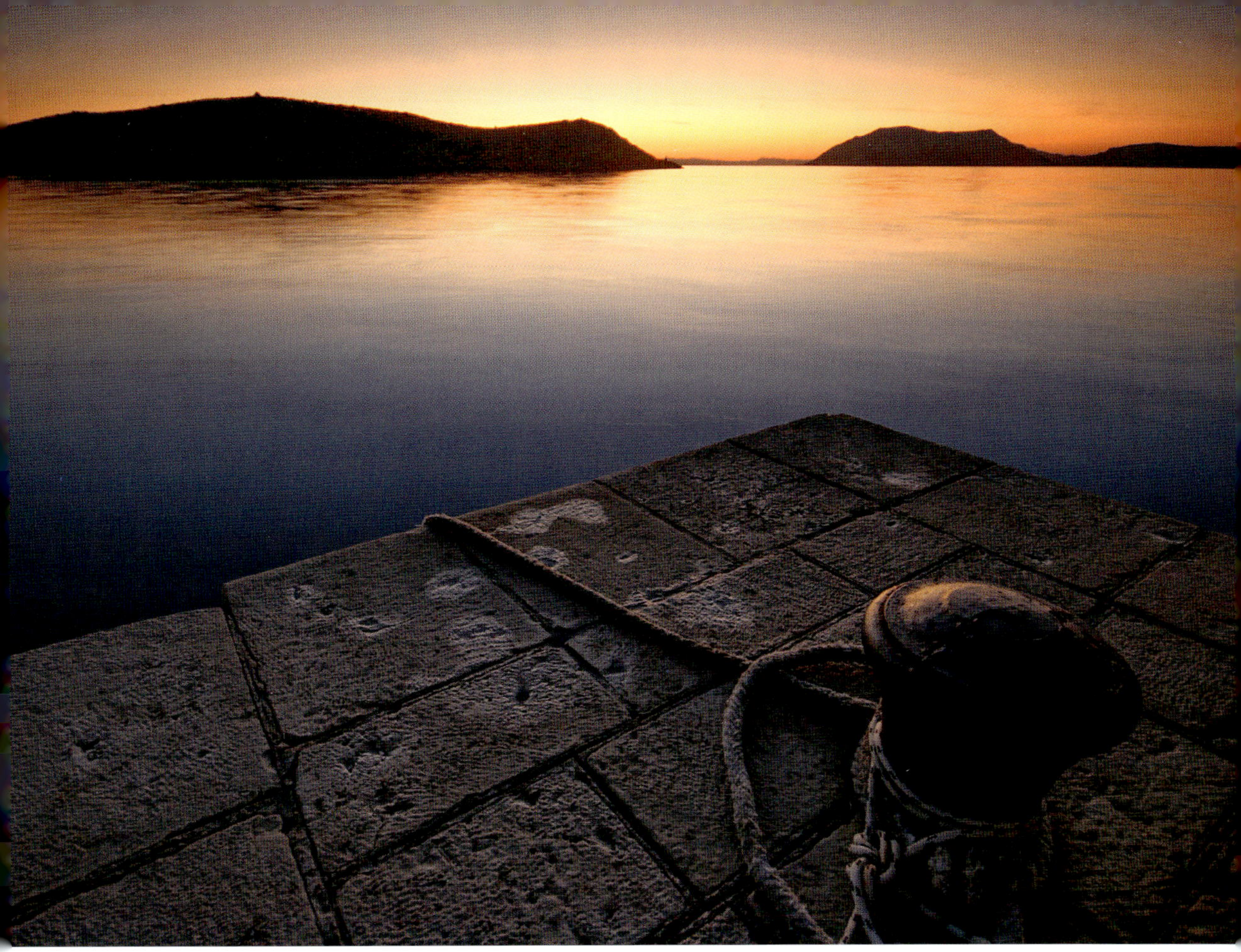

Uferfischen

Mit der Spinnrute – von ultraleicht bis ultraschwer

In den Familienurlaub die Spinnrute für kleine Fluchten mitnehmen, ist eine gute Idee. Stimmen das „Wo" und „Wie", sind selbst in dem überfischten Mittelmeer Fänge mit hohem Spaßfaktor vom Ufer aus möglich. Und der Papa kann dann nach einer erfolgreichen Pirsch stolz den Fisch für das gemeinsame Abendessen präsentieren. Ob nun Mittelmeer-Barrakuda, Amberjack, verschiedenste Brassen-Arten oder gar Wolfsbarsche, sie alle schmecken köstlich. Nur nicht der →Hasenkopf-Kugelfisch - sein Verzehr kann tödlich enden!

WO?

Wenn wir hungrig sind, schauen wir nach Zeichen wie ‚Imbiss', ‚Gasthaus zum ...' oder auch dem ‚goldenen M'. Raubfische verhalten sich ebenso. Sie suchen ihr Futter dort, wo es vorkommt: an Strukturen, die Kleinfischen Lebensraum bieten. Das kann ein abwechslungsreicher, mit Steinen und Pflanzen durchsetzter Boden sein (wie der von raubenden Meerforellen bevorzugte Leopardengrund

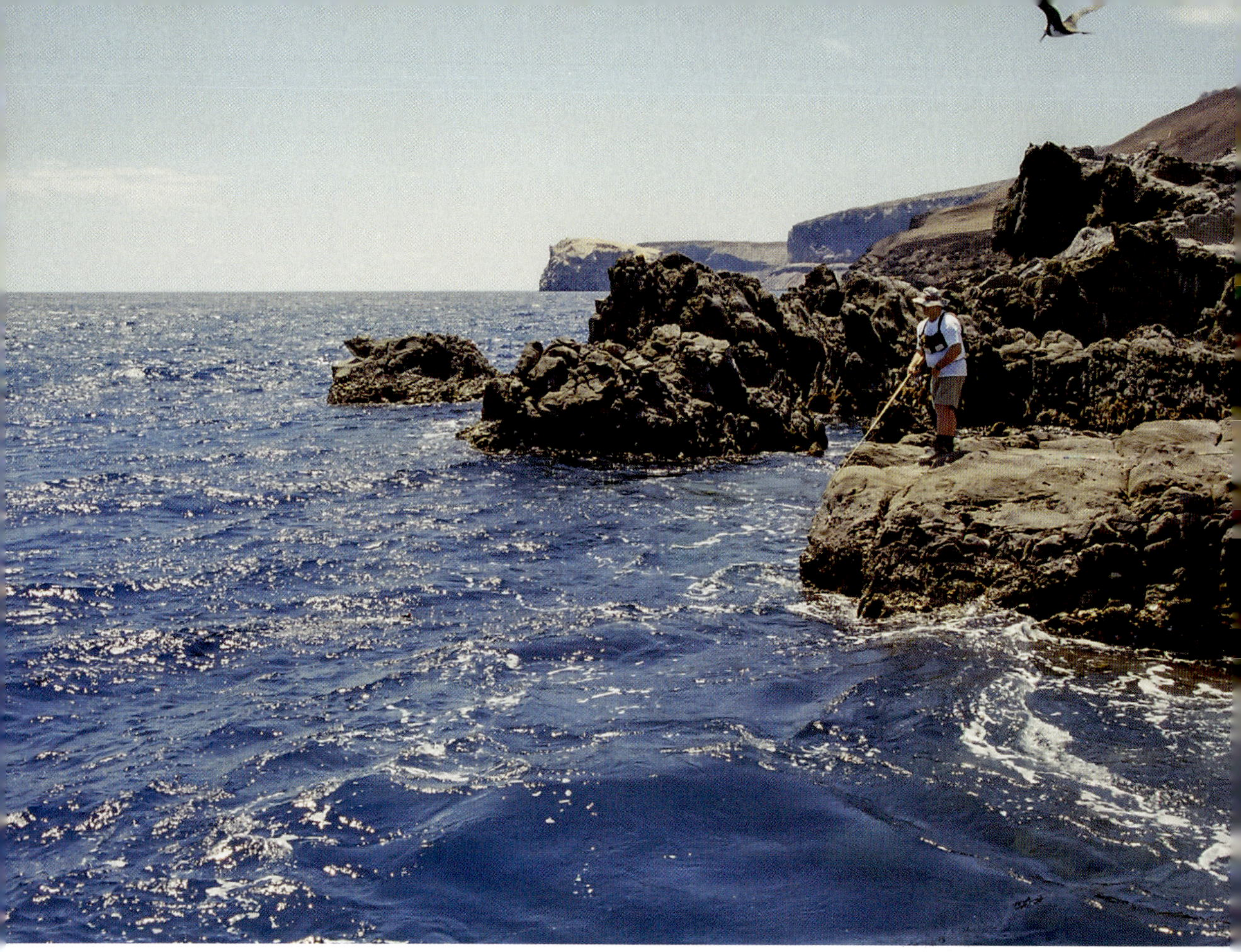

Offene Küsten mit tieferem Wasser: Hier ziehen Raubfische regelmäßig entlang.

in der Ostsee) sowie ins Meer hinausragende Felsformationen, die Strömungen verwirbeln und Plankton für Kleinfische konzentrieren. Hotspots sind r auch mit Algen bewachsene Molen, Pontons, Schiffsanleger und Flussmündungen mit planktonreichen Brackwasserlagunen, sowie – sehr gut für Wolfsbarsch und Barrakuda – Steinpackungen an Hafeneinfahrten, die Kleinfischen tagsüber ein Versteck bieten.

Raubfische suchen an all diesen Stellen nach Beute. Seltener tagsüber: Die Stunde der Jäger und unsere für die Jagd auf sie, ist zum einen die Morgendämmerung. Dann weht oftmals noch kein Wind und an der Oberfläche jagende Fische sind für uns leichter auszumachen. Am Abend und in die Nacht hinein lohnt sich ebenfalls eine Pirsch, etwa in der Dämmerzone von Lichtanlagen an Hafeneinfahrten und deren Steinpackungen.

Selbst Sandstrände haben Potenzial, vor allem, wenn sie in der Nähe einer Flussmündung liegen. Bestes Beispiel ist das Ebro-Delta. Dort treiben Bluefish und Palometa (→Große Gabelmakrele) morgens Schwärme von Kleinfisch an den Strand und sind dann in einem wilden Fressrausch. Entdeckt ein Angler solche eine sogenannte Feeding Frenzy, heißt es, nichts wie hin im Laufschritt, auch auf die Gefahr von Seitenstechen.

Mit leichter Rute

Unsere Hechtwobbler dürfen bei der leichten Angelei getrost zu Hause bleiben. Sie fangen eher nicht. Nötig sind vielmehr kleine Wobbler, Jerkbaits, Gummishads und Twister, die das jeweilige Beuteschema der Räuber imitieren. Diese kleinen Köder müssen möglichst weit geworfen werden. Eine Spinnrute zum Forellen- oder Barschangeln mit einem Wurfgewicht von etwa 10 g schafft das. Der renommierte Rutenhersteller Sportex hat eine Vielzahl solcher Modelle in allen Preiskategorien im Programm. Günstig ist die 2,13 m lange „Jig Xpert Barsch" (JX2100) mit 3–15 g Wurfgewicht. Wird die 2000er Stationärrolle zudem mit einer 0,08–0,10 mm dünnen geflochtenen Schnur gefüllt, steht dem Angelspaß nichts mehr im Weg.

Die Wobbler sollten etwa 4–8 cm klein sein (bis zu 10 cm, wenn Wolfsbarsch und Barrakuda Zielfische sind). In dem meist glasklaren Wasser sind Schockfarben wie der „Fire Tiger" keine gute Wahl. Die Kunst soll ja die Natur imitieren. Deshalb gilt grundsätzlich, Köder sollten naturfarben sein, also helle Körper mit einem dunkleren Rücken haben, oder gar transparent sein. Ein bewährtes Modell ist der Wobbler „Shad Rap RS" von Rapala. Er läuft tief und wird in drei Größen 5 cm (5 g), 6 cm (9 g) und 7,5 cm (12 g) angeboten und fliegt wegen seines hohen Eigengewichts auch bei Wind sehr weit. Eine Rassel sorgt für einen zusätzlichen akustischen Reiz.

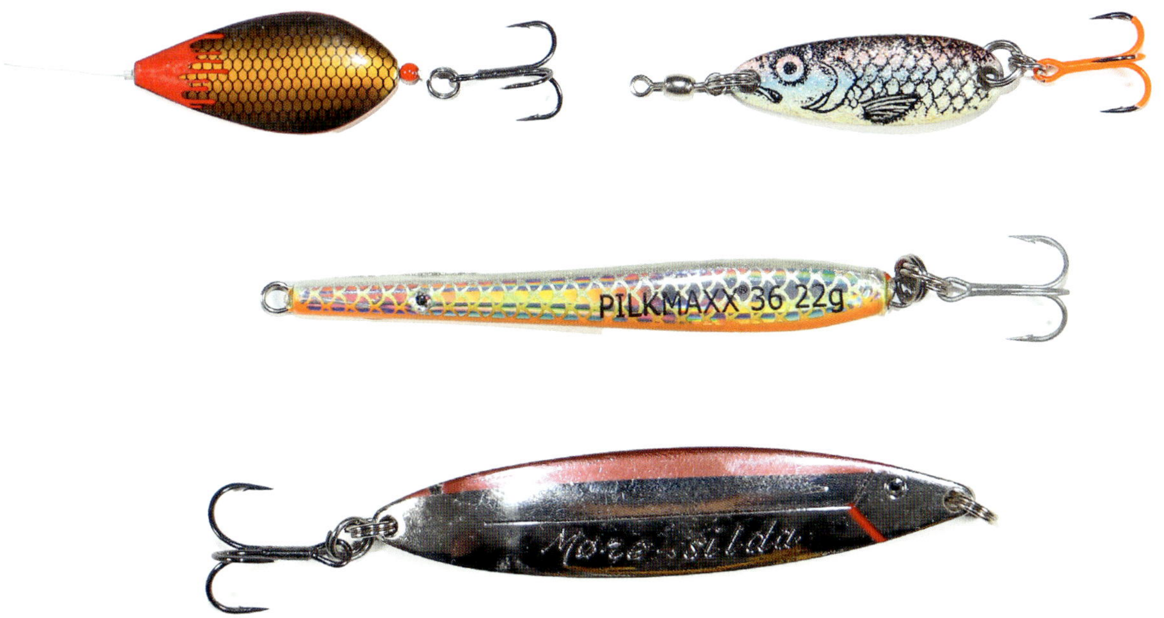

Blech fliegt weit! Die beiden oberen Forellenblinker wiegen 8 g und sind für das (ultra-)leichte Spinnfischen an ruhigen Abschnitten geeignet. An offener Küste mit tieferem Wasser kann man an einer üblichen Spinnrute mit schlanken Pilkern (Bildmitte) leichtes Shore Jigging praktizieren. Und der Meerforellenblinker „Möresilda" (6–18 g) von Blue Fox gehört seit jeher mit zu den besten, den Drilling gegen einen kleineren tauschen.

Ebenfalls interessant ist der 8 cm lange und 7 g schwere Flat Rap (Twitchbait). Seine dreieckige Tauchschaufel lässt den Flachläufer (0,6–1,2 m) um seine Längsachse aufflanken und verursacht somit starke Lichtreflexe. Weiße Wobbler mit leichten Farbakzenten in Rot/Orange fangen gut, wenn etwa an Molen und Anlegern gefischt wird. Also dort, wo die Kinderstuben vieler Arten sind.

Schwarzangler fangen mehr

Steht der Angler aber bei hellstem Sonnenschein an Felsküsten vor offenem Wasser, sollte er ‚Schwarz' sehen – beim Blick auf den Wobbler am Ende des Vorfachs. Warum? Größere Räuber wie der Mittelmeer-Barrakuda lauern im Mittelwasser mit nach vorn-oben gerichtetem Blick. Wegen des sehr hellen Hintergrunds der sonnenbeschienenen Wasseroberfläche, haben deshalb nahezu alle Beutefische einen hellen, tarnenden Bauch. Kontrastreiche Kunstköder sehen die Raubfische sehr viele deutlicher, deshalb der schwarze Wobbler. Der 7 cm lange und 10 g schwere „Shadow Rap Jack Deep" von Rapala wäre bestens geeignet. Man kann ihn weit werfen, man kann ihn sehr zügig einholen oder langsam, und er imitiert getwitcht ein angeschlagenes Beutefischlein. Selbst beim →Schleppfischen mit künstlichen Ködern ist er die erste Wahl.

Es dürfen aber auch andere Wobbler mit dunklen Farben wie metallic-blau sein (→ Kreta: Dirk Brauer hat alles richtig gemacht.). Wobbler haben gegenüber Bleikopf-Jigs noch einen weiteren Vorteil. Da viele Mittelmeerfische ein eher

An Chebus montiert, fangen kleine Gummiköder besser. Garnelen, ob naturfarben oder rot-orange nicht vergessen.

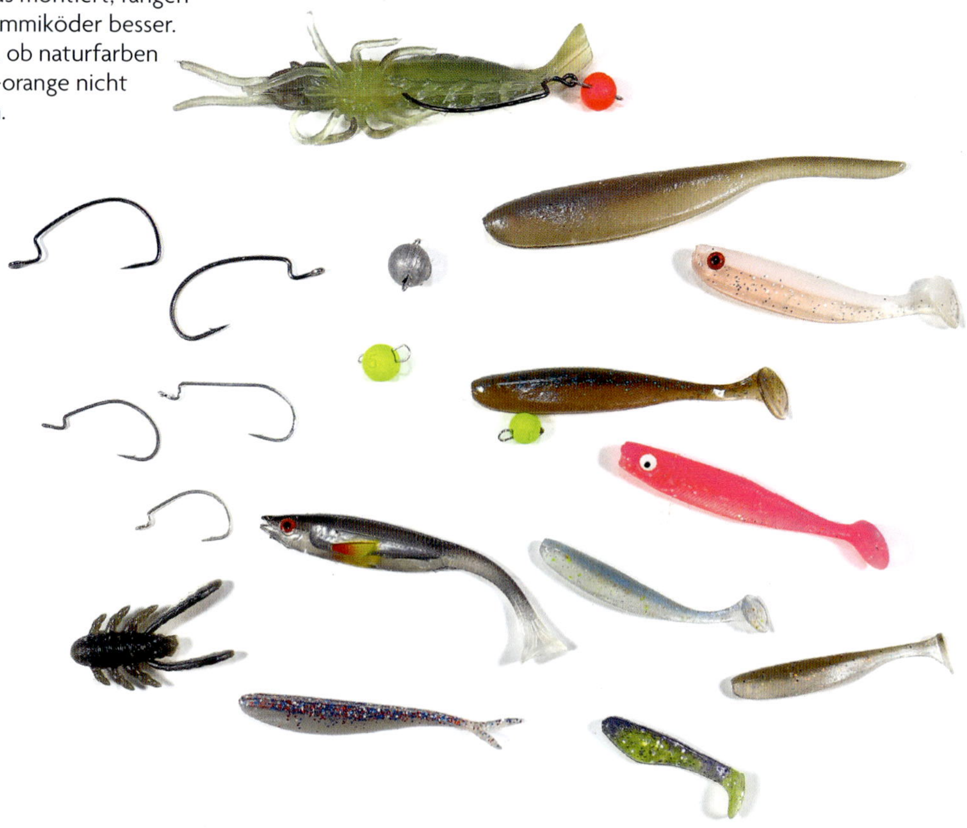

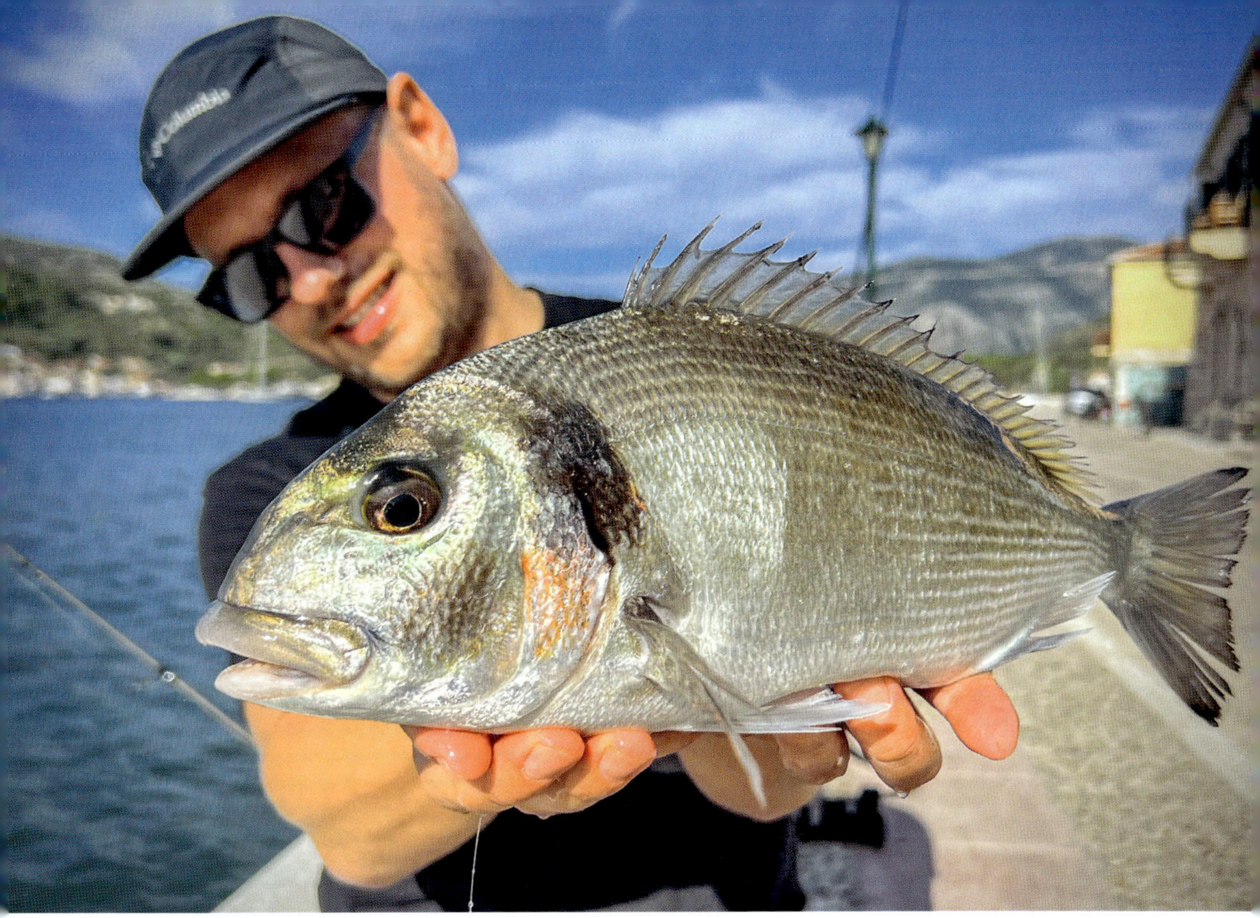

Eine prächtige Dorade; an feinstem Gerät ist das ein aufregender Drill.

kleines Maul haben und bei einer Attacke keinen starken Sog erzeugen, ist die Fehlbissquote bei leichten Wobblern deutlich geringer. Eine Ausnahme macht dabei der →Eidechsenfisch. Er attackiert beim grundnahen Angeln über Sandböden auch größere Kunstköder.

Das passende Vorfach für diese kleinen Köder ist eine 0,25er Mono, oder Fluorocarbon, wenn grundnah gefischt werden soll. Dort fängt man dann allerdings häufig kleine Schriftbarsche und über sandigem Grund beeindruckende Eidechsenfische. Sie stürzen sich auf alles! Im Mittelwasser bis auf etwa 1,5 m unter der Oberfläche ist die Bissfrequenz zwar nicht mehr so hoch, doch die Chance auf größere Fische steigt mit zügig geführten Stickbaits und Wobblern.

Für Spezialisten – ultraleicht

„Ultralight Rock Fishing", also mit leichtem Gerät zu Angeln, wird immer beliebter. Die Technik stammt aus Japan. Der Name leitet sich allerdings nicht ab von einem Felsen, auf dem man steht, sondern vom Angeln auf den dort beliebten Roten Drachenkopf, dem „Rockfisch".

Diese Technik ist auf alle ufernah vorkommenden Arten erfolgreich. Der einzige Unterschied zum oben genannten Spinnfischen: Das Gerät ist deutlich filigraner. Die Ruten haben ein Wurfgewicht von 0,5 bis 6 g und die Schnüre auf den Rollen

(Größe 1000–2000) einen Durchmesser von 0,6–0,8 mm. Das monofile Vorfach ist 0,20–0,22 mm stark. Die Kunstköder sind entsprechend klein. Hartköder wie Minnows, Twitch- und Crankbaits sind 4–6 cm groß und sollten in 1–2 m Tiefe laufen. Der 4 g schwere Flachläufer „X-Light Minnow" (5 cm) von Rapala gehört ebenso in diese Kategorie, wie der schnell sinkende Rapala „Shadow Rap Solid" (5 cm, 5,5 g). Er wird übrigens auch als langsam sinkende Variante in schwarz für das Fischen in offenem Wasser angeboten (siehe oben).

Kleine Gummiköder wie Shads, Twister sowie Garnelen-, Krabben- und Krebsimitate werden an Cheburaska-Bleien montiert: Jighaken mit starrem Bleikopf führen häufiger zu Fehlbissen, weil die Mittelmeer-Räuber dazu tendieren, ihre Beute einzusaugen. Bei einer Montage mit einem gelenkigen Chebu-Blei gelingt ihnen das sehr viel leichter.

Kreta: Dirk Brauer hat alles richtig gemacht

Dirk Brauer angelt regelmäßig am Edersee auf Hecht, Barsch und Zander. Logisch, dass in seinem Urlaub mit Freundin auf Kreta deshalb auch die Spinnrute und eine kleine Auswahl an Kunstködern mit dabei waren. Die beiden Urlauber hatten in der günstigen Vorsaison (Mitte April) eine Ferienwohnung in Frangokastello im Südwesten Kretas gebucht. Direkt am Meer gelegen, zeigte der erste Blick an die von Felsen durchsetzte Küste gute Stellen zum Angeln. Die Stunde der Räuber war die Morgendämmerung, ideal um rechtzeitig zum familiären Frühstück zurück zu sein, wie Dirk berichtet.

„Den ersten Gelbmaulbarrakuda hatte ich schon beim zweiten Wurf im Drill. Er war etwa 1 m lang, ging aber kurz vor dem Ufer verloren. Danach hatte ich innerhalb von 30 min noch 5 weitere Bisse. Der Haken hing meistens knapp im Maul. Weil es sehr hart ist, muss man ziemlich stramm anschlagen", erinnert sich Dirk. Der passionierte Angler fing in dem Urlaub noch weitere der pfeilschlanken Räuber, aber auch Brandbrassen, Eidechsenfische und einen giftigen → Hasenkopf-Kugelfisch.

Dirk war unterwegs mit einer 2,7 m langen leichten Reiserute und mit 0,17er geflochtener Schnur auf der 2.500er Rolle. „Der Schnurdurchmesser war für die kleinen, leichten Köder zu stark. Das nächste Mal nehme ich eine dünnere Schnur, um besser auf Distanz zu kommen", resümiert er. Die Kunstköder für diese Art der Küstenangelei müssen klein sein, um die Beutefischlein der Räuber zu imitieren. Und auch die Farbe sollte passen. Am erfolgreichsten waren für Dirk 6–8 cm lange und schlanke Wobbler (Crankbaits/Jerkbaits) mit einer Tauchtiefe von bis zu einem Meter, naturfarben und in blau. Die meisten Attacken der Barrakudas kamen oberflächennah und vor allem dann, wenn die Köder zügig geführt und so „getwitcht" (gezupft) wurden, dass sie immer wieder seitlich ausbrachen. Im nächsten Urlaub will Dirk auch schwarze Wobbler mitnehmen. Eine kluge Wahl.

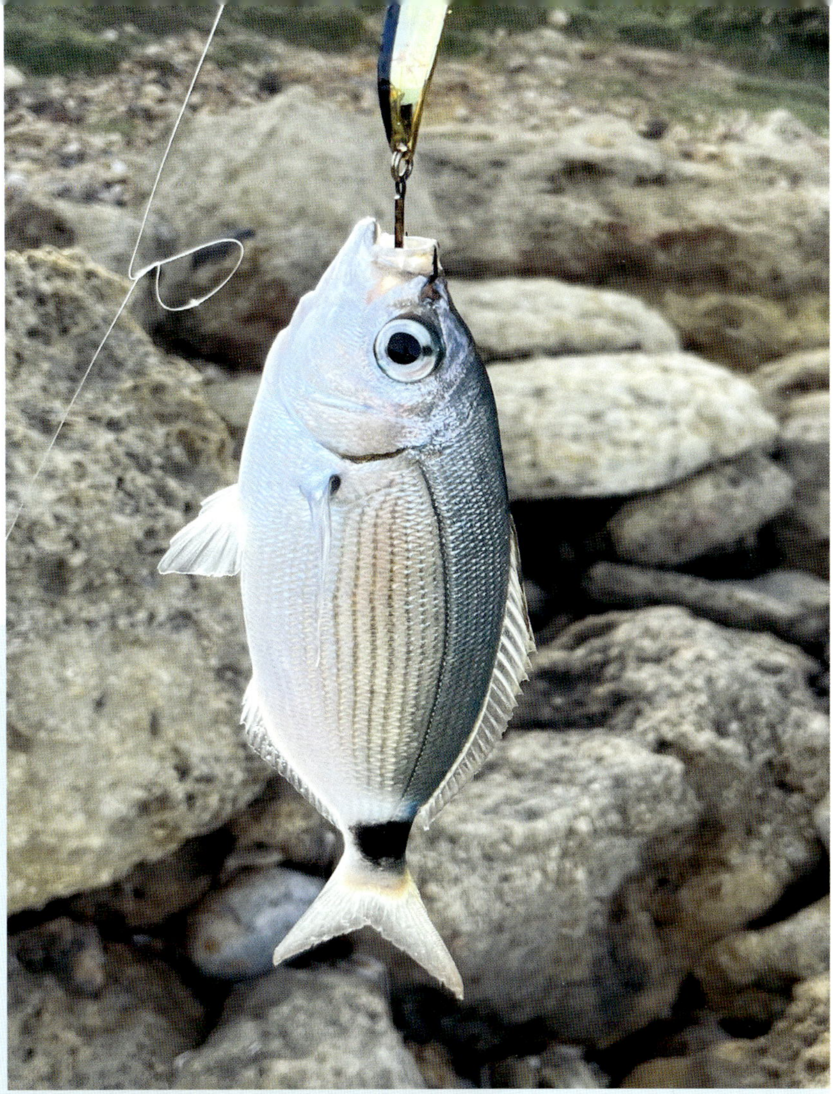

Dass diese Brasse an dem Meerforellen-Blinker trotz des großen Drillings hängen blieb, ist erstaunlich. Kleine Drillinge fangen mehr, also vorher tauschen.

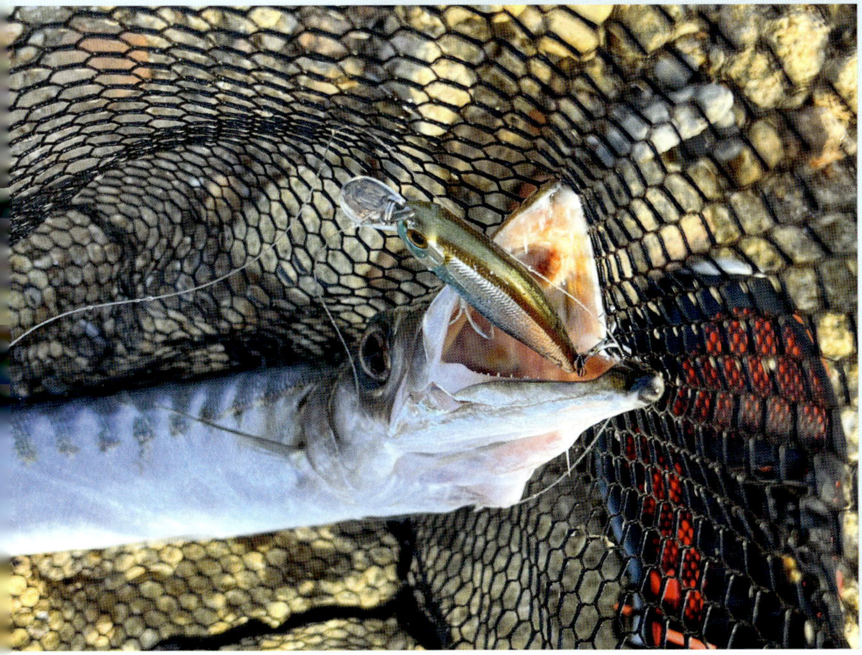

Barrakudas haben harte Mäuler. Drillinge sollten deshalb nadelspitz und von guter Qualität sein.

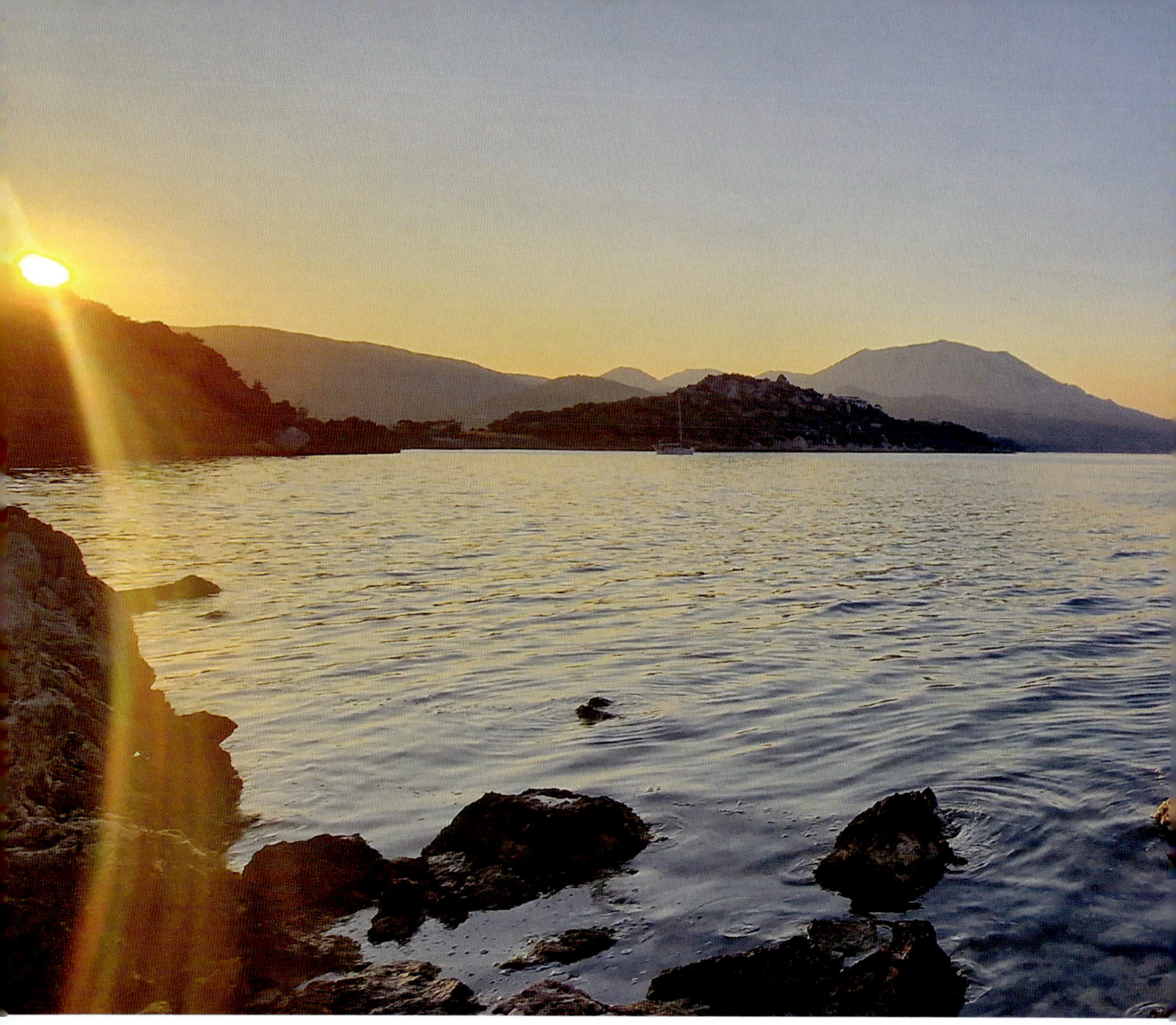

Shore Jigging – Ultraschwer

Und nun darf sie doch mit, die schwere Spinnrute. Wenn sie mindestens 2,7 m lang ist und Gewichte von 60–150 g wirft, kann man mit ihr eine Technik ausprobieren, die sich Shore Jigging nennt.

Norwegenangler würden das als: „Pilken vom Ufer aus“ bezeichnen – und dieser erste Gedanke ist gar nicht mal so falsch. Die Metall-Jigs sind allerdings nicht so endschwer wie Pilker und anstatt mit einem Drilling unten werden sie mit zwei Assisthooks am Kopf scharf gemacht.

Vor allem die griechischen Inseln sind perfekt geeignet zum Shore Jiggen, sie sind oft schon ufernah von tiefem Wasser umgeben. So tief, dass je nach Jahreszeit auch Little Tunny oder Amberjack gefangen werden können. Und selbst pelagische Fische wie Blauflossenthune gehen an den Jig. Sie müssen aber zurückgesetzt werden, da ihr Fang Berufsfischern vorbehalten ist.

Kreta, die 250 km lange Lieblingsinsel deutscher Urlauber, steht auf der Landkarte der Shore Jigger weit oben. Ihre Gebirgszüge fallen zur Südküste hin

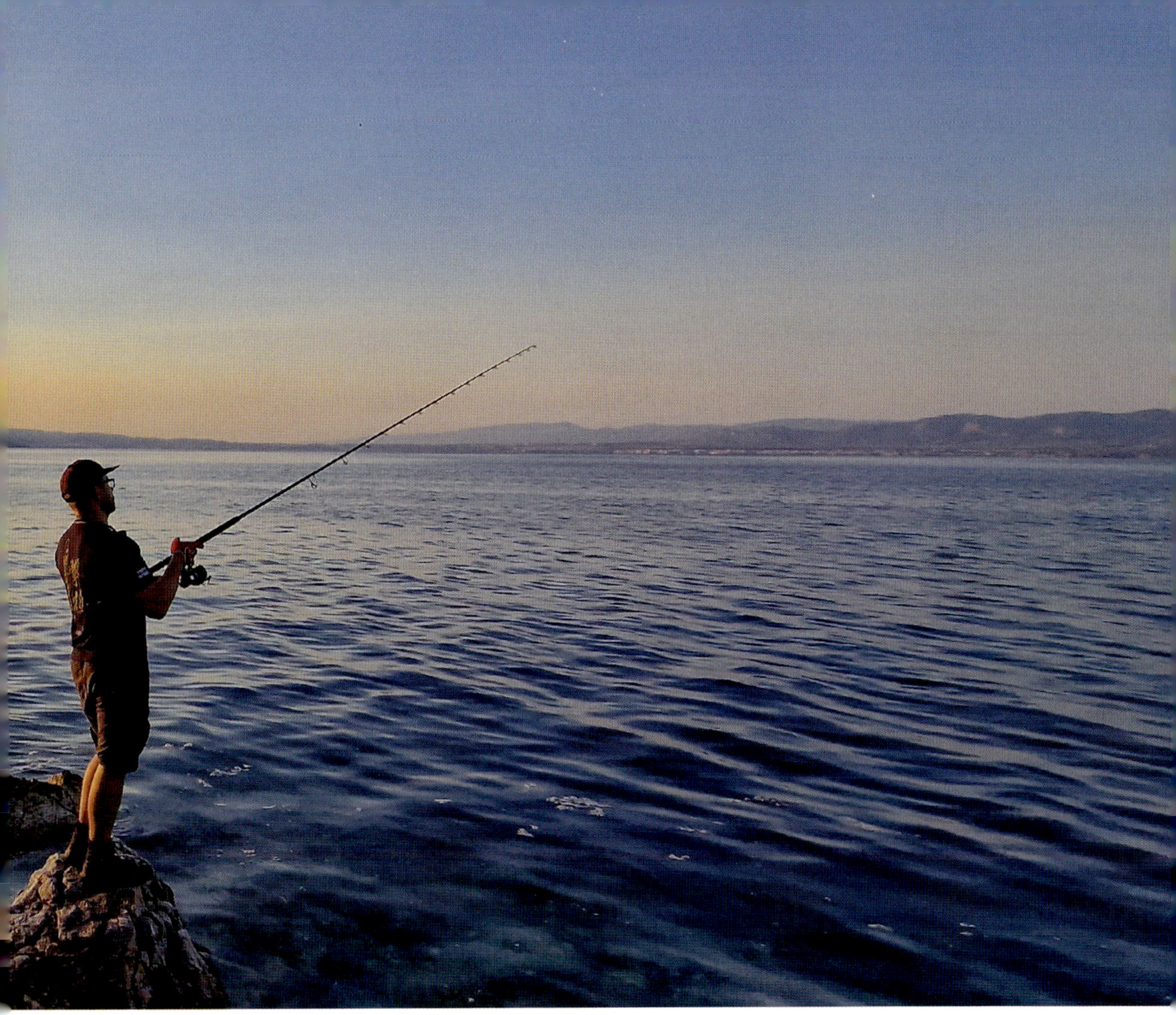

steil und zum Norden flach ab. An der Südküste gibt es an den wenigen Orten einige Buchten (mit sehr schönen Stränden), an deren Enden sich das Shore Jiggen lohnen kann. Im Nordwesten ist es die Halbinsel vor Chania. Dort finden sich an der gesamten Ostküste – von Stavors im Norden bis hinein in die Bucht im Südwesten – Kanten mit tiefem Wasser.

Tiefes Wasser in Ufernähe gibt es auch in Kroatien am →Kap Premantura/ Istrien, an der türkischen Küste sowie an den Küsten von Montenegro, Italien und Korsika. Überall dort findet die Technik immer mehr Anhänger und allein in dem Facebook-Forum „Shore Jigging" (einem von mehreren) tauschen weit über 20.000 Mitglieder ihre Erfahrungen und Fangmeldungen zu Fischen in teils erstaunlichen Größen aus.

Eines geben sie aber nicht preis, den genauen Platz, an dem sie ihren Fisch gefangen haben. Die Suche nach solchen abgelegenen und möglichst unbefischten Stellen an einer Felsküste ist der wichtigste und durchaus auch reizvolle Teil auf dem Weg zum Fisch und beginnt schon mit der Vorbereitung zu Hause.

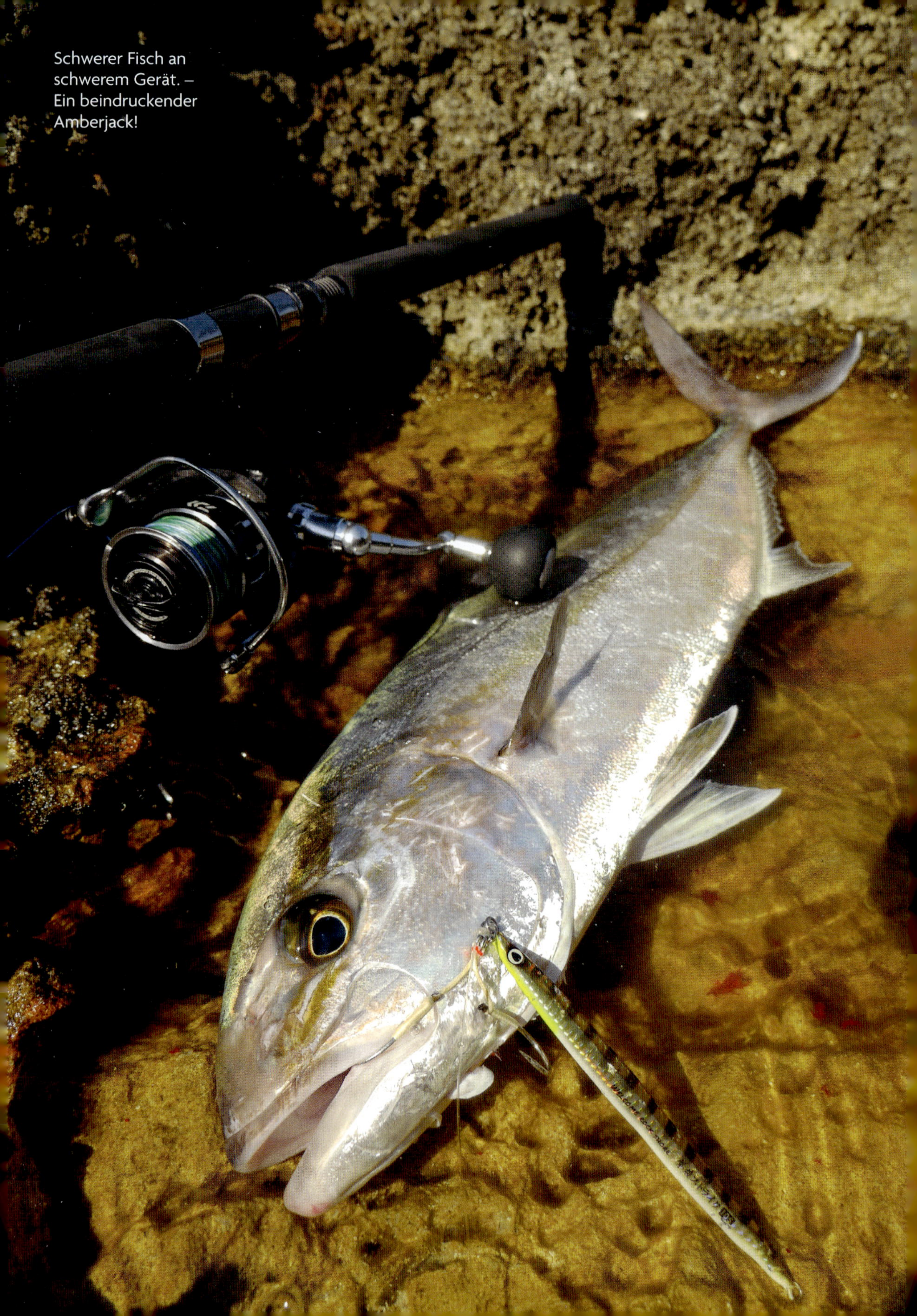

Schwerer Fisch an schwerem Gerät. – Ein beindruckender Amberjack!

Profi-Angler wie der Deutsche →Max Docken nutzen dazu die (kostenlose) Seekarte Navionics und Google Maps/Earth. Dort suchen sie nach ufernahen Tiefenlinien (20–60 m) und Strukturen wie ins Meer ragende Felsformationen, kleinen Landzungen oder Buchten. Also nach Plätzen, wo Fische Futter finden.

Shore Jigger sind Individualisten. Ist ein Platz ausgewählt, heißt es, den Rucksack packen und neben dem Angelzeug auch reichlich Wasser mitnehmen. Dann folgt mit steigender Spannung die Wanderung durch unwegsames Gelände, auf Ziegenpfaden und querfeldein. Am Ziel angekommen, wird eine standsichere Stelle ausgewählt, es kommen die ersten Würfe mit dem Jig – und bald auch der erste Fisch! Für Shore Jigger ist das Abenteuer und Adrenalin pur, denn sie machen alles selbst. Sie brauchen kein teures Charterboot und keinen Guide, nur einen guten Platz, das richtige Gerät und etwas Glück.

Das Gerät

Das Wichtigste sind geeignete Ruten. Sie sind meist 10 Fuß lang, schnell und haben sehr viel Power: Sie müssen die – je nach Region – 60–120 g schweren Jigs nicht nur weit werfen, sondern sie auch noch in größeren Tiefen animieren. An die Rute kommt eine hoch übersetzte 6.000–8.000er Rolle und eine 8fach geflochtene Schnur mit 10–15 kg (PE 2,5 bis PE 3) Tragkraft.

Shore Jigging boomt weltweit und entsprechend wächst der Rutenwald. Ob nun Einsteigermodelle oder High End Stangen, alles wird angeboten. – Ein beliebtes Einsteigermodell von Savage Gear ist die 3,05 m lange „SGS6 Shore Jigging“ mit einem Wurfgewicht von 70–180 g. In der Mittelklasse sind die aus Korea kommenden „NS Black Hole“-Ruten mit Blick auf Preis und Leistung nahezu unschlagbar.

Die beste derzeit erhältliche Shore Jigging Rute ist die „Zenaq Accura 100H“ (80–160 g WG). Sie ist auch eine der teuersten. Ihr Preis von um die 1.000 Euro relativiert sich aber, weil sie universell einsetzbar ist und man mit der 3,04 m langen Rute viele Bereiche und Techniken abdeckt: Ihre sensible Spitze kontrolliert Jigs von 10(!) bis 100 g. Zudem können mit ihr auch Stickbaits (10–70 g) animiert und überdies schwere Softbaits wie etwa der „Black Minnow“ gefischt werden. Er fängt im Mittelmeer sehr effektiv! Allerdings sind die Zenaq-Ruten 2-teilig und allenfalls in einem Auto zu transportieren. Wer in den Urlaub fliegen und diese Technik erst einmal ausprobieren möchte, wäre mit der 4-teiligen Sportex „Magnus Sea Master Travel Spin“ gut bedient. Die günstige Rute ist 2,75 m lang, hat ein Wurfgewicht von 90 g (71–119 g Toleranz) und ein Packmaß von 76 cm.

Die Jigs

Ob nun im Mittelmeer, Atlantik oder sonst wo, Shore Jigger haben alle ein Grundmodell in ihrer Tackle Box: Diese Jigs sind relativ schlank und tragen häufig die Bezeichnung „TB“. Das Kürzel steht für Technical Balance und verweist darauf, dass ihr Schwerpunkt in der Körpermitte liegt. Im Gegensatz zu den meist endschweren Modellen der Speed Jigger sinken TB-Köder langsamer ab und bleiben in horizontaler Lage – was dem natürlichen Schwimmverhalten von Fischen entspricht. In Griechenland werden Jigs mit um die 100 g Gewicht gefischt, in Kroatien reichen 60–80 g.

Zudem reichen auch wenige Farbmuster aus: Das Dekor „Mediterranean Barracuda“ wurde von →Max Docken gemeinsam mit Owner Cultiva entwickelt und ist so realistisch, dass selbst misstrauische Dentexe damit überlistet werden können. Den Barracuda-Jig nutzt Max bei klaren, sonnigen Verhältnissen und wenn das Meer etwas rauer ist. – Die Assist Hooks an den Jigs sollten jeweils so groß gewählt werden, dass ihr Bogen weiter ist als der Jig breit. Sonst verhaken sie sich am Jigkörper und fangen nicht den Fisch. Der deutsche Online-Shop gt-fishing.com ist spezialisiert auf das Angeln mit Kunstködern im Salzwasser und führt auch eine breite Palette an Jigs.

Gefangen an einer Rute von Zenaq. Der Jig imitiert einen kleinen Barrakuda. Die sind wie Hechte und fressen auch ihre eigene Brut.

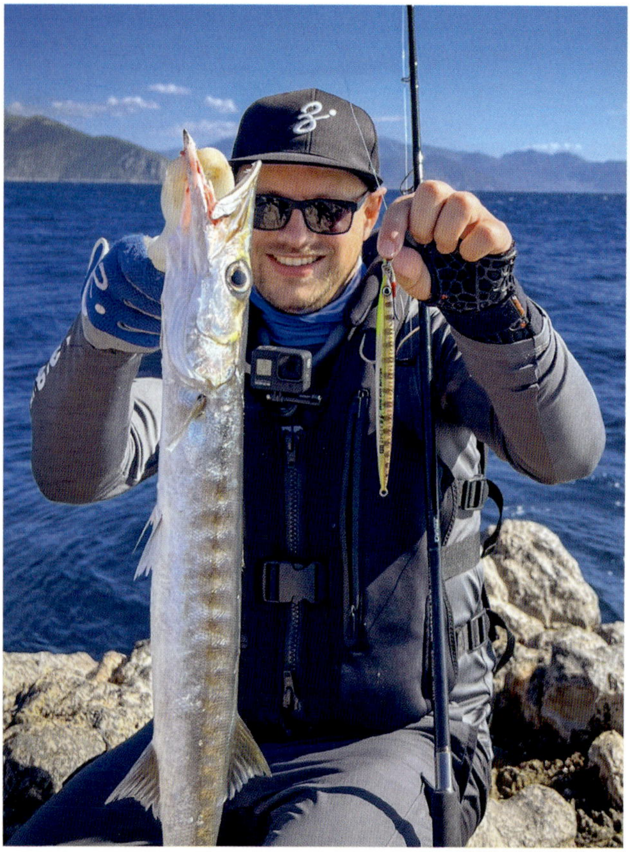

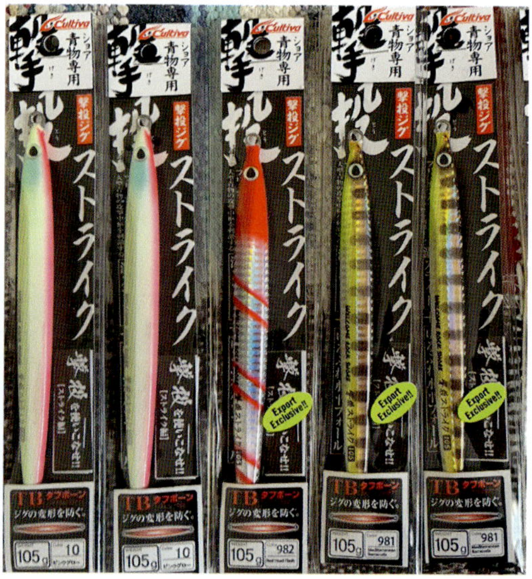

Jigs mit roten Kontrasten, wie der Red Head Flash“ (Mitte) kommen an trüben Tagen zum Einsatz, reine Glowjigs (links) in der Dämmerung.

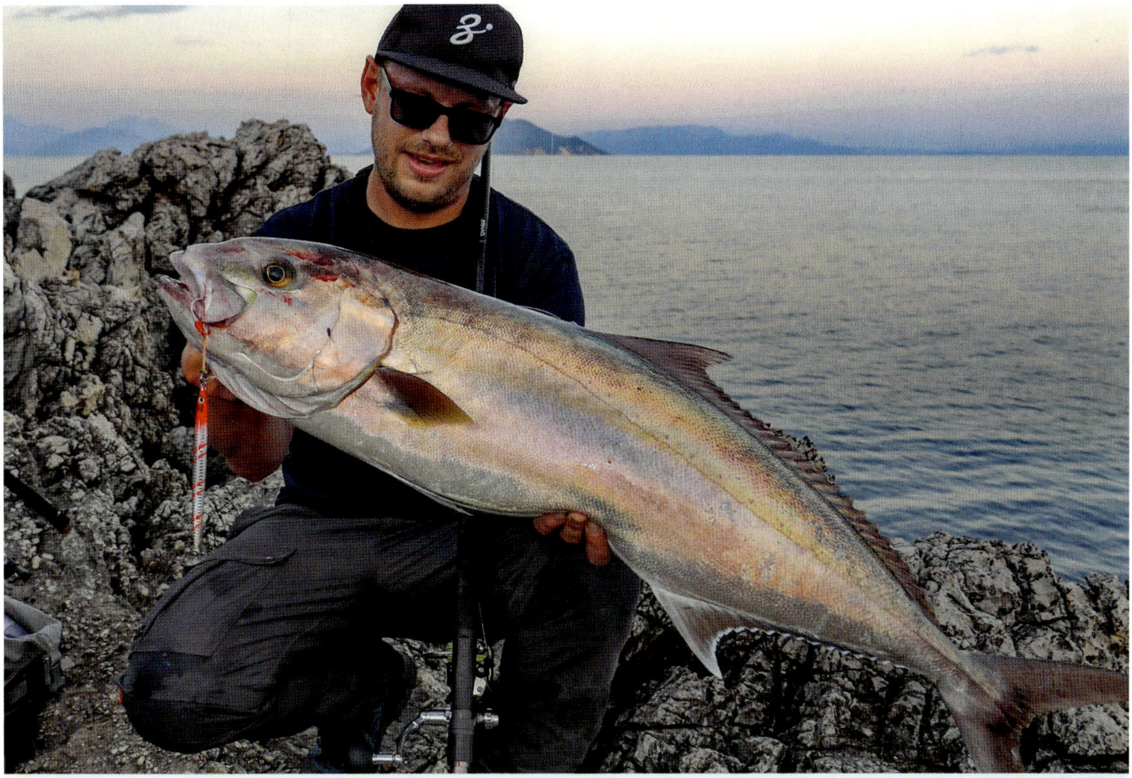

Freut sich da die Küche? Max Docken mit Amberjack.

Der Experte: Max Docken

Max Docken, sagen fischverrückte Angler, ist „einer von uns“. Seit früher Jugend schon hatte der gebürtige Frankfurter Rute und Rolle in der Hand und war in Deutschland fasziniert vom Fliegenfischen. Mit Wasser hatte Max auch beruflich zu tun, er war Oberinspektor in einer Wasserwirtschaftsbehörde, bis ihn die Liebe nach Griechenland zog. Dort lebt er mit seiner Frau Regina in Athen und wurde zum Shore Jigger. Er ist so erfolgreich, dass er einen eigenen You Tube-Kanal zum Thema Angeln im Mittelmeer gegründet hat. Auf Social Media berichtet er fast täglich über seine Abenteuer.

Das Schönste für ihn beim Shore Jigging: „Du weißt nie was beißt! Ich habe mittlerweile fast ein Dutzend verschiedene Arten gefangen, von Little Tunny in Pfannengröße, über Barrakudas, bis hin zu Dentex , Zackenbarschen und ordentlichen Amberjacks. Mein bisher größter Fang war ein Blauflossenthun mit über 55 kg. Vom Ufer aus und solo. Das war ein fast beängstigendes Erlebnis!“, sagt er.

Kontakt: QR Codes
YouTube: youtube.com/@maxdocken
instagram.com/maxdocken
Facebook: Max Docken
Email: maxdocken@posteo.de

Uferfischen – mit natürlichem Köder

Meeräschen gestippt

Rund ums Mittelmeer ist der Fang von Meeräschen ein Volkssport, vor allem für die Küche oder für Lebendköder, wie am Ebro. Meeräschen mit der Angel zu fangen, ist keine kleine Kunst. Die Fische sind bei der Futterwahl äußerst selektiv und wegen ihrer kleinen Mäuler kaum zu haken. Doch es gibt eine Lösung, die spanische Stippfischer am Ebro zur Perfektion verfeinert haben. Sie fischen mit einem speziellen Toastbrot ohne Rinde (!) und füttern mit einer feuchten Mischung (1:1) aus zerriebenem frischem Toastbrot und Käsepulver an.

Das Toastbrot stammt von einem der weltweit größten Lebensmittelproduzenten, der mexikanischen Bimbo-Gruppe und heißt auch so: Das Bimbo-Toastbrot ohne Rinde (Bimbo: Pan Molde sin corteza) kann sogar per Internet in Deutschland geordert werden. Das besondere an ihm ist womöglich sein Duft: Das Brot wird mit Olivenöl hergestellt!

Die Angler am Ebro wässern solch eine Brotscheibe, drücken sie dann vorsichtig in einem Handtuch aus und ziehen davon jeweils einen kleinen Streifen ab, der komplett auf den Haken kommt.

Zunächst wird aber angefüttert mit einem angefeuchteten harten Knödel der Mischung aus Toastbrot (muss kein Bimbo sein) und Käsepulver und einem zweiten lockeren Ballen, der an der Oberfläche zerplatzen sollte. In strömendem Gewässer wie etwa dem Ebro-Delta verzögern die Angler immer wieder die Drift, damit der grundnah geführte Köder der gesamten Montage vorausschwimmt. Meeräschen sind übrigens starke Kämpfer, schmecken je nach Art vorzüglich und zählen zu den besten Ködern für Palometa, Amberjack und Wolfsbarsch.

Selbst essen, oder fressen lassen? Meeräschen sind für beides gut!

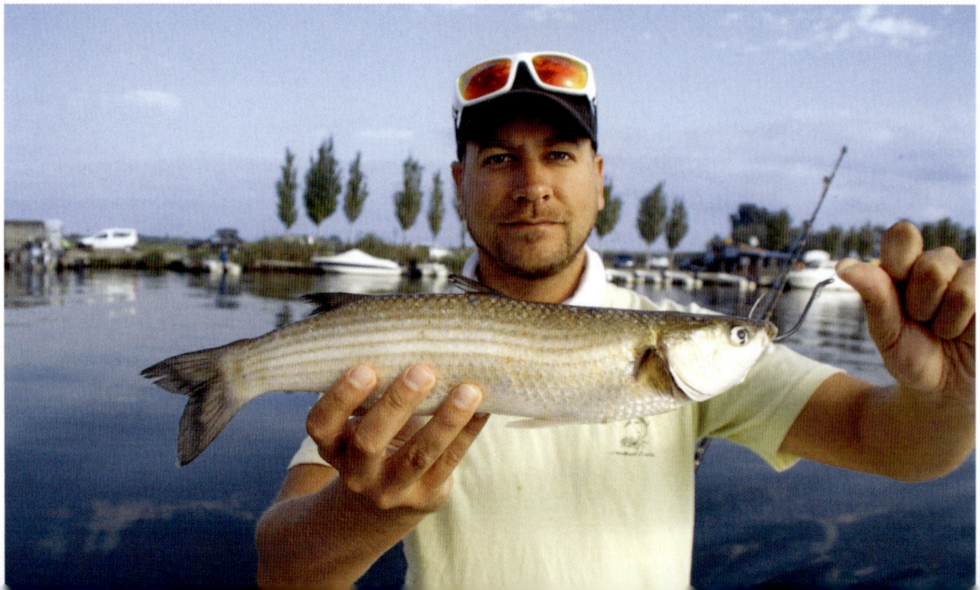

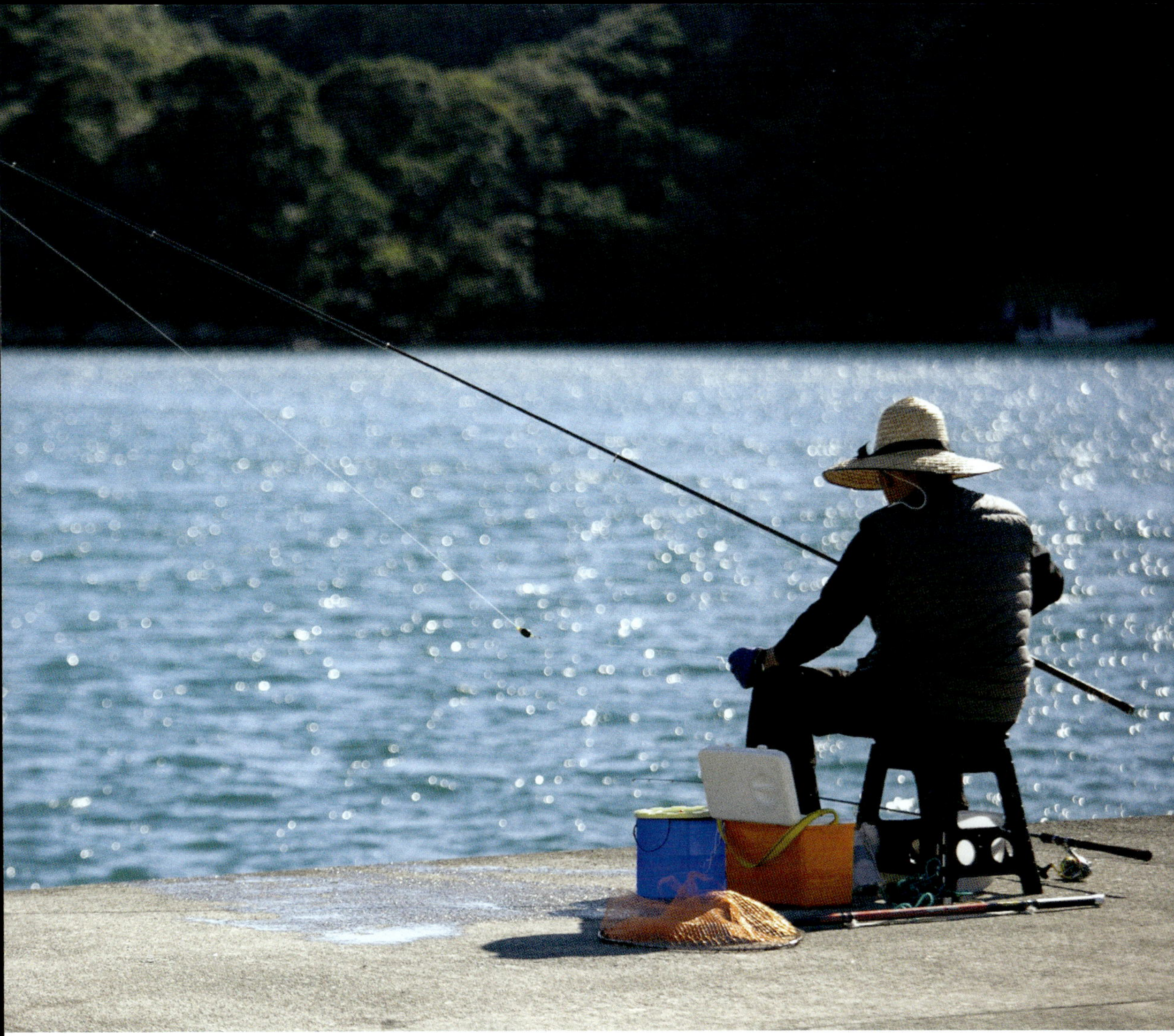

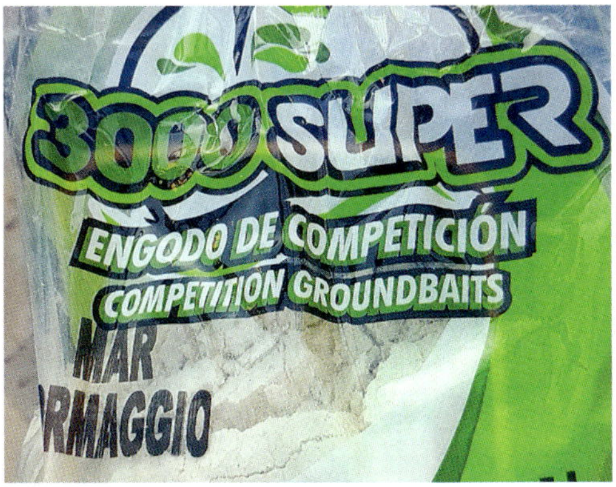

Käsepulver gehört ins Futter. Ihn gibt es an der Küste in gutsortierten Decathlon-Sportgeschäften.

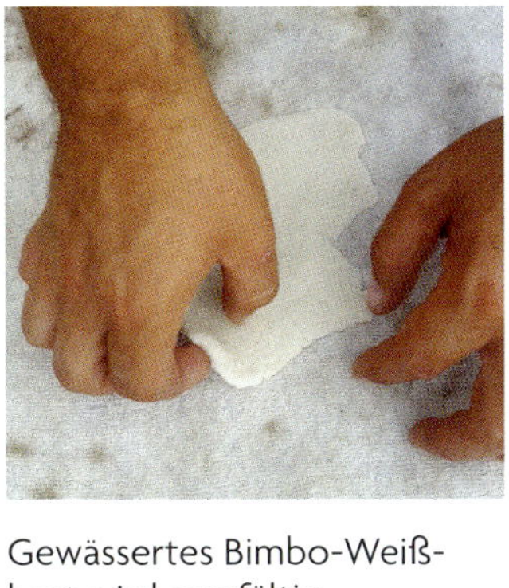

Gewässertes Bimbo-Weißbrot wird sorgfältig ausgedrückt.

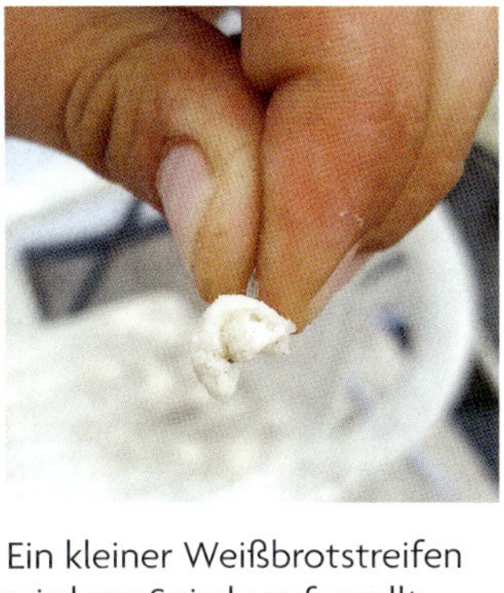

Ein kleiner Weißbrotstreifen wird zur Spirale aufgerollt und angeködert.

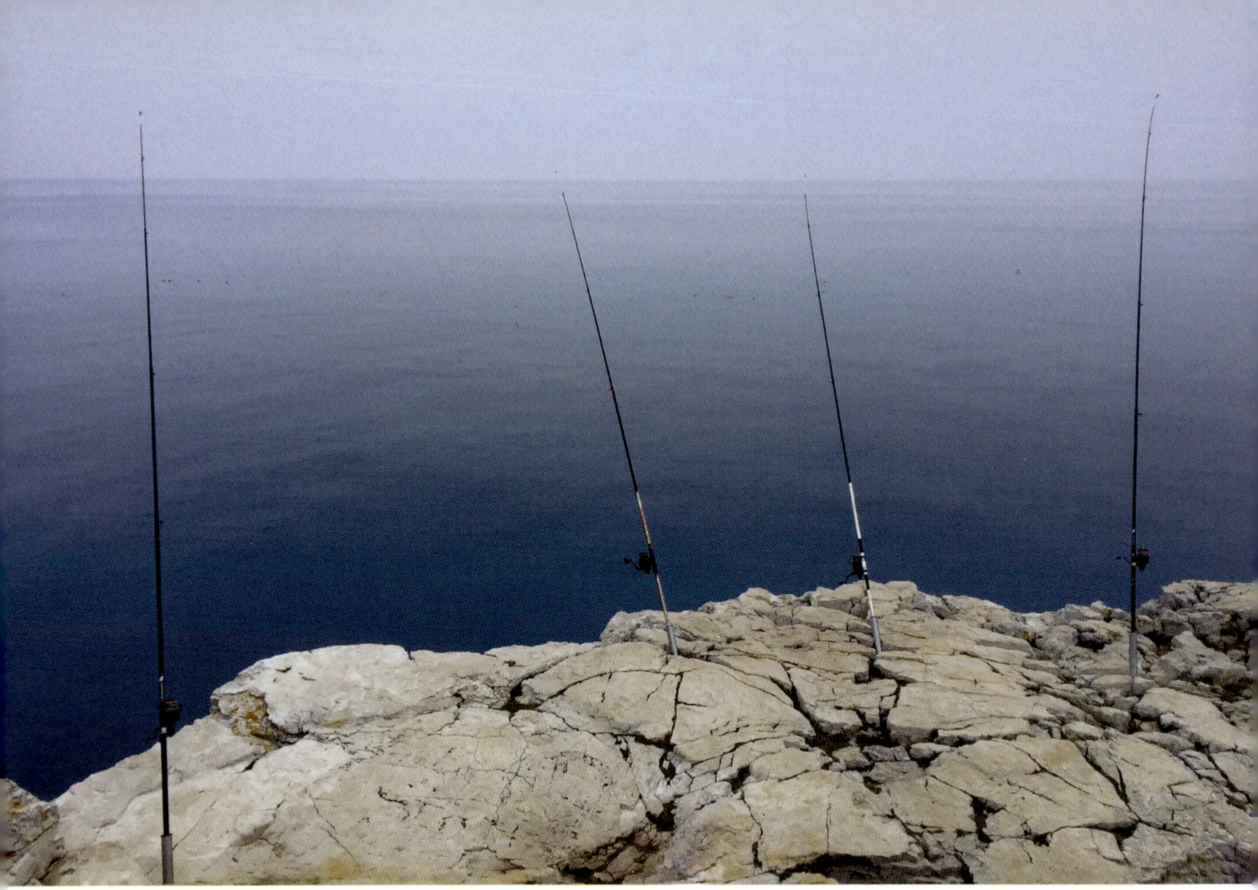

Gute Stellen: An Steilküsten ziehen größere Räuber entlang.

An der Küste

Alexander Schmid lebt im kroatischen Pula und ist nicht nur ein ausgefuchster Großfischangler. Er hat sich in den vielen Jahren auch ein profundes Wissen zum Ufer- und Brandungsangeln auf verschiedene Arten zugelegt und gibt hier wertvolle Tipps.

Vom Ufer aus mit Naturködern zu angeln ist überall dort erfolgreich, wo Fische an Strukturen nach Beute suchen. Das sind vor allem felsige Küsten mit Bewuchs, Strände mit „Leopardengrund", Hafeneinfahrten, aber auch Flussmündungen, die Nahrung bringen. Sowohl Urlaubsangler als auch Profis können dort schöne und erfolgreiche Angeltage erleben. Reine Sandstrände sind dagegen wenig ergiebig.

Die Angelei mit Naturködern vom Ufer aus kann man grob in zwei Klassen einteilen. Da ist zum einen die bunte Palette der kleineren Brassenarten, welche vor allem an felsigen Küsten in großer Zahl vorkommen und relativ leicht zu fangen sind. Zum anderen kann aber auch auf mehrere Kilogramm schwere Fische wie Zahn- und Goldbrassen geangelt werden.

Je nach den Landesregeln (wie etwa in Kroatien) wird mit maximal zwei Ruten gefischt. Ideal sind Ruten mit einer Länge von 4–4,50 m und einem Wurfgewicht von rund 200 g. Für die leichtere Fischerei sollte eine Rute eine sensiblere Spitze haben, um feine Bisse anzuzeigen, die Rute für Zahn- und Goldbrassen

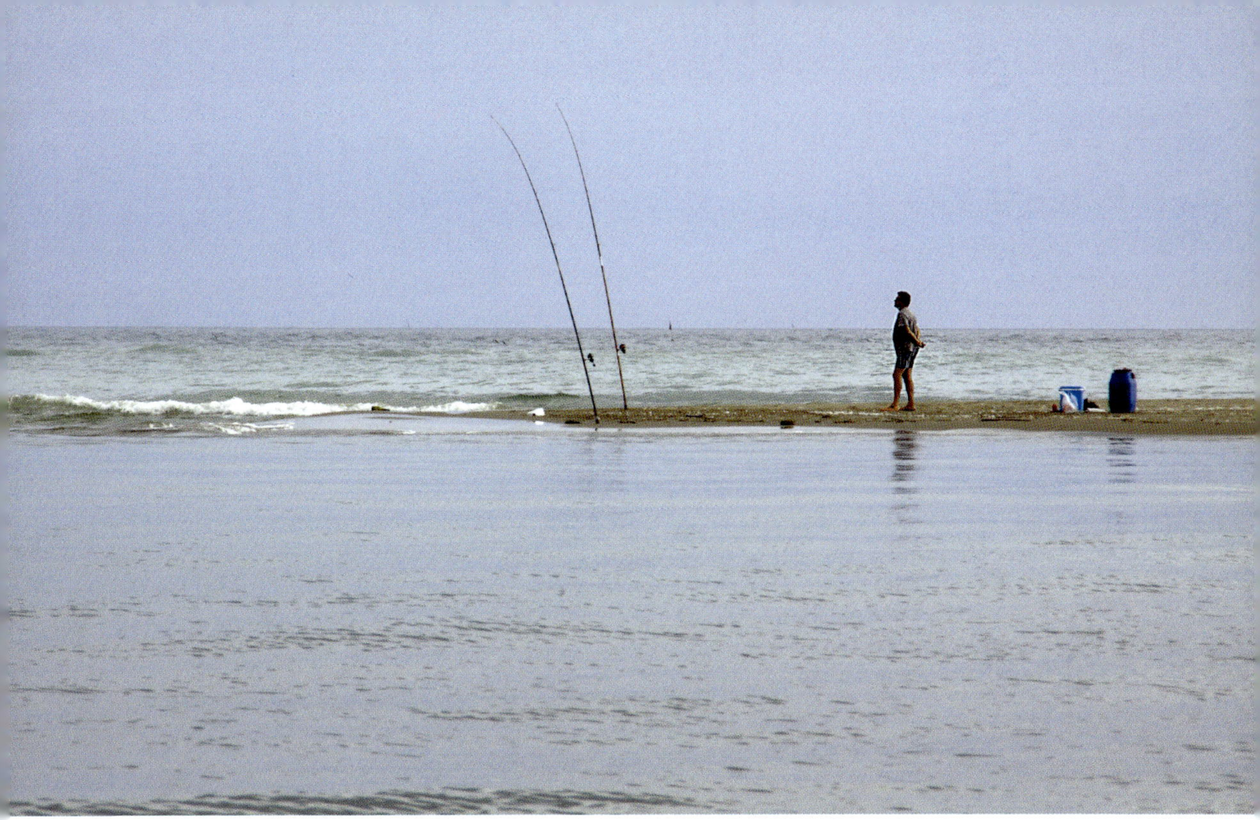

Flussmündungen, wie hier am Ebro, locken Bluefish, Palometa und Wolfsbarsch an. Perfekt zum Angeln mit natürlichen Ködern.

darf kräftiger ausfallen. Ideal ist das Fischen mit einer Kombination. Dann hat man einerseits Spaß und Kurzweil mit den kleineren Brassenarten – und gleichzeitig die Chance auf einen kapitaleren Fisch.

Die Rollen in der Größe 8.000–10.000 und einer niedrigen Übersetzung (3,5:1 bis maximal 4,3:1) sollten gute Weitwurfeigenschaften besitzen. Für kleinere Brassen genügt monofile Schnur mit 0,25 mm bis 0,28 mm Durchmesser und geringer Elastizität, damit die leichten Bisse gut durch die feine Rutenspitze angezeigt werden und der Anhieb direkt zum Haken durchdringen kann. Für größere Fische ist Mono mit wenig Dehnung in der Stärke 0,40–0,45 mm ideal.

Für die kleineren Fische kommen Haken in den Größen 3–6 zum Einsatz (Montage 2). Die Vorfächer können mit transparenten Rotationsperlen (beads) der italienischen Firma Stonfo befestigt werden. An der schwereren Rute sollten kurze, kräftige Haken mit weitem Bogen in den Größen 1–2/0 gefischt werden. Beim Angeln auf scheue Zahn- oder Goldbrassen sollte das Vorfach eine Länge von 0,6–1,2 m haben. (Montage 1). Grundsätzlich sollten fertige Vorfachmontagen griffbereit sein, um bei einem Abriss schnell tauschen zu können.

Ideale Ausgangspunkte sind felsige Steilküsten, die schnell tief abfallen. Dort hat man gute Chancen, Zahnbrassen zu erwischen. Küstenbereiche mit Geröll und Sand am Grund werden von Goldbrassen bevorzugt. Grundsätzlich sind hervorstehende Landzungen gute Angelplätze, da diese Bereiche von stärkeren Strömungen umspült werden.

Vor Kroatien ist die Zeit nach einem starken Südwind (Jugo) ideal zum Angeln. Das anbrandende Meer hat sämtliche Kleinstlebewesen, Krebschen und Würmer durcheinandergewirbelt und Fische, die in tieferen Bereichen Schutz gesucht hatten, nutzen dann die Gunst der Stunde und das reiche Nahrungsangebot an der Küste.

Ähnlich angezogen werden auch Fische im Bereich von Kiesstränden, an welchen tagsüber viele Touristen gebadet haben. Sobald sie abends den Strand verlassen, ziehen Fische ins flachere Wasser, um zwischen den umgedrehten Steinen nach Nahrung zu suchen.

Tintenfisch mit einer Mantellänge von rund 15 cm ist ein hervorragender, universeller Köder. Ihn gibt es gefroren im Supermarkt oder frisch auf dem Fischmarkt zu kaufen. Für Köder kleinerer Brassen entfernt man Kopf, Innereien und die Haut von dem Kalmar, schneidet den verbleibenden Körpermantel der Länge nach auf und breitet ihn flach auf einem Brett aus. Zunächst wird der Mantel mit einer Flasche vorsichtig weichgeklopft. Dann schneidet man den Mantel in schmale Streifen und hat einen Köder, der auch bei weiten Würfen gut am Haken hält. Den Kopf des Kalmars nutzt man samt Fangarmen als Köder für die stärkere Rute.

Leicht zu besorgen sind auch frische Miesmuscheln und frische Sardinen, die sogar noch lieber von Fischen angenommen werden. Damit das weiche Sardinenfleisch am Haken hält, wird es nach dem Aufziehen mit einem feinen, elastischen Gummifaden umwickelt. Dadurch überstehen Sardinenfilets oder das zarte Fleisch einer Miesmuschel auch weite Würfe.

In Angelläden kann man manchmal einen Wurm erstehen, der zum Fischen auf große Goldbrassen bestens geeignet ist: Der Gemeine Spritzwurm (Sipunculus nudus) wird von kroatischen Anglern auch „Bibi" genannt und sieht aus wie eine schlecht gefüllte, vergammelte Wurst: braun-grünlich, schlaff und meist zwischen 10–20 cm lang. Für den Fang größerer Fische werden diese Würmer vom dicken Ende her mittig mit einer Ködernadel so auf den Haken gezogen, dass die Hakenspitze dann am hinteren Ende des Köders rausschaut. Das Vorfach aus Fluorcarbon sollte einen Durchmesser von 0,35 mm haben.

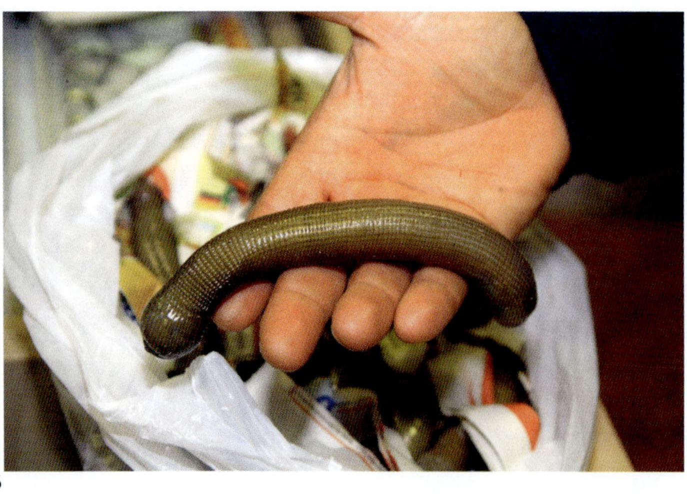

Der Bibi-Wurm kann in kleine Stücke geschnitten auch für die Kategorie „Bunt und Gestreift" an Seitenarmmontagen angeboten werden.

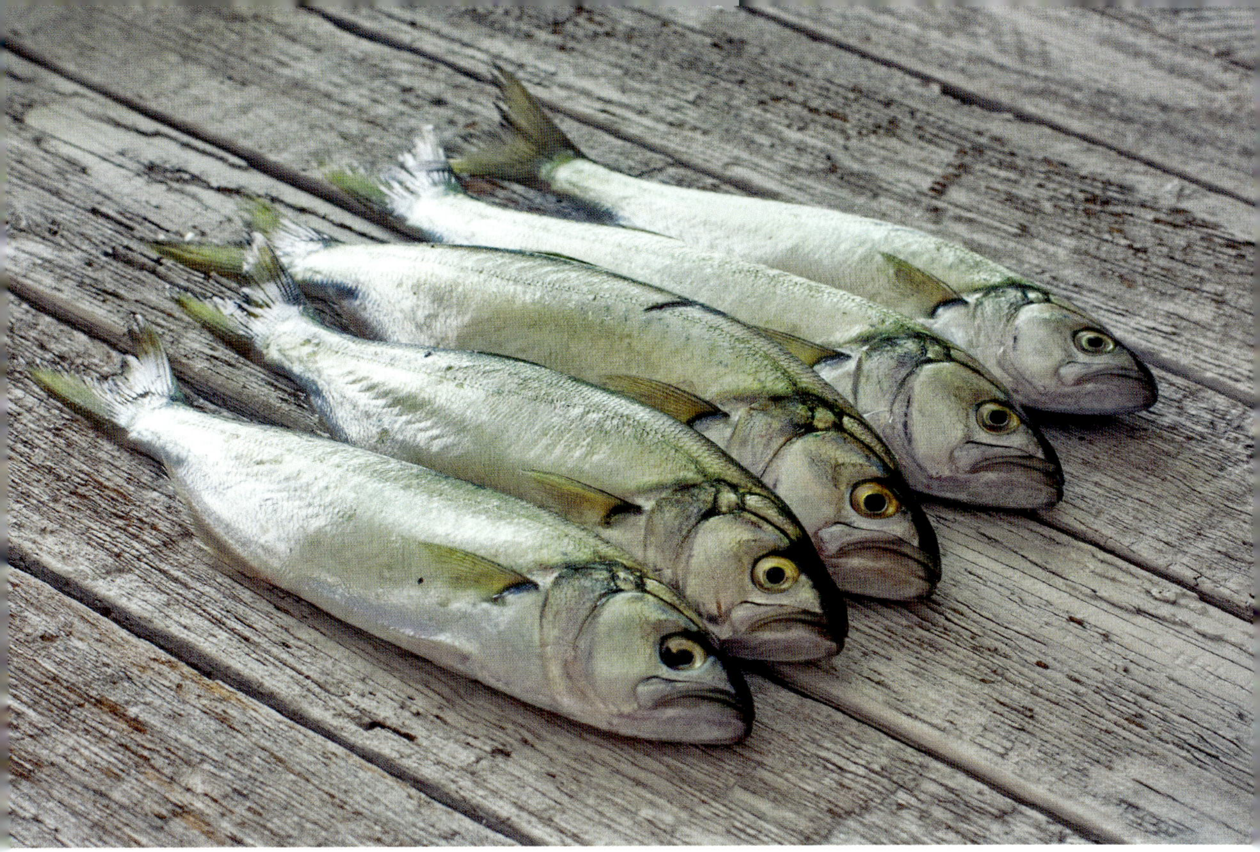

Keine Riesen aber perfekt zum Grillen: Blaufische können auch mit natürlichen Ködern ufernah gefangen werden.

Ein hervorragender Köder, jedoch nicht so einfach zu bekommen, ist der Meereswurm Eunice. Er wird vom Schwanz her in Stücke geschnitten und angeködert. Die ersten und dünneren 20 cm vom Schwanzende des Wurms sind ideal für kleinere Fische, der Rest wird in größere Stücke geschnitten und an der schweren Rute für kapitalere Fische aufgezogen. Der Wurm kann in einem Plastikbehälter, welcher mit nicht mehr als 1 cm Meerwasser bedeckt ist, mehrere Tage gehältert werden. Vorsicht sollte man jedoch vor seinem papageienähnlichen Schnabel haben, mit dem kann er kräftig zubeißen.

Top bewährt hat sich auch der Mantel eines kleinen Kalmars in Kombination mit einer Sardine. Hierzu werden der Kopf, die Innereien und die Haut entfernt und in den Körper wird eine Sardine ohne Kopf und Schwanz gesteckt. Mit einem bis zwei Einzelhaken angeködert, erregt der weiße Körper des Kalmars und das Aroma der Sardine schnell Aufmerksamkeit. Kleinere Fische knabbern an dem Kalmar herum, bekommen das zähe Fleisch aber nicht so einfach klein. Große Zahn- und Goldbrassen werden aufmerksam und können diesem Leckerbissen selten widerstehen.

Gute Köder sind auch Krabben, welche man bei Ebbe oder nachts am Strand fangen kann. Man ködert eine ganze, tote Krabbe mit einem kräftigem Haken durch die Mitte des Hinterleibs an. Einheimische Fischer ködern sie auch lebend an. Sie entfernen zuvor auf einer Seite alle Beinchen und die Schere,

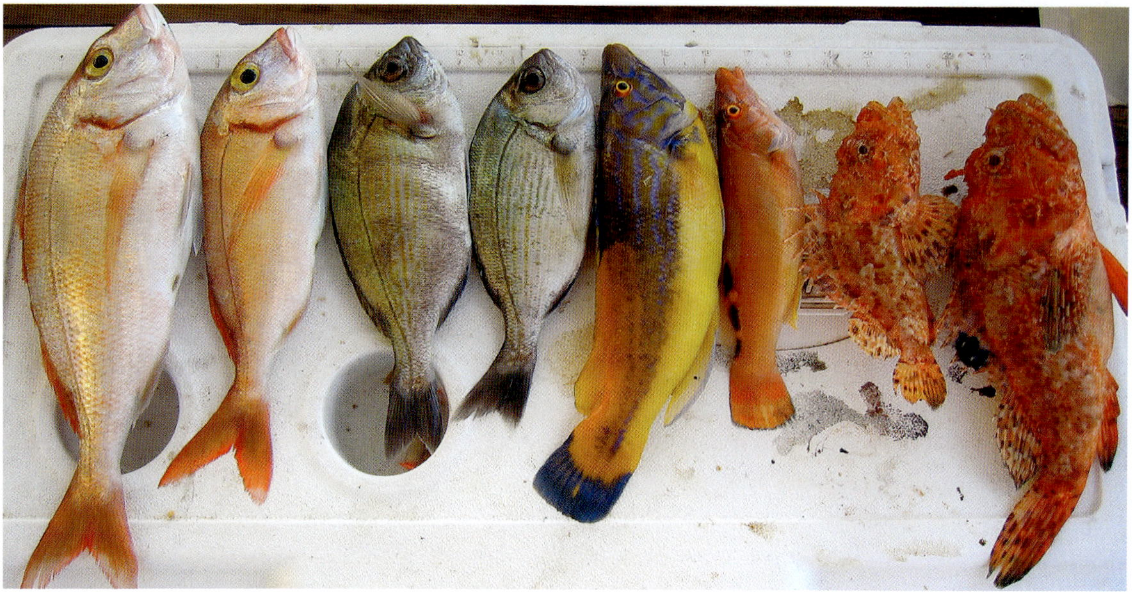

Was für ein erfolgreicher Angeltag! Von der Rotbrasse bis hin zu Drachenköpfen ist alles dabei.

damit sich die Krabbe nicht unter Felsen verstecken, sondern sich nur auf einem Punkt im Kreis drehen kann. Die Verwendung von solchen lebenden Ködern ist aus ethischer Sicht aber abzuraten.

Beim Uferangeln kommen auch lebende Köderfische zum Einsatz, speziell um Zahnbrassen zu überlisten. Meerjunker, Oblada oder Mönchsfische können mit kleinen Haken gefangen und direkt als Lebendköder verwendet werden. Hierzu wird mit einer speziellen Montage gefischt:

Am unteren Schnurende befestigt man einen Tönnchenwirbel und daran ein dünneres Stück Mono (das bei einem Hänger abreißt) sowie ein Blei mit 150 bis 200 g.

An der Hauptschnur wird etwa 4–5 m oberhalb des Bleis ein Stopper befestigt, oberhalb des Stoppers befindet sich ein freilaufender Tönnchenwirbel auf der Hauptschnur. An diesem Wirbel ist ein kleines Blei mit 20 g und ein 1,5 bis 2 m langes Fluorocarbonvorfach (0,40 bis 0,45er) mit ein bis zwei Einzelhaken befestigt. Daran wird der lebende Köderfisch eingehakt.

Diese Montage wird hauptsächlich an steileren und tief abfallenden Küstenabschnitten verwendet. Der ausgelegte Köderfisch wird dank des kleinen Bleis langsam in die Tiefe gezogen und dort gehalten. Der Stoppers oberhalb des Bleis hält den Köderfisch nun vom Boden fern und er kann sich deshalb nicht in Felsspalten verstecken. Diese Montage wird hauptsächlich an Steilküsten eingesetzt und wird mehr herabgelassen, als geworfen. Sofern Würfe notwendig sind, wird der Stopper entsprechend näher in Richtung Blei fixiert und das Vorfach entsprechend kürzer gebunden, passend je nach Gegebenheiten. – Der Biss einer Zahnbrasse ist meist vehement und der Fisch sollte so schnell wie möglich nach oben ins Freiwasser gedrillt werden, damit scharfe Felskanten das Vorfach nicht beschädigen.

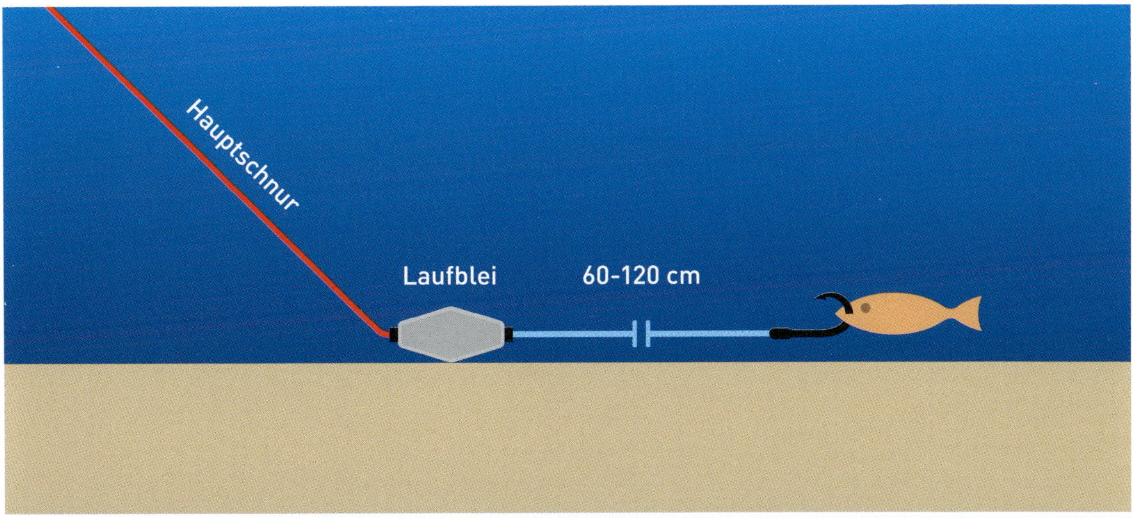
Hauptschnur
Laufblei
60-120 cm

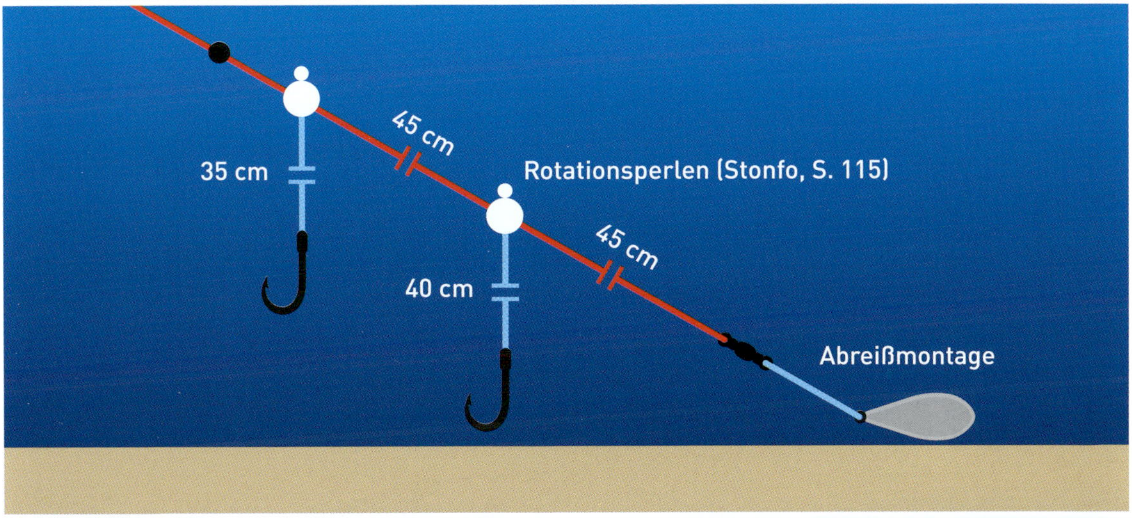
45 cm
35 cm
Rotationsperlen (Stonfo, S. 115)
45 cm
40 cm
Abreißmontage

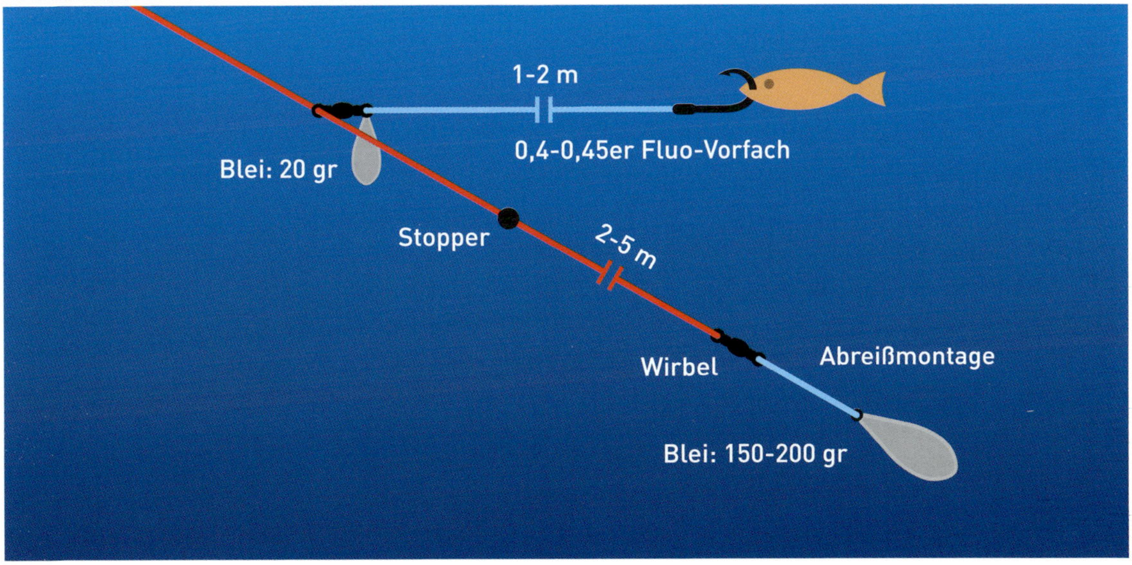
1-2 m
0,4-0,45er Fluo-Vorfach
Blei: 20 gr
Stopper
2-5 m
Wirbel
Abreißmontage
Blei: 150-200 gr

Sardinenmontagen für Doraden und Goldbrassen

Sardinen gehören zu den besten Ködern. Ihr weiches Fleisch hält allerdings kaum am Haken. Aber auch dafür gibt es bewährte Tricks.

Bei der oberen Montage wird der Haken durch die knöchernen Augenhöhlen gestochen und danach das Vorfach mit einer Ködernadel mehrfach durch den Körper um die Wirbelsäule herumgeführt. Mit dem Vorfach werden dann um die Schwanzwurzel zwei halbe Schläge gelegt und danach der Köder komplett mit einem dünnen Gummifaden (Finoelastik) umwickelt. Nun fällt die Sardine auch bei weiten Würfen nicht vom Haken.

Bei dem mittleren Köder fehlen Kopf und Schwanz. Die Montage erfolgt wie oben.

Der untere Köder riecht für Fische noch verlockender. Auch hier wird der Sardine Kopf und Schwanz abgetrennt. Danach wird sie am Bauch bis kurz vor die Schwanzwurzel aufgeschnitten und ausgenommen, aber nicht filetiert. Nun wird der Haken von der Hautseite her durch eine Körperseite gestochen und die beiden Körperseiten so von innen nach außen so umgeklappt, dass sie den Haken und das Vorfach umschließen. Zum Schluss wird der Köder komplett mit dem Gummifaden umwickelt und fixiert.

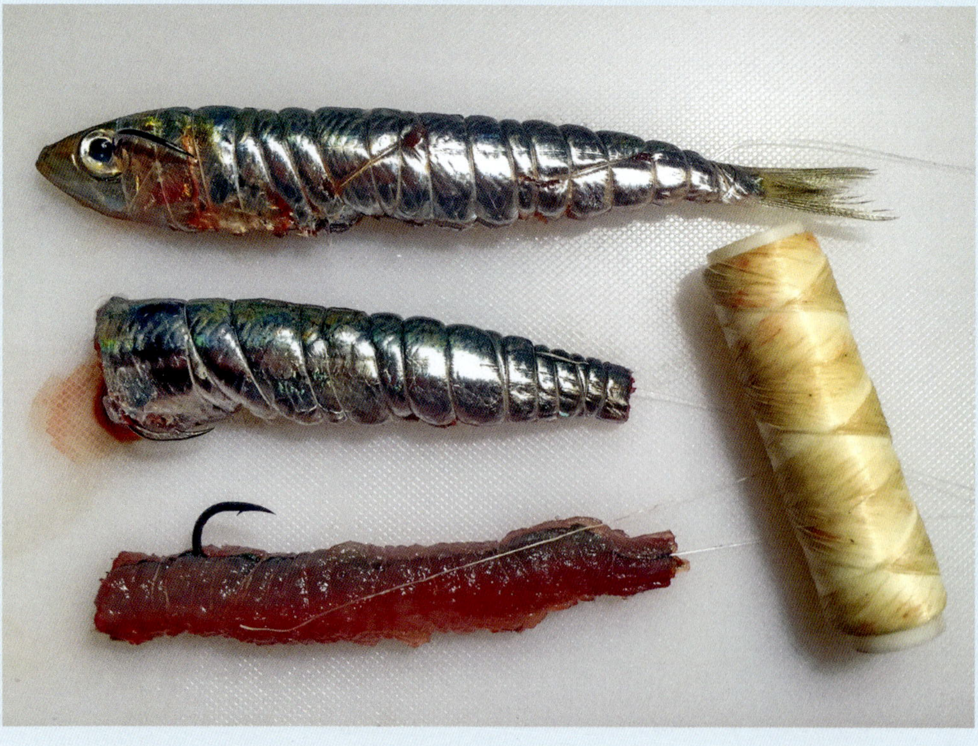

Angeln mit dem Sponge Bob

Um oberflächennahe Fische, wie Obladas, Goldstriemen und Meeräschen zu fangen, verwendet man ein Schwammstück als Bleiersatz, das in ein feines Netz gepackt wird. Vor dem Auswerfen wird der Schwamm in Sardinenöl (aus dem Angelfachgeschäft) getaucht. Der vollgesogene Schwamm dient wie eine Wasserkugel als Gewicht, hält den Köder an der Oberfläche und verbreitet einen aromatischen Film, der die Zielfische anlockt. Man fischt dann ein Vorfach mit 2 Seitenarmen.

Der Schwamm mit dem Sardinenöl treibt an der Oberfläche. Köder sind je nach Zielfisch fest gekneteter Brotteig, Tintenfischstückchen, Fleisch von Miesmuscheln oder Sardinen, die jeweils mit feinem Gummiband (Finoelastik) am Haken gesichert werden.

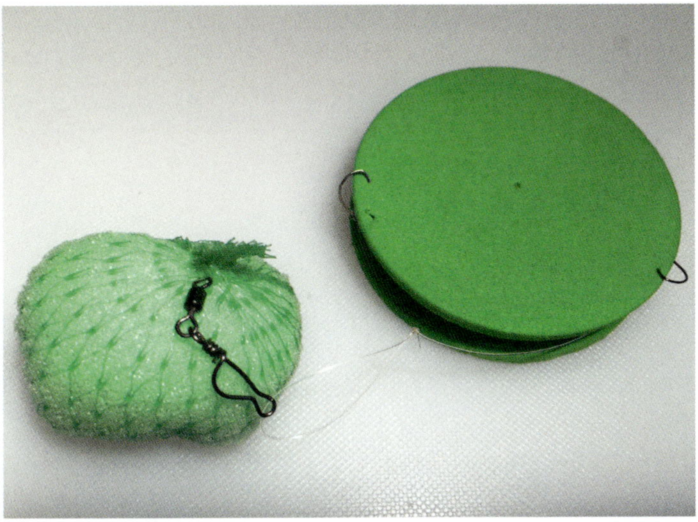

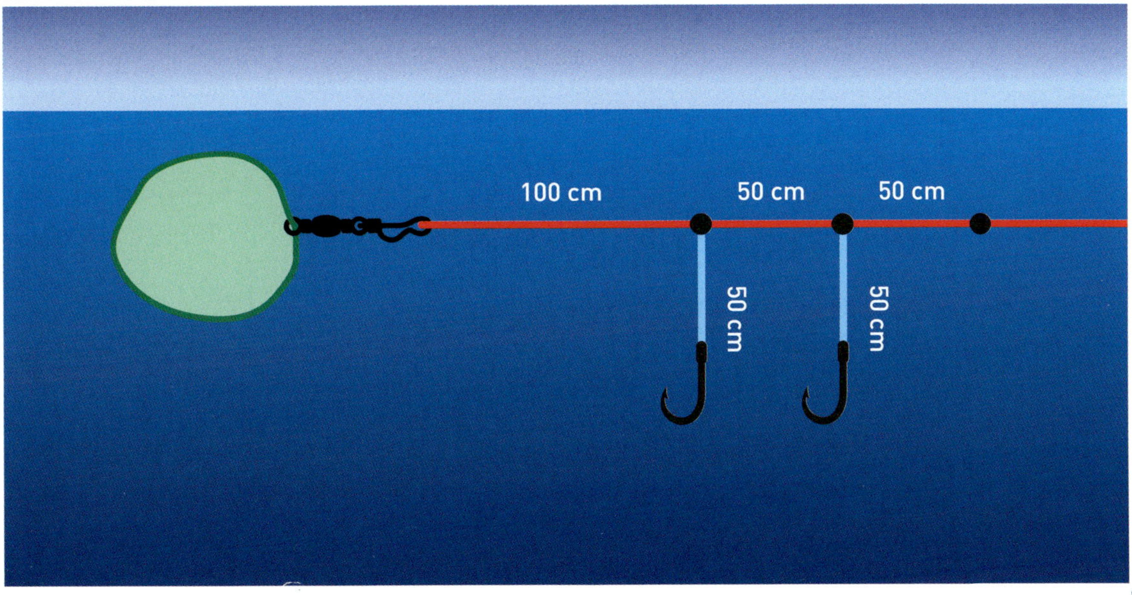

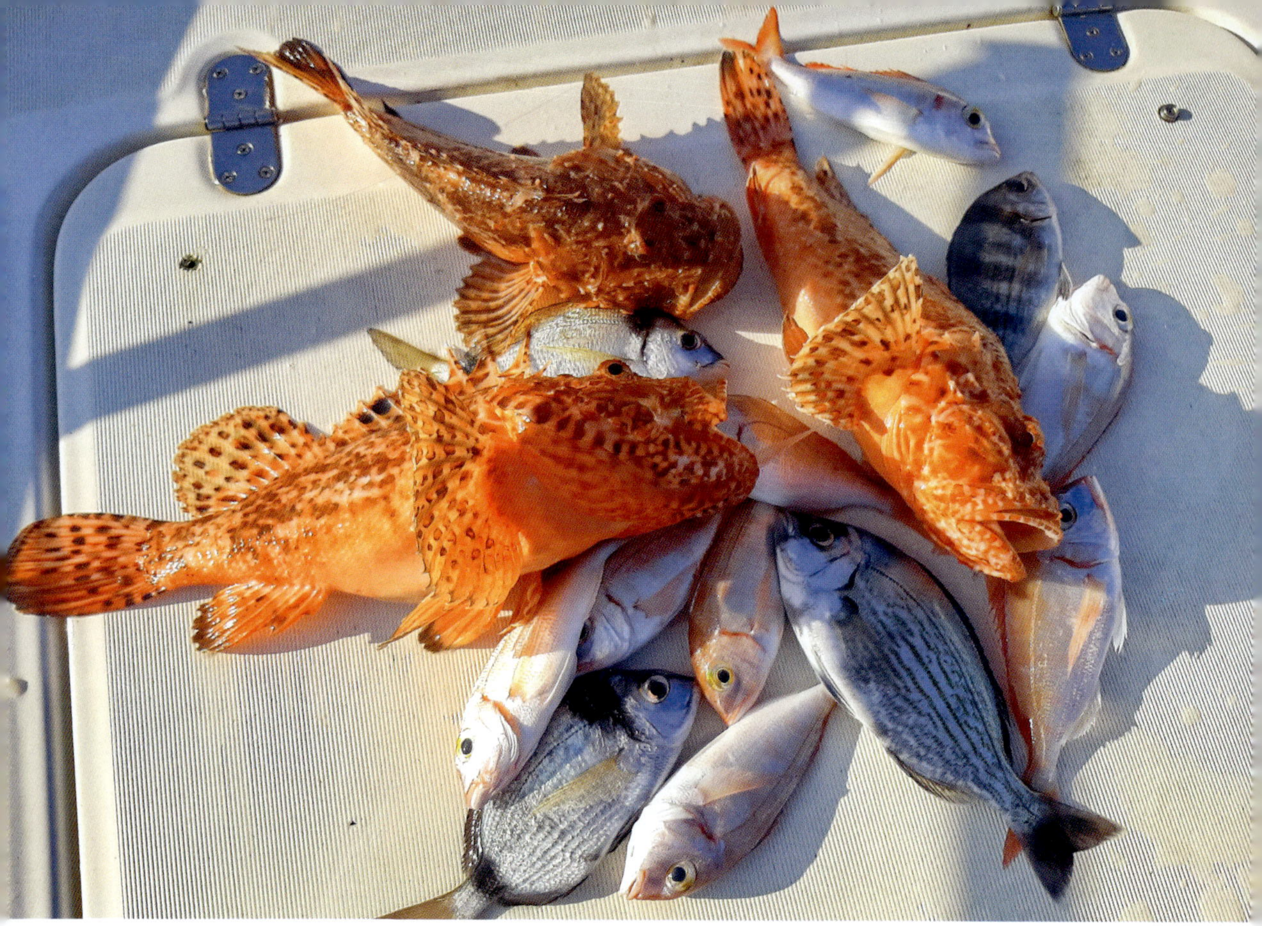

Naturköder – vom Boot

Der Übergang vom Uferangeln mit Naturködern hin aufs Boot ist fließend. Man kann die Schuppenträger ja von beiden Seiten befischen, auch mit den gleichen Ködern. Mit einem Boot (plus Echolot und kostenloser Navionics Seekarte) sind die Erfolgschancen allerdings deutlich größer als vom Ufer aus. Dies gilt vor allem für die Vertreter der Kategorie „Bunt und Gestreift".

Vom verankerten oder driftenden Boot wird grundnah mit meist einem Seitenarmsystem geangelt. Nur Vorfachstärke und Hakengröße werden den Zielfischen angepasst. Vor allem in der klaren Adria muss fein geangelt werden. Viele misstrauische Meerbrassen-Arten haben Durchschnittsgewichte von 150–500 Gramm und wollen mittlerweile mit Fluorcarbon-Vorfächern überlistet werden. Als Grundausrüstung reicht für sie eine leichte Rute mit sensibler Spitze aus. Auf die Rolle kommt eine geflochtene Schnur (0,13–0,15mm) mit einer etwa 5 m langen Mono- oder (in der Adria) Fluorocarbon-Spitze, die ein Durchmesser von 0,35 mm haben könnte. Daran wird dann das Paternostervorfach per Wirbel eingehängt. An der Hauptschnur des Vorfachs (Durchmesser 0,30 mm) werden mit Rotationsperlen zwei jeweils 25–30 cm lange Springer (0,25–0,28 mm Fluorcarbon) befestigt.

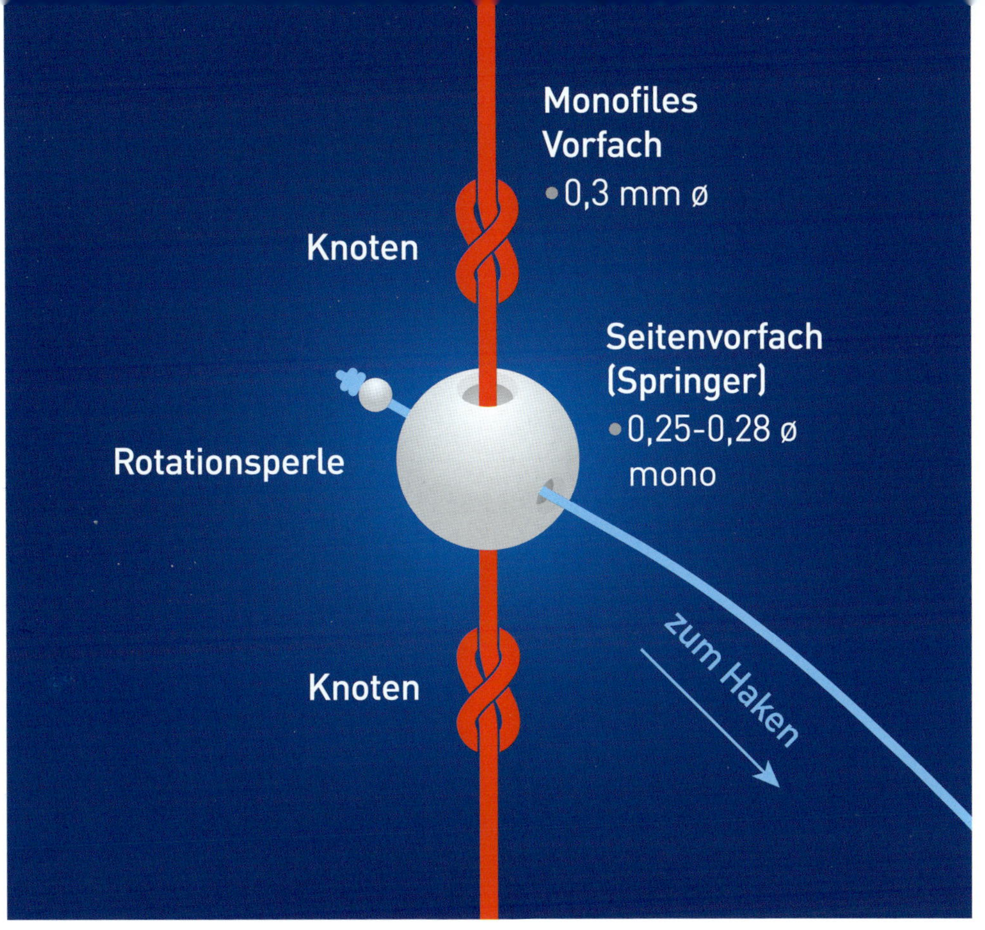

Die Haken sind schwarz und haben eine lichte Weite zwischen Schenkel und Bogen von etwa 10–12 mm. Der Hayabusa „BEK 562“ in Größe 4 sowie der Owner „5111-091“ in Größe 2 wären passend. Grundsätzlich sollten die Haken immer so klein gewählt werden, dass sie von den Ködern vollständig bedeckt sind. Solch eine leichte Standard-Montage fängt beim Angeln vom Boot alle Arten.

Dieses Paternoster-System mit zwei Seitenarmen wird auch beim Fischen auf etwas größere Brassen angewandt. In Tiefen über 40 m können 3-Wege-Wirbel die Aufgabe der Rotationsperlen übernehmen. Bewährte Universalköder für diese leichte Angelei gibt es in Supermärkten zu kaufen: gefrorene Kalmare. Schmale Streifen aus dem Mantel werden als mundgerechte Päckchen auf den Haken gezogen.

Ein Köder ist allerdings unschlagbar, aber so schwer zu erstehen wie eine verbotene Droge: Der bis zu drei Meter(!) lange Riesenborstenwurm (Eunice sp.) wird von Tauchern mit speziellen Fallen gefangen und kostet Angler schon in moderater Größe 20 Euro das Stück. Doch jeder Zentimeter ist seinen Preis wert. Alle Arten stürzen sich hemmungslos auf diesen großartigen Köder. Vom Wurm können zudem mit der Schere jeweils kurze Stückchen abgeschnitten werden, ohne dass er gleich daran zugrunde geht. In Kroatien heißt der Wurm „Veliki morski crv“. Manche Angelgeschäfte führen ihn.

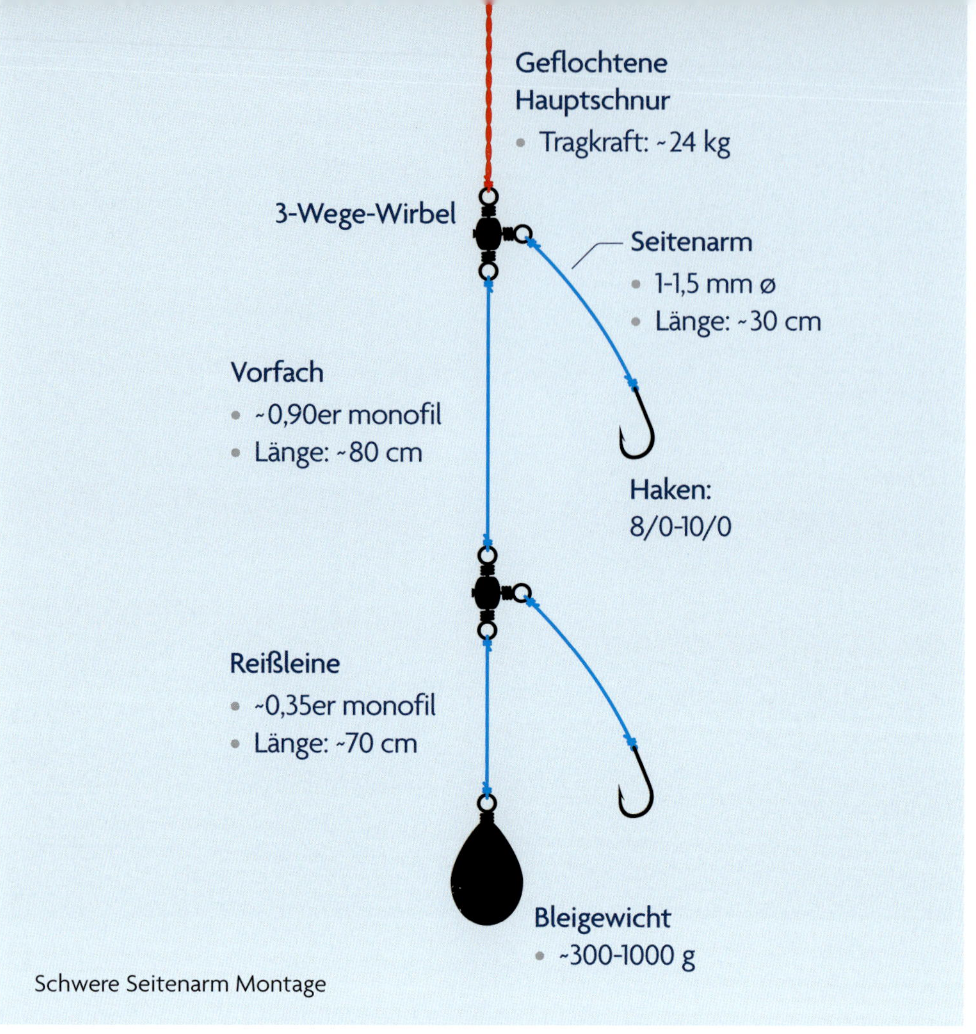

Schwere Seitenarm Montage

Für Goldbrassen ist zudem die Arche Noah-Muschel (Arca noae) zu empfehlen. Die auch für uns wohlschmeckende Muschel gibt es in Fischläden zu kaufen. Bei ihr schlägt man eine Schale leicht an, versteckt den Haken (mit einer Weite von 10–15 mm) darin und legt sie auf Grund, bis – „schlürf und knack" – eine Dorade sie entdeckt hat.

Mit der einfachen Paternostermontage wird auch beim tieferen Grundangeln etwa an Wracks, Unterwasserbergen und Abbruchkanten gefischt. Dann müssen Vorfach und Seitenarme robuster ausfallen. Wegen der erhöhten Hängergefahr wird das schwere Birnenblei an einem dünneren Stück monofiler Schnur mit dem Vorfach verbunden, damit nicht das komplette Vorfach verloren geht. Diese einfache Montage hat sich selbst beim schwersten Grundfischen bewährt, wie Oliver Possenig, der vor Jezera/Kroatien angelte, zu berichten weiß:

„Wir hatten auf einem Unterwasserberg vor den Kornaten geankert und fischten in einer Tiefe von 140 bis 150 m. An der 1,9 m langen Bootsrute (80-270 g WG) hatte ich eine Penn Spinnfischer 850 SSW mit geflochtener Schnur (24 kg Tragkraft). Daran war ein Paternoster mit 2 Seitenarmen und 220 g Endblei montiert. Die Hauptschnur des Paternosters bestand aus 80 lb Mono und die

Seitenarme aus 130 lb Sufix Leader mit 4/0 Haken. Köder war je eine etwa 25 cm lange Rotbrasse, bei der ich das Rückgrat entfernt hatte, um sie als Flatterfisch zu präsentieren. Warum Rotbrassen? Wir hatten nichts anderes Großes als Köder.

Kurz zuvor hatte ich schon einen Conger mit über einem Meter gefangen und einen etwa 10 kg schweren weiteren an der Oberfläche verloren. Kaum war die Rotbrasse auf Grund, spürte ich ein leichtes Klopfen in der Rutenspitze. Ich ließ dem Fisch etwas Zeit zum Schlucken und setzte dann den Anhieb. Nach kurzem Zögern kam Bewegung in die Sache, und ich merkte sofort, dass der Fisch richtig groß war. Nach einem 15-minütigem Drill auf Biegen und Brechen kam dann einen Conger an die Oberfläche. Er war 187 cm lang und 19,5 kg schwer. An diesem Tag fing ich auch noch eine 1,2 m lange Muräne.“

Wird in größeren Tiefen an Abbruchkanten geangelt, ist die Versorgung mit Köderfisch einfach: Über steinigem Grund ziehen immer wieder Schwarmfische wie etwa Mittelmeer-Stöcker. Sie lassen sich leicht mit einfachen Herings-Paternostern fangen. Bestens bewährt haben sich Systeme mit glitzernder „Fischhaut“-Folie. Größere Stöcker kommen auf Eis. Über Holzkohle gegrillt schmecken sie hervorragend. Kleinere Stöcker werden im letzten Körperdrittel beidseitig filetiert, dieses Stück der Wirbelsäule samt Schwanzflosse entfernt und der Köder als Flatterfisch montiert.

Auch kleine Kraken sind bestens geeignete Köder für das tiefe, schwere Grundfischen. Ihr Fleisch ist zäh und hält besonders gut am Haken. Ob Conger, Grundhai, Zacken- oder Wrackbarsch, keiner kann einem Kraken widerstehen ...

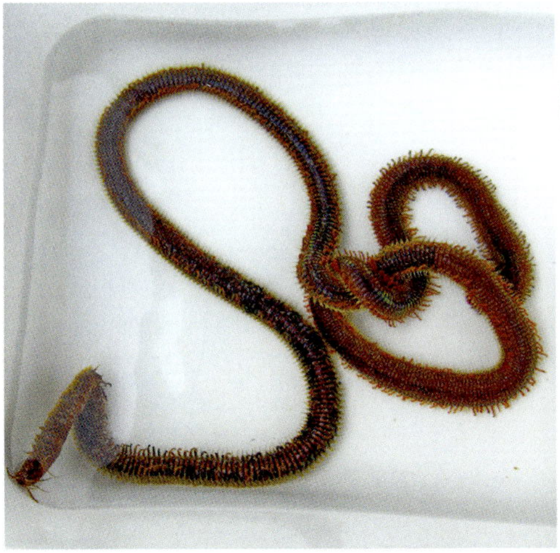

Der Riesenborstenwurm Eunice kann bis zu 3 m lang (!) werden und ist Stück für Stück sein Geld wert. Fische sind süchtig nach ihm.

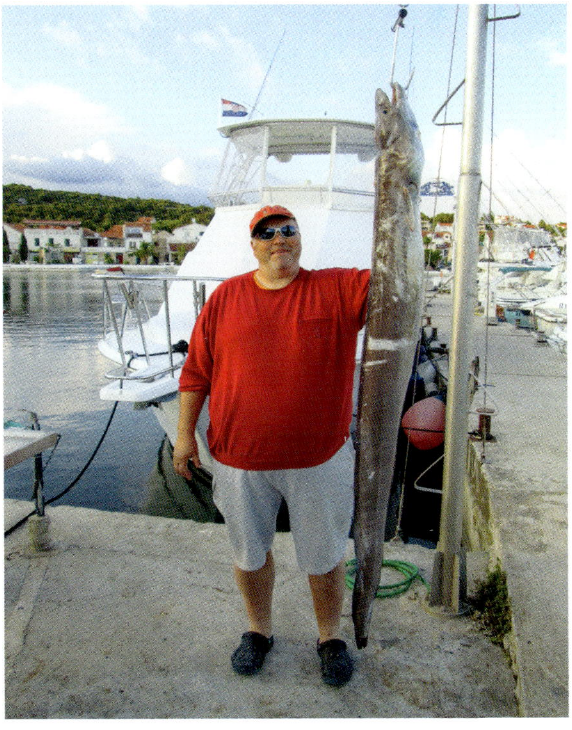

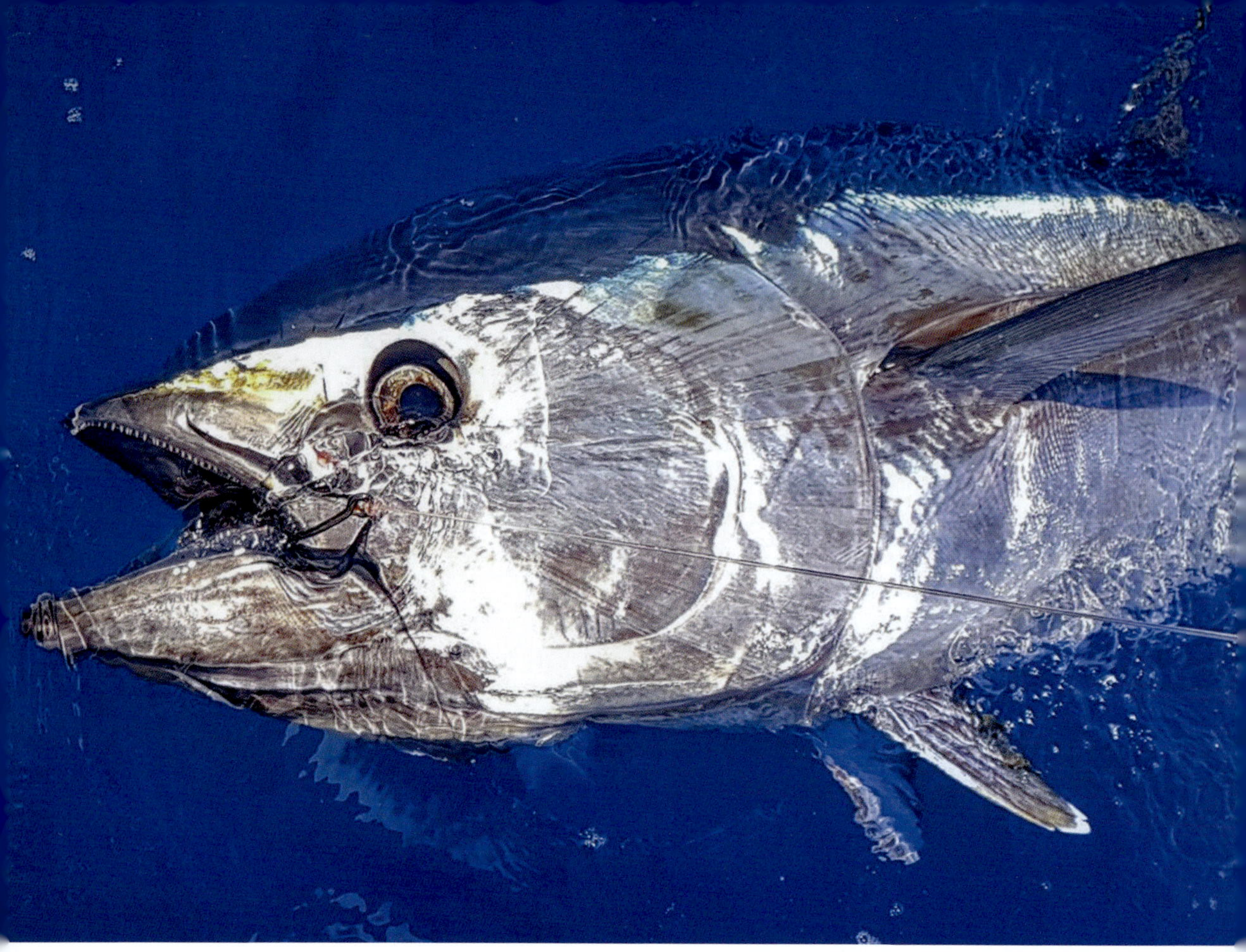

Auf Thunfisch

Driftfischen

Beim Angeln auf Blauflossenthun ist das Driftfischen mit Sardinen und Anfüttern mit den fetthaltigen Schwarmfischen die sicherste Methode, einen Fisch zu haken. Auch im Mittelmeer: Zumeist werden Thune mit einem Gewicht von 30–60 kg gefangen, sie sind am häufigsten. Nach oben ist aber noch viel Luft: Von Spanien über Kroatien bis Griechenland kommen jedes Jahr regelmäßig Meldungen mit Fischen über 200 kg. Und um die Mastkäfige nördlich des Ebro-Deltas steht der Rekord bei mittlerweile über 500 kg.

Beim Anfüttern mit Sardinen driftet das Boot ohne Motorkraft und deckt damit nur ein relativ kleines Gebiet ab. Die Platzwahl ist deshalb wichtig und hängt ab von Kriterien wie Strömung, Wind und den Fangergebnissen der vergangenen Tage. Die Bodenstruktur kann mitentscheiden: An Abbruchkanten, Erhebungen, Rinnen und Riffen verwirbelt das Wasser und setzt mit der Konzentration von Zooplankton die Nahrungskette in Gang. Die ewig hungrigen Thune wissen das. Und dort füttert man auch an.

Vor dem kroatischen Jezera ist die Untiefe an der Insel Žirje eine sichere ‚Bank' für Newcomer. Dies gilt ebenso für die Thunfisch-Mastfarmen oberhalb des Ebro-Deltas bei L'Ametlla de Mar. Hier stellen sich wilde Thune an den Käfigen ein, weil sie ihre Artgenossen und deren Futter riechen. Die Fischerei dort ist allerdings umstritten. Große Thune gehen immer wieder verloren, wenn sie sich in der ersten Flucht an den unzähligen Ankerseilen der Bojen verfangen und die Schnur dann reißt.

Gerät

Grundausstattung beim Angeln auf Bluefins sind kräftige Boots- oder Stand Up-Ruten der Klasse 50–130 lb sowie beste Multirollen mit Schiebebremse, etwa von Shimano und Penn. An Ruten mit Rollerringen kann ein spezieller, schlanker Wirbel genutzt werden, um das bis zu 7 m lange Vorfach ein Stück weit auf die Rolle winden zu können. Bei Stand Up-Ruten mit herkömmlicher (Keramik-) Beringung geht dies nicht.

Die Rollen zu etwa drei Viertel mit geflochtener Schur (jeweils eine Klasse stärker als die Rute) gefüllt, gefolgt von dem bis zu 150 m langen Spitzenteil (Top Shot) aus monofiler Schnur. Beide Schnüre werden miteinander verknotet. Für ungeübte Finger eignet sich dafür der →Doppelte Albright Knot, er gleitet gut durch die Rollerringe. Beim Angeln mit Spinnruten ist der →SC Knot eine gute Wahl.

Thune haben extrem gute Augen. Die Färbung der Schnur ist deshalb ein weiterer Faktor für den Erfolg. Viele Angler setzen auf ein transparentes oder rotes Top Shot: Die Farbe Rot schluckt das Wasser bereits ab einer Tiefe von etwa 5 Metern. Die Schnur wird für den Thun damit aber nicht komplett unsichtbar,

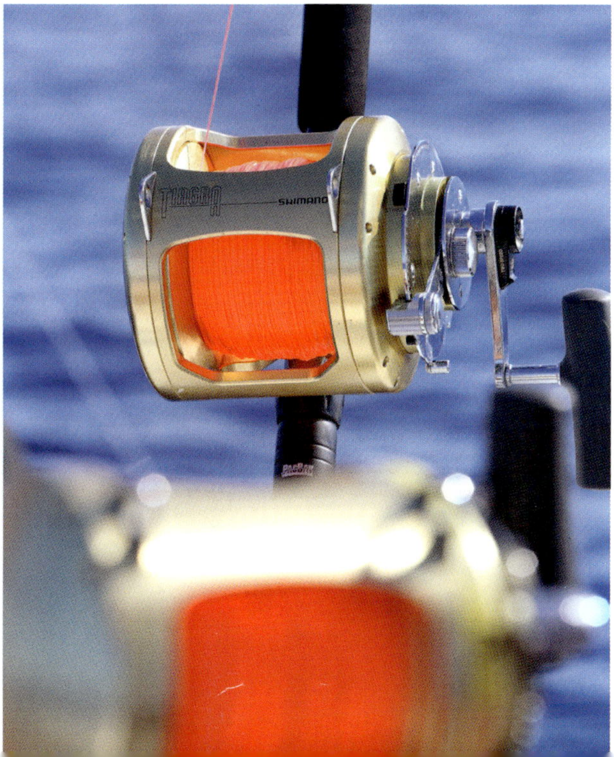

Ohne Kompromiss: Zuverlässige Tiagra-Rollen und rote Schnur, die sehen Thune kaum.

denn im Kontrast zur hellen Wasseroberfläche erscheint sie immer noch als grauer Strich. Wird überdies oberflächennah geangelt, etwa mit einer Freeline, hat selbst rote Schnur (und auch der Wirbel) Scheuchwirkung. Für transparente Top Shots nutzen Angler in der Adria etwa das „Smoke Grey"-Mono von MoiMoi, da es Sonnenlicht kaum reflektiert.

Terminal Tackle

Fluorocarbon-Vorfächer sind ein Muss. Thune sehen sie schlechter als Nylonschnüre. Bestens geeignet ist Vorfachmaterial der Firma Seaguar, etwa das „Fluoro Premier Big Game" mit 0,91 mm Durchmesser und 110 lb Tragkraft. Ähnlich gut ist das „Ace"-Fluorocarbon. Der Online-Händler www.tackle24.de hat es im Programm hat. Es ist ebenfalls vom Weltmarktführer Seaguar, aber als „Eigenmarke" sehr viel günstiger.

Die Hauptschnur und Vorfach werden beim Fischen mit Multirollen und Bootsruten meist durch walzenförmige glatte Wirbel verbunden. Sie passen durch größere Rollerringe und schädigen die Hauptschnur nicht, wenn das Vorfach einige Meter weit auf die Rolle gewunden wird.

Fluorocarbon lässt sich nur schwer knoten. Haken und Vorfach werden deshalb durch eine kleine Quetschhülse miteinander verbunden. Sie trägt auch nicht so sehr auf wie ein Knoten. Wer Sardinen riggt, weiß das zu schätzen.

Gefischt wird beim Driften mit Circle Hooks, etwa dem „Circle Demon" von Mustad in den Größen 6/0–10/0. Sehr griffig ist auch der Owner „Super Mutu". Die Wahl des Geräts richtet sich nach der Größe der vorkommenden Thune und die der Haken nach der Größe des Köderfisches. In der Adria ist es zumeist eine Sardine.

Die Haken sollten jeweils so klein wie möglich sein, denn zu großen Haken sind schwer und lassen Köder unnatürlich schnell absinken. Die Hakenspitze sollte aus der Flanke und nicht aus dem Bauch heraustreten: Das Gewicht des Hakens lässt den Köderfisch dann ebenso wie angefütterte Sardinen breitseits nach unten sinken. Manche Skipper binden das Maul der Sardine zuletzt noch

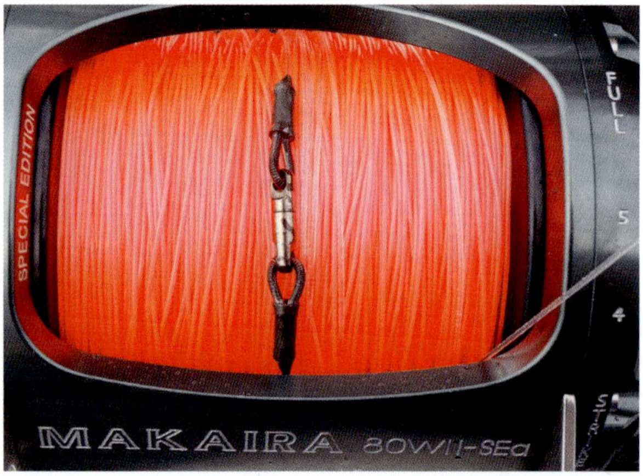

Die schlanken „Heavy Swivel" von SPRO passen durch die Rollerringe von Bootsruten.

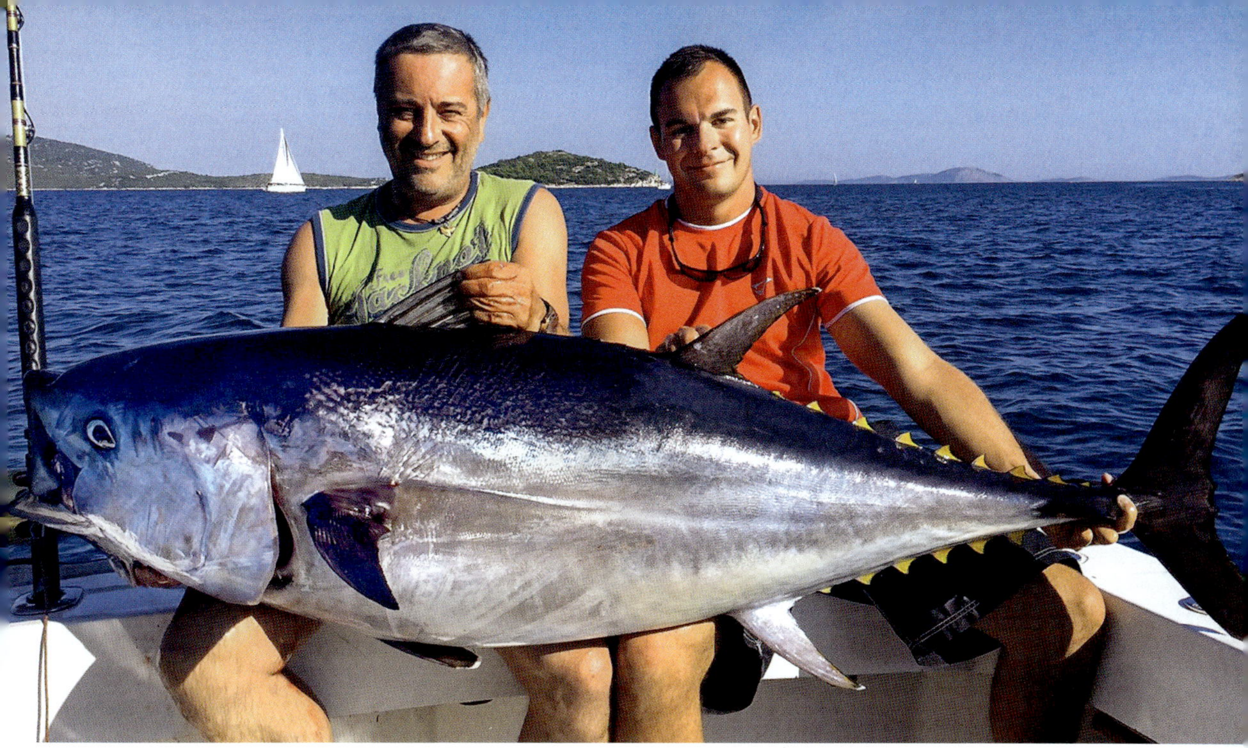

mit einem dünnen Stück Mono-Schnur zu, damit der Haken nicht ausreißt und das offene Maul der Sardine den Köder in der Strömung nicht propellern lässt. Vor Mallorca kommen dagegen größere lebende Makrelen an den Haken.

Adria:

Hier wird meist mit 50–80 lb Rollen gefischt. Die Hauptschnur ist Geflochtene mit 100 lb Tragkraft. Das 150 m lange Top Shot hat eine Tragkraft von 80 lb. Das Fluorocarbon-Vorfach wird möglichst dünn gewählt. Eine Tragkraft von 80–100 lb reicht aus. Standardhaken für die Sardinenköder sind Circle Hooks der Größe 6/0–7/0.

Mallorca:

Thune sind hier mit 50–70 kg etwas schwerer als in der Adria. Die Charterboote setzen deshalb auf 80er Rollen, für ungeübte Angler gefüllt mit 200 lb Dyneema und einem 100 lb starken Topshot. Das Fluo-Vorfach hat meist eine Tragkraft von 125 lb. Die größeren Lebendköder (Stöcker) werden am Rücken auf einen Circle Hook der Größe 8/0–10/0 gesteckt.

Im Mai ziehen die aus dem Atlantik kommenden und teils über 300 kg schweren Giganten nach Mallorca. Dann wird mit schwerstem Gerät gefischt: 130er Rollen, Geflochtene mit 200 lb Tragkraft und ein 130 lb Top Shot. Das Fluo-Vorfach hat eine Tragkraft von 220 lb und die Circle Hooks von Mustad die Größe 12/0.

Ein an die Hauptschnur gehängtes Blei bringt den Köder auf Tiefe. 150 Gramm reichen an ruhigen Tagen aus, aber selbst Gewichte bis zu 400 g sind kein Problem, solange sie weit genug vom Köder entfernt angebracht werden.

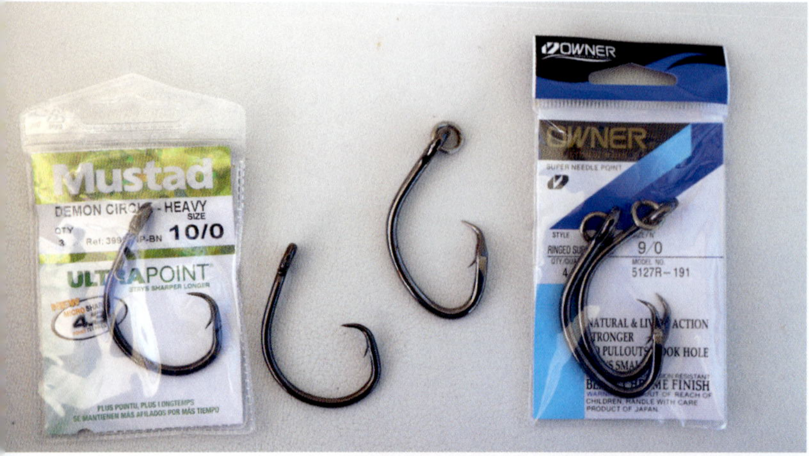

Standard beim Angeln auf Tuna: Circle-Hooks mit und ohne Ringe von Mustad und Owner in den Größen 6/0–12/0.

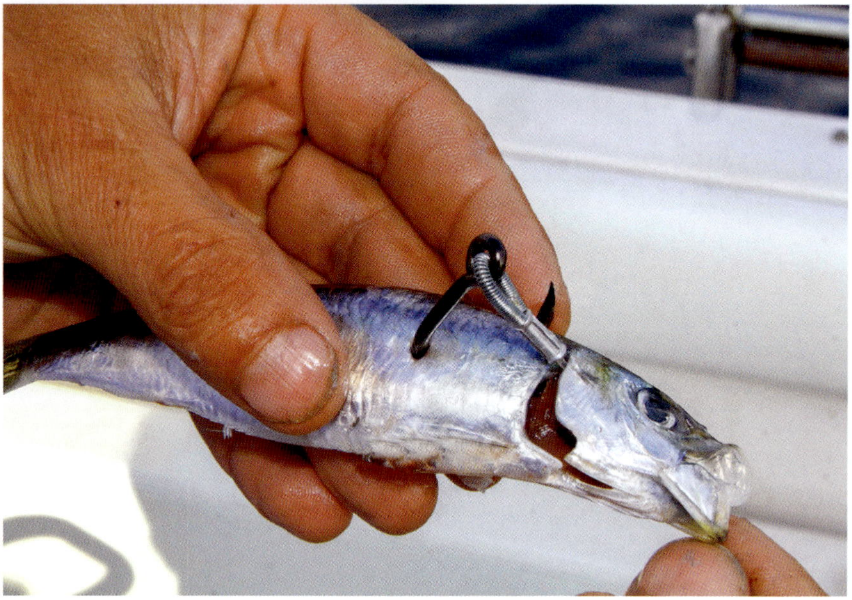

Eine Edelstahlspirale schützt die Vorfachöse. Sie wird unter den Kiemendeckel gezogen und das Maul mit dünner Monofil zugebunden, damit der Köder nicht in der Strömung rotiert.

Das Blei wird mit einem Gummiring an die Hauptschnur geknotet - und wird wieder abgetrennt, wenn es im Drill an der Rute angekommen ist. Ein Luftballon dient als Schwimmer, auch er wird mit einem Gummiring an der Hauptschnur befestigt. In der Adria wird meist mit drei Ruten in unterschiedlichen Tiefen gefischt.

Der Abstand der Köder zum Boot ist abhängig von der Driftgeschwindigkeit und dem Winkel der Futterspur im Wasser. Denn dort in der Futterspur sollen sie jeweils hängen.

Der tiefste Köder wird als erstes und jeweils am weitesten vom Boot entfernt in etwa 70 m Tiefe ausgelegt, der mittlere folgt auf 50 m und der flache in 20-30 m Tiefe. Die Köder sollten in der Spur der angefütterten Sardinenstücke hängen.

Der flachste Köder kann auch an einer Jigrute und Sprinnrolle (oder Multi) als sogenannte →Freelining unbeschwert gefischt werden. Dieser Köder treibt ohne Luftballon etwa 30 m vom Boot entfernt und etwas unter der Oberfläche.

Die Bremse wird so eingestellt, dass der Fisch sich beim Biss selbst hakt. Nun heißt es, füttern und warten ...

Angefüttert wird in der Adria zumeist mit Sardinen. Man schneidet die Fische (am einfachsten mit einer großen Schere) in 2–3 Stücke. Es wird mit den Stückchen dann so gefüttert, dass die blitzenden Teile jeweils noch in Sichtweite des Vorgängers in die blaue Tiefe sinken. Drei bis vier Kassetten Sardinen zu je 8 kg gehen in der Regel pro Angeltag über Bord.

Hilfreich ist zudem eine verführerische Duftspur aus Sardinenbrei. Sparsame Angler nutzen dafür grobmaschige Zwiebel- oder Kartoffelsäcke aus Kunststoff. Sie gibt es billig und bündelweise in Einkaufsgenossenschaften für Landwirte zu kaufen. In solch einen Sack kommt eine Kiste zerkleinerter Sardinen und altes Weißbrot.

Der Plastiksack wird außenbords so angebunden, dass er zur Hälfte im Wasser hängt. Durch die Wellenbewegung schwappt er dann beim Driften auf und ab. Dadurch lösen sich nach und nach kleine Stücke und geben eine durchgängige Duft- und Ölspur ins Wasser ab. Hin und wieder kann man den Sack mal auf die Badeplattform legen und drauftreten, das schafft viele neue kleine Stückchen ...

Sind Thune unter dem Boot, die nicht beißen wollen, kann es helfen, den unbeschwerten Köder einzuholen und ihn dann gemeinsam mit den Sardinen-Stücken der Futterspur direkt am Boot absinken zu lassen. Manchmal hilft auch

Der Abstand der Köder zum Boot ist abhängig von der Driftgeschwindigkeit und dem Winkel der Futterspur im Wasser. Denn dort – in der Futterspur – sollen sie jeweils hängen.

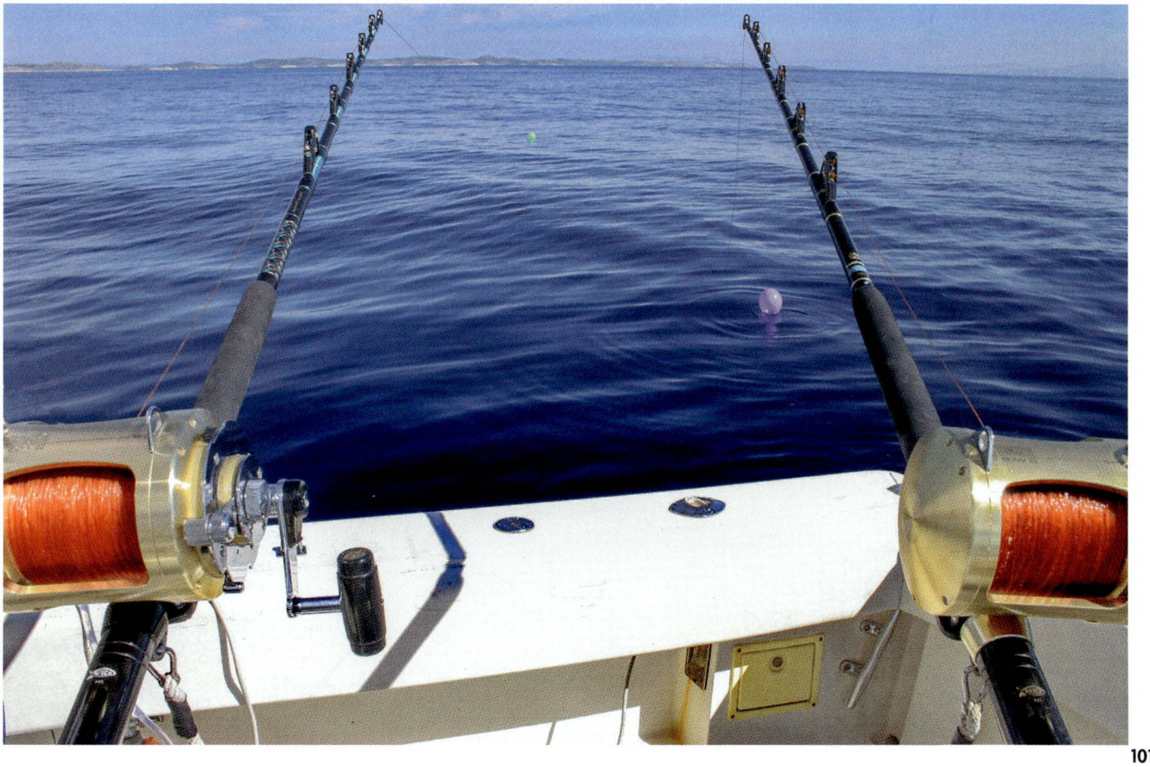

das Gegenteil. Das Füttern wird eingestellt und den frustrierten Fischen dann eine einzige Sardine als Köder vorgelegt. Sind mehrere Fische in der Nähe, verleitet der Futterneid manchmal einen der Thune zu einem fatalen Fehler.

Skipper haben für beißunwillige Bluefins einen besonderen Trick, die Einnebelungstaktik: Zuerst kommen alle Köder aus dem Wasser und es wird einige Minuten mit ganzen Sardinen gefüttert. Dann geht ein (zuvor durchgekneteter) Brei aus eingeweichtem Brot und Sardinen über Bord. Dieser Brei erzeugt eine Nebelwolke, die den Thunen etwas die Sicht und damit die Scheu nehmen soll.

Nun lässt man in dieser Wolke sofort 1–2 mit Haken versehene Sardinen locker untergehen... Und noch ein Trick: Stehen die Thune tiefer unter dem Boot und wollen nicht hochkommen, kann ein taumelnder Jig in Größe und Farbe einer Sardine helfen.

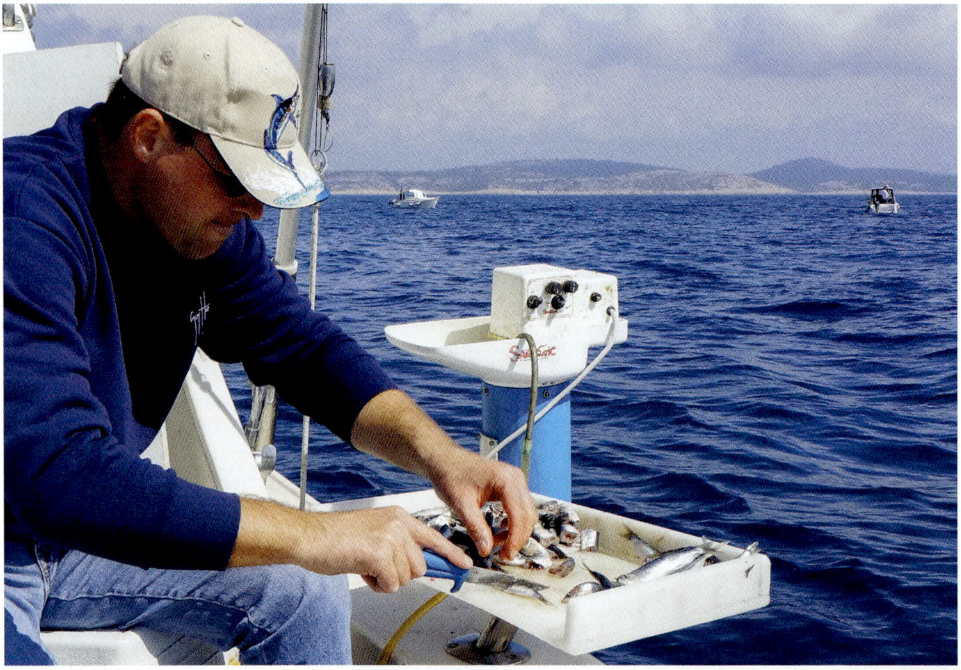

Die „Sardomatic“ genannte Fischmühle im Hintergrund wird mit Sardinen bestückt und zermahlt sie zu einem für Thune betörenden Brei.

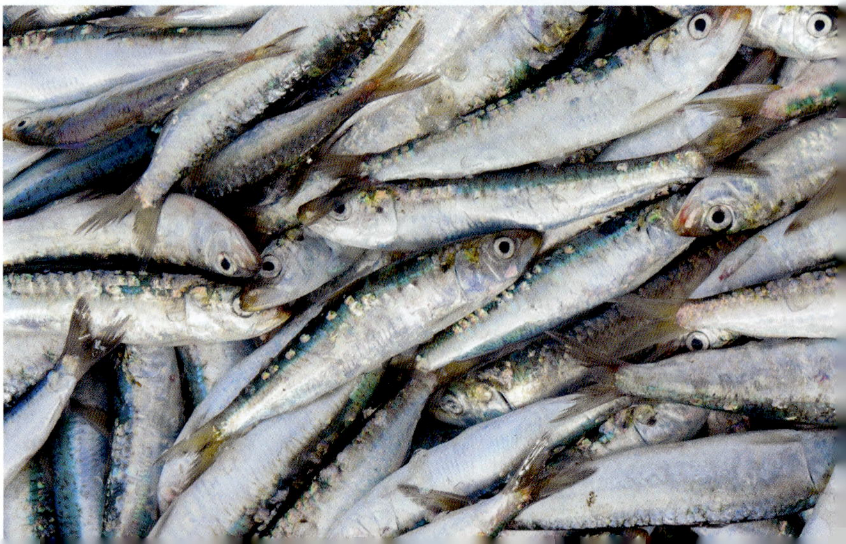

In den Tagen nach Vollmond werden keine Sardinen gefangen. Deshalb sollte man sich beim Fischhändler rechtzeitig eindecken.

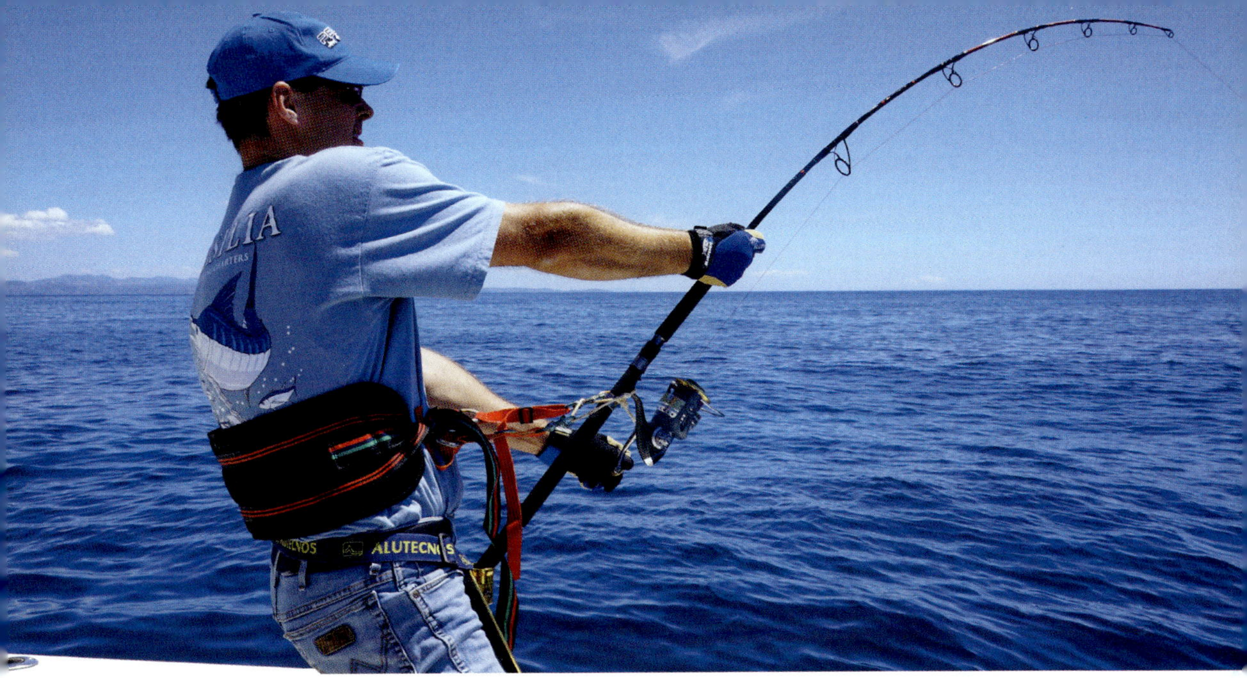

Wenn der Drill an der Spinnrute zu sportlich wird, bringt ein Harness Entlastung. Dessen Bänder müssen aber um den Rollenfuß befestigt werden. Sonst macht die Hebelwirkung aus der Rute einen Mehrteiler.

Freelining – Mit Spinnrute und Köderfisch

„Freelining, das heißt Schnur und Köder 30–40 m weit hinter dem Boot unbeschwert auslegen, damit sich die Sardine knapp unter der Wasseroberfläche möglichst natürlich bewegt. Macht man das mit einer Spinnrute und Stationärrolle, statt Bootsrute und Kampfstuhl, wird der Drill durchaus sportlich. Viele Angler legen solch eine Montage von Anfang an zusätzlich zu den Ködern in der Tiefe aus, weil sie oftmals sehr gut fängt. Freelining ist natürlich auch mit Bootsrute und Multirolle möglich.

Ruten für das Freelining müssen - je nach Region und Fischgröße - für Schnüre mit bis zu 45 kg Tragkraft (PE 10) ausgelegt sein. Zudem sollten sie länger als kurze Jigruten sein und kürzer als lange Popperruten. Solche speziellen Ruten hat Xzoga im Programm. Geeignet ist etwa die 2,28 m lange „Taka Pi 7626", (PE 6) von Xzoga. Eine geeignete Stationärrolle an ihr wäre die Shimano Saragosa 18.000 mit einer Übersetzung von 4,9:1. Sie fasst 600 m geflochtene Schnur mit 50 lb Tragkraft und hat 20 kg Bremsleistung.

Die Bremseinstellung an Spinnrollen liegt bei etwa 12 kg und wird auch im Drill nicht mehr verändert. Die Thune haken sich wegen der harten Einstellung selbst und der Haken sitzt meistens sicher im Maulwinkel des Fisches.

Beim Freelining mit Spinn- oder Jigruten können Vorfächer wegen der Einlagen der Rutenringe nicht mit einem Wirbel verbunden werden. Das 5–7 m lange Vorfachmaterial (meist Fluorocarbon, 0,8 mm) wird deshalb direkt mit der geflochtenen Hauptschnur verbunden. Knoten der Wahl ist hier der →Gedoppelte Albright Knoten (oder der →SC Knot). Der Albright ist einfach zu binden, gleitet leicht durch die Rutenringe und hat eine hohe Tragkraft.

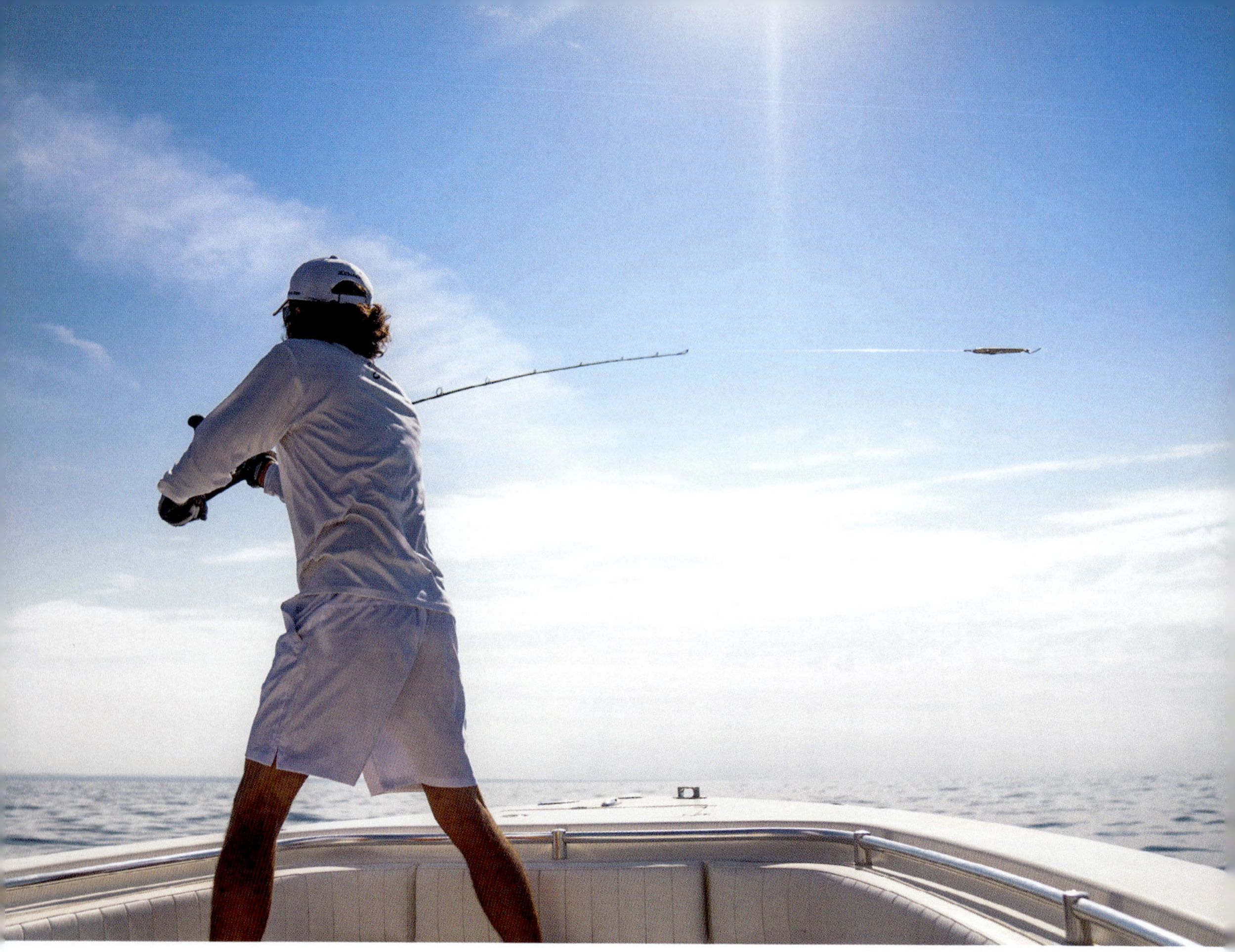

Mit Stickbait auf Blauflossenthun

An der Oberfläche raubende Thunfische auszumachen, und sie dann mit einem Stickbait oder Popper anzuwerfen, das hat einen hohen Spaßfaktor. Erfolgreich im Mittelmeer ist diese Technik im Frühjahr in der flachen Nordadria vor Istrien, am spanischen Ebro-Delta und vor dem Delta der Rhone in Frankreich. Sie ist es im Frühjahr, weil sich das Wasser dort schneller erwärmt, Futterfisch früher vorkommt und in den flachen Küstengewässern von den ewig hungrigen Thunen am leichtesten zu erbeuten sind.

In diesen Gebieten wiegen die meisten der mit Spinnruten gehakten Thune zwischen 40–60 kg. Gerät der Klasse PE6 reicht für sie aus. – Nicht so in den Großfischgebieten wie etwa Gibraltar; dort gehen regelmäßig Fische um die 100 kg an die Oberflächenköder, deshalb ist dort schwerstes Gerät in der Klasse PE8-10 das Mittel der Wahl.

Blauflossenthune im Mittelmeer machen bevorzugt Beute in Schwärmen kleinerer Futterfische wie Sardinen oder Ährenfischen und müssen mit eher kleineren Kunstködern verführt werden. Sie inhalieren deshalb auch dezent zuckelnde Stickbaits sehr viel lieber als ein krawallig daherkommender Popper. Die passenden Stickbait-Ruten haben deshalb eine weichere Spitzenaktion. Sie ermöglichen damit beim Zug eine sanftere Kraftübertragung auf den Köder und sind meist 2,40–2,60 m lang. Solch eine Stickbait-Rute wäre die „Sinpaa“ von Zenaq. Aber auch zum halben Preis gibt es bereits eine perfekte Stickbait-Rute. Etwa die HÖWK Bullfighter 150. Sie ist ausgelegt für PE6-Schnur und einem optimalen Ködergewicht von 80–140 gr.

Der Transport der zweigeteilten Ruten im Flugzeug geht allerdings ins Geld. Eine gute Alternative wäre insoweit die Reiserute Skywalker von Hearty Rise. Die viergeteilte Rute (Transportlänge 65 cm) ist 2,4 m lang und hat ein Wurfgewicht bis 100 g. Ideal für die Stickbaits zum Thuneangeln.

Die Fischerei im Salzwasser verzeiht keine Fehler und wer am falschen Ende spart, wird früher oder später bestraft mit einem defekten Getriebe und ausgeglühten Rollenbremsen: Gute Rollen führen die Top-Hersteller wie Daiwa (Saltiga) und Shimano (Saragosa, Twin Power, Stella). Für das Stickbait-Angeln in der Adria empfehlen sich Rollen in der Größe 14.000 und einer Schnurfassung von etwa 350 m geflochtener Schnur mit einer Tragkraft von 28 kg (ca. PE6).

Zum Angeln mit Oberflächenködern sollte die Rolle eine hohe Übersetzung haben: Entdeckt der Skipper einen Schwarm raubender Thune, fährt er mit Vollgas dorthin. Weil der Angler dann den Köder mit voller Kraft vom noch gleitenden Boot werfen muss, ist immer ein sehr großer Schnurbogen in der Luft. Und den muss der Angler dann so schnell wie möglich einholen, damit der Köder sofort anfängt zu fischen.

Die „Tobizo“-Rute von Zenaq. Das japanische Wort für „weit“ beschreibt ihre Aktion perfekt.

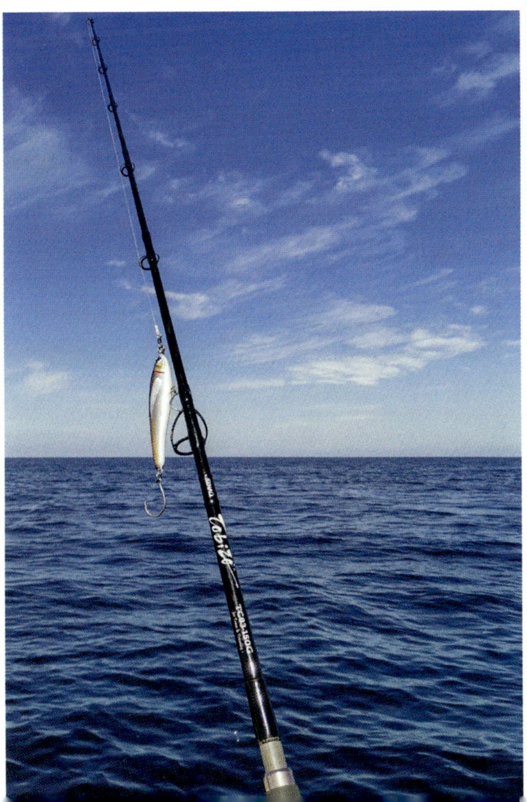

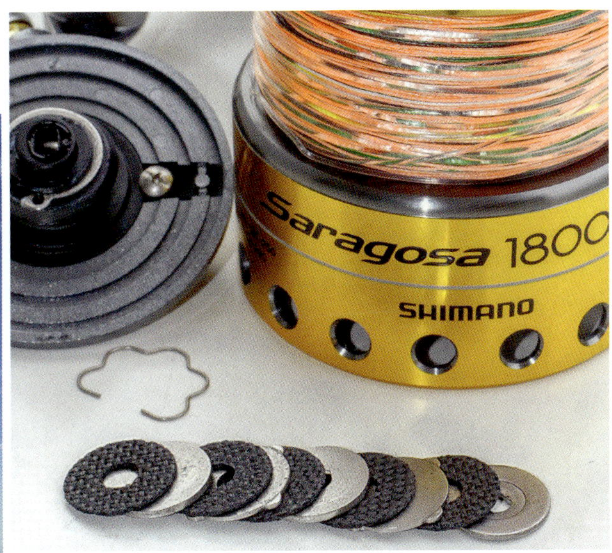

Nur hochwertige Bremsscheiben aus Carbon halten den Kräften von Bluefins auf Dauer stand.

Geflochtene Hochleistungsschnüre sind teuer. Sie sind im Gegensatz zu Billigschnüren eng und kompakt geflochten. Das kostet mehr Material und Zeit beim Flechten. Doch es verringert zugleich die Leerräume zwischen den Fasern und erhöht die Abriebfestigkeit.

Schnüre werden häufig nach der aus Japan kommenden Einheit PE klassifiziert. Früher wurde damit der Durchmesser von Seidenfäden angegeben. Heute kann man aus den PE-Angaben auf Schnurspulen deren Tragkraft ableiten: Multipliziert man den PE-Wert mit 10, erhält man die ungefähre Tragkraft in englischen Pounds. Eine PE 5-Schnur hätte somit eine Tragkraft von 50 lb, oder 22,6 kg.

Allerdings wird kaum so übertrieben, wie bei den Tragkraftangaben von PE-Schnüren. Alle Hersteller versprechen „maximale Stärke bei dünnstem Durchmesser“. Sie können das, weil sich der Durchmesser der Schnüre mechanisch kaum überprüfen lässt. Viele sind deshalb meist dicker (und damit auch stärker) als auf der Schnurspule angegeben.

Sogar der australische Nobelhersteller TAS Line macht diesen Unfug mit, weil der US-Markt es so verlangt. TAS vermisst die Schnüre zwar optisch (wie hier die „Elite“) bis auf die dritte Stelle hinter dem Komma und testet auch die Tragkraft für jede produzierte Charge. Doch wie widersprüchlich die Angaben sind, sieht man auf dem nebenstehenden Foto einer Schnurverpackung. Da wird etwa für eine Schnur mit 60 lb und PE 6 eine getestete Tragkraft von 91,6 lb angegeben. Also 50% über der Tragkraftangabe von 60 lb! Aber kein Wunder, die Schnur hat ja auch einen Durchmesser von üppigen 0,42 mm. Einsteiger sollten sich von all diesen Ungewissheiten aber nicht verrückt machen lassen. Sie sollten zu einer 8-fach geflochtenen Markenschnur greifen und bei der TAS-Line die Angaben von hinten her lesen. Also: Welche getestete Tragkraft brauche ich, und wie viele Meter bekomme ich von diesem Durchmesser auf die Spule?

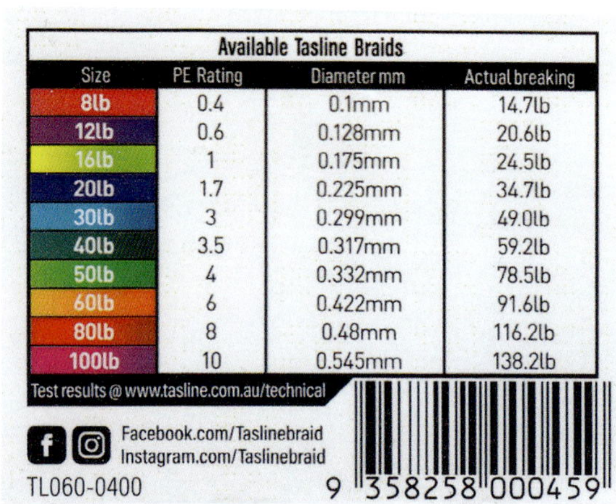

Available Tasline Braids

Size	PE Rating	Diameter mm	Actual breaking
8lb	0.4	0.1mm	14.7lb
12lb	0.6	0.128mm	20.6lb
16lb	1	0.175mm	24.5lb
20lb	1.7	0.225mm	34.7lb
30lb	3	0.299mm	49.0lb
40lb	3.5	0.317mm	59.2lb
50lb	4	0.332mm	78.5lb
60lb	6	0.422mm	91.6lb
80lb	8	0.48mm	116.2lb
100lb	10	0.545mm	138.2lb

Test results @ www.tasline.com.au/technical

Facebook.com/Taslinebraid
Instagram.com/Taslinebraid
TL060-0400

Nur dann sind ausreichende Schnurreserven auf der Rolle, wenn es zum Biss kommt. Der wird mit einer Bremseinstellung von 8 kg gekontert. Der Fisch kann damit in der ersten Flucht Schnur nehmen und sich müde laufen. Erst danach geht man mit der Bremseinstellung nach oben, mit der Hand auf der Spule.

Geeignetes Vorfachmaterial ist Mono in den Stärken 80–100 lb. Fluorcarbon ist nicht nötig. Zudem ist es steif und kann damit den Köderlauf negativ beeinflussen. Gerne genutzt wird das Monofil „Ocean Record Leader“ von Varivas.

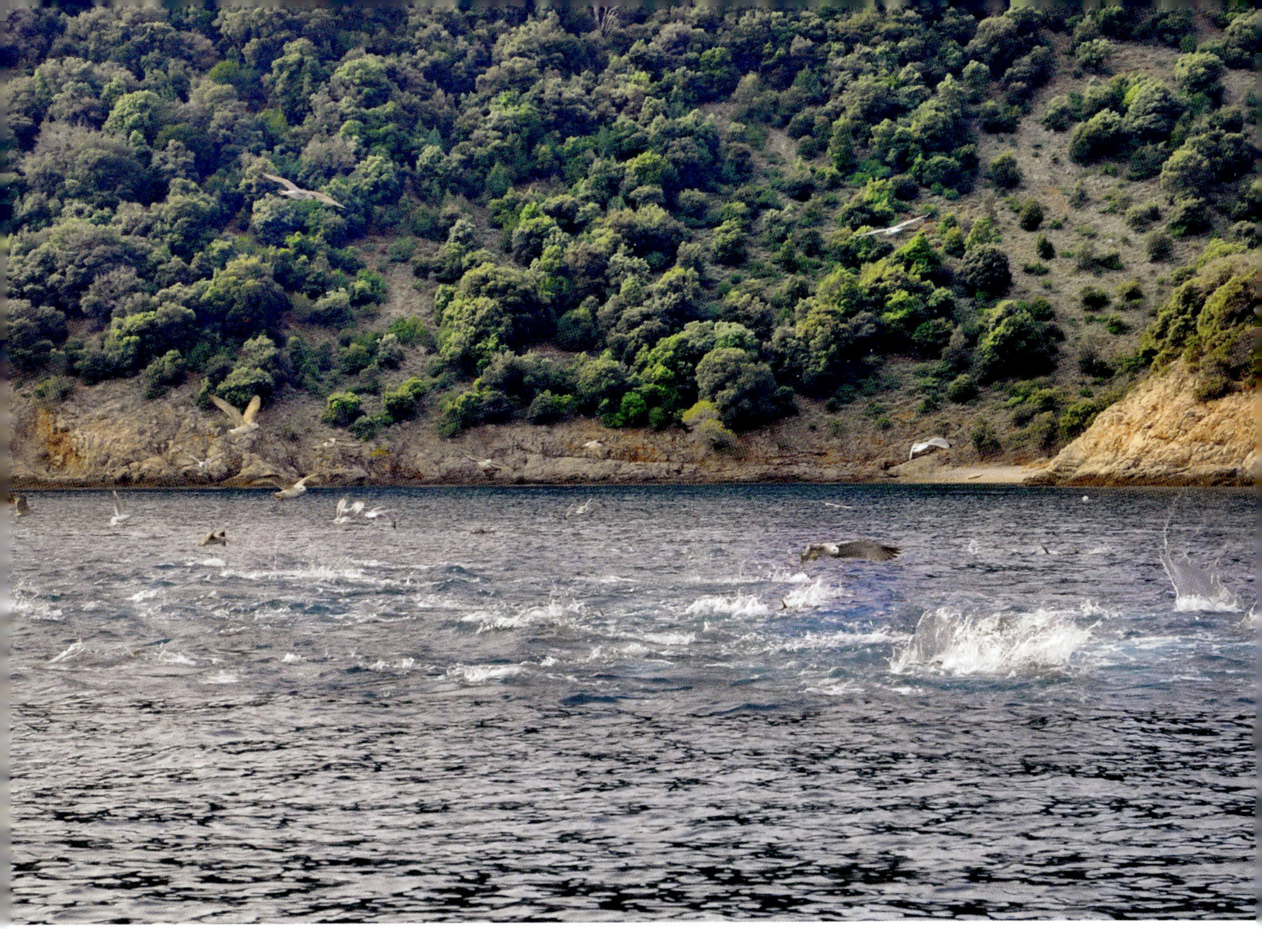

Raubende Thune an der Oberfläche! Die richtigen Köder sind Stickbaits!

Stickbait statt Popper

Im Gegensatz zu ihren gelbflossigen Verwandten mögen die Blauflossenthune im Mittelmeer sinkende Stickbaits anstatt Popper. Mit einer Ausnahme: Vor dem Ebro-Delta sind die im April/Mai ankommenden Thune so hungrig, dass sie sich auf nahezu alles stürzen. „Dann sind auch schlanke Popper mit 12–18 cm Länge und naturfarben wie ‚Mullet' erfolgreich", sagt →Skipper Ron Nieuweboer. Er empfiehlt etwa Modelle von Halco und den Shimano „Skitter Pop". Die Ruten sollten 2,45 m lang sein und etwa 170 g Wurfgewicht haben.

Sinkende Stickbaits laufen je nach Gewicht bis in eine Tiefe von etwa 2–3 m und sind einfach zu animieren. Ob lange Züge, kurze Pulls oder Stopp and Go, erlaubt ist, was fängt. In der Nordadria – wie etwa vor Vsar – fischen Skipper vor allem mit sinkenden Stickbaits. Jagen die Thune früh in der Saison Fischbrut, kommen auch kleine Casting Jigs zu Einsatz. Selbst kleine Gummiköder in silbern/weiß und pink an der →Wasserkugel fangen dann sehr gut!

Gefischt werden die Stickbaits an einer monofilen Spitze (Leader) mit 80–100 lb Tragkraft und einer Länge von mindestens 1,6 m. Dieses Stück Mono (Fluorocarbon ist nicht nötig) sollte länger sein als die Länge der zu erwartenden Thune, damit die Fische die empfindliche geflochtene Hauptschnur nicht mit

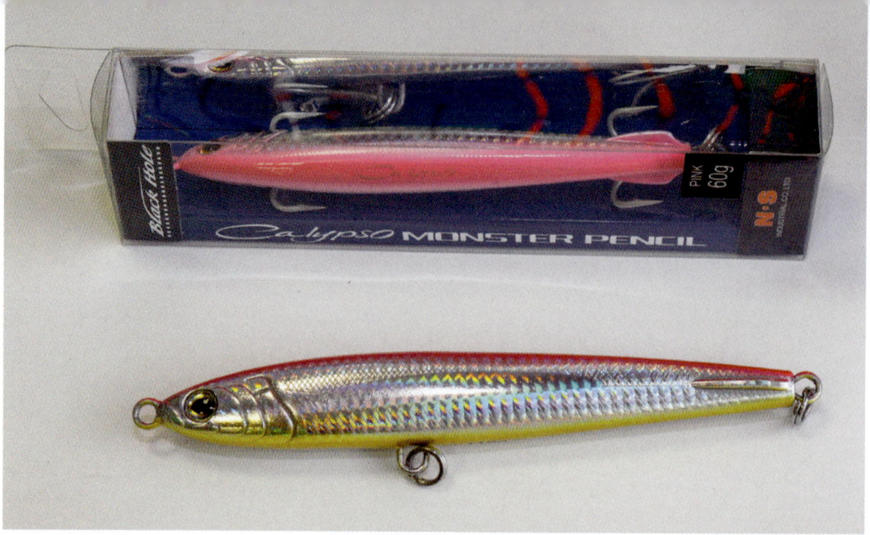

Ein top Stickbait ist der „Calypso“. Er ist auch in Pink erfolgreich.

Der Tackle House Flitz ist nur 8 cm lang und kommt zum Einsatz, wenn sich Thune an kleinen Schwarmfischen mästen.

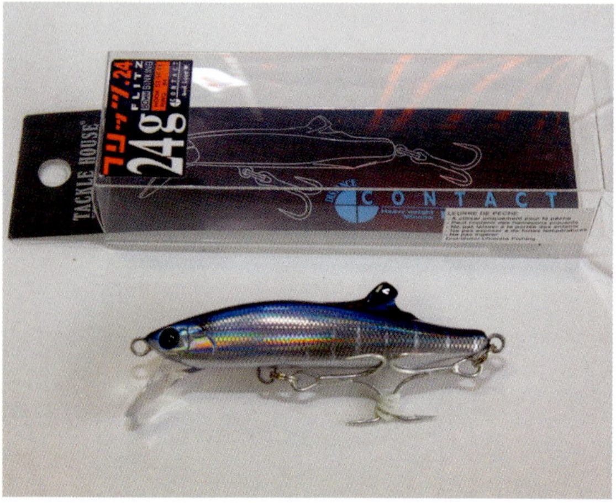

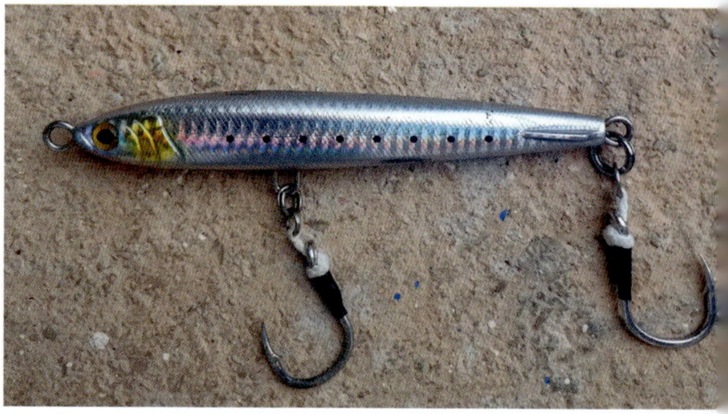

Wegen des Minivorfachs zwischen Haken und Köder hat der Fisch keinen Hebel mehr, um das Stickbait loszuwerden.

ihren harten Schwanzflossen kappen können. Die Mono, etwa der „Shock Leader“ von Varivas, wird per →SC Knoten mit der Hauptschnur verbunden. Der Knoten trägt kaum auf, sollte aber auf keinen Fall bis auf die Rollenspule gewunden werden, weil das die Wurfweite zu sehr reduziert. Ideal wäre seine Position zwischen dem Spitzenring und dem darauffolgenden Rutenring. Ans Ende des Leaders kommt ein Wirbel (Gamaktsu „Hyper Swivel mit 190 kg Tragkraft) und ein Splitring zum Einhängen der Kunstköder.

Spinnfischer wissen von zuhause, dass einige Kunstköder mehr fangen als andere. Das gilt auch für Stickbaits. Manche Modelle sind rund um den Globus erfolgreich. Allen gemeinsam ist, dass sie schlank sind und weit fliegen.

Skipper →Marc Inoue schwört auf drei Erfolgsmodelle: Den „Duo Malice“ sowie „Jackfin Pegasus“ und den „Black Hole Calypso Monster Pencil“ Der „Duo Malice Rough Trail 130“ ist trotz seines erfreulich hohen Gewichts schlank, zudem ist sein Gewicht so verteilt, dass er horizontal absinkt. Der „Jack Fin Pelagus 165“ wurde speziell zum Fischen auf Bluefins im Mittelmeer entwickelt. Auch er fliegt extrem weit und sinkt langsam ab. Den „Black Hole Calypso Monster Pencil“ gibt es mit 60 g und 110 g. Seine Besonderheit: Zwei kleine Schwingen am Ende des Köders stabilisieren ihn in der Flugphase und beim Fischen.

Drillinge an Stickbaits sollten durch Einzelhaken ersetzt werden. Erprobt sind der „Jigging Single Sergant (JS1)“ von Decoy in den Größen 1/0 bis 8/0 sowie der der „Lone Diabolo“ von BKK. Wegen ihres weiten Hakenbogens greifen sie tiefer ins Fischmaul, und es kommt zu weniger Aussteigern. Skipper empfehlen vor allem sogenannte Plugging oder Lure Assist Hooks mit kurzer, flexibler Schnurverbindung.

Die Diskussion über die ‚richtigen‘ Köderfarben ist unter Anglern ein endloses Thema. Beim Fischen mit Stickbaits gilt das eher nicht. Die jeweils aktuellen Futterfische, zumeist Sardinen im Mittelmeer, sollten in Größe und Farbe imitiert werden, blau-silber ist deshalb eine der wichtigsten Grundfarben in der Tackle Box.

Aber auch orange gehört dazu: Manchmal jagen Thune in der Nordadria schlanke, orangefarbene Schwarmfische, die in Istrien „Spaghetti“ genannt werden. Dann servieren Angler ihnen den schlanken und bewährten Shad „Jugulo“ von Molix in pink.

Mit Wasserkugel auf Thun

Mit der Wasserkugel angelt man im Bach auf Forellen, aber auch auf Thun? – Ja! Auch Fliegenfischer kennen beim Schlupf bestimmter Insekten und dem Steigen der Forellen nach ihnen den Spruch: „Match the hatch“, also „Imitiere, was steigt“. Dies gilt auch für Thune. Wenn sie sich in Schwärmen kleiner Futterfische den Bauch vollschlürfen, werden sie extrem wählerisch und ignorieren alle

Nun wird es schwer: Vor allem im Frühjahr saugen Thune wie Staubsauger kleine Brutfische in sich hinein.

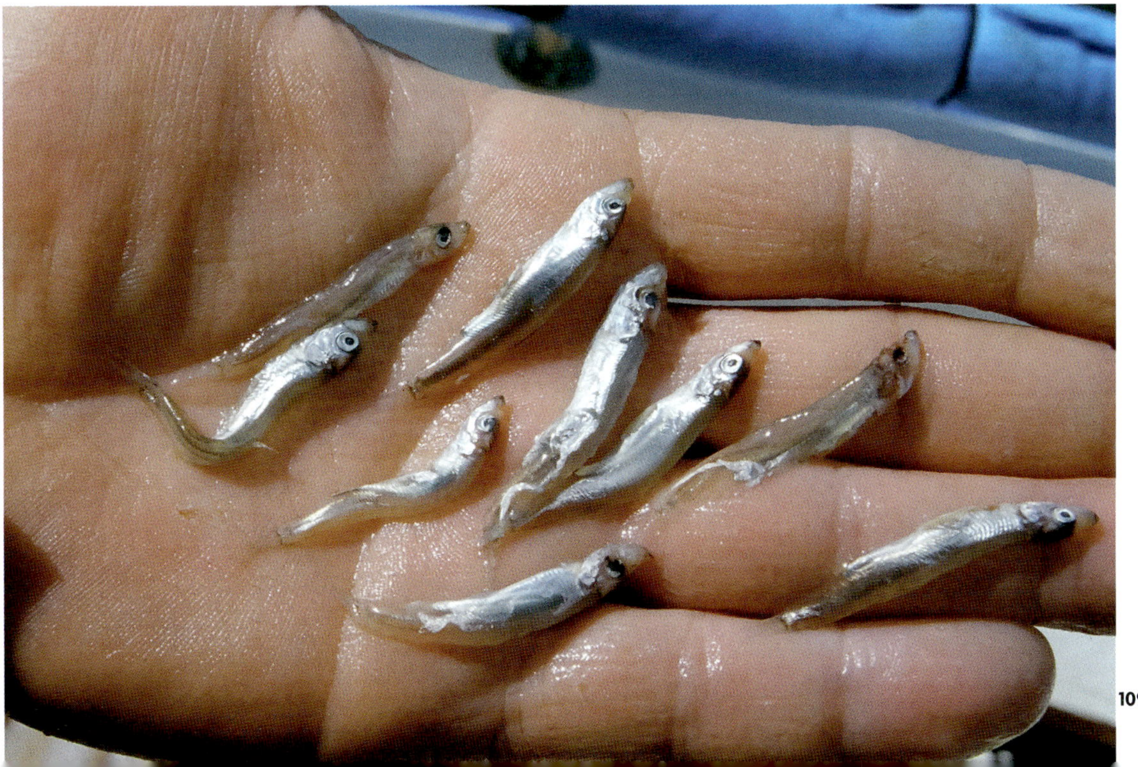

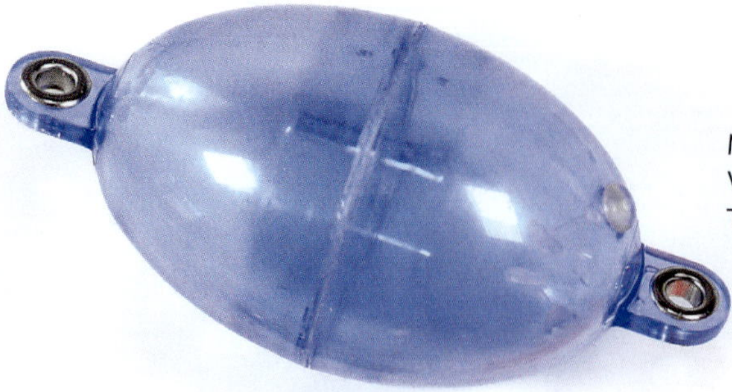

Mit kleinen Shads, an der Wasserkugel angeboten, können Thune überlistet werden.

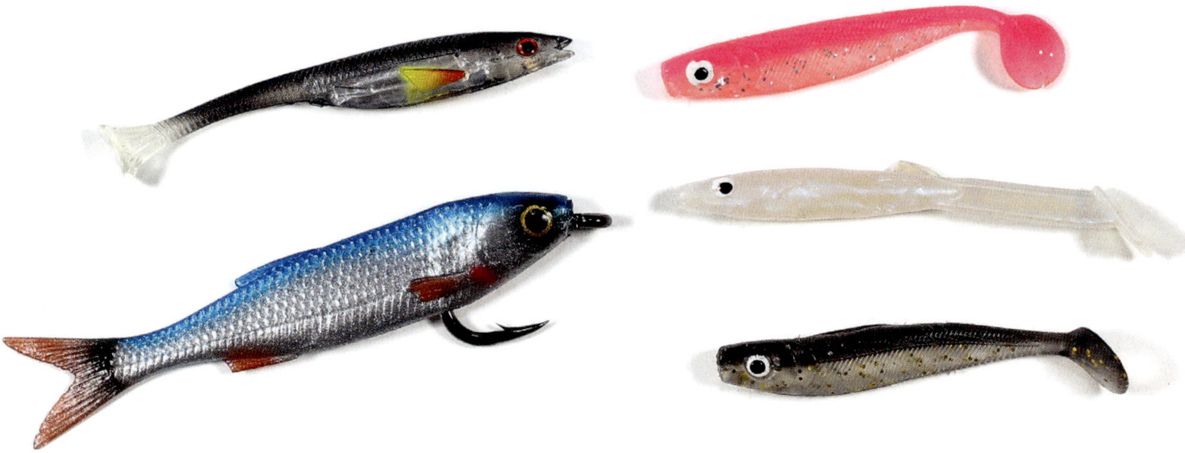

größeren Köder. In der nördlichen Adria und vor allem am Ebro-Delta kommt das im Frühjahr immer wieder vor. Dann schlägt die Stunde der Wasserkugel (Buldo)! Sie befördert ein kleines Gummifischlein bis zu 80 m weit (je nach Rutenlänge) in den Schwarm der raubenden Thune.

Dort lässt man den Gummishad wie ein angeschlagenes Fischlein absinken. Der Biss kommt bald, wenn der Köder die Natur in Größe und Farbe gut genug imitiert. Spezialisten fischen die Shads an einem etwa 1,2 m langen Fluorocarbon-Vorfach mit einem Durchmesser von 0,70–0,80 mm. Haken der Wahl ist der Gamakatsu „LS-4123F“ in den Größen 3/0 bis 5/0. Alternativ kann auch der „VMC 9260“ in der Größe 4/0–6/0 genutzt werden Wichtig: Das Vorfach sollte mit einer Schlaufe an den Haken geknotet werden, damit der Shad freier spielt.

Die Montage ist simpel: Hauptschnur und Vorfach werden gemeinsam an einen stabilen Solidring angeknotet. Dazu kommt dann die Wasserkugel an einem passenden Einhänger. Direkt zwischen Hauptschnur und Vorfach geknotet, würde sie den Kräften im Drill nicht standhalten.

Die großen Wasserkugeln der Firma Buldo wiegen gut befüllt etwa 65 g und sind im Handel kaum mehr zu finden. Der Sportartikelhändler Decathlon hat sie zuletzt noch in seinem Onlineshop angeboten, man braucht das Buldo Gr. 5 mit der Artikelnummer 1788385. Ron hat sich sicherheitshalber mehr als hundert auf Lager gelegt. Für diese Technik geeignet ist eine etwa 2,45 m lange Spinnrute mit einem Wurfgewicht von 150 g.

Jiggen auf Thun

Speedjiggen auf Blauflossenthune ist sowohl in der Adria als auch vor dem Ebro-Delta möglich, etwa wenn Thune beim Anfüttern tiefer unter dem Boot stehen und nicht nach oben kommen wollen. Ihnen werden dann Jigs angeboten, die gut taumeln und schon im Fallen einen Biss provozieren.

In der Adria können Bluefins beim Speedjiggen nahezu auf Ansage gefangen werden, wenn Sardinenkutter in der Nähe ihre Netze heben. Sie haben die Nacht über mit sehr starken Lampen riesige Sardinenschwärme an ihre Boote gelockt, die wiederum von Thunen umlauert werden. Beim Einholen der Netze fallen immer Aberhunderte angeschlagene Sardinen heraus und das große Fressen der Thune beginnt. Dann lohnt es sich, hinter dem Netz einen Jig nach unten zu schicken.

Die große Einschränkung: Selbstfahrer dürfen das auf keinen Fall! Sie müssen hunderte Meter Abstand zu den Kuttern einhalten, sonst drohen Polizei und empfindliche Strafen. Allerdings sind Charterboot-Skipper mit Kapitänen der Sardinenkutter so gut befreundet, dass sie die Skipper über volle Netze informieren und dann die Nähe der Angler dulden. Unterwegs sind die Sardinenfänger in der Adria meist in den zehn Tagen vor Vollmond. Bei Vollmond und der Woche danach wird nicht gefischt.

Für das Speedjiggen auf Thun haben sich drei Jigs (mit Gewichten von 180–240 g) bewährt, die auch an der Ostküste der USA mit großem Erfolg Bluefins fangen. Diese Jigs imitieren Sardinen (oder Hering) in Größe, Bauform und Farbe: legendär ist der „HOTS Drift Tune". Er reagiert auf Jerks mit scharfen Seitwärtsbewegungen und ermöglicht ein langes Driften in der Absinkphase.

Jigs werden mit extra starken Assist Hooks scharf gemacht. Der „SF8090" von BKK ist solch ein bewährtes Modell.

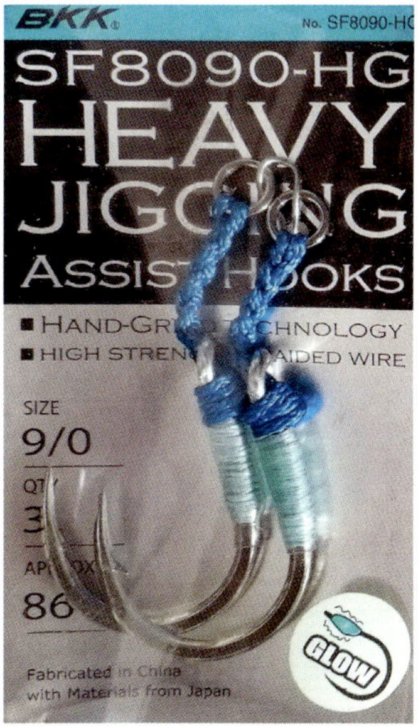

Der breite, symmetrische Körper des „Drift Tune" zeigt, dass der Jig verführerisch langsam und flatternd absinkt.

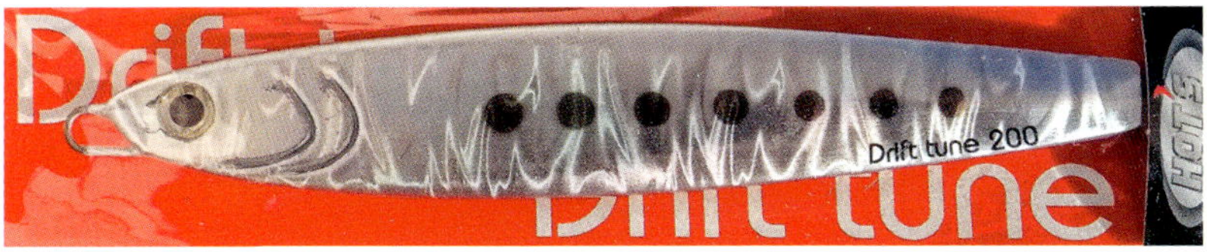

Der „Shout Stay" ist ‚technically balanced', also ein mittig ausbalancierter Jig, der länger in der Horizontalen bleibt. Diese horizontale Position in der Absinkphase gibt den Thunen ein perfektes Ziel und meistens kommt genau dann auch der Biss.

Der "CB ONE MB1 Semi Long" ist deutlich schlanker. Seine Amplituden zur Seite sind deshalb kleiner. Das Körperdesign lässt den Köder aber auch bei schwacher Strömung stabil im Wasser stehen.

Eine Besonderheit ist das Fischen auf Thun um die Gas- und Ölplattformen auf der italienischen Adriaseite. Aber auch dort gilt: Abstand halten! In Plattformnähe müssen die Thune zunächst im Mittelwasser mit horizontal geführten Lures gesucht werden. Ein beliebter Köder dafür ist der Gummiaal von RonZ. Dies liegt vor allem an der Bauform seiner Zinnköpfe. Sie laufen wie ein Schiffsbug spitz zu. Ihre nach rechts und links ondulierende Bewegung lässt dann die Gummiaale mit ihrem flachen Profil am Körperende äußerst verführerisch spielen.

Der schwerste Zinnkopf von RonZ wiegt 140 g. Er hat zudem den Vorteil, dass die Öse am Kopf aus einem eingegossenen Wirbel besteht und der Haken ebenfalls beweglich ist, um ein Aushebeln aus dem Fischmaul zu verhindern. An diesem Kopf können Schwänze von 20–25 cm Länge befestigt werden. Sie fangen auch an Thunfischkäfigen und sind bei Amberjack-Anglern ebenfalls beliebt. - Bewährt hat sich auch der schlanke Gummifisch „Jugulo" von Molix. Er ist mit einem starken, beweglichen Haken eigens für das Thunfischangeln gebaut.

Thunfisch – extrem

Höher, weiter schneller? Grenzerfahrungen sind auch beim Angeln möglich – auf sehr große, teils über 300 kg schwere Blauflossenthune. Die sogenannten Giants ziehen aus dem Atlantik zum Laichen um die Balearen und können dann etwa an der Ostküste Mallorcas (zwischen Antrax und Soler) von Mitte Mai bis Mitte Juni beim Trolling mit guten Chancen auf Erfolg gehakt (aber nicht immer gefangen!) werden. Einer der wenigen Charterboot-Skipper, die solch ein Extrem anbieten, ist Skipper Vince Riera (www.fishing-mallorca.net).

Gefischt wird mit einem Köder, der zu der Größe der Giants passt: Der lippenlose, sinkende Wobbler „Tonita" ist 21 cm lang und über 340 g schwer. Er wird 80–100 m hinter dem Boot bei etwa 7–8 Knoten geschleppt. Das Fluorocarbon-Vorfach hat eine Tragkraft von 220 lb und die geflochtene Hauptschnur 200 lb.

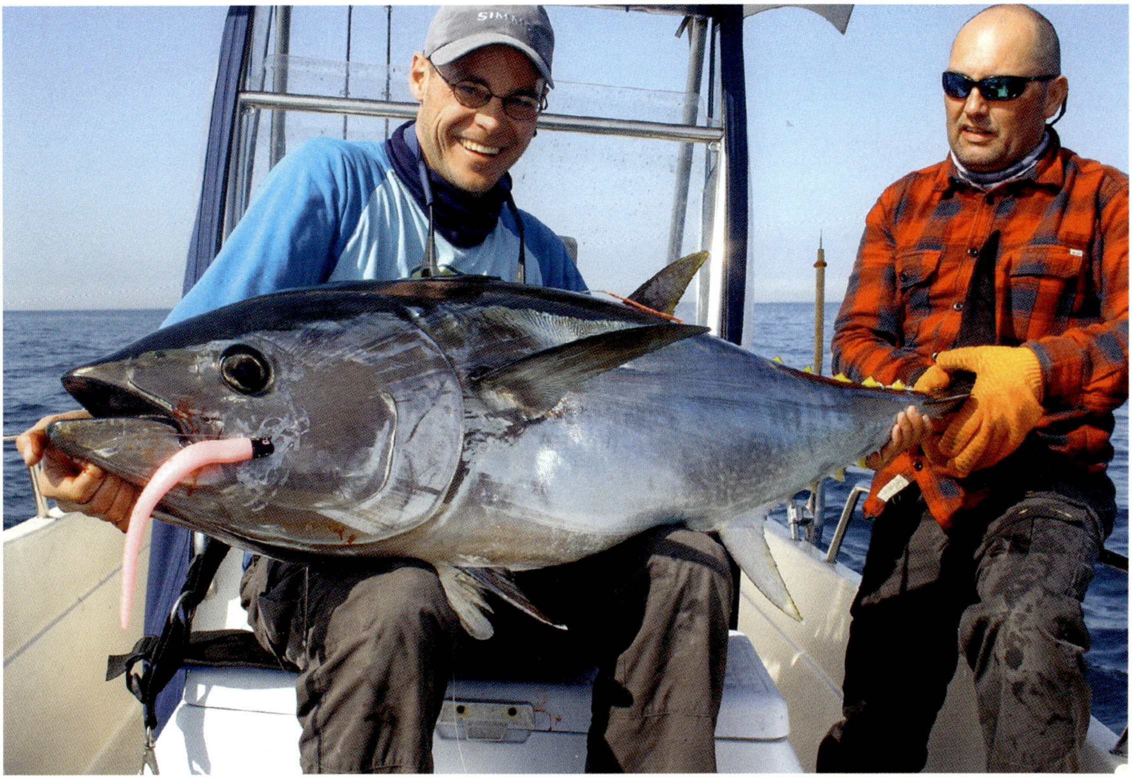
Gefangen am RonZ. Rosa, Grün und Schwarz sind gute Farben.

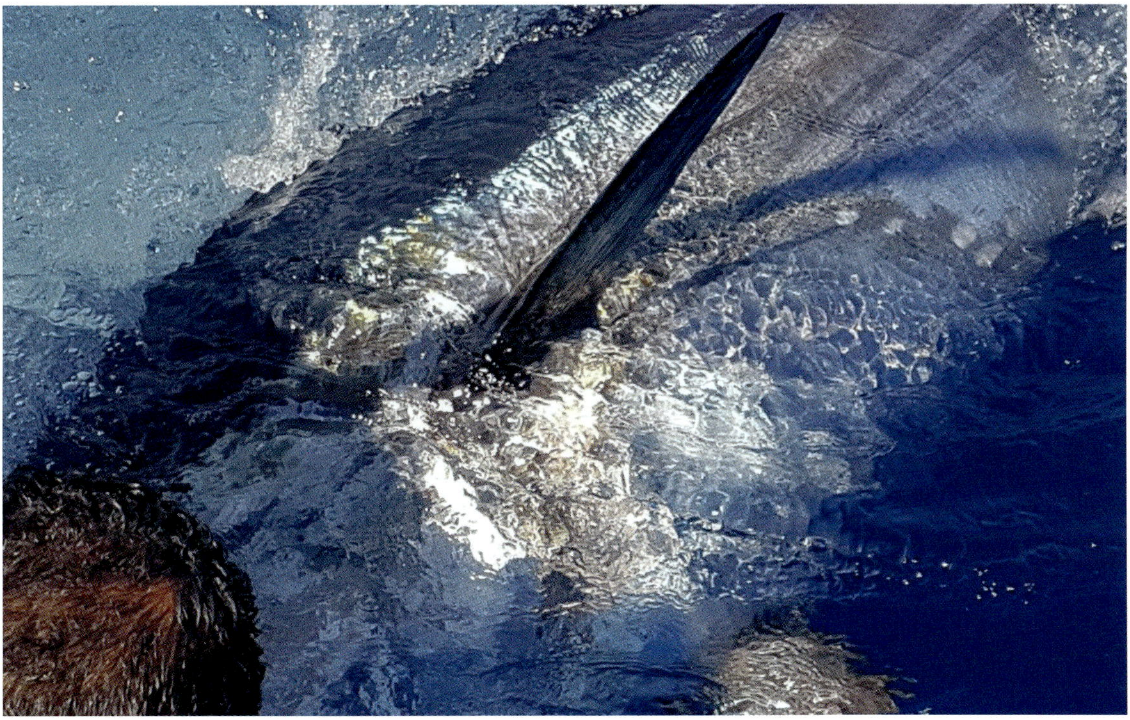
Über 300 kg schwer. Ein Fall für den Kampfstuhl!

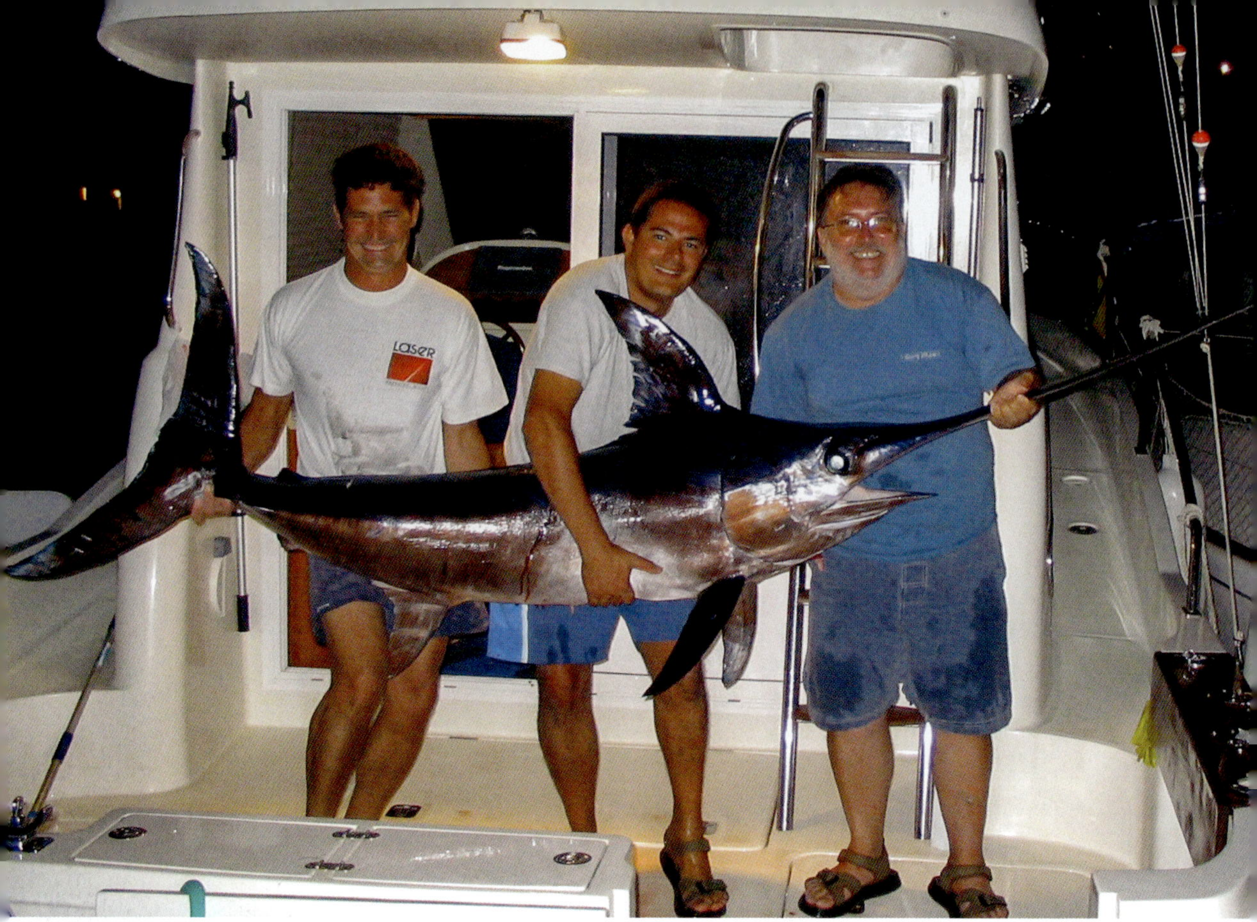

Für das Mittelmeer ein Großer: Gefangen vor Alcudia im Norden von Mallorca.

Driften auf Schwertfisch

Beim Driftfischen und Füttern auf Blauflossenthun kommt es immer wieder zu Zufallsfängen von Schwertfischen. Die eigentlich nachtaktiven Räuber ziehen tagsüber am Grund um Unterwasserberge, Abbruchkanten oder Canyons und lassen sich so manches Mal von den angefütterten Sardinenhäppchen nach oben in die Nähe der angebotenen Köder locken.

Beim gezielten Angeln auf Schwertfisch ist zuallererst die richtige Platzwahl entscheidend für den Erfolg. In der Adria wäre das etwa die Kante an dem „200 m-Loch“ vor der Insel Žirje bei Jezera. Im Norden Mallorcas sind es die Kanten der tiefen Canyons und im Süden der Insel die „El Banco“, eine 50 Seemeilen vom Land entfernte Unterwasserbank.

Beim Angeln tagsüber auf Schwertfisch sollte das Jagdverhalten der Fische beachtet und die Thunfisch-Montage modifiziert werden: Die aggressiven Räuber „erschlagen“ ihre Beute wie Makrelen und Tintenfische mit ihrem harten Schwert. Das tun sie ziemlich heftig. Ist dabei dann Zug auf dem Vorfach, spüren sie dies und wenden sich ab.

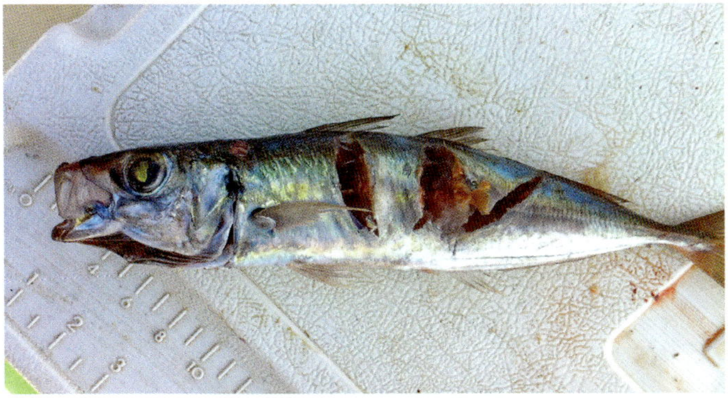

Den zum Thunfischangeln am Rücken aufgehängten Lebendköder hat der Schwertfisch zunächst erschlagen, doch dann wurde er misstrauisch und verschmähte das Angebot.

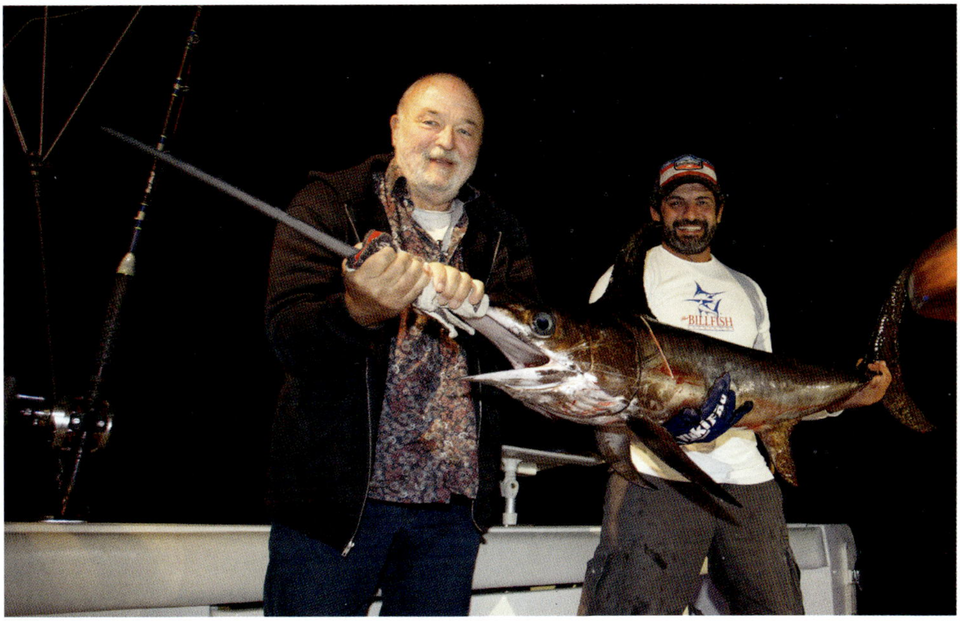

Vor Mallorca werden Schwertfische markiert und wieder zurückgesetzt (nach einem schnellen Erinnerungsfoto).

Ob nun tagsüber oder nachts, in der Adria wird vor allem driftend gefischt: Die Beschwerung, die den Köder auf Tiefe bis etwa 10 m über Grund bringen wird, sollte deshalb weit vom Köder entfernt an die Hauptschnur gehängt werden. 30 m ist ein guter Richtwert, damit der Köder frei spielen kann.

Schwertfische fressen alles. Es ist deshalb zweitrangig, welche Art toter Köderfische verwendet werden; Hauptsache sie sind nicht zu groß. Stöckermakrelen wären eine gute Wahl. Sie sind schlank und fest. Selbst Kalmare sind geeignet. Sie gehören zur Lieblingsbeute der Schwertfische, müssen am Haken aber gut vernäht werden, damit er sie bei einer Attacke nicht zerteilt. Stöcker können übrigens in Tiefen von 70–100 m über strukturreichem Grund mit Sabiki-Rigs (Heringspaternoster) gefangen und auf Vorrat eingefroren werden.

Ein empfehlenswerter Haken für diese Fischerei ist der Mustad Southern Tuna 7961S. Seine nach innen weisende Spitze verhindert das Ausschlitzen aus dem weichen Schwertfischmaul. Das Mono-Vorfach sollte etwa 5–7 m lang sein

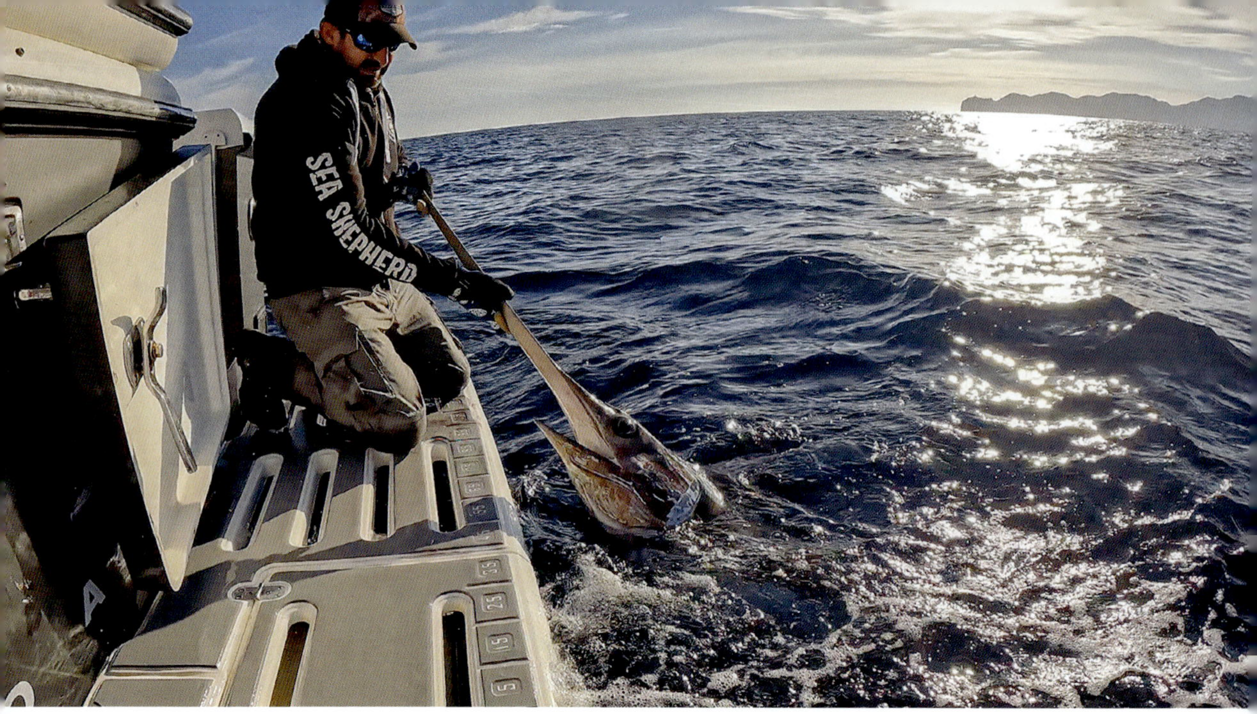

Der tiefe Sonnenstand zeigt es, Schwertfische kommen noch vor der Dämmerung an die Oberfläche und können schon dann gefangen werden.

und eine Tragkraft von 200 lb haben. Am Übergang zur Hauptschnur (mono Top Shot) wird am Vorfach ein kleines, grün oder blau blinkendes LED Licht (deep drop led light) angebracht. Grün und Blau sehen Schwertfische in großer Tiefe am besten und locken sie über Dutzende Meter zum Köder.

Der Biss mag in der Tiefe vehement sein, oben an der Rutenspitze angekommen, zeigt sich aber meist nur ein kleines Zucken oder leichtes Verbeugen der Rutenspitze. Die Angleraugen müssen deshalb immer auf sie gerichtet sein, um einen Biss nicht zu verpassen. Zeigt die Rutenspitze solch einen Biss an, heißt es, so schnell wie möglich Schnur einkurbeln, um Kontakt zum Fisch zu bekommen und so den Haken zu setzen. Dass ein Schwertfisch den Köder genommen hat und nicht etwa ein (Fuchs-)Hai, merkt man schnell. Gehakte Schwertfische wollen den Widerstand des schweren Gewichts an der Hauptschnur loswerden und schwimmen (fast) alle zunächst nach oben. Deshalb: Weiter kurbeln, um Spannung zu halten!

Vor Mallorca fischt der Skipper Vince Riera auf seiner „Mad Max“ nachts allerdings im Trolling auf Schwertfisch. Das schont nicht nur die Magennerven der Angler, es ist zudem sehr viel erfolgreicher. Bei diesem Schleppfischen wird ein Köder (Lure mit Belly Strip darin und Knicklicht davor) etwa 50 m weit ausgelassen und per Downrigger einige Meter auf Tiefe gebracht. Der Vorteil dieser Methode: Bei der Suche nach dem Fisch deckt man eine sehr viel größere Wasserfläche ab als beim Driftfischen. Bestens sind Vollmondnächte. Mehr Erfolg hat zudem, wer noch vor Sonnenuntergang vor Ort ist, denn Schwertfische kommen in der frühen Dämmerung zum Erkunden der Lage erst einmal bis an die Wasseroberfläche und tauchen danach wieder ab.

Eine Schatzkammer für Angler aus aller Welt

Im Maguro-Pro-Shop in Zagreb erkennt die Crew neue Kunden oftmals an deren flackerndem Blick. Kein Wunder. Wie in einer modernen Schatzkammer drängt sich hier auf 200 Quadratmetern das beste und neueste Angelgerät auch aus Fernost. Beim visuellen Schnellscan sieht dann so mancher Newcomer, was er alles noch nicht hat, oder was er brauchen könnte, oder schlimmer noch, er sieht Dinge, die er nicht kennt und die nicht zu kaufen womöglich ein Fehler wäre.

Zu sehen gibt es viel: Der sympathische Besitzer Saša Rakar und seine Angestellten rüsten nicht nur die führenden Charterboote in der gesamten Adria aus. Zu ihren Kunden zählen überdies ICCAT-Tuna-Fischer und auch Bootseigner in Übersee, für die der Shop spezielle Spreader Bars zum Tuna-Trolling herstellt. Kein Wunder, dass der Chef im Austausch mit all diesen Profis immer genau weiß, welche neuesten Fangtechniken ‚angesagt' sind und das passende Gerät dafür auch führt. Die Palette reicht dabei vom klassischen Big Game Trolling, über Speed Jigging und Popper-Fischen auf Blauflossenthun, bis hin zum Slow Jigging, oder dem Angeln mit Inchiku und Slider.

Klar, dass der IGFA-Repräsentant Saša und seine Mitarbeiter alle angeln und sich keine Gelegenheit entgehen lassen, neues Gerät bei einer der vielen Competitions an der kroatischen Küste zu testen. „Deshalb können wir zu 100 % hinter unseren Produkten stehen und das jeweils Richtige empfehlen", sagt Saša. Unter dem so geprüften Gerät sind zahlreiche Marken mit internationaler Reputation: Black Hole, Jigging Master, Major Craft, Varivas, Galis, Molix, Black Magic, Halco, Pelagic und viele mehr.

Wie gut der Chef mit Rute und Rolle umgehen kann, hat er 2015 mit zwei ersten Meisterschaftsplätzen bewiesen: In Poreč gewann er die Offshore World Championship Challenge mit einem 220 kg schweren Blauflossenthun und in Murter unter 24 Booten die Competition auf – Kalmar! Die Kopffüßler zu fangen, ist an Kroatiens Küsten ein Volkssport, und klar, hat der Maguro Shop die Köder auch dafür.

Einen nervösen Blick können Angler zudem im virtuellen Shop von Maguro bekommen. Dort gibt es, verlockend für einen schnellen Mausklick, auch für Popper-Angler und Jigger vieles, was es hierzulande noch nicht gibt. Lange warten muss man auf solche Spontankäufe nicht: Jede Order wird noch am Tag der Bestellung verschickt, und ab einem Einkaufswert von 200 Euro ist der Versand innerhalb der EU sogar kostenlos. www.maguro-pro-shop.com

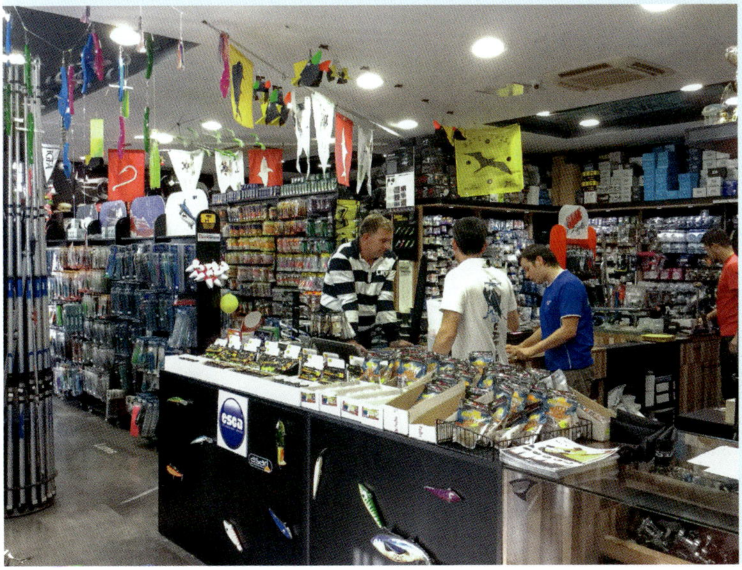

Hier ist beim Einkauf Disziplin gefragt!

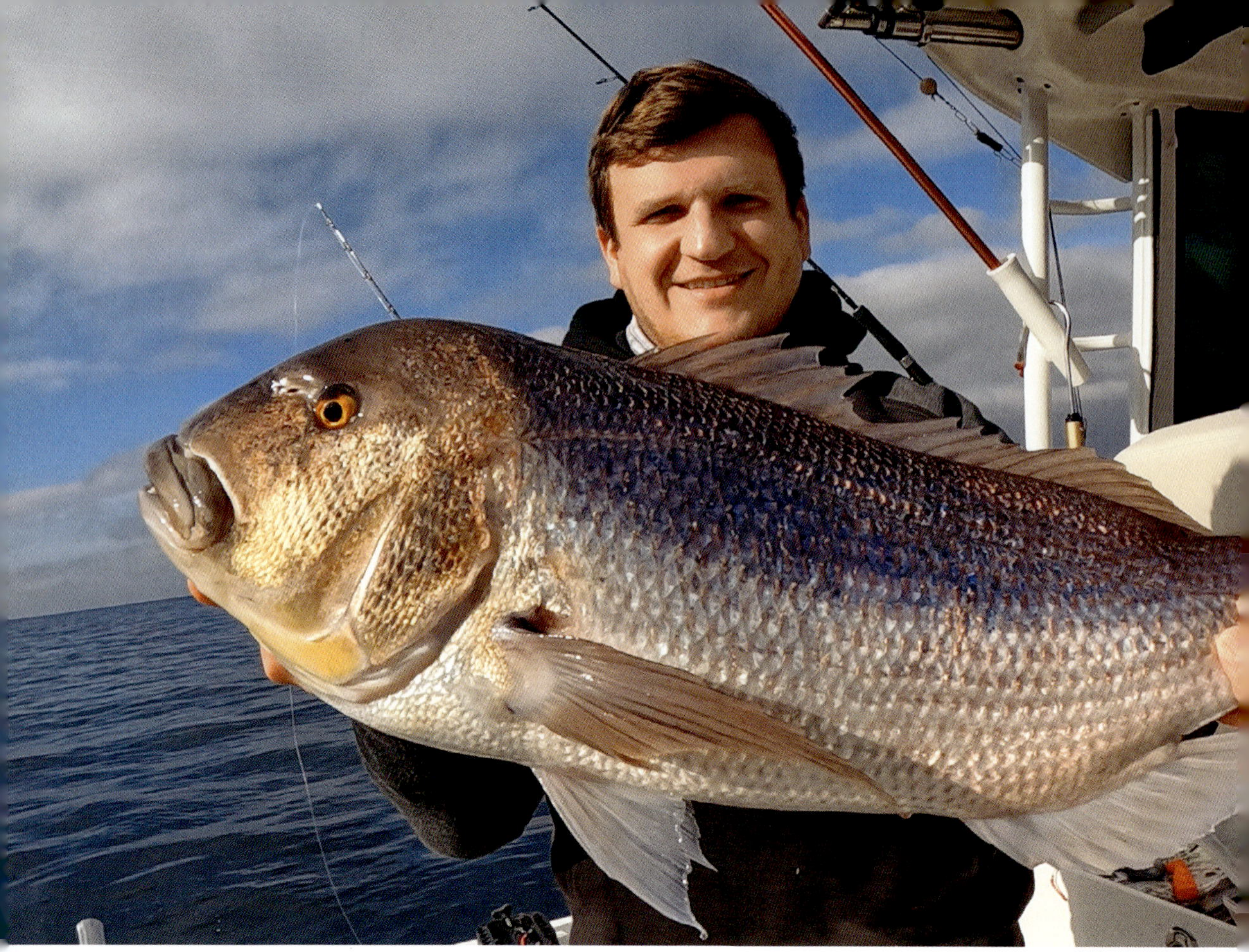

Trolling mit Lebendköder

Abgesehen von Blauflossenthunen sind Bernsteinmakrelen (Amberlack) die kampfstärksten Fische im Mittelmer. Mit Gewichten von meist 20–30 kg (und mehr!) verlangen sie Anglern alles ab, beim Schleppfischen mit der Spinnrute und lebendem Köder. Zahnbrassen sind von der Adria bis Spanien nicht minder begehrt. Und am →Ebro-Delta messen sich immer mehr Angler mit der Großen Gabelmakrele, die, wie ihr Name besagt, wirklich groß werden kann. Für alle Arten gilt: Kunstköder sind gut, natürliche Köder sehr viel besser.

Amberjacks und Zahnbrassen werden im Mittelmeer vor allem im Herbst und Winter gefangen. Dann zieht ihre Lieblingsbeute, der Kalmar, aus tiefen uferfernen Bereichen unter die Küsten und kann dort von Fisch und Anglern gefangen werden. Lebende Kalmare sind beim Schleppfischen über Grund angeboten, ein unschlagbarer Köder. Wie gut sie sind, bringt ein kroatischer Anglerspruch auf den Punkt: „Kolko´ lignji, tolko´ zubataca". Frei übersetzt: „Du fängst so viele Zahnbrassen, wie du Tintenfische hast".

Der Aufwand, um so Amberjack und Zahnbrassen zu fangen, ist allerdings kein kleiner. Die Kalmare müssen in einem Tank mit Frischwasserpumpe über

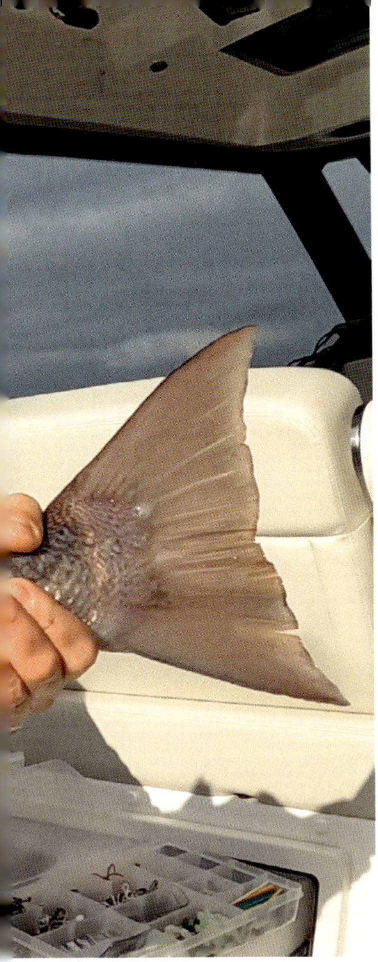

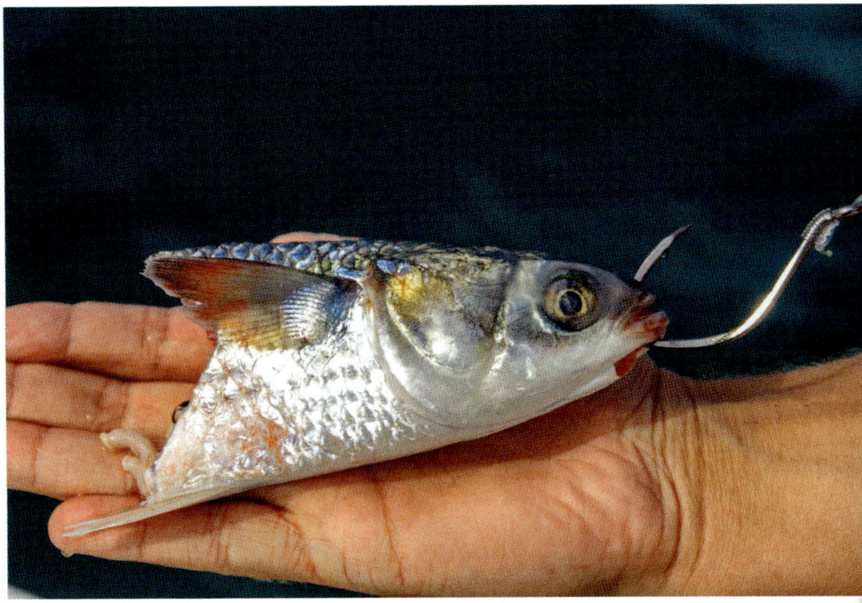

Schade um den Köderfisch und schade auch um den großen Bluefish, der da zugeschnappt hat. Mit „Angst-Drilling" wäre das nicht passiert.

Eine Zahnbrasse mit 11,2 kg, gefangen vor Mallorca beim Trolling mit Kalmar.

Nacht am Leben gehalten werden. Sind zu viele darin, geraten sie in Stress und töten sich gegenseitig. Dann fällt der Angeltag aus, denn tote Kalmare fangen nicht!

Tintenfische nachts im Herbst und Winter zu fangen ist leicht, im Sommer eher zäh (→Kalmare fangen). Angler in der Adria weichen deshalb im Sommer auf einen anderen Köderfisch aus, den Hornhecht. Er wird direkt im Angelgebiet gefangen und schnell montiert.

Vor dem Ebro hatten sich viele Jahre lang lebende Meeräschen als Köder für Große Gabelmakrelen bewährt. Die Einheimischen hatten sie dort mit Wurfnetzen oder Reißdrillingen schnell erbeutet. Meeräschen mit der Stipprute zu fangen, ist allerdings mühselig. Und sehr frustrierend ist es, wenn Bluefish mit ihren Scherenzähnen kurzen Prozess aus solch einem Köder machen (→Spanien/Palometa – tief). Angler am Ebro besorgen sich deshalb im Supermarkt kleine Barrakudas (Espeton) zum Trolling auf Palometa.

Auf große Amberjacks fischen Angler vor Mallorca zudem mit kleinen lebenden Little Tunny (→Falscher Bonito), die ebenfalls tief geschleppt werden. Die beste Zeit dafür ist Ende August bis November. Skipper Vince Riera fängt so jedes Jahr Fische mit über 30 kg, sein schwerster wog 51 kg.

Schleppblei-Montage

Die Köder werden zum grundnahen Fischen an einer Schleppblei-Montage angeboten. Die Größe des Zielfisches, Zahnbrasse oder Amberjack, entscheidet, wie schwer Rute, Rolle und Schnur sein sollen. Skipper Vince verrät hier seine Tricks:

Auf Zahnbrassen

Wichtig ist, dass mit geflochtener Hauptschnur (0,26–0,30 mm) geangelt wird: Wegen des sehr viel dünneren Durchmessers können größere Tiefen befischt werden. Nur die letzten 3 m bestehen aus monofiler Angelschnur (0,60 mm) mit etwa 25 kg Tragkraft: Mono verkraftet den Kontakt mit Felsen am Grund besser als geflochtene Schnüre.

Ein Schleppblei mit Flosse, das je nach Strömung und Tiefe bis zu 1 kg schwer sein kann, bringt den Köder 5 m über Grund. Nicht tiefer, weil sonst kleinere Bodenfische den Kalmar zerbeißen.

An das Blei wird ein etwa 3 m langes Stück dünneres Mono geknotet und an das andere Ende ein kleiner Karabiner mit Snap. Er wird an einer Öse an der Hauptschnur eingehängt. Diese Öse (aus dünner Dyneema) wird etwa 15m oberhalb des Vorfachs an die Hauptschnur geknotet.

Mit solch einem einfachen System kann dann je nach Bleigewicht und Distanz hinter dem Boot auch noch in größeren Tiefen nah über Grund gefischt werden. Bei einem Hänger des Schleppbleis reißt dann das dünnere Mono

Schweres Amberjack-Rig vor Kroatien. Der mittlere Haken ist verschiebbar (→Hornhechtsystem) und darf den Mantel nicht verletzen.

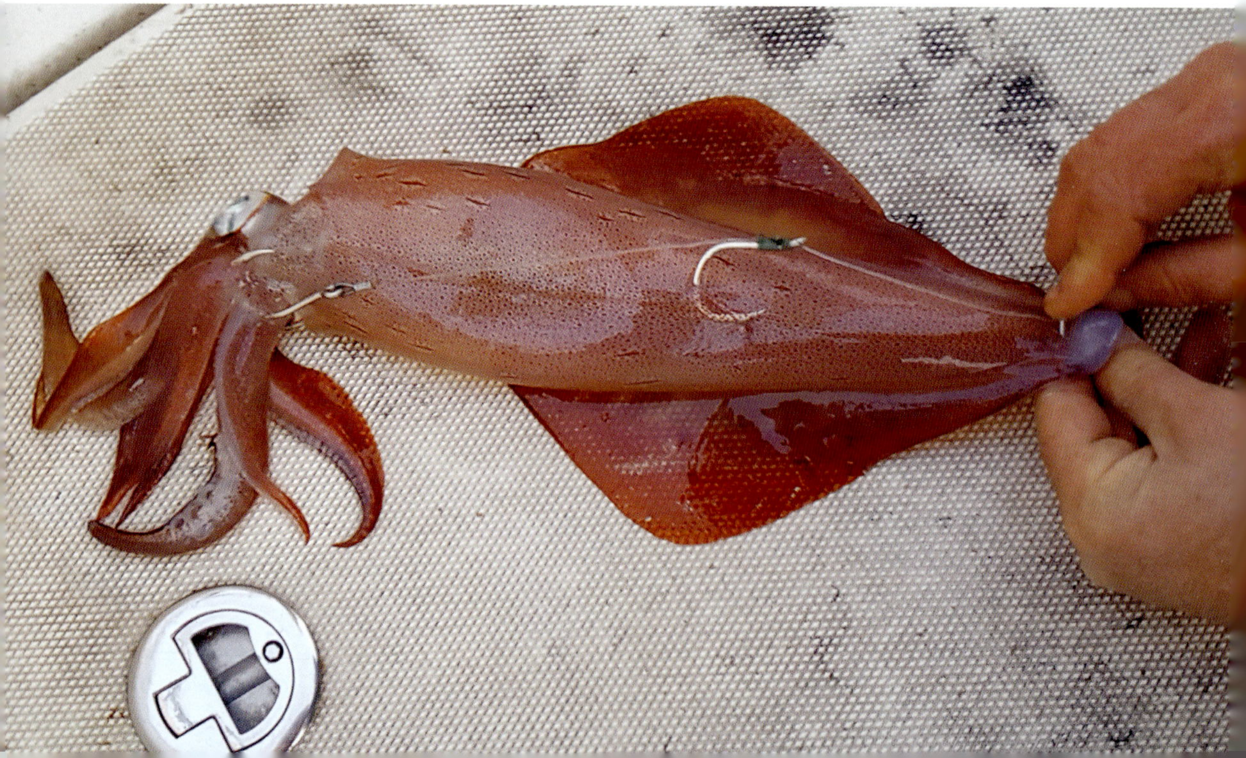

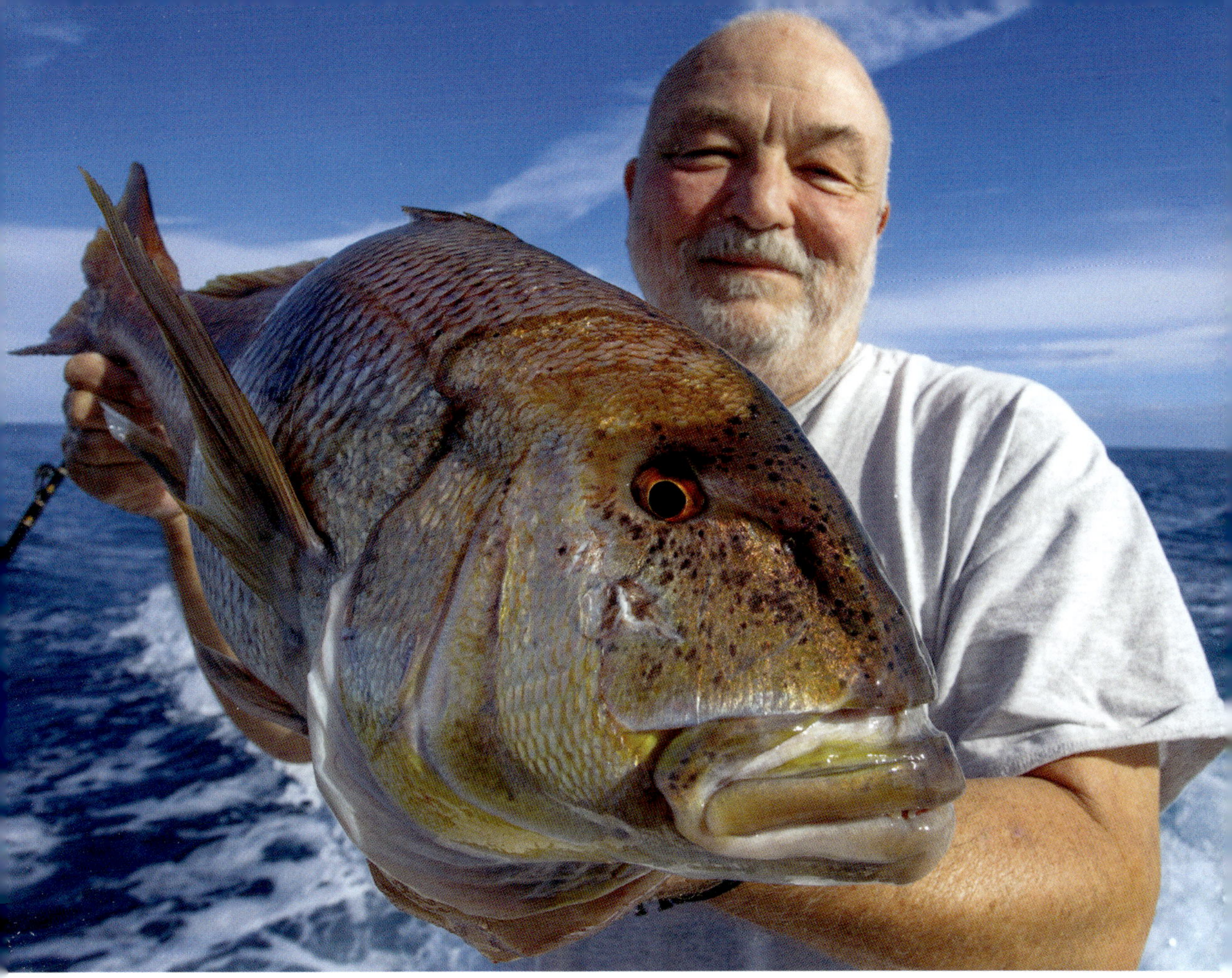

Solch eine schöne Zahnbrasse ist jeden Aufwand wert

zwischen Blei und Wirbel, und die Montage bleibt erhalten. Ist im Drill das Schleppblei oben angekommen, wird es einfach aus der Schlaufe an der Hauptschnur ausgehängt und weiter gedrillt.

Das Rig für die Montage der Kalmare ist ausgefeilt, denn vor allem Zahnbrassen sind misstrauisch. Vince fischt deshalb ein Fluorcarbon-Vorfach (0,6 mm), kombiniert mit einem „Zahnschutz-Rig" aus zwei Haken. Sie werden im Abstand von 25–30 cm an ein Stück geflochtener Schnur (rot wie der Köder!) mit 200 lb Tragkraft geknotet. Diese Montage wird dann über einen kleinen Wirbel mit dem Fluo-Vorfach verbunden. „Zahnschutz" heißt dieses Rig, weil sich die dünne Geflochtene beim Drill zwischen die kegelförmigen Zähne setzt, das sehr viel dickere Fluorocarbon würde dagegen von den spitzen Zähnen durchgescheuert.

Der erste, den Köder schleppende Haken, wird durch die Mantelspitze gestochen, der zweite Haken kommt zwischen die Tentakel und wird dort nur knapp unter der Haut eingestochen, damit er hält.

Ist die Distanz zwischen den Haken für einen kleineren Kalmar zu groß, wickelt Vince die geflochtene Schnur dazwischen einfach um den Schenkel des oberen Hakens, um sie zu verkürzen.

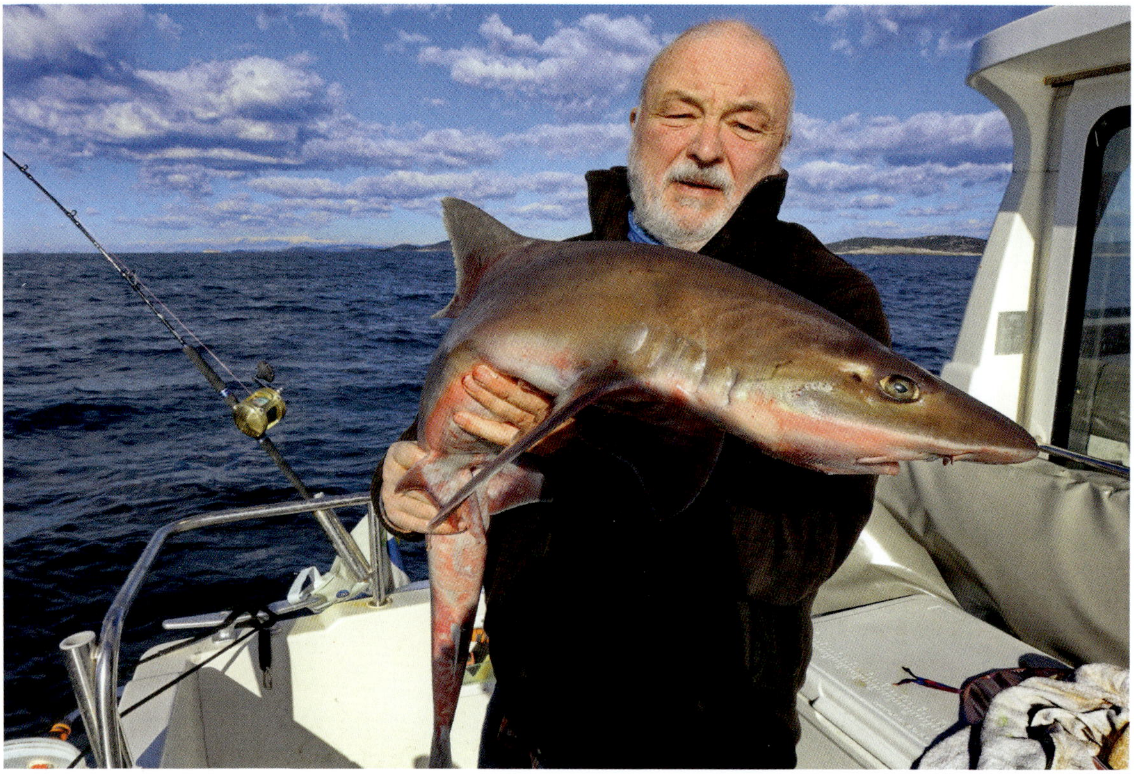

Überraschender Beifang – auf Kalmar.

Auf Amberjack

Gefischt und geriggt wird im Prinzip genauso. Anstelle der geflochtenen Schnur zwischen den Haken (Mustad „Catfish Skippy", 3x stark mit nach innen gerichteter Spitze) wird aber Fluorocarbon eingesetzt. Es ist mit 1,0 mm ebenso stark, wie der Leader davor. Weiterer wichtiger Unterschied: Der Abstand von Köder zum Schleppblei sollte mehr als 15 m betragen.

Hornhechte sind im Sommer oft die einzige Alternative zum Angeln mit Lebendköder auf Zahnbrassen. Gefischt wird ebenfalls mit einem Schleppblei, wie oben beschrieben. Dessen Gewicht ist allerdings mit wenigen Hundert Gramm sehr viel leichter. Kroaten nennen diese Methode „Panula".

Hornhechte werden in der Adria mit einem Köder gefangen, den Ostseeangler kennen und schätzen: Eine Schlaufe aus vielen dünnen Seidenfäden wird an einem dünnen Monovorfach weit hinter dem Boot geschleppt (mit einem kleinen Olivenblei auf der Hauptschnur). Die Seidenfäden werden direkt an einen Wirbel gehängt, sind aber auch als Hakenersatz hinter einem Blinker sehr effektiv. Beißt ein Hornhecht darauf, verhängen sich seine vielen Zähnchen heillos in den Seidenfäden. Gelb ist eine gute Farbe und knapp über zwei Knoten das ideale Tempo zum küstennahen Schleppen zwischen Adria-Inseln.

Schleppsystem für Hornhecht

Kroatische Angler sind wahre Meister im Riggen der filigranen, verletzlichen Hornhechte. Die lebenden Fische werden an einem System mit 2–3 Öhrhaken der Größe 4/0–5/0 geschleppt sowie einem kleineren Haken vorneweg, an dem der Hornhecht eingehängt wird. Bis auf den letzten, fest angeknoteten Haken sind alle anderen verschiebbar, weil sie mit einem Stück Gummiband am Vorfach fixiert werden.

Das System kann so der jeweiligen Köderfischlänge angepasst werden. Bei kleinen Fischen wie auf dem folgenden Foto würden aber zwei „Fang“-Haken hinter dem kleinen Führungshaken am Maul völlig ausreichen.

Beim Riggen des Köders werden erst die beiden Haupthaken am Hornhecht befestigt. Wichtig: Die Haken dürfen nur knapp unter die Haut an den Seiten eingestochen werden, um den Fisch nicht zu sehr zu verletzen. Dann wird der kleine Haken zum Kieferansatz verschoben und durch den Unterkiefer sowie den Oberkiefer gezogen, um das Maul zu verschließen. Nun zieht man den

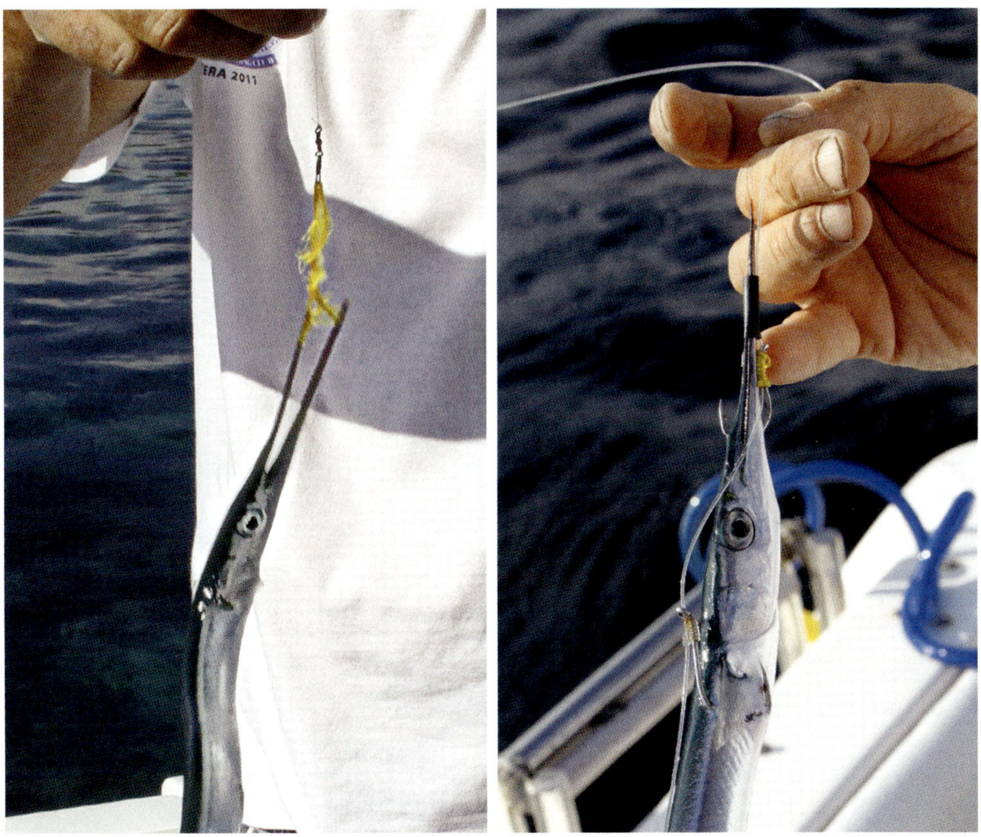

Die Seidenfäden sind hierzulande im Online-Handel unter dem Namen „Silkrogen“ erhältlich. Bei der Montage des Köders wird ein Plastikschlauch über Schnabel und Vorfach geschoben. Er dient zur Zugentlastung und für den Geradeauslauf des Hornhechts.

Plastikschlauch über den Schnabel, so wird das Vorfach in der Längsachse des Fisches fixiert. Das Aufriggen muss allerdings fix von der Hand gehen. Hornhechte sind empfindlich und wollen schnell ins Wasser zurück. Manche Angler fischen deshalb nur mit 2 anstatt 3 Haupthaken am System. Solch ein Rigg mit 1–2 Haupthaken eignet sich zudem für andere Köderfische wie Stöcker-Makrelen.

Diese Montage kann auch zum Schleppfischen mit toten Ködern verwandt werden. Der kleine Führungshaken ist dann aber unnötig. Stattdessen wird der Haupthaken dem toten Fisch mittig durch Unter- und Oberkiefer gezogen und der Drilling wie gehabt eingehängt. Eine Bleiolive an der Kehle hält den Fisch in aufrechter Position.

Schleppsystem – selbst gemacht

Schleppsysteme für Hornhechte oder Kalmare kann man selbst herstellen.
Benötigt werden:
1,5 m monofiles Vorfach mit 23 kg Tragkraft
2–3 Öhrhaken der Größe 4/0-5/0
Ein kleinerer Öhrhaken
Plastikschlauch (Schrumpfschlauch), etwa 2–3 cm lang
Haushaltsgummiringe

Zunächst wird der Plastikschlauch auf das Vorfach geschoben und dann der kleine sowie die beiden (oder drei) anderen Haken durch ihr Öhr aufgefädelt. Nun knotet man den letzten Haken am Vorfachende an. Danach werden alle anderen Haken jeweils mit einem Stück Gummiband an der Vorfachschnur fixiert. Die nachfolgenden Bilder zeigen wie:

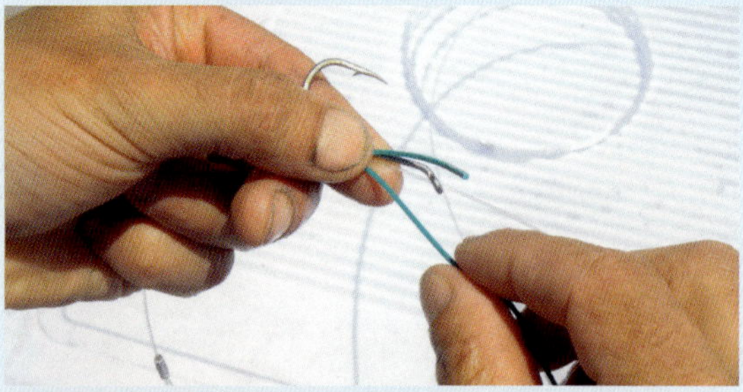

Zunächst wird das Band so am Haken angelegt, dass das kurze Ende über das Hakenöhr hinausschaut. Die linke Hand hält das Gummi und den Hakenschenkel fest.

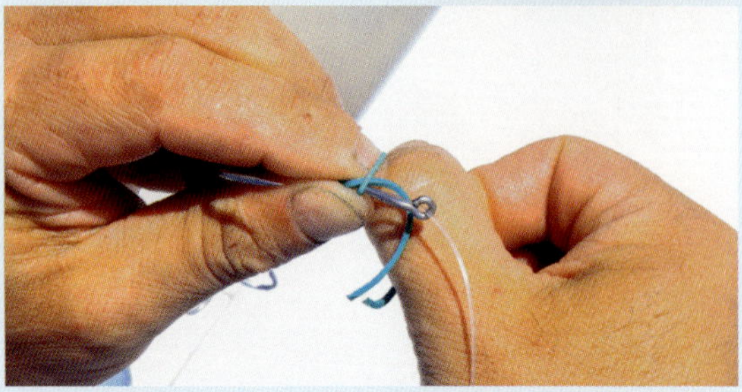

Nun wird das lange Bandende um das kurze Ende und den Hakenschenkel gewunden.

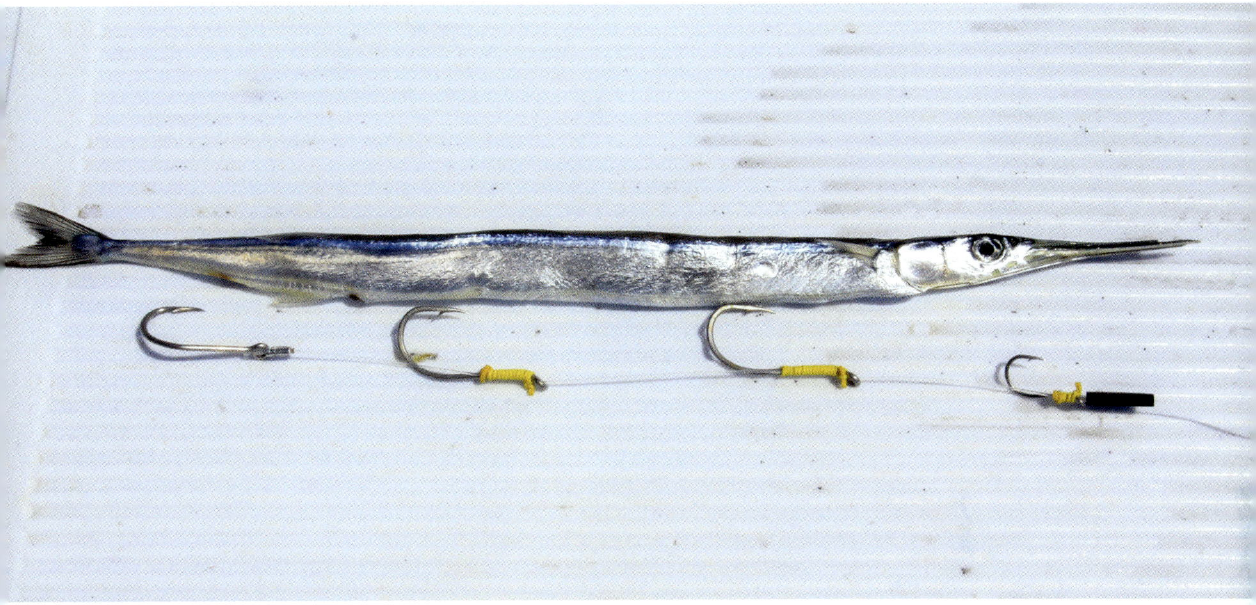

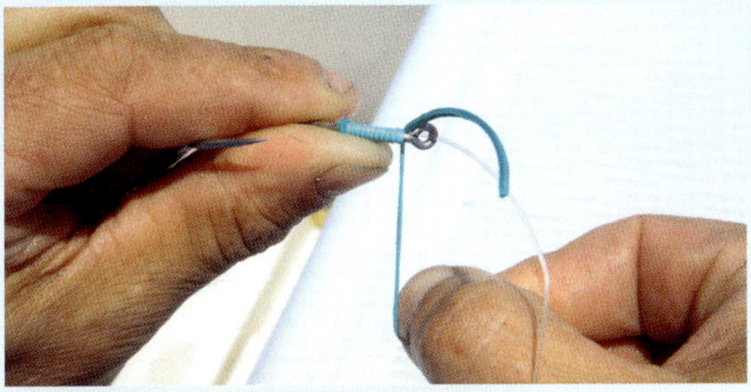

Etwa 10 bis 12 solcher festen Windungen reichen aus.

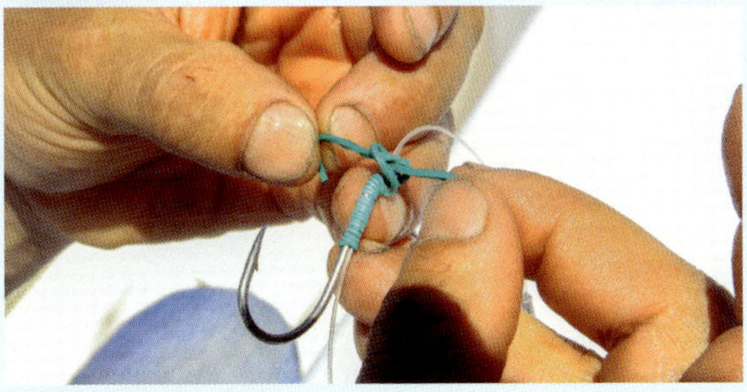

Die beiden Enden des Gummibandes werden nun mit zwei einfachen Knoten gesichert und der überstehende Rest abgeschnitten.

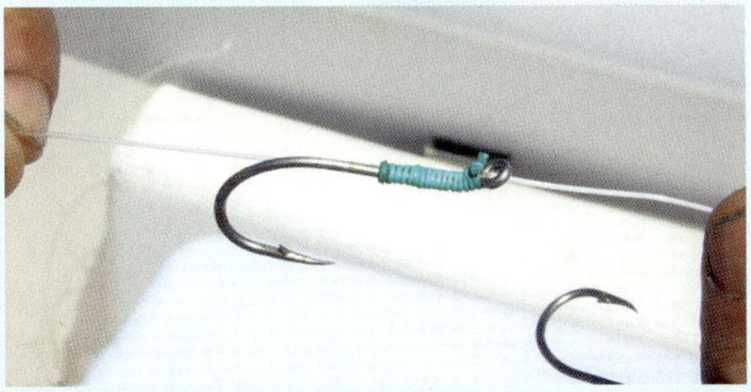

Die so befestigten Haken können dann mit Kraftaufwand verschoben werden, um das System der jeweiligen Länge des Köders anpassen zu können. Den Gummi dazu anfeuchten, dann geht das Verschieben leichter.

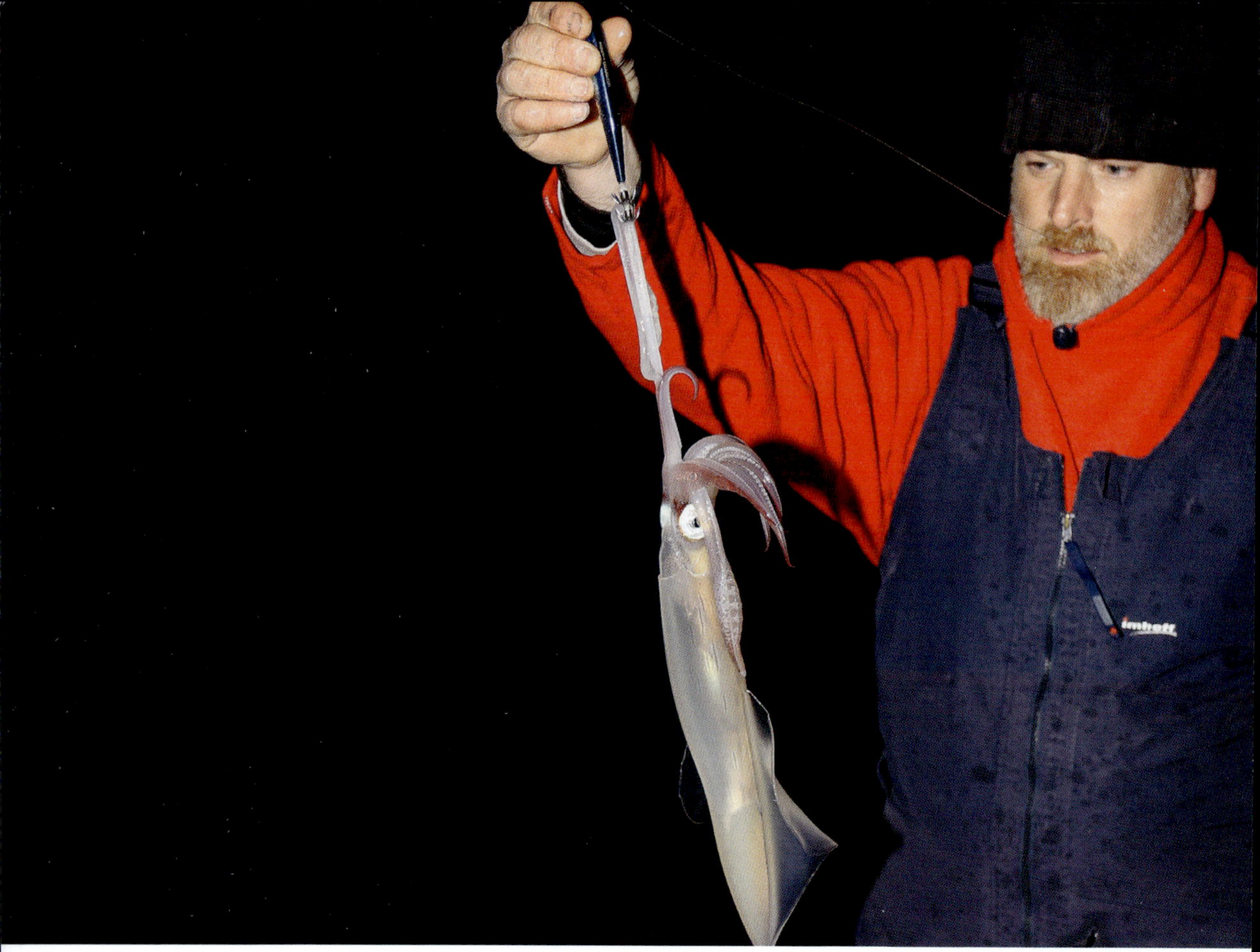

Kalmare fangen – auch für die Küche

Lebende Kalmare sind Top-Köder, aber auch gut zu essen! Deswegen wird ihnen hier ein eigenes Kapitelchen gewidmet. Hauptsaison für ihren Fang ist im Spätherbst und Winter. Gefischt wird nachts in etwa 20–30 m tiefem Wasser. Was, wann und wo geht, wissen Angelgerätehändler oftmals und geben beim Einkaufen auch gerne Auskunft.

Schleppen mit Kalmar-Wobbler

Beim ufernahen Schleppfischen auf Kalmar mit speziellen, tauchenden Wobblern kann ein großes Gebiet abgesucht werden. Aber auch bei Wind ist Trolling eine feine Sache. Geschleppt wird mit einer idealen Geschwindigkeit von etwa 2,5 Knoten.

Zum Einsatz kommen dabei eine etwa 2,4 m lange Spinnrute mit sensibler Spitze (die als Schockabsorber und Bissanzeiger dient) sowie feine geflochtene Schnur. Um die Wobbler auf Tiefe zu bringen (1–2 m über Grund), wird ein Olivenblei auf die Hauptschnur gefädelt und dann ein Wirbel mit Karabiner an die Schnur geknotet. Der Wobbler wird an einem etwa 2 m langen feinen

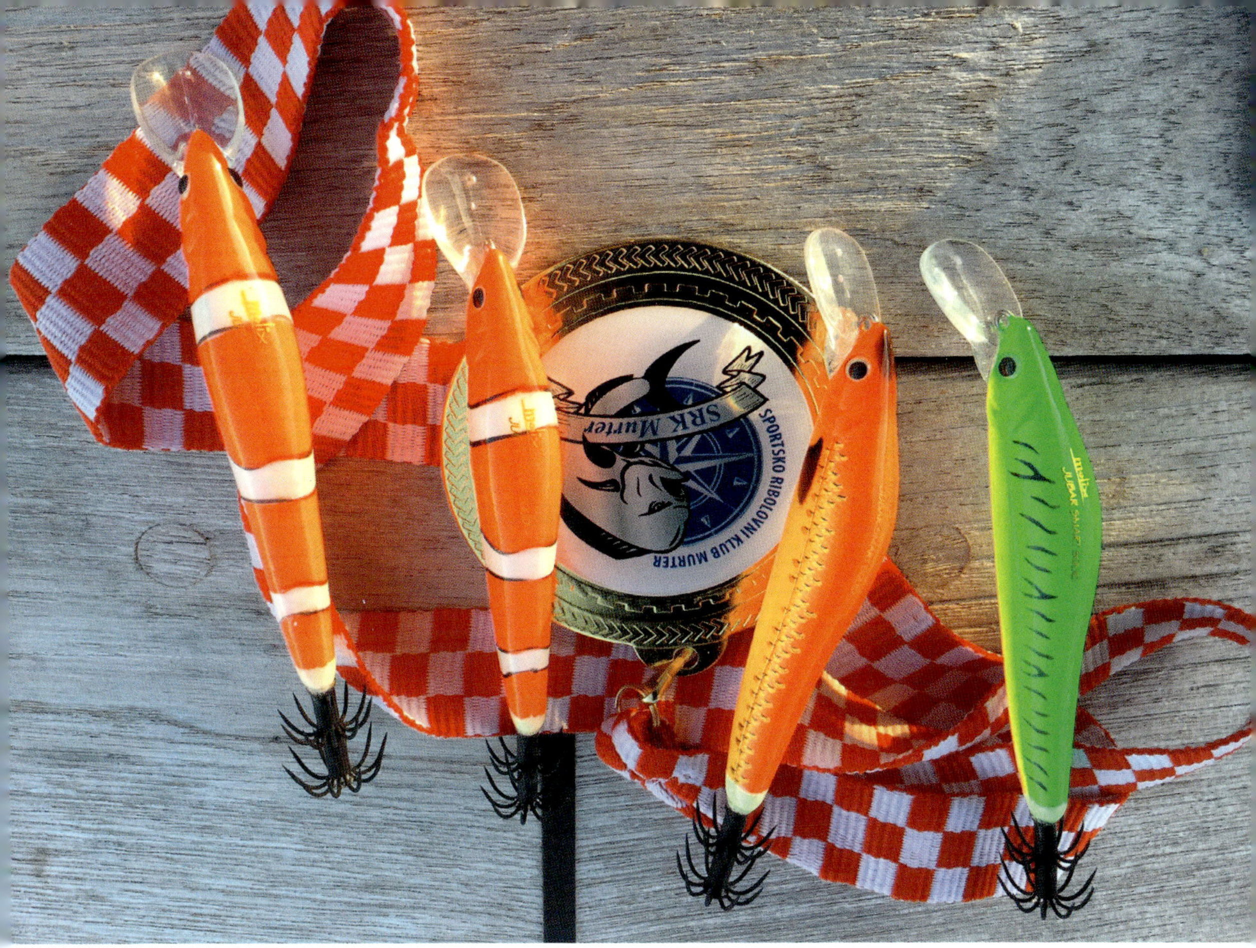

Tintenfisch-Jigs mit Tauchschaufel laufen tiefer. Sie haben einen nadelspitzen Stachelkranz, an dem die Kalmare sich mit ihren Fangarmen beim Zupacken verhaken.

Monovorfach (etwa 0,25 mm) befestigt und an dem Wirbel eingehängt. Das Gewicht des Olivenbleis richtet sich nach der Tiefe, in der geschleppt werden soll. Ein 50 Gramm schweres Blei bringt einen Wobbler, der etwa 25 m weit ausgelassen wird, bereits auf etwa 5 m Tiefe.

Beim Schleppen muss die Bremse so weich eingestellt werden, dass die Schnur gerade nicht mehr abläuft. Dies ist wichtig, weil ansonsten die Fangarme des Kalmars abreißen, wenn der Ruck beim Zupacken der vermeintlichen Beute zu stark wird. Nach solch einem Biss, den die ablaufende Schnur und die weiche Rutenspitze signalisieren, wird das Boot gestoppt und die Schnur unter ständiger Spannung und ohne zu Pumpen eingeholt, damit die filigranen Fangarme des Kalmars nicht abreißen und man nur weiße Nudeln fängt.

Mit der Handleine

Auch das Angeln mit Handleinen ist sehr erfolgreich. Dabei werden die Köder mit sogenannten Planer Boards auf Tiefe gebracht. Die Handleine aus monofiler Schnur ist etwa 13 m lang, mit einem Durchmesser von 1,3 mm. Ihr Ende wird mit einem nicht zu starken Spanngummi verknotet und das Gummi am Heck

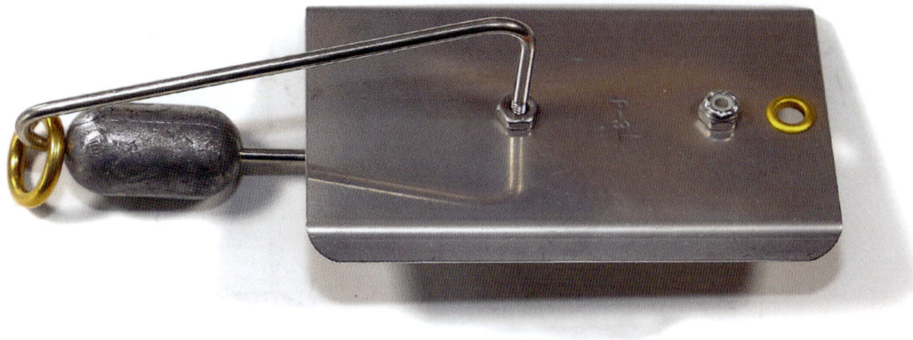

Ein spezielles „Planer Board" zum Kalmar-Fischen findet man unter diesem Suchbegriff im Online-Shop maguro-pro-shop.com

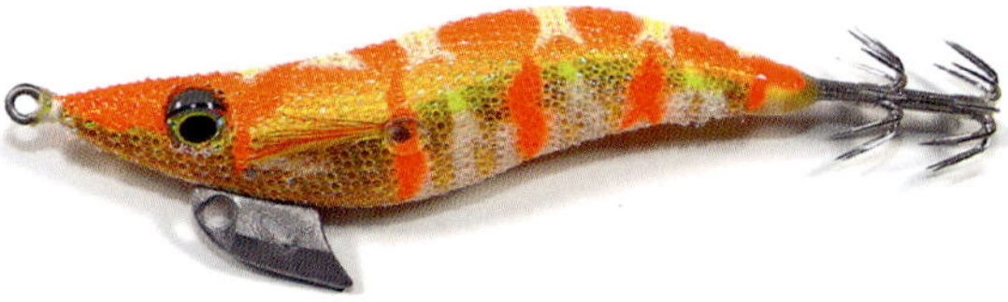

befestigt. Beim ‚Anbiss' eins Kalmars dient die Dehnung des Gummis dann als Puffer und Schockabsorber. Das Ende der Handleine wird an dem beweglichen Ring des Planer Boards befestigt und an der Tauchplatte das Köder-Vorfach eingehängt. Dieses Vorfach ist etwa 3 m lag und hat einen Durchmesser von 0,28–0,30 mm.

Planer Boards sind genial konstruiert: Beim Auslegen zieht es das schwere Blei am Kopf in die Tiefe und das Ende der Edelstahl-Platte zeigt nach oben. Bei einem Biss bringt das Gewicht des Kalmars das System aus dem Gleichgewicht: Die Platte gerät in die Horizontale, der Ring rutscht zum Bleikopf, neutralisiert damit dessen Zug nach unten – und das System taucht auf! Aber nur bis etwa einen Meter unter die Wasseroberfläche.

Damit Angler nachts mehr sehen als nur eine weitere Dehnung des Spanngummis, befestigen sie ein kleines Knicklicht (gibt es in jedem Anglergeschäft) mit etwas transparentem Klebeband so an der Handleine, dass das Knicklicht hinter dem Boot etwa 1 m unter Wasser ist. Taucht es nach oben auf, signalisiert es Beute!

Mit Kalmaren fangen

Lebende Kalmare werden an einem System aus einem bis zwei Einzelhaken mit Öhr sowie einem Drilling angeboten. Bei Tintenfischen bis 600 Gramm wird ein Einzelhaken (Größe 4/0-6/0) an der Mantelspitze befestigt und der Drilling am Kopf. Bei Kalmaren mit über 600 Gramm hängt ein zusätzlicher Einzelhaken in der Mitte des Mantels. Für die Montage sollte der Kalmar auf ein feuchtes Handtuch gelegt werden, um seien empfindliche Haut zu schützen. Zudem muss schnell gearbeitet werden, damit der Tintenfisch überlebt. Der geriggte Kalmar wird dann von einem Downrigger oder Schleppblei auf Tiefe gebracht. Lebende Kalmare sind auch hervorragende Köder beim Driftfischen auf Schwertfisch.

Rig für toten Köderfisch

Während des Angeltags verendete Köderfische können, richtig geriggt, noch immer fangen. Lebende Fische schwimmen aufrecht, tote nicht. Damit sie nicht auf eine Seite kippen oder gar rotieren, bekommen tote Köderfische einen Kiel verpasst: Eine an der Kehle angebrachte Bleiolive lässt sie natürlich schwimmen.

Dazu wird ein starkes Garn doppelt durch das Blei gezogen und die damit entstehende Schlaufe dem Fisch über den Kopf und hinter die Kiemendeckel geführt. Nun werden die beiden Schnurenden mit einer Nadel jeweils an einem Auge quer durch den Schädel gezogen und über dem Kopf fest verknotet. Das Blei sitzt an der Kehle immer mittig zwischen den Kiemendeckeln und sorgt für eine stabile Schwimmlage. Der Haupthaken wird dem toten Fisch mittig durch Unter- und Oberkiefer gezogen und das Maul so verschlossen.

Sind im Revier Blaufische unterwegs, machen sie kurzen Prozess mit solch einem Köderfisch. Es sei denn er ist mit einem zusätzlichen Drilling auf Höhe des Afters bewehrt. Die Montage ist nicht kompliziert. Zunächst wird ein Drilling an ein Stahlvorfach per Quetschhülse angecrimpt und am anderen Ende eine Öse gecrimpt. Die Länge dieses Stahlvorfachs sollte insgesamt etwas kürzer sein als der Abstand vom After bis zum Maul. Danach verknotet man das Fluorcarbon Vorfach (0,6mm) per →Uni-Knot mit dem Stahlvorfach verknotet und schiebt es mit einer Ködernadel von der Afteröffnung her durch den Fisch geschoben. Nun wird auf die Vorfachschnur (noch ohne Schlaufe am oberen Ende) das Öhr des Haupthakens (Wallerhaken, etwa Mustad Skippy Hook) aufgefädelt. Der Haken wird dem Köderfisch mittig durch Ober- und Unterkiefer gestochen, das lange Vorfachende zweimal zurück über den Hakenschenkel gewunden und dann von hinten wieder durchs Hakenöhr geführt. Dieser Knoten sitzt fest und lässt schnell an die jeweilige Köderfischgröße anpassen! Skipper Ron Nieweboer fischt dieses Rig am Ebro Delta (siehe Kapitel Palometa).

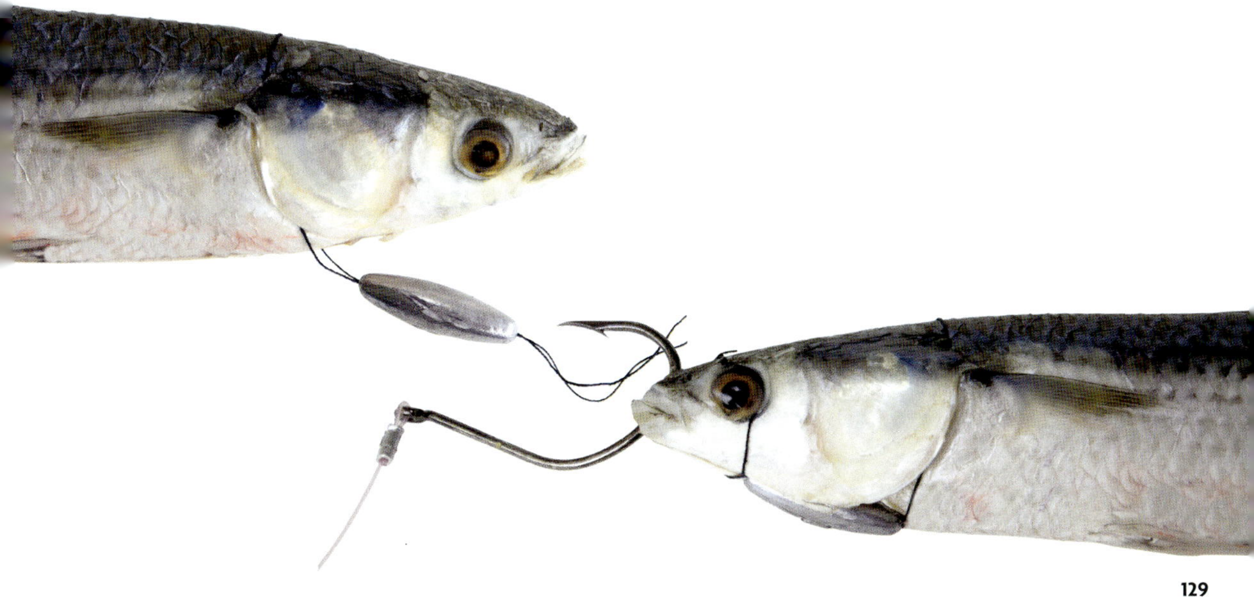

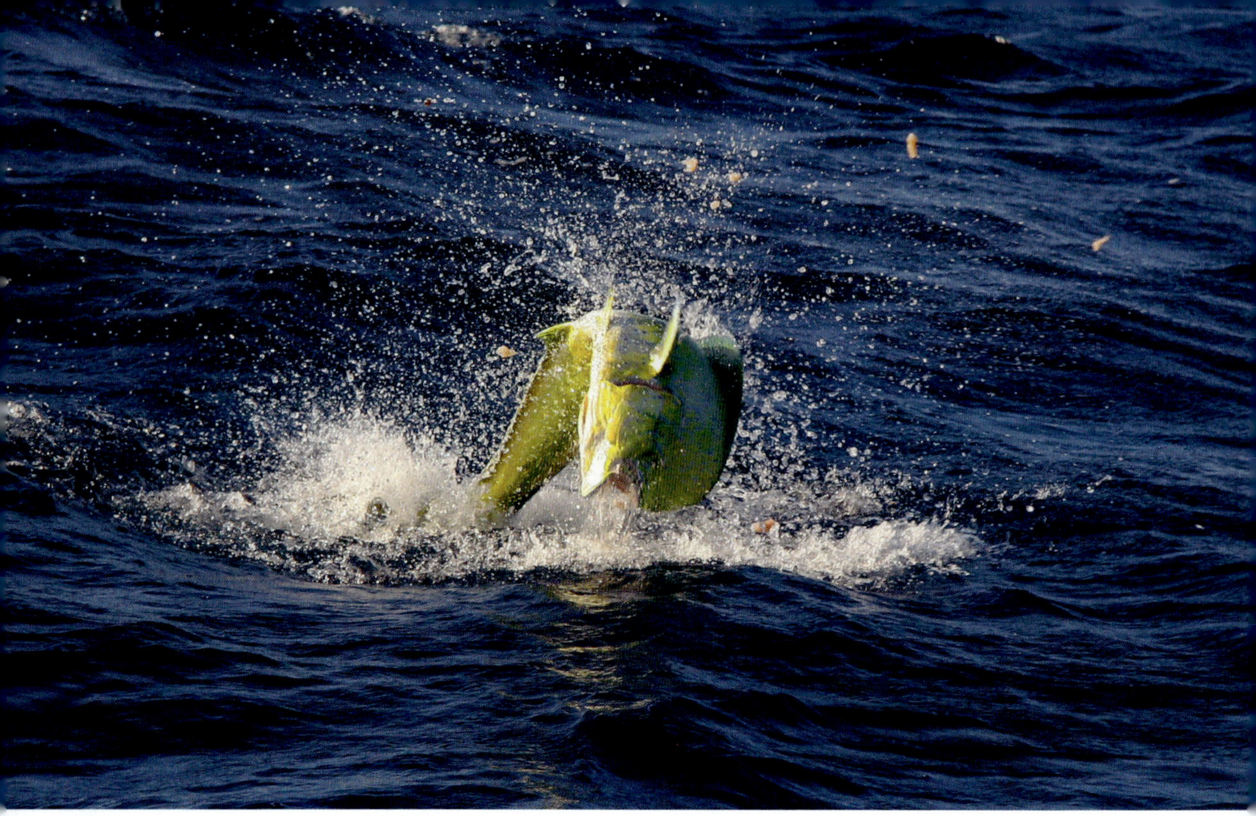

Trolling mit Kunstködern

Das Schleppfischen mit Kunstködern deckt bei der Suche nach Fisch zwar eine große Wasserfläche ab. Am wichtigsten für den Erfolg ist allerdings die Frage nach dem „Wann?". Wer die jeweilig regionalen Fangzeiten nicht beachtet und mit Wobblern oder Trolling-Lures ins Blaue schippert, holt sich Frust statt Fisch.

Beim größten Fisch, dem Blauflossenthun, ist das Zeitfenster besonders klein. Nur Mitte Mai bis Mitte Juni werden um Mallorca 200–300 kg schwere Thune beim Trolling mit Wobblern gefangen. Mitte bis Ende Juni interessieren sich im Süden Mallorcas dann kleinere Bluefins für Lures (21 cm). Gezieltes Schleppfischen ist auf Halbstarke mit 20–30 kg möglich, wenn sich raubende Thune an der Wasseroberfläche zeigen. Die knapp 20 cm langen Lures sollten dann weit hinter dem Boot ausgelegt und der Schwarm umfahren werden.

Weit oben auf der Spaß-Skala steht der Mittelmeer-Speerfisch. Er wird in den Sommermonaten häufig gefangen im Nordwesten und Südwesten von Mallorca, um Sizilien und von Juli bis Oktober vor Jezera/Kroatien. Die Fische ziehen etwas küstenferner durch das Freiwasser. Bewährt haben sich etwa knapp 20 cm lange Lures, die bei 6–8 Knoten geschleppt werden.

Falsche Bonitos (Little Tunny) ziehen im Juni bis August vor Spanien und den Balearen küstennah in großen Schulen. Vor Jezera/Kroatien ist gezieltes Trolling auf Little Tunny im März bis April möglich. Erfolgreiche Köder sind dann sind 8–15 cm große Wobbler, wie etwa der „Husky Magnum" (14 cm) und der „X-Rap

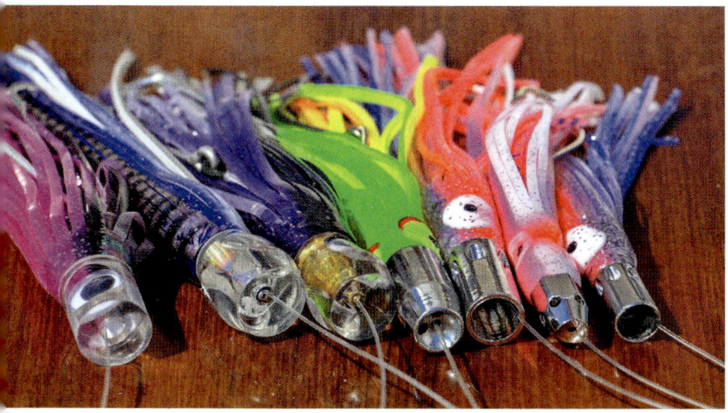

Für alle Bedingungen gerüstet: Die verchromten Messing-Köpfe rechts im Bild sind schwer und können auch bei stärkerem Wellengang noch sehr gut geschleppt werden.

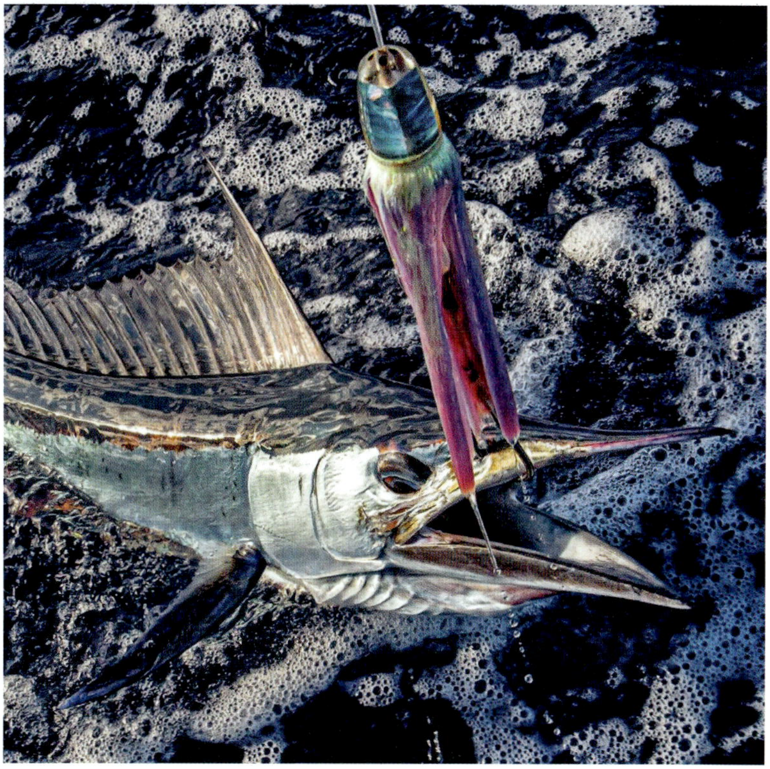

Speerfische lieben bunt. Warum aber jeweils immer nur eine Farbe ‚angesagt' ist, bleibt ein Rätsel. Lures mit pink-weiß sind eine gute Ausgangsbasis.

Magnum" (12 cm), beide von Rapala. Auch Federjigs oder kleinere Trolling Lures mit Plastik-Skirts fangen gut. Ist ein Schwarm der scheuen Fische ausgemacht, sollte man die Köder 50–70 m weit hinter dem Boot schleppen und den Schwarm umfahren, damit die Fische nicht abtauchen.

Kleinere Little Tunny sind zudem hervorragende Lebendköder zum Angeln auf Bernsteinmakrelen. Sie werden mit einem Paternoster-System aus zwei kleinen, schlanken Gummifischen gefangen. An das Ende des Systems wird ein Wobbler angeknüpft. Er bringt die Shads unter Zug etwas auf Tiefe.

Beim Trolling auf Albacore, dem wohlschmeckenden Weißen Thun, kommen dieselben Köder wie beim Little Tunny zum Einsatz. Da diese Art aber nicht so scheu ist, können die Kunstköder sehr viel näher am Boot geschleppt werden.

Dies trifft auch auf Goldmakrelen zu. Die gierigen Fische stürzen sich beim Angeln auf Speerfisch selbst auf vergleichsweise große Lures. Ist ein Schwarm Goldmakrelen in der Nähe und ein Fisch gehakt, bleibt er im Wasser und hält seine Artgenossen so in Bootsnähe. Mit leichten Spinnruten und der Fliegenrute ist dann Spaßangeln möglich.

Für Palometa oder Bluefish sind Wobbler ebenfalls eine gute Wahl. Beim Angeln auf die sprungfreudigen Blaufische sollten Wobbler mit maximal 13 cm nicht zu groß sein. Stahlvorfach ist Pflicht. Ihre Zähne sind im Gegensatz zu jenen der Palometa rasiermesserscharf und durchtrennen Nylon-Vorfächer mühelos.

Ufernah – Klein und schwarz an schwerer Schnur

Vor allem in der Adria ist auch im Hochsommer das ufernahe Schleppfischen mit einer Spinnrute und kleinen schwarzen (!) Wobblern eine einfache Technik für den Fang größerer Fische. Die Wobbler sind schwarz, weil sie vor der oft gleißend hellen Wasseroberfläche den stärksten Kontrast zeigen und Raubfische so von weithin auf sich aufmerksam machen. Mit dieser einfachen Methode fängt man auch prächtige Wolfsbarsche sowie mehr als 10 kg schwere Bernsteinmakrelen.

Ein idealer Wobbler ist der 7 cm lange „Shadow Rap Jack Deep" von Rapala. Er wird an einer schweren (Hecht-) Spinnrute 30–40 m weit hinter dem Boot geschleppt und sollte zwischen 2 m und 8 m tief laufen. Adria-Fische sind allesamt scheu. Auf die 5.000er Rolle kommen deshalb eine Grundfüllung geflochtene Schnur und ein 40 m bis 50 m langes Stück 0,35er transparentes Mono. Die beiden Schnüre werden mit dem →Schlagschnur-Knoten oder besser noch dem →Gedoppelten Albright Knoten verbunden, er gleitet noch gut durch die Ringe.

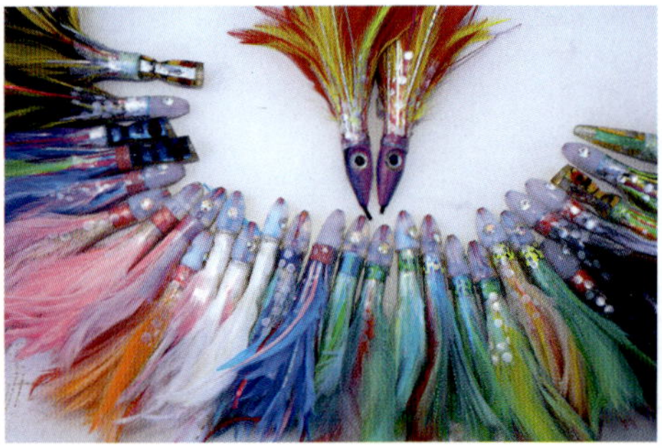

„Old school": Federjigs sind seit Jahrzehnten bewährt. Spanische Angler fischen sie auch heute noch auf Albacore und Little Tunny.

Womit dieser Little Tunny vor Jezera (Kroatien) gefangen wurde, zeigt die Rute im Hintergrund: Schlanke tiefer laufende Wobbler in Sardinenfarben sind dort erfolgreich.

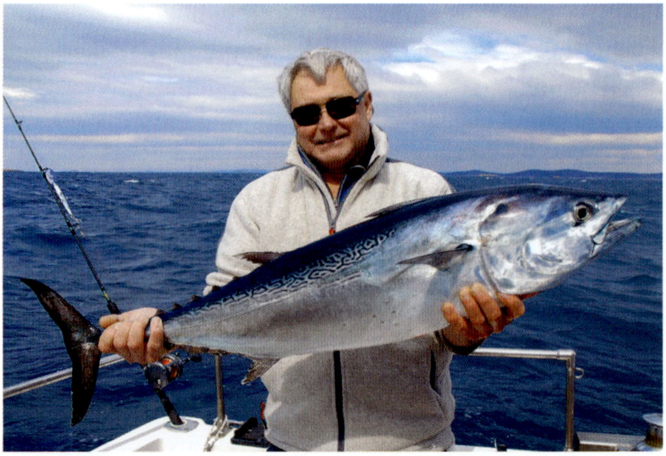

Vor Steilküsten kleine Wobbler schleppen, das bringt häufig den Fisch.

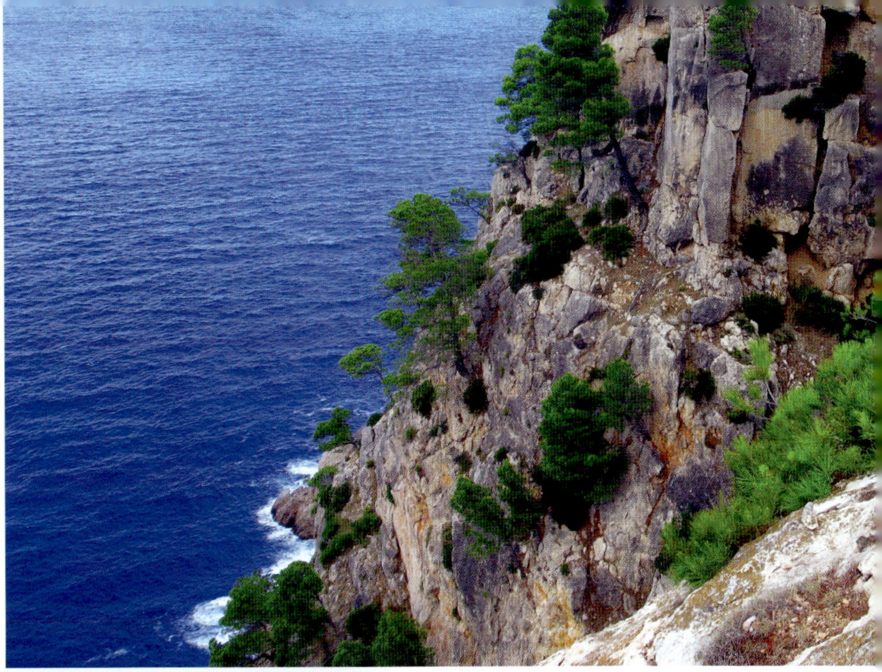

Schwarz fängt, hier einen Wolfsbarsch. Man kann auch seine alten Wobbler für eine neue Zukunft pimpen, etwa mit der mit der Modellbaufarbe von Revell.

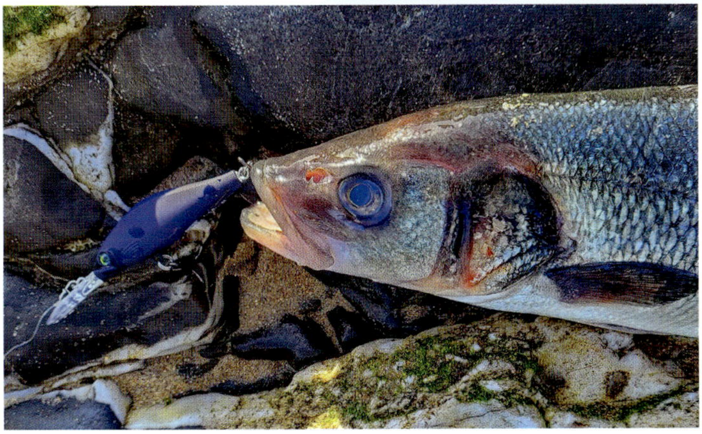

Das „Paravan Blei" ist wie die Tauchschaufel eines Wobblers geformt und erreicht damit mehr Tiefe.

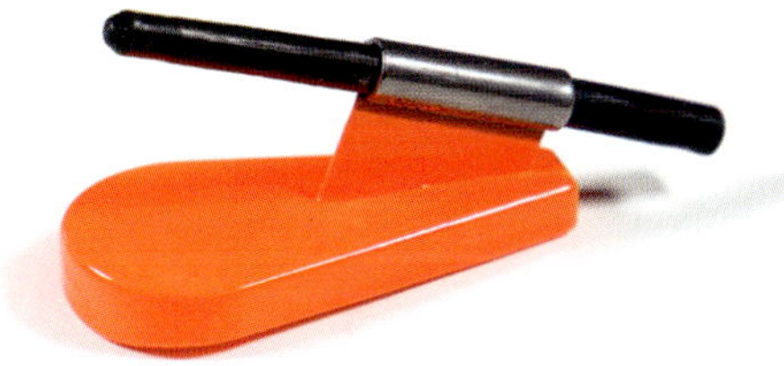

Der Wobbler selbst hängt an einem 3 m langen und 0,40 mm starken Vorfach. Ein Einhänger mit weitem Bogen lässt den Wobbler lebendig spielen. Wegen der großen Schleppdistanz und dem Auftrieb der Schnur muss ein Vorschaltblei den kleinen Wobbler auf die jeweils gewünschte Tiefe bringen.

Gut geeignet ist das von Lachsanglern genutzte „Paravan Blei" der Firma Rhino. Es wird mit einem Stift etwa 10–15 m vor dem Wobbler auf die Schnur geklemmt und kann im Drill auch wieder abgenommen werden, ohne die Schnur zu beschädigen. Die Bleie gibt es in verschiedenen Gewichten, 25 g und 45 g sollten für unterschiedliche Tiefen ausreichen.

Geschleppt wird über Wassertiefen von 10–30 m bei einer langsamen Fahrt mit 2,5 Knoten. In der Adria sind die vielen Inselchen, Felsen und flacheren Unterwasserbänke bestens für diese Technik geeignet. Dies gilt auch für unzugängliche Steilküsten um Mallorca, Korsika und den vielen Inseln Griechenlands. Die meisten der gefangen Fischen kann man essen – nur nicht den sehr giftigen →Hasenkopf Kugelfisch.

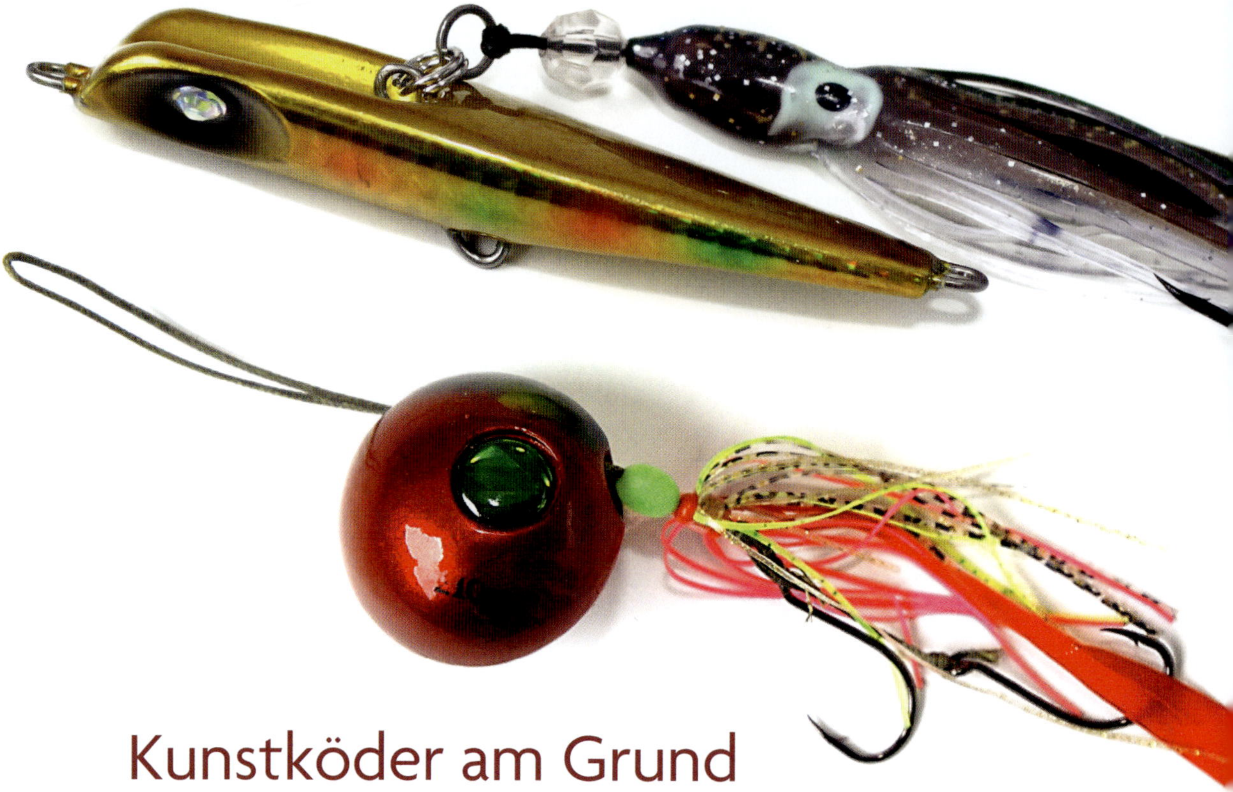

Kunstköder am Grund

Man kann es nicht oft genug betonen: Mittelmeerfische sind gewitzt! Angler sind es aber auch. Sie haben Ideen japanischer Großmeister importiert und fischen vom Boot aus mit extrem effektiven Kunstködern am oder knapp über dem Grund: Slider, Inchiku und Slow Jig heißen die Spaßbringer.

Slider: Einfach und wirkungsvoll

Eine bunte Bleikugel mit Augen und zwei befranste Häkchen an einem Vorfach haben das Grundfischen im Mittelmeer revolutioniert. „Slider" heißen die Kugeln, und sie fangen so extrem gut, dass die kroatische Fischereibehörde 2018 eine Mengenbeschränkung von 5 kg Fisch (für Einheimische und Touristenangler) am Tag erlassen hat, damit etwa Wracks und andere Hotspots nicht in kürzester Zeit leergeräumt werden.

Slider sind seitlich abgeflachte Bleikugeln mit einer horizontalen Bohrung oberhalb der Mitte. Alle haben große, glitzernde Augen und imitieren damit die ebenfalls sehr großen Augen der Kalmare. Durch die Bohrung verläuft ein etwa 10 cm langes, frei gleitendes Vorfach (daher der Name „Slider") mit einem Doppelhakensystem am Ende

Um diesen Kunstköder noch fängiger zu machen, werden die beiden Haken mit einem flatternden Streifen Tintenfisch (oder einem Stück Garnele) bestückt und das System an einer feineren Rute mit sensibler Spitze gefischt.

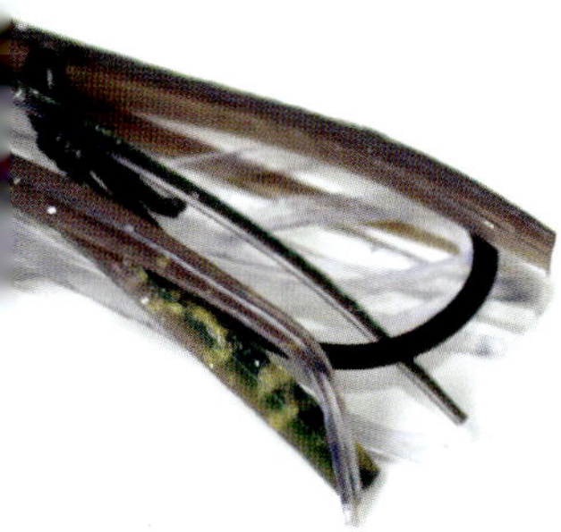

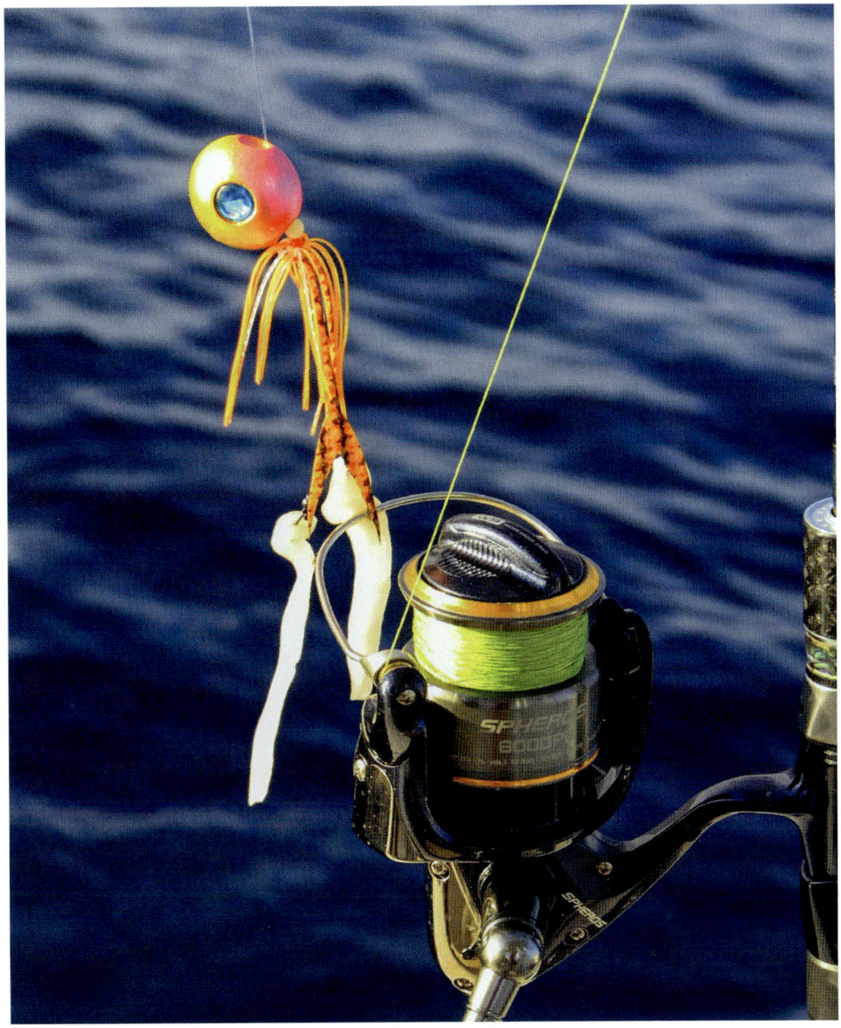

Gefrorenen Tintenfisch zum Pimpen der Slider gibt es in jedem Supermarkt.

Norwegenanglern, die auf Steinbeißer fischen, leuchtet dieses Prinzip sofort ein. Auch dabei lockt ein Pilker mit Farbe und klackenden Geräuschen bei Grundkontakt die Beißer zum eigentlichen Köder, einem Fischfetzen an einem etwa 10–20 cm langen Vorfach.

Die großen Augen, der Geruch des flatternden Kalmarstreifens und das langsame, verführerische Auf und Ab des Sliders imitiert damit einen (verletzten) Tintenfisch, die absolute Lieblingsbeute vieler Raubfische von Zahnbrassen über Petersfische, bis hin zu Conger und Gabeldorschen.

Die Technik ist simpel: Slider sollen knapp über Grund geführt werden. Deshalb die Kugel immer mal wieder auf den Boden absinken lassen, etwa um einen Meter anheben und so ihren unwiderstehlichen Tanz wiederholen. Meist kommt der Biss in der Absinkphase. Zeigt sich nun Widerstand beim Anheben sollte kurz angeschlagen werden. Dann kann der Drill beginnen.

Je tiefer das Wasser, umso erfolgreicher sind die Slider beim Angeln am Tag. 50 m Tiefe ist ein guter Anfang. Auch 100 m und darüber sind kein Problem, wenn die Drift nicht zu stark ist und mit dünner geflochtener Schnur gefischt wird. Die Farbwahl kann mit entscheidend sein. Rot ist fängig, manchmal Grün die bessere Wahl. Vor allem in der Abenddämmerung entwickeln die Kugeln ihren magischen Reiz. Schwarze Slider sind, wegen des Kontrasts zur Wasseroberfläche nun sehr gut.

Manche Slider haben allerdings einen kleinen Nachteil: Die Vorfächer sind oft zu fein und ihre Haken brechen beim Drill kapitaler Fische. Mit etwas Geduld können aber stabilere Rigs mit stärkeren (Karpfen-) Haken und Vorfachmaterial aus feinerem Kevlar nachgebaut werden.

Inchikus – aktiv geführt

Inchikus sind 100–300 Gramm schwere, schlittenförmige Bleikörper mit einem mittig angebrachten „Assist"-Vorfach und Oktopus-Skirt (wie der auf dem ersten Bild oben, der goldfarbene Inchiku von HART). Die zwei kleinen Haken darin werden ebenfalls mit einem Streifen Tintenfisch ‚scharf gemacht' und der Inchiku an einer Spinnrute mit feiner geflochtener Schnur (5–8 kg Tragkraft) gefischt. Das Vorfach aus Fluorocarbon sollte 1,5 m lang sein und 7–10 kg Tragkraft haben.

Inchikus werden weiter ausgeworfen. Am Grund angekommen, wird der Köder sofort angehoben (Hängergefahr) und mit einem Ruten-Schwipp etwas beschleunigt. Danach darf er immer wieder zum Grund absinken, während der Köder langsam zum Boot eingeholt wird. Diese diagonale Führung fängt erstaunlich gut.

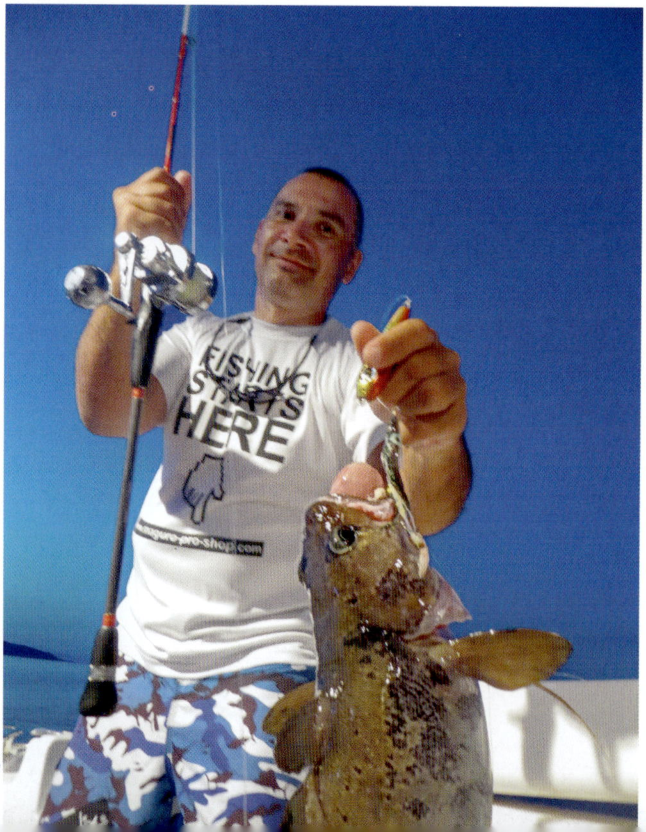

Mit Inchikus kann man gegenüber Slidern beim Fischen vom Boot eine wesentlich größere Fläche am Grund befischen – und fangen, hier einen Gabeldorsch.

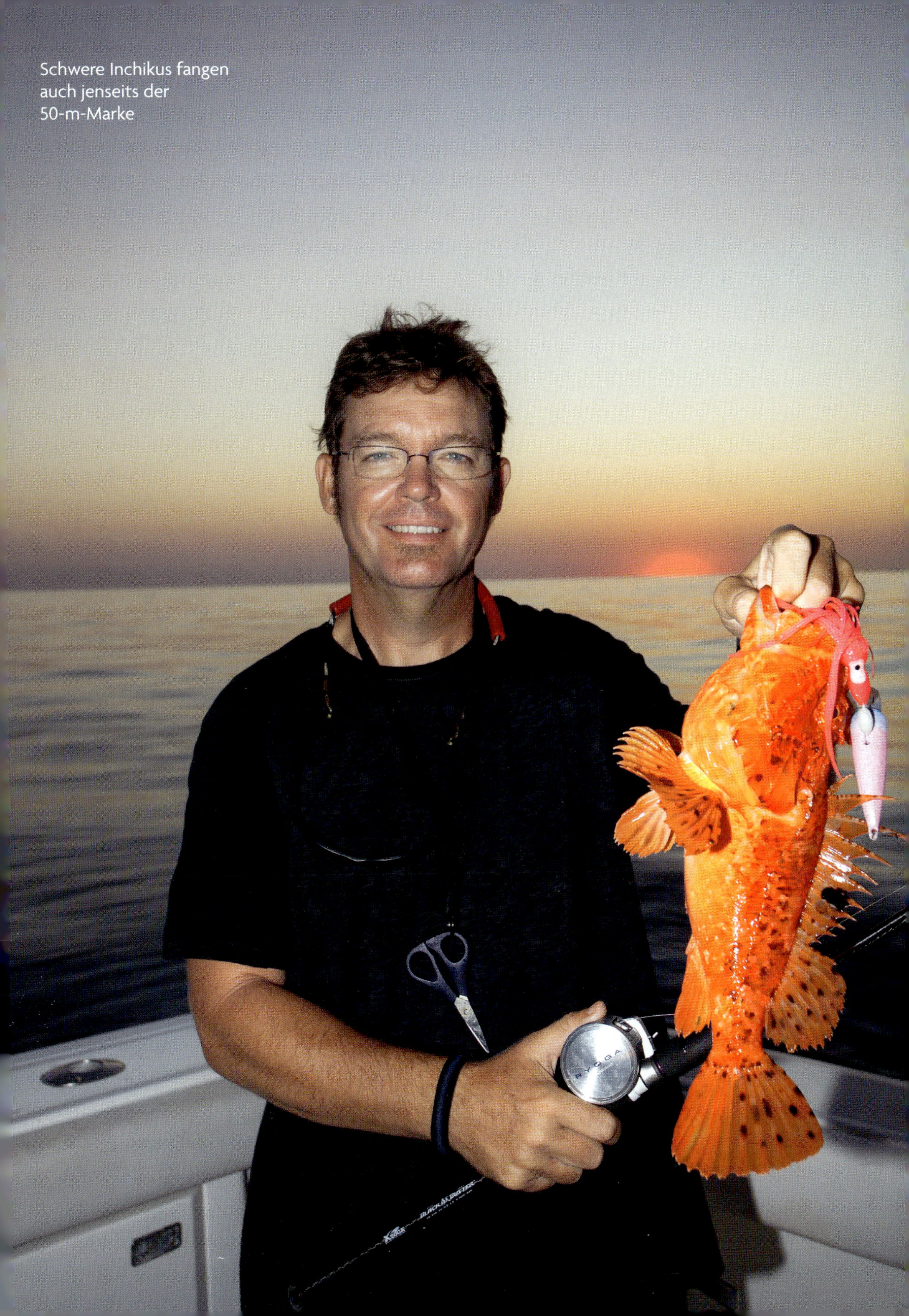

Schwere Inchikus fangen auch jenseits der 50-m-Marke

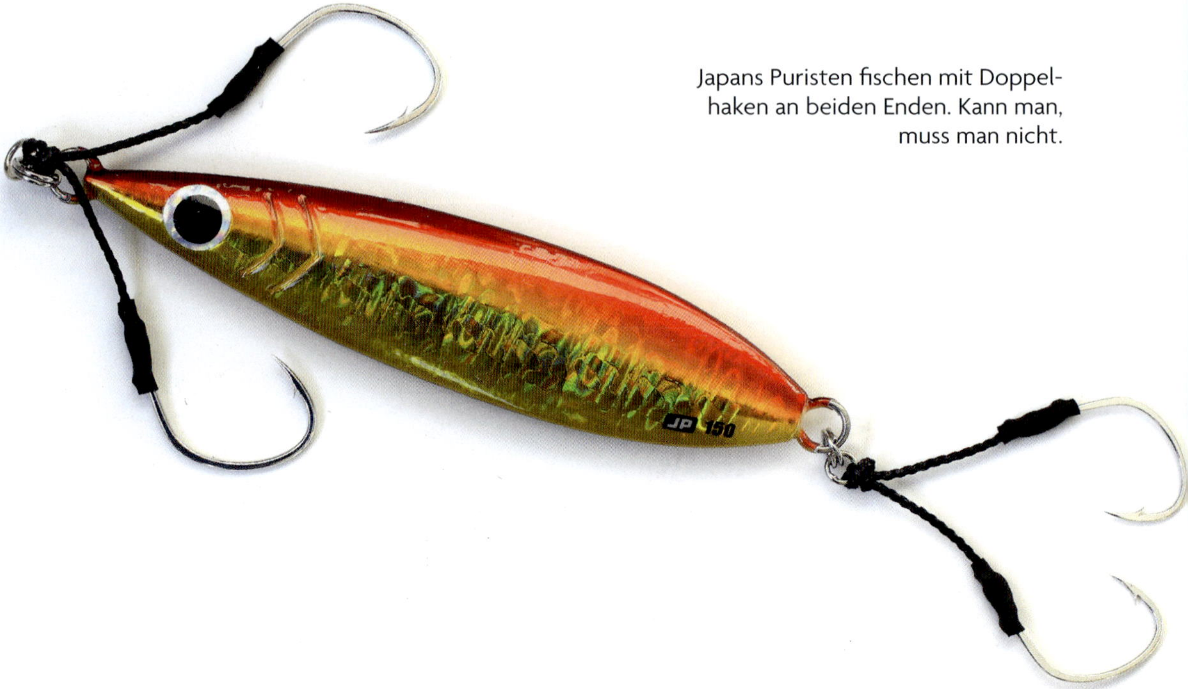

Japans Puristen fischen mit Doppelhaken an beiden Enden. Kann man, muss man nicht.

Slow Jigging – einfach bis komplex

Vertikal statt diagonal wird beim sogenannten Slow Jigging geangelt, wie beim Pilken in Norwegen, nur feinfühliger. Slow Jigs sind breit, kurz und haben meist einen mittigen Schwerpunkt. Sie fallen deshalb in der Horizontalen langsam (slow) mit seitlichen Ausschlägen nach unten und fischen länger als etwa Speed Jigs. Slow Jigs müssen senkrecht unter dem Boot geführt werden, damit sie zum Tanzen kommen. Gefischt wird in 20–60 m Wassertiefe, mit Jiggewichten von 80–200 g an geflochtener Schnur der Klasse PE2–3.

Diese Jigs können mit drei Techniken animiert werden. Der „Long Fall Jerk“ lässt dem Jig die längste Zeit für einen langen freien Fall, während die beiden anderen Techniken, der „Slow Pitch Jerk“ und der „High Pitch Jerk“, den Jig zunehmend aktiver führen.

Der Long Fall ist die einfachste Methode, um an einen Fisch zu kommen. Dazu benötigt man keine der (teuren) Spezialruten wie für die anderen Techniken. Eine 2,1 lange Spinnrute (WG 80–100 g) mit parabolischer Aktion reicht schon aus, um durch einfaches Heben und Senken der Rute Leben in den Jig zu bringen. Die Rute bewegt sich dabei zwischen der 7.00-Uhr und der 11.00-Uhr Position. Ist der Jig am Grund angekommen, wird die Rute ohne große Beschleunigung auf 11.00-Uhr angehoben. Nun wartet man einen Moment, bis die Rute wieder entspannt ist und der um diese 2 m nach oben angehobene Jig in die Horizontale kommen kann. Dann wird die Rute langsam abgesenkt, damit der Jig – ohne Schnurspannung – wieder die 2 m absinken kann. Zwischendurch nimmt man etwas Schnur auf, um auch andere Wasserschichten zu befischen. Ein gemütliches Auf und Ab also – bis der Biss kommt

Der Vorteil dieser Technik: Es können auch schwerere Jigs gefischt werden, falls Strömungen dies erfordern. Dabei wird die Rute wegen des weichen Bewegungsablaufs nicht überlastet. Diese Technik stößt aber an ihre Grenzen, wenn das Boot zu schnell driftet und der Jig nicht direkt unter dem Boot geführt werden kann. Dann kann ein Driftsack den Angeltag retten.

Wer Spaß am Slow Jiggen gefunden hat und aktiver fischen will, benötigt kürzere Ruten, die für den Slow - und High Pitch Jerk gebaut sind. Diese Ruten geben dem Jig durch ihre Rückstellkraft am Ende des Jerks noch einen Kick an Energie mit, damit der Jig etwas nach oben schießt, um auch frei schwimmend sein Spiel entfalten kann.

Mit dieser aktiveren Köderführung kann im Gegensatz zum Long Fall die Wassersäule sehr viel schneller nach Fischen abgesucht werden, da sie jeder Kurbelumdrehung zusätzlich noch Schnur aufnimmt (siehe Grafik).

Ihr Nachteil: Das Gewicht der Jigs muss jeweils zur Rückstellkraft der Rute passen. Schwerere Jigs kann sie mit dieser Köderführung nicht mehr beschleunigen. Aber auch das ist dann für Profis kein Problem. Bei starker Strömung fischen sie die für die Rute eigentlich überschweren Jigs mit der Long Fall-Technik.

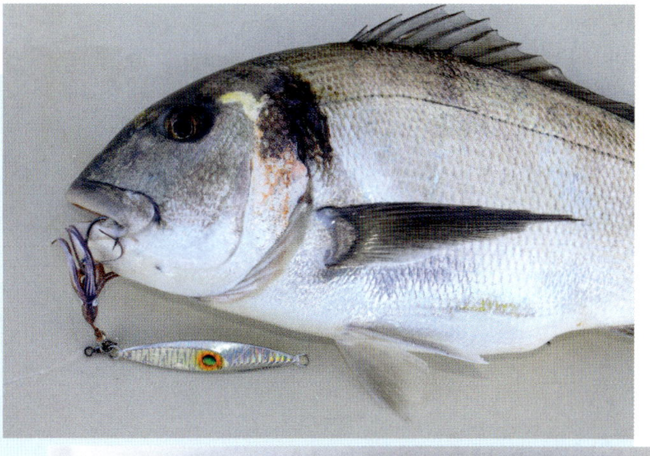

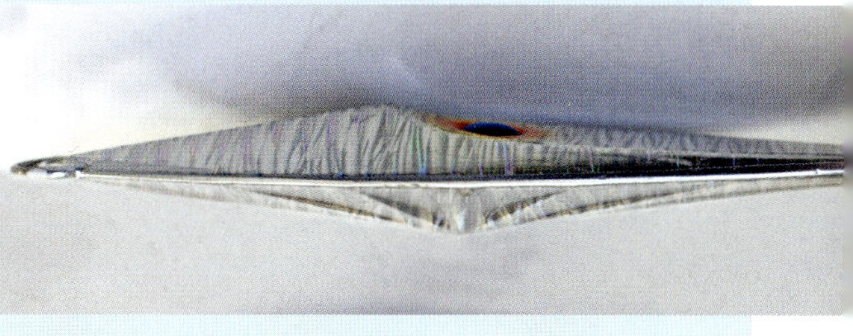

Der „Diamond Eye" fängt auch Goldbrassen! Er fängt seit Jahren besser und ist einfacher zu führen als viele andere Jigs. Das komplexe Profil erklärt warum: Die Oberseite (am Fischmaul) ist links vom Auge flach. Rechts davon erhebt sich ein Dach, das nach rechts abfällt. Wäre die Unterseite völlig flach, wäre der Jig dann nach rechts endschwer. Ist er aber nicht. Die Unterseite (2. Bild) zeigt eine große zeltartige Erhebung über die ganze Länge. Viel Gewicht also, um den Jig für einen langsamen „Fall" in der Horizontalen zu halten. Nun kommt die asymmetrische Oberfläche ins Spiel: Bei einem Jerk am rechten Ende steigt der Jig dort an. Dann wirkt die flache linke Hälfte wie ein Höhenruder und lässt den Jig seitlich ausbrechent. – Dieses Taumeln ist für Raubfische offenbar unwiderstehlich.

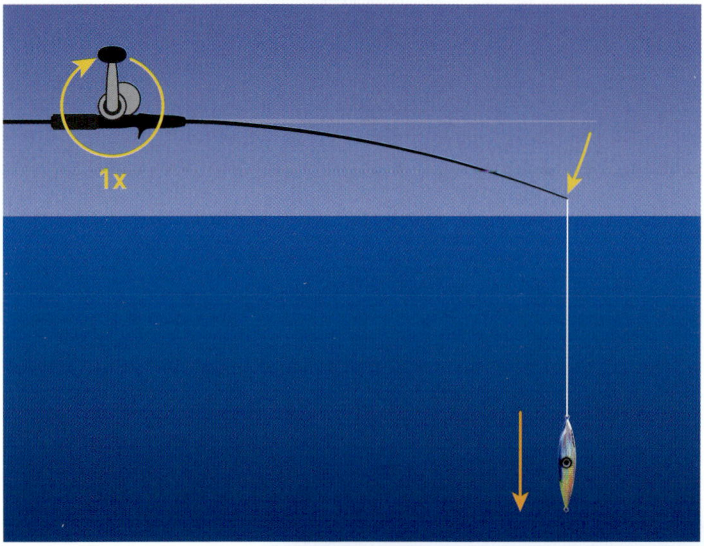

1 Kurbelumdrehung und Rutenschwipp von der 07.00- auf die 09.00-Position

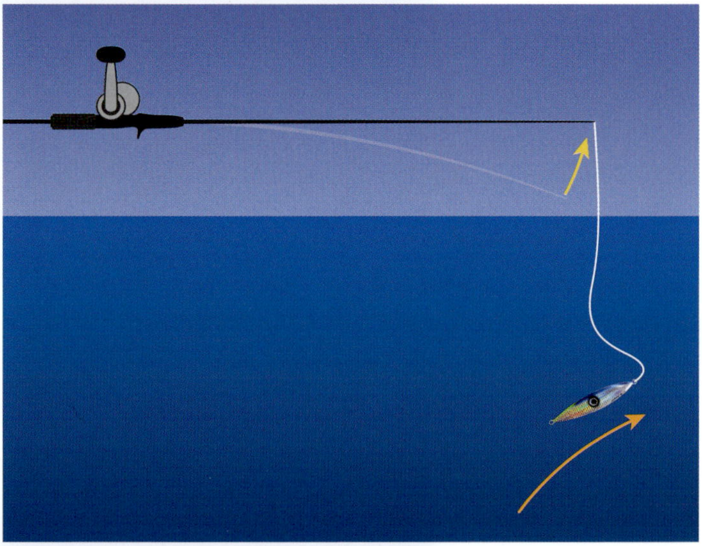

2 Warten: Rute springt nach oben

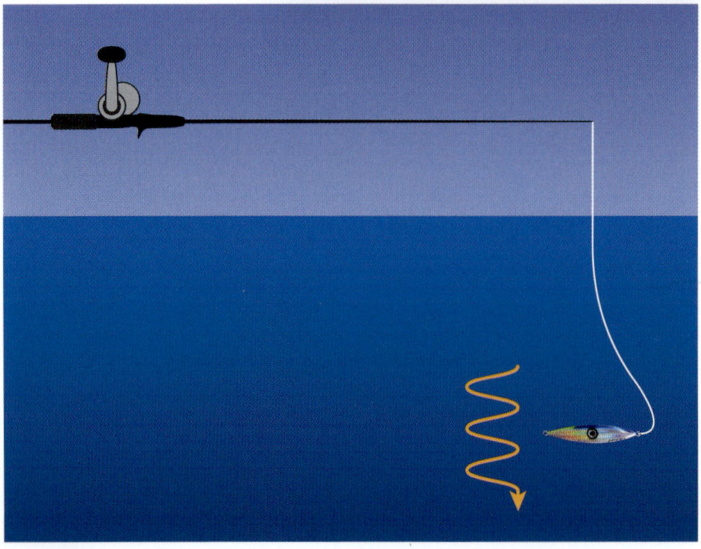

3 Den Jig frei fallen lassen

Slow Pitch Jerk

Mit dem „Slow Pitch Jerk“ werden Jigs aktiv zwischen der 7.00- und 9.00-Uhr-Position geführt. Vor dem Rutenschwipp am oberen Ende des Arbeitswegs wird mit einer Kurbelumdrehung noch etwas Schnur aufgenommen (Bild 1). Die Rute lädt sich somit stärker auf.

Das Zurückschnellen der Rute hebt den Jig an (Bild 2). Er gleitet nun frei nach oben zur Seite und kommt in eine horizontale Lage. Der Angler verharrt jetzt einen Moment und lässt den Jig (je nach Bauart) in pendelnden oder spiralförmigen Bewegungen in die Tiefe (Bild 3) gleiten. Der gesamte Arbeitstakt dauert etwa eine Sekunde, dann setzt der nächste an. Längere Jigs werden mit dem High Pitch Jerk gefischt: Ihnen gibt ein kräftig durchgezogener Rutenschwipp (high pitch) noch mehr Energie mit.

Die sensiblen Slow-Jig-Ruten sind allein gebaut, um die Jigs perfekt zu bewegen. Hängt ein Fisch am Haken, haben die Ruten ihre Aufgabe erfüllt. Ihnen fehlt die Lifting-Power für größere Fische, sie würden bei Hochpumpen brechen. Im Drill zeigen diese extrem dünnwandigen Ruten deshalb immer zum Fisch, der nur an der Rolle winschend hochgeholt wird. Eine Welt für sich.

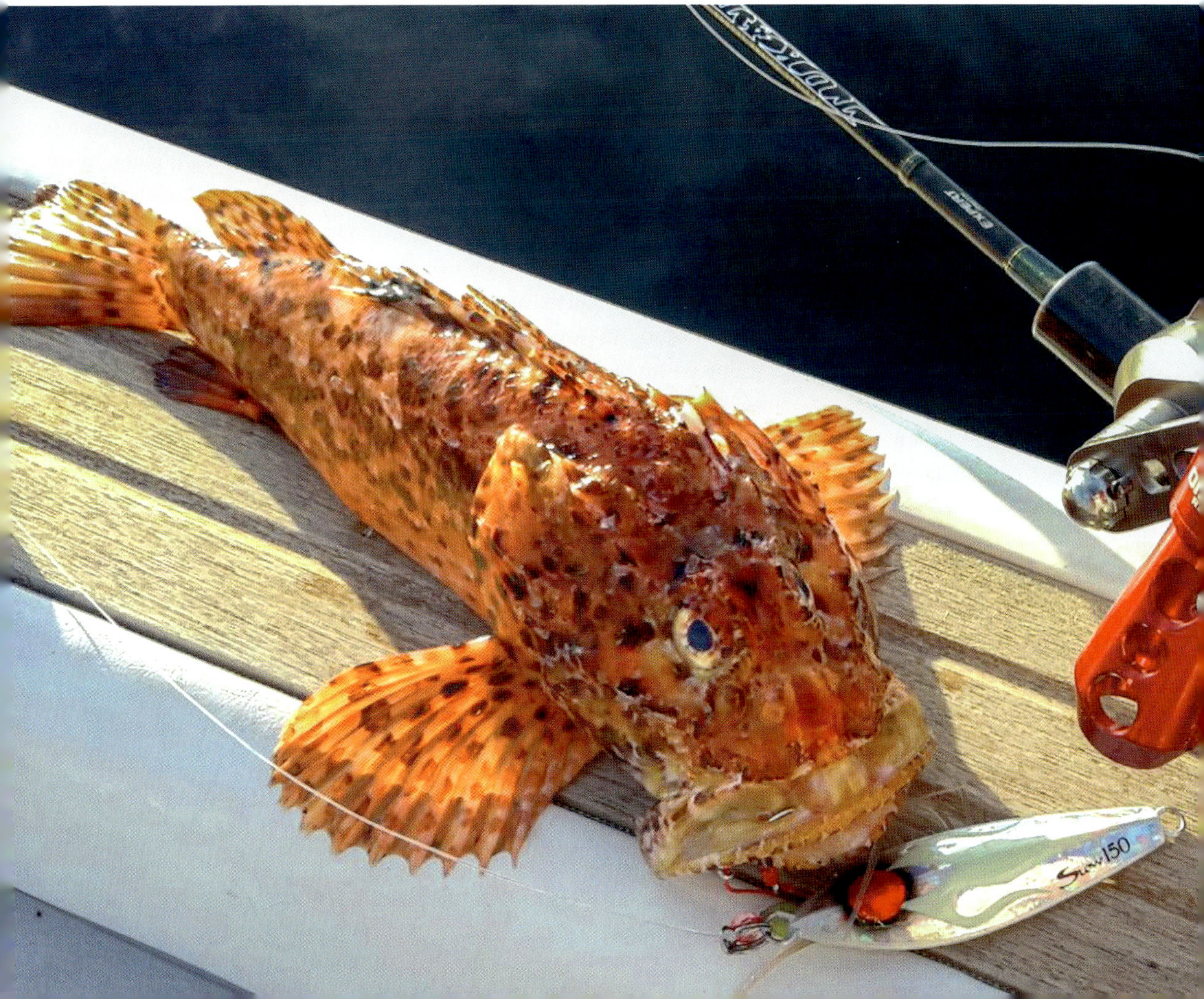

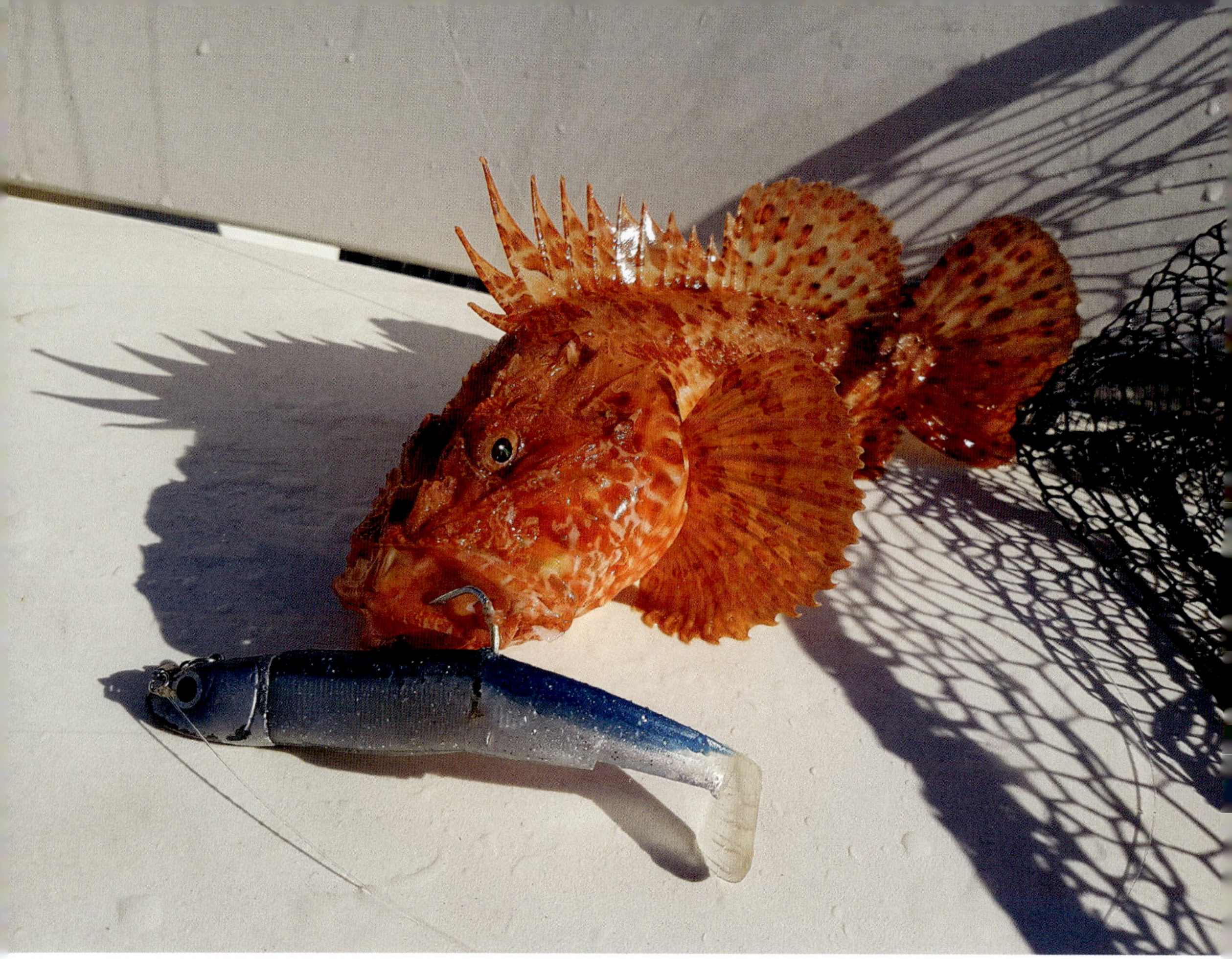

Diese Gummifische fangen gut. Weil sie weich sind, sollte Sekundenkleber immer mit dabei sein, um sie nach einer heftigen Attacke reparieren zu können.

Mit Shads am Grund – Fiish für Fisch

Wer den Gummifisch von Fiish noch nicht gefischt hat, hat was versäumt: Der „Black Minnow" gilt seit vielen Jahren als der beste Kunstköder zum grundnahen Spinnfischen vom Boot oder vom Ufer aus. Selbst die Puristen unter den Shore Jiggern haben oft noch Erfolg, wenn sonst nichts fängt.

Die französische Firma Fiish hatte den Köder ursprünglich zum Angeln auf Wolfsbarsch entwickelt. Dazu wurde der am Kopf beweglich eingehängte Haken im weichen Körper so versteckt, dass nur seine Spitze aus dem Rücken herausragt. Diese Softbaits können deshalb ohne große Hängergefahr auch über felsigen Untergrund, Steinpackung und Tangfelder gefischt werden, den Jagdgründen der Wolfsbarsche.

Den Köder gibt es in 6 Größen (7–20 cm), 5 verschiedenen Kopfformen und Gewichten von 5–200 g: Der „Shore"-Kopf wird beim ufernahen Fischen in flacherem Wasser genutzt. Etwas tiefer, etwa vom Boot und an Küsten mit tiefem Wasser ist der längere und schnell sinkende „Off Shore"-Kopf ideal. Der „Black

Minnow 160" mit dem 60 g schweren Kopf wird deshalb im Mittelmeer auch am häufigsten vom Boot aus gefischt. Noch schwerere Köpfe, wie der „Deep" und der „X Deep" sind für das tiefe Grundangeln gedacht.

Der realistisch aussehende Köder kann sehr langsam geführt werden und provoziert noch Bisse, wo andere Köder scheitern. Beim gezielten Fischen auf Amberjacks sollte der „Black Minnow" dagegen möglichst schnell bewegt werden.

Sehr beliebt ist das Sägezahnmuster: Man lässt den Minnow zum Grund absinken, dann wird die Rute angehoben und der Köder erst einmal um etwa 2 m nach oben bewegt. Danach wird die Rute wieder gesenkt, Schnur dabei eingeholt und man beginnt mit einem kürzeren Schwipp von neuem. Dieser Arbeitstakt sollte nicht zu energisch sein, damit ein sanfter Übergang von Auf und Ab des Köders entsteht. Dies macht man einige Male und lässt den Black Minnow dann wieder zum Boden absinken.

Durch die Möglichkeit, über strukturreichen Böden grundnah zu angeln, ist der „Black Minnow" ideal für das Mittelmeer. Mit ihm können dort auch schwer zu fangende Fische überlistet werden: Etwa den König der Felsböden: den →Braunen Zackenbarsch (Epinephelus marginatus). Auf ihn sollte mit starker Bremseinstellung gefischt werden. Ansonsten verliert man den Kampf schon auf den ersten Metern: Kann der Zacki in seine Höhle flüchten, ist der Abriss garantiert.

Selbst in tieferem Wasser vor Felsküsten kann man vom Ufer aus mit dem „Black Minnow" wie beim →Shore Jigging mit einer kräftigen Spinnrute sehr gut Fischen. Geeignet wären 2,75 m lange Spinnruten mit einem Wurfgewicht 71–119 g. Auch für Norwegenangler ist diese Technik eine sehr gute Alternative, wenn an windigen Tagen Landgang angesagt ist. Auch dort fischt man mit dem Minnow immer sehr grundnah und mit Erfolg. – „Gib Gummi!", der Kalauer hat beim Angeln mit dem Fisch von Fiish also durchaus seine Berechtigung.

Der „Black Minnow 160": Die Zahl steht für seine Länge von Nase bis Schwanz: 160 mm.

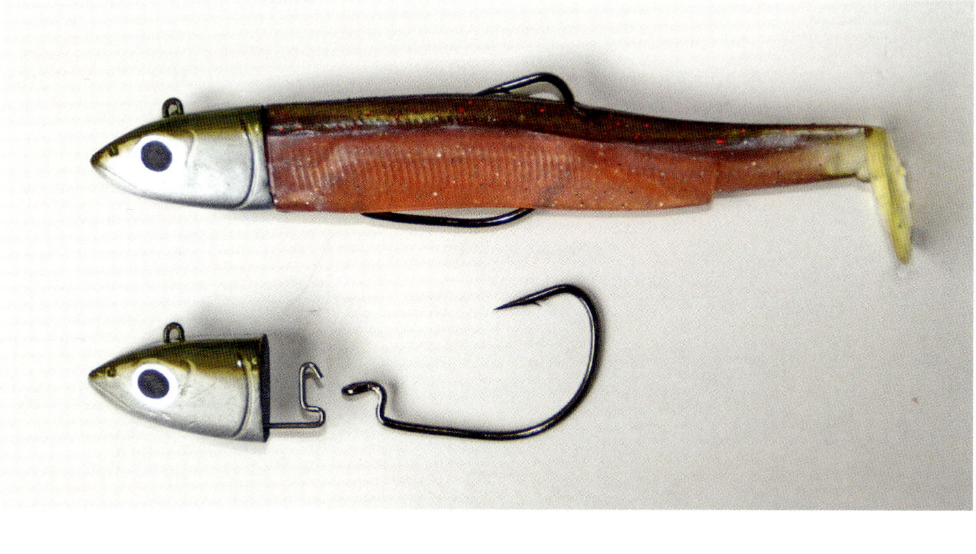

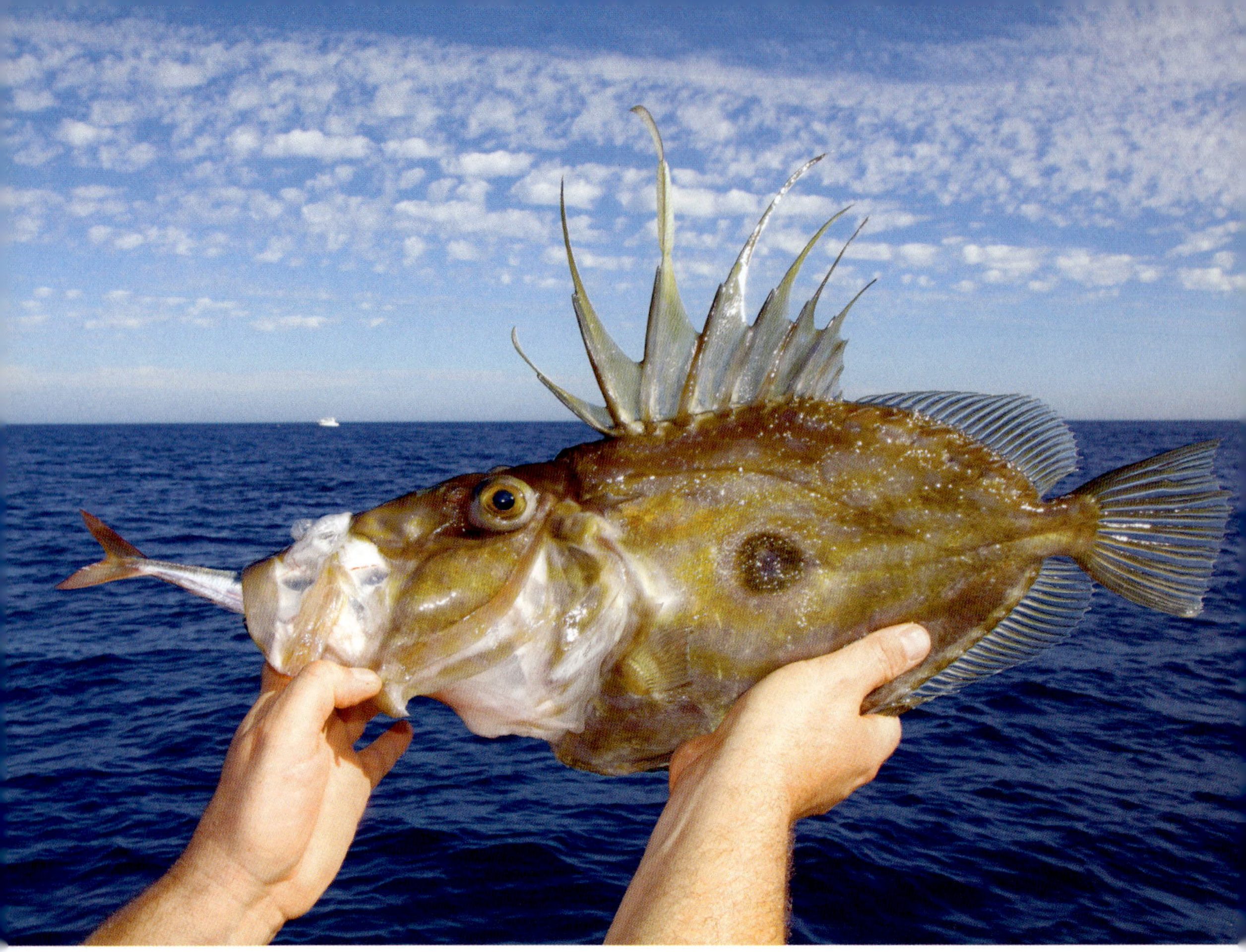

Überbeißmontage

Der kleinste aller Kunstköder für das Bootsangeln ist eine Herings- oder Makrelenfliege am Paternoster (engl. Sabiki Rig). Sie fängt Schwarmfische am Grund, die dann am Haken hängend, gleich dortbleiben, um als Lebendköder Petersfisch zu fangen: Diese Räuber mischen sich unauffällig unter Schwarmfische, um Beute mit dem Sog ihres weit vorstülpbaren Mauls unhaltbar zu inhalieren.

Sehr gut für diese Paternoster sind kleine Fischhautfliegen. Die Haken sind allerdings so feindrähtig und teils auch weich, dass die Petersfische auf dem Weg nach oben (sie rotieren dabei) verloren gehen können.

Es lohnt sich also trotz aller Fummelei, eine robustere Überbeißmontage zu basteln: Die Paternoster-Hauptschnur ist aus 0,40er Mono und die drei Seitenarme aus 0,30er. An die Enden der Seitenarme wird je ein Karpfenhaken mit 10–12 mm Öffnung geknotet und in dessen Hakenbogen eine Fischhautfliege.

An das Ende des Systems kommt ein schweres Birnenblei (mit Wirbel). Schwer muss es sein, weil 2–3 Stöcker das Blei ansonsten anheben können und aus dem Vorfach ein unentwirrbares Knäuel machen.

Diese Montage wird an dünner geflochtener Schnur einige Meter über oder an den Grund abgelassen und fischt dort mit gelegentlichem Heben und Senken der Rute. Falls dann zappelnde Köderfische an den Fliegen hängen (mit dem Haupthaken vor ihrer Nase), wird das Blei auf Grund gesetzt und leicht Schnurspannung gehalten. Inhaliert nun ein Petersfisch das Angebot, zeigt sich dies nur in einer zusätzlichen Spannung der Schnur. Vorsichtig anschlagen und den Festschmaus langsam unter beständigem Zug nach oben bringen.

Heringspaternoster werden vor Mallorca genutzt, um in bis 100 m Tiefe Stöcker-Makrelen zu fangen. Sie dienen als Lebendköder für das Thunfischangeln. Ist der Ködertank voll, bringt das Angeln auf Petersfisch zusätzlich Spaß und Abwechslung. Gezielt beangeln, auch ohne Ansitz auf Thun, kann man die Heringskönige an den tieferen Kanten vor Jezera/Kroatien.

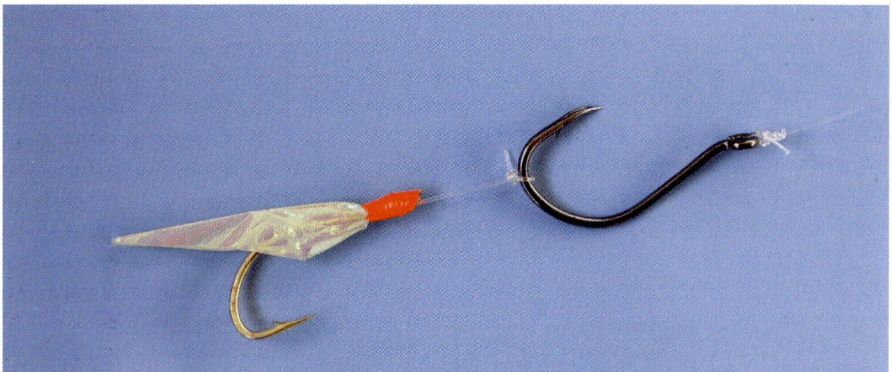

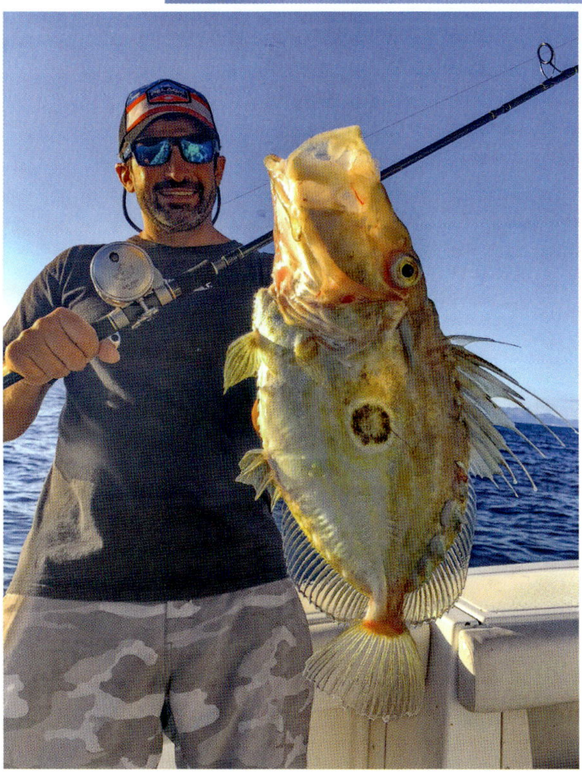

Heringspaternoster für eine Überbeißmontage zu zerlegen, ist der Mühe wert.

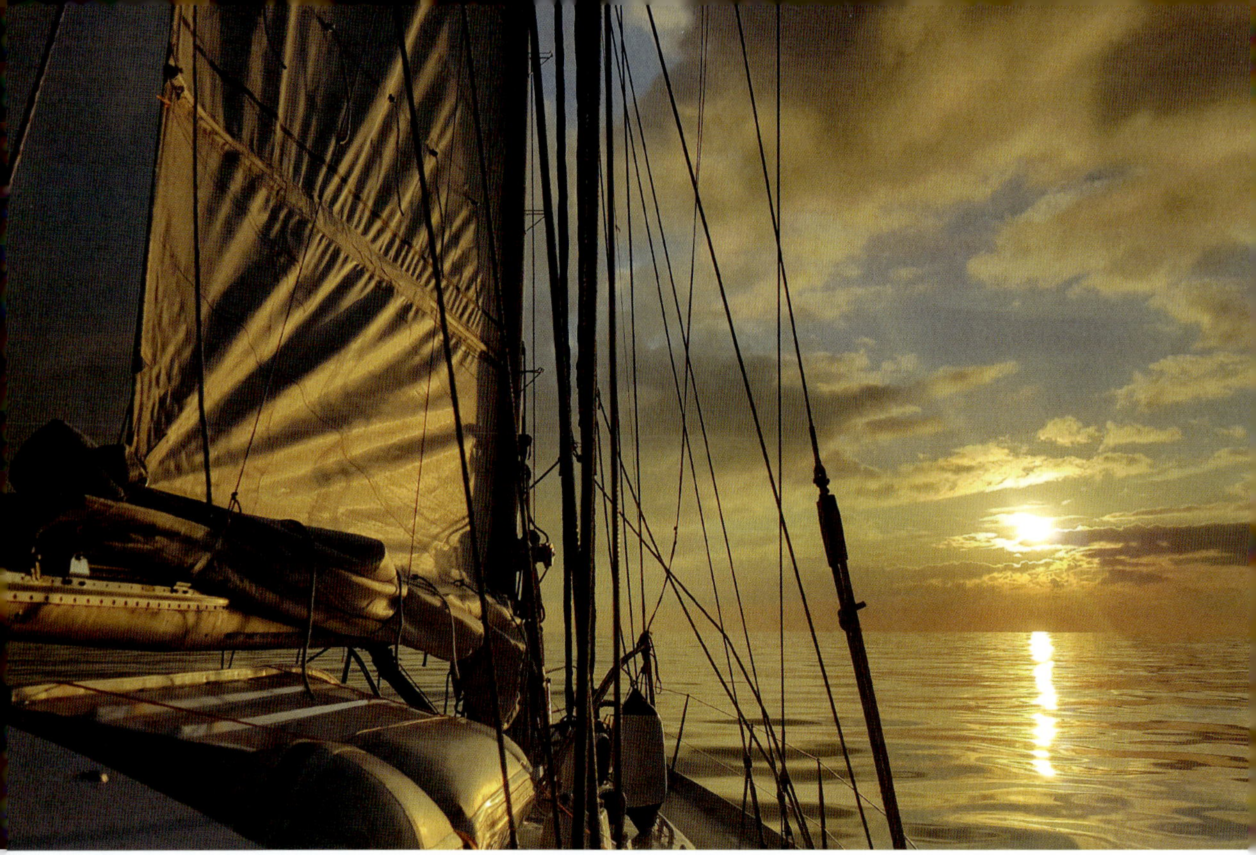

Angeln unter Segeln

Viele Segler sind keine Angler und stehen etwas ratlos vor der Frage, wie sie ihre Bordküche mit Fisch bereichern können. Big Game Angler wissen das. Aus ihrem Erfahrungsschatz stellen wir hier zwei der effektivsten Techniken vor: Schleppfischen tagsüber mit den ‚richtigen' Ködern und nachts den Fang von Kalmaren mit Rute und Rolle.

Die Sprache der Big Gamer ist Englisch, deshalb werden hier alle Fachbezeichnungen zudem in Englisch erwähnt, damit nötiges Gerät im Internet gefunden werden kann. Mehr dazu unter Bezugsquellen.

Handleine

Wer möglichst Kosten sparen will, angelt mit einer monofilen Handleine (Die Schnur gibt es für wenige Euro auf 50 m Spulen als „Leader", oder auch 100 m lange Ringe). Die Handleine sollte einen Durchmesser von etwa 1,3 mm haben und wird vor dem ersten Einsatz für die bessere Handhabung auf eine größere Haspel für Drachen-Schnüre oder Wäscheleinen gewickelt.

Wichtig bei diesem Schleppfischen (engl. Trolling) ist ein zusätzlicher unverzichtbarer Lockköder (Teaser, von to tease: anlocken), der mit viel Platschen und Blubbern auf den dahinter laufenden hakenbewehrten Kunstköder weithin aufmerksam macht.

Die Lures

Zuerst ein wenig Theorie: Vor Räubern flüchtende Fische springen aus dem Wasser, um ihren Verfolgern zu entkommen. Sie verursachen dabei Spritzer an der Wasseroberfläche und nehmen beim Eintauchen in ihr Element Luft mit hinab, die sie in einer Blasenspur ein Stück weit hinter sich herziehen. – Pelagische Räuber sind vor allem Augenjäger und sehen solche Zeichen von weitem und werden davon magisch angezogen, denn sie signalisieren Beute!

Die Schleppköder (engl. Lure) der Big Game Angler haben genau diese Funktion: Wie flüchtende Fische kurz an der Oberfläche auftauchen, Luft mitnehmen und sie dann unter Wasser in einer weithin sichtbarem Blasenschnur wieder abgeben. Die Plastikfransen an solch einem Lure, ähneln zwar entfernt einem Tintenfisch, doch den sollen sie nicht imitieren. Sie sollen Luft tanken, mehr nicht.

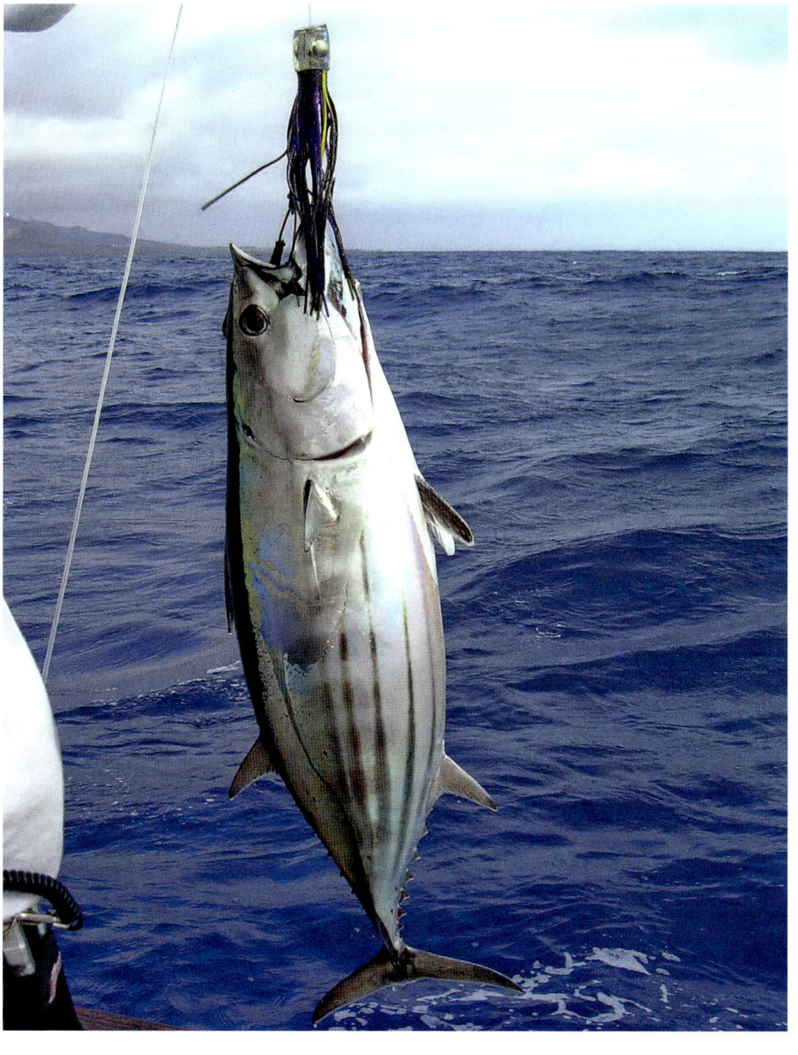

An der Handleine ein willkommener Fang. Atlantische Bonitos schmecken gut!

Mit Vögeln fischen

Um im weiten blauen Nichts noch besser auf diese Lures aufmerksam zu machen, nutzen Hochseeangler zusätzliche die erwähnten Teaser. Die meisten dieser hakenlosen Lockköder sehen aus wie ein Vogel mit ausgebreiteten Flügeln und heißen im Anglerenglisch auch so, „Bird". Seine beiden starren Flügel schlagen immer abwechselnd auf die Wasseroberfläche und verursachen weithin sichtbare Spritzer und Luftblasen, die das Sonnenlicht reflektieren.

Birds gibt es in vielen Größen. Für Segler sind maximal 13–17 cm lange Birds zu empfehlen, größere bauen zu starken Zug auf. Handleinenfischer greifen zu Modellen mit einer zentralen Bohrung. Sie fädeln den Teaser auf die Leine. An deren Ende wird ein kugelgelagerter Wirbel mit Einhänger (Coastlock Snap, 280 lb Tragkraft) per Quetschhülse (engl. Sleeve) befestigt. Birds springen beim Trolling manchmal aus dem Wasser und rotieren auch um ihre Längsachse. Deshalb wird zwischen Bird und Quetschhülse zuvor noch eine Plastikperle aufgefädelt. Sie schützt den Bird vor Schäden durch die Quetschhülse.

Manche Birds haben Ösen aus Edelstahldraht anstatt einer zentralen Bohrung. Dann wird am Ende des Bird ein Wirbel per Federring (Splitring) angebracht. Doch einerlei, welches Modell: Birds sind für Segler ein Muss!

Kleine Köder fangen auch große Fische. Beim Angeln unter Segeln reichen deshalb Trolling Lures bis zu einer Länge von etwa 18 cm völlig aus. Damit kann alles gefangen werden: Selbst 50 kg schwere Blauflossenthune fressen generell kleine Schwarmfische, Goldmakrelen fressen sowieso alles, und auch 2 m lange Mittelmeer-Speerfische werden an kleinen Lures gefangen.

Rechts neben dem roten Bird (17 cm) liegt das universelle Lure mit ‚Glaskopf' für den Fang aller Arten, gefolgt von einem schweren Chrome Head, der bei Seegang noch gut läuft. Der leichte „Sailure" rechts außen kann auch bei langsamer Fahrteingesetzt werden.

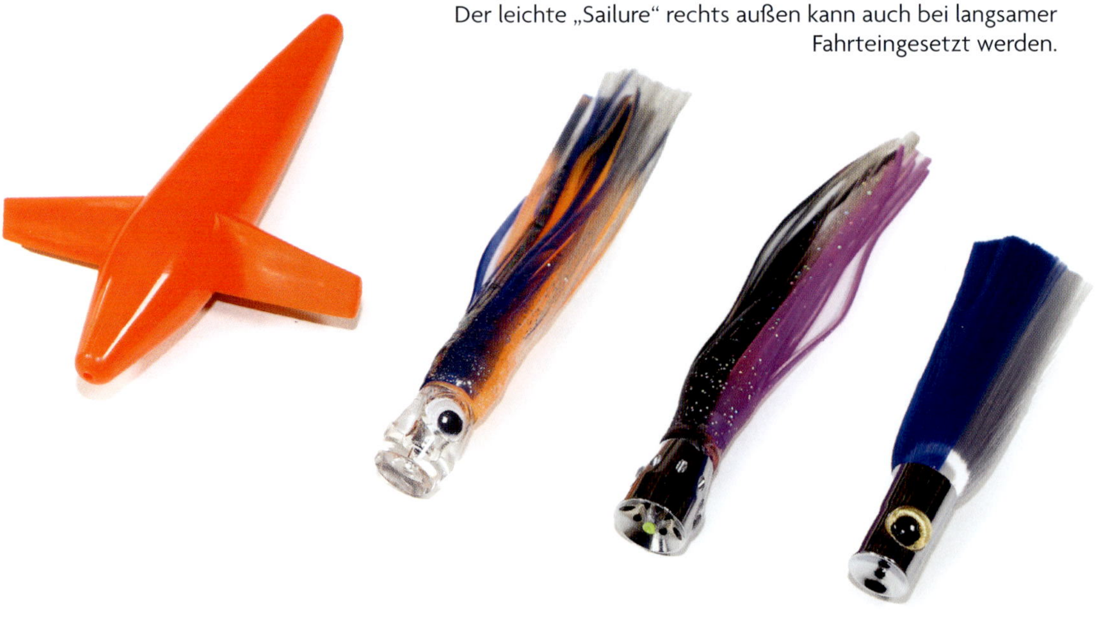

Entscheidend für das Laufverhalten der Schleppköder ist die Form ihres Kopfes, genauer: ihrer Stirnfläche. Es gibt mehrere Typen: Für Segler wichtig sind Köpfe (meist aus transparentem Kunststoff) und einer flachen, leicht angeschrägten oder konkaven Front.

Lures mit einer geraden Stirnfläche laufen geradeaus und werden, weil sie Wasser vor sich herschieben, auch „Pusher" genannt. Diese Köder verursachen an der Oberfläche lange, bogenförmige Spritzer. Beim Abtauchen ziehen sie Luftblasen wie eine Rauchfahne hinter sich her. Die Tauchphase sollte etwa 5-7 Sekunden andauern und enden, wenn der Lure keine Luft mehr mitzieht.

Für das Fischen in ruhigerem Wasser sind Lures mit konkaver Stirn bestens geeignet. Die Halbschale in der Front des Kopfes gräbt sich ins Wasser ein und verursacht eine starke Blasenspur. Für langsames Tempo ist der „Sailure" der Firma Ilander ideal. Er ist 14 cm lang, sehr leicht und sein Rock (engl. Skirt) besteht vielen Nylonfäden, die haltbarer sind als Fransenschürzen aus PVC. Der „Sailure" zählt seit Jahren zu den weltbesten Ködern und muss an einem Bird geschleppt werden.

All die verschiedenen Lures gibt es auch mit schweren Köpfen aus verchromtem Messing. Sie heißen meist Jet Head, Chrome Head, Hex Head oder Bullet Head und können wegen ihres Eigengewichtes bei Rauwasser gut geschleppt werden. Auch sie gehören grundsätzlich in die Tackle Box.

Ein oft überschätztes Kriterium sind die Farben der Trolling Lures. Raubfische sind meist farbenblind und erkennen nur Grautöne. Für erfahrene Big Game Angler sind deshalb Hell-Dunkel-Kontraste der Lures wichtiger. Sie sollen sich ja als deutliche Silhouette vor dem meist hellen Hintergrund abheben. Viele Angler bevorzugen deshalb kontrastreiche Kombinationen wie etwa blau-weiß, rot-weiß, grün-gelb, aber auch schwarz-grün.

Die Montage – von hinten nach vorn

Die Vorfachschnur an diesen größeren Lures hat einen Durchmesser von 1 mm und sollte etwa 2 m lang sein. Das Vorfach (engl. Leader) ist im Vergleich zur Handleine also dünner und weicher und lässt den Köder sehr viel besser spielen als direkt an einer steifen Handleine.

An das Ende solch einer Vorfachschnur kommt ein stabiler Haken (kadmiert oder aus Edelstahl) mit geradem Öhr, damit der Haken nicht propellert. Bestes und günstigstes Hakenmodell für diese Lures ist der „VMC Single Hook 9255Ps" in der Größe 8/0.

Haken und Schnur werden mit einer Quetschhülse (Sleeve) aus Aluminium miteinander verbunden. Dazu ist eine spezielle Quetschhülsenzange nötig. Sie hat in ihren beiden Backen unterschiedlich große Aussparungen für verschiedene Durchmesser der (meist ovalen) Quetschhülsen. Beim Pressen verhindern diese Aussparungen, dass eine Hülse zu stark gequetscht und die Nylon Schnur damit beschädigt wird. Schnüre ab einem Durchmesser von 0,8 mm können sicher und schnell gecrimpt werden.

Die ovalen Aluminium-Hülsen können reißen, wenn sie zu stark gepresst werden. Die jeweils passende Aussparung an der Quetschhülsenzange verhindert das. Zudem werden die Enden der Hülse nicht gequetscht, ansonsten könnte die Schnur durch die Kante der Hülse beschädigt werden.

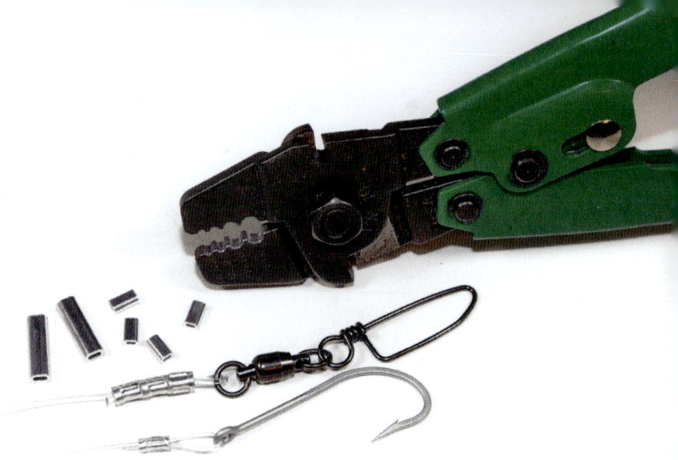

Der Kauf solch einer Zange lohnt sich: Selbst an fertig montierten Lures aus dem Laden, muss dann doch irgendwann das Vorfach getauscht werden, weil Fischzähnchen es aufgeraut haben oder der billige China-Haken gebrochen ist.

Ist der Haken mit einer passenden Quetschhülse befestigt, fädelt man den Schleppköder auf die Vorfachschnur. Der Haken sollte so positioniert werden, dass dessen Spitze aus dem letzten Drittel des Skirts herausschaut. Das erhöht die Bissausbeute. Ein bis zwei Plastikperlen vor dem Haken bringen ihn auf die richtige Distanz.

Sehr kostengünstig sind auch kleinere Selbstbaumontagen mit einem Octopus-Skirt, Blei im Kopf und dem VMC 9255Ps in Größe 5/0 8/0. Sie können an 0,80er Schnur gecrimpt werden.

In Segler-Foren wird auch Stahldraht als Vorfach empfohlen. Big Game Angler nutzen ihn nicht für ihre Trolling Lures, weil das beständige Nicken der Köderkopfes den Draht dort auf Dauer ermüden und zu einer Sollbruchstelle führen kann.

Kleinere Schleppköder werden aus Octopus Skirts (15 und 12 cm) gebastelt: Die Spitzen der Skirts knapp abschneiden, das konische Blei (30 g) anfeuchten und in den größeren Skirt schieben, dann das kleinere über das größere. Nun die Vorfachschnur mit dem Haken daran (falls nötig mit Distanzperle) durchfädeln, ans obere Schnurende eine Öse crimpen – und das war's schon!

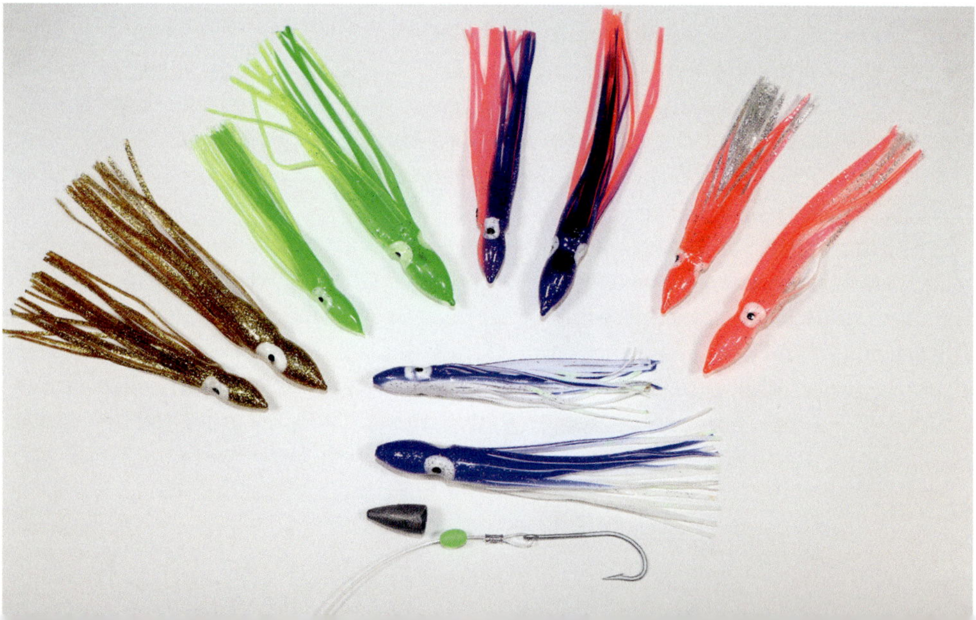

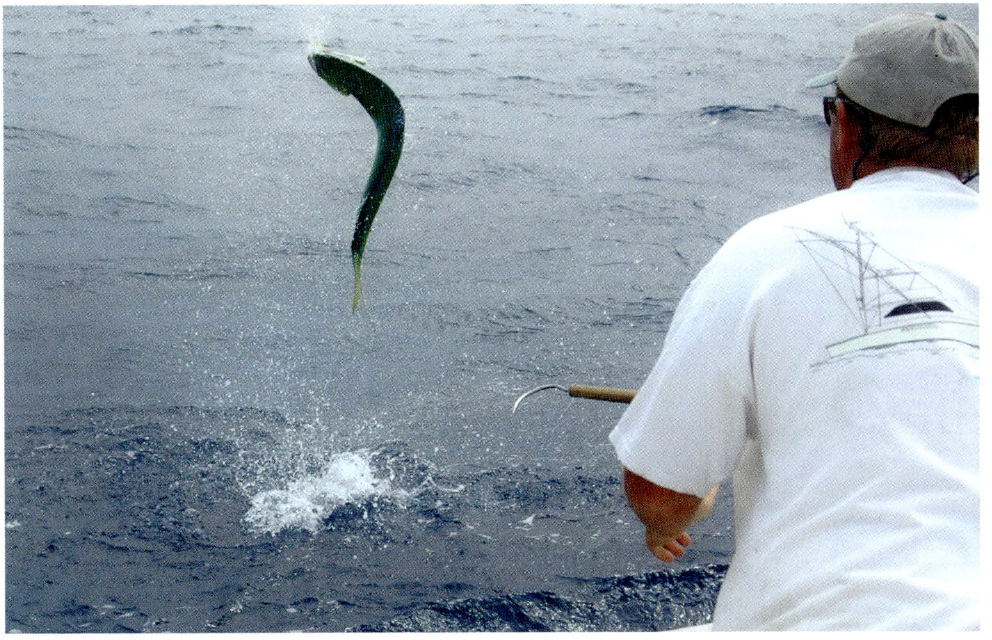

Goldmakrelen springen und toben bis an die Bordwand. Ein Schockabsorber verhindert die Gefahr des Ausreißens, Zum Entnehmen sollten die Fische unbedingt gegafft werden.

Mit Schockabsorber

An einer Handleine können größere Fische wegen des starken Rucks beim Anbiss manchmal verloren gehen. Entweder das Vorfach reißt und der Fisch muss mit dem gepiercten Haken im Maul weiterleben, oder der Haken zerreißt gar den Kiefer des Fisches.

Handleinen sollten deshalb unbedingt mit einem Schockabsorber gefischt werden. Dafür eignet sich bestens ein „monoflex Expanderseil" mit 10 mm Durchmesser (gibt es bei Amazon) Das Gummiseil hat bis zu 100 % Dehnung. Man benötigt ein etwa 80 cm langes Stück und ein daran befestigten Edelstahlkarabiner mit glatter Innenfläche. Dieser Schockabsorber wird etwa an einer Klampe am Heck angeknotet. Auf der gegenüberliegenden Seite wird die Handleine auf die jeweils nötige Distanz ausgelassen und belegt. Nun wird die Handleine quer am Heck zum gegenüberliegenden Expander geführt und in dessen Karabiner (mit glatter Innenkante) eingehängt. Beim Anbiss eines Fisches dehnt sich das Gummiseil und puffert den Schock auf Schnur, Köder, Haken und Fisch ab. – Auch andere Befestigungen sind möglich. Probieren. Hauptsache, der Schockabsorber funktioniert.

Die ideale Schleppgeschwindigkeit für viele Lures liegt bei etwa 5–8 Knoten. Ihre Distanz hinter dem Boot hängt von verschiedenen Faktoren ab. Von Faustformeln wie 50 m weit bei 5 Knoten und 60 m bei 6 Knoten, halten Big Gamer nicht viel. Wichtig ist vor allem, dass die Lures außerhalb der Verwirbelungen des Kielwassers laufen. Dort werden sie dann jeweils unmittelbar vor einem Wellenkamm (wenn es denn welche gibt) positioniert, denn dies ist die optimale Position für lange Blasenspuren beim Auf und Ab.

Vögel – die Augen der Angler

Ist beim Segeln ein Schwarm kreisender Vögel in Sicht, dann heißt es, „nichts wie hin!" Vögel sind die Augen der Angler, sie entdecken Schwarmfische, die von Räubern an die Wasseroberfläche gedrückt werden und beteiligen sich dann von oben am großen Fressen. Vogelschwärme sind für Big Gamer ein so wichtiges Indiz für Fisch, dass viele ihrer Yachten mit speziellen Radarsystemen ausgerüstet sind, um Vogelschwärme über viele Seemeilen hinweg orten können. Sind Fische an der Oberfläche entdeckt, gilt auch für angelnde Segler dann die eherne Regel: Nie in den Schwarm hineinfahren, dann verschwindet er gleich in die Tiefe. Besser ist es, die Fische zu umfahren oder sich vor sie zu setzen. Unter Segeln sind solche engräumigen Manöver kaum möglich. Es lohnt sich dann, mit Motorkraft zu fischen und auch einen Wobbler zu schleppen.

Fische landen und schlachten

Fische, die im Wasser nichts wiegen, sind außerhalb ihres Elements plötzlich schwer, und wenn sie dann beim Herausheben noch wild umherzappeln (Goldmakrelen können das sehr gut) schlitzt bei vielen von ihnen der Haken aus dem Maul – und weg sind sie! Größere Fische sollten deshalb unbedingt gegafft werden. Ein Gaff ist ein größerer Haken an einem Stil (gibt es in Onlineshops für Norwegenangler). Der Haken wird mit Kraft in den Fisch geschlagen und der Fisch daran zügig herausgehoben. Kleinere Fische mit 2–3 kg können ohne Gaff mit einem beherzten Schwung aus dem Wasser gezogen und an Bord gebracht werden

In Segler-Foren wird kolportiert, dass Fische getötet werden sollten, indem man Alkohol in ihre Kiemen kippt. Angler machen das nicht. Sie betäuben ihre Beute mit einem harten Schlag auf den Kopf und töten sie dann mit einem Kehlschnitt. Er durchtrennt die Hauptader zwischen Kiemen und Herz. Das Herz pumpt dann weiter das Blut aus dem Fleisch und dieses ‚Schächten' ist sinnvoll. Blut zersetzt sich sehr schnell und sein hoher Eisengehalt gibt dem Fischfleisch einen unangenehmen Geschmack.

Dies gilt vor allem für die dunklen Muskelstränge entlang der Wirbelsäule. Diese Muskeln sind für das langsamere Dauerschwimmen zuständig und werden ständig durchblutet. Die hellen Muskeln (für Temposchwimmen bei Jagd und Flucht) arbeiten anaerob, also weitgehend ohne Blutzufuhr. Diese hellen Filets sind die leckeren und gehören in die Bordküche.

Bluthaltig ist allerdings auch das weiße Fleisch der Little Tunny (→Unechter Bonito), die im Mittelmeer häufig gefangen werden. Folgender Trick schafft Abhilfe: Nach dem Ausbluten und Schlachten werden weiße Filets in einen Eimer mit Meerwasser gelegt, es entzieht dem Fleisch das Blut. Das Wasser wird so lange gewechselt, bis es klar ist. – Die Filets schmecken dann so exzellent, dass sie sogar zu Sashimi verarbeitet werden können!

Problematisch wird es, wenn eine mehrere Kilogramm schwere Goldmakrele getötet werden soll. Die Fische sind selbst durch beherzte Schläge auf

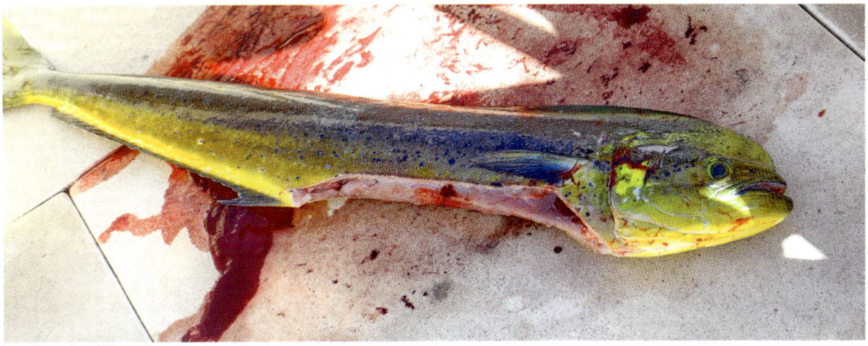

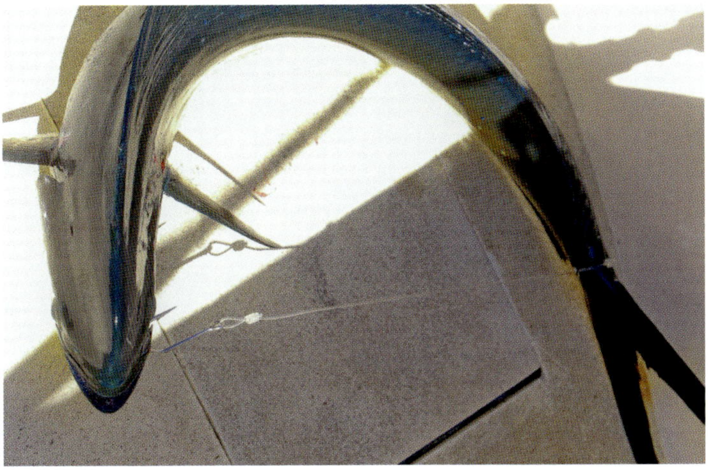

Die Bauchlappen werden bis zum oberen Rand der Körperhöhle weggeschnitten – und können als Köder genutzt werden.

Die Goldmakrele wird mit einem Stück Schnur (Schlaufe am Ende) und Haken immobilisiert. Es mag grausam aussehen, erspart dem Fisch beim Töten aber unnötiges Leid.

den Kopf kaum zu betäuben. Big Game Angler ‚fesseln' deshalb den Fisch. Sie nutzen dazu ein Stück starke monofile Schnur mit einem Karabiner an dem einen und einem größeren Haken am anderen Ende. Das Ende mit dem Karabiner wird dem Fisch um die Schwanzwurzel geschlungen und der Karabiner dann an der Schnur davor eingehängt. Nun wird der Fisch zusammengebogen und der Haken im Maul eingehängt, wie das Bild oben zeigt. Die Goldmakrele ist damit immobilisiert und kann per Kehlschnitt getötet werden.

Beim Schlachten werden die Rückenflosse und die Afterflosse vom Schwanz in Richtung Kopf abgetrennt. Der Schnitt sollte so tief sein, dass die Wurzeln der Flossenstrahlen im Fleisch mit entfernt werden. Nun wird die Goldmakrele ausgenommen und die Bauchlappen beiderseits abgeschnitten. Filetieren ist nicht nötig. Man schneidet aus dem Körper etwa 3 cm starke Koteletts (am besten zwischen den Wirbeln). Gewürzt und in (Mais-)Mehl gewendet, werden sie gebraten und schmecken köstlich!

Aus den Bauchlappen könne überdies Streifen geschnitten werden, um die Schlepp-Lures zusätzlich und sehr effektiv zu pimpen. Diese 12–15 cm langen Streifen sind weidenblattförmig. Durch sie wird der Lure-Haken von der Fleischseite (!) so durchgestochen, dass das obere Ende des Streifens am Hakenöhr anliegt. Es wird dort mit Nadel und Garn fixiert. Solch ein ‚Sandwich' aus Kunst- und Naturköder herzustellen, lohnt sich! Raubfische können dem Duft des Fleisches kaum widerstehen.

Nachts: Tintenfisch satt

Fischen unter Segeln kann nachts beim Angeln auf schmackhafte Kalmare sehr erfolgreich sein, wie der Segler Jakob K. aus Berlin berichtet. Tintenfische fängt man im Mittelmeer eigentlich nur im Winter, nachts und küstennah. Dass Kalmare weit draußen beim nächtlichen Blauwassersegeln rund ums Jahr manchmal in Massen(!) gefangen werden können, diesen Tipp hatte Jakob wiederum von einem polnischen Weltumsegler bekommen, der in jedem Ozean nachts pelagische Kalmare für die Bordküche fängt.

Die Technik ist einfach: Man benötigt eine Spinnrute, eine Stationärrolle mit 0,30er monofiler Schnur und spezielle Tintenfisch-Köder (Squid Jig). Sie werden an einem etwa 1,5 m langen Vorfach aus monofiler Nylon-Schnur (0,28 mm Durchmesser) mal knapp, mal tiefer unter der Wasseroberfläche geschleppt. Diese Jigs haben am Ende zwei Dornenkränze ohne Widerhaken. Greift der Tintenfisch nach dem Köder, hängt er mit seinen Fangarmen an den Dornen und kommt beim beständigen Einholen der Angelschnur nicht mehr los. Um die Köder etwas auf Tiefe zu bringen, reicht es schon, ein 20–30 g schweres Olivenblei auf die Hauptschnur zu fädeln.

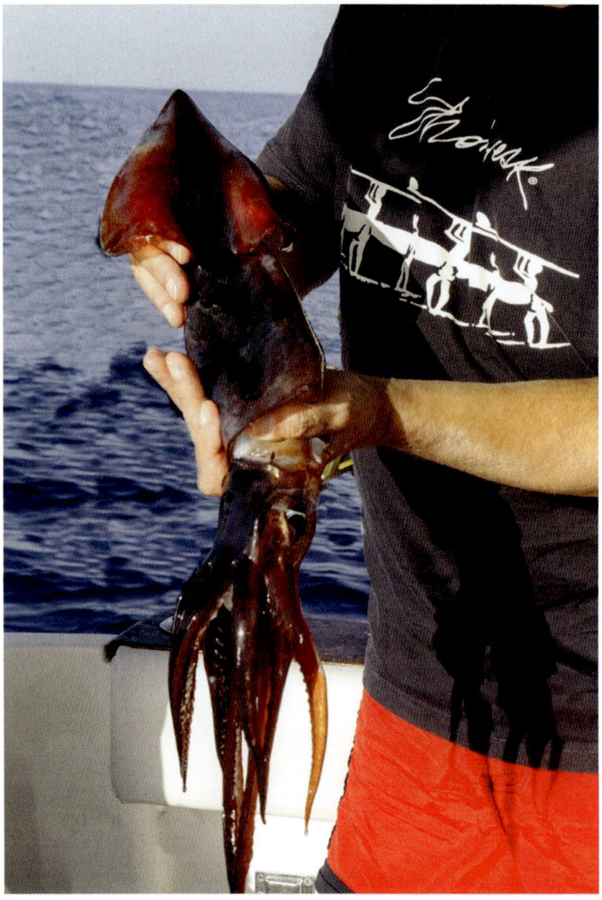

Frischer Tintenfisch, eine Bereicherung für die Bordküche.

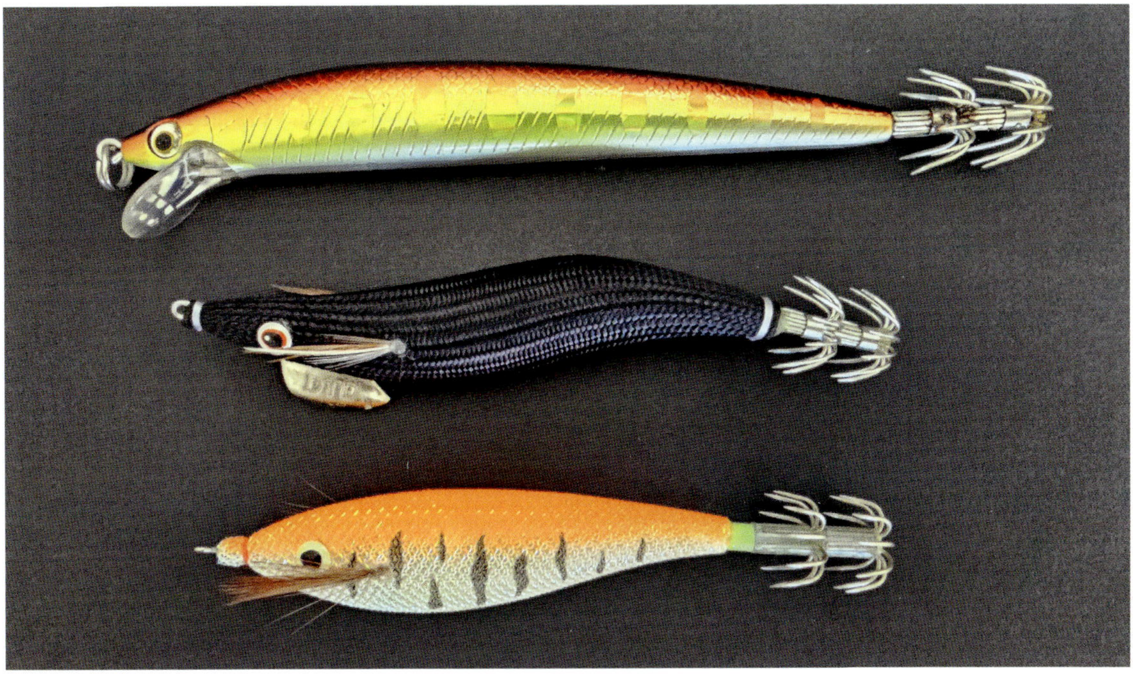

Tintenfisch-Köder in unterschiedlichen Ausführungen: Der obere hat eine kleine Tauchschaufel vor der Nase, der folgende einen Bleikiel um ebenfalls etwas auf Tiefe zu kommen. Das untere Modell ist unbeschwert und wird beim ufernahen Driftangeln eingesetzt.

Rute und Rolle sollten unbedingt salzwasserfest sein. Sonst bewahrheitet die Korrosion schnell den Spruch: „Billig ist teuer!“ Eine bewährte Meeresspinnrute ist die 2,45 m lange Sportex „Seamaster Travel Spin“ mit 70 g Wurfgewicht. Die Reiserute mit einem Packmaß von 68 cm mag für diese Fischerei etwas hart erscheinen. Doch sie hat allein die Aufgabe, den Kalmar einzuholen. Dessen Anbiss signalisiert die möglichst weich eingestellte Rollenbremse.

Spinnruten und Stationärrollen sind aber auch sehr gut geeignet, um tagsüber zusätzlich noch einen Wobbler zu schleppen. Seit Jahrzehnten bewährt hat sich etwa der 11 cm lange Rapala „Countdown Magnum“, rot/weiß. Er ‚wobbelt‘ am besten bei einer Geschwindigkeit von etwa 3–4 Knoten. Auf dem Markt sind zudem viele weitere Modelle, die auch bei höherem Tempo die Spur halten und nicht (wie dann der Countdown) aus dem Wasser springen. Rapala bietet die beste Qualität, auch wegen der extra starken Drillinge am Wobbler. Zu empfehlen wären der 12 cm lange „X-Rap Magnum“ oder der „Husky Magnum“ (14 cm). Beide können über 10 Knoten schnell geschleppt werden.

Beim Fischen mit einer Rute ist allerdings ein Rutenhalter nötig. Auf der Handelsplattform Amazon finden sich zahlreiche Modelle aus Edelstahl, die an einer Reling angeschraubt (und nach einem Törn auf einer gecharterten Yacht) auch wieder schnell abgenommen werden können. Günstiger, aber nicht unbedingt schlechter: Man besorgt sich im Baumarkt ein etwa 40 cm langes Stück PVC-(Abwasser)Rohr. Es kann mit starken Kabelbindern irgendwo an Bord provisorisch befestigt werden.

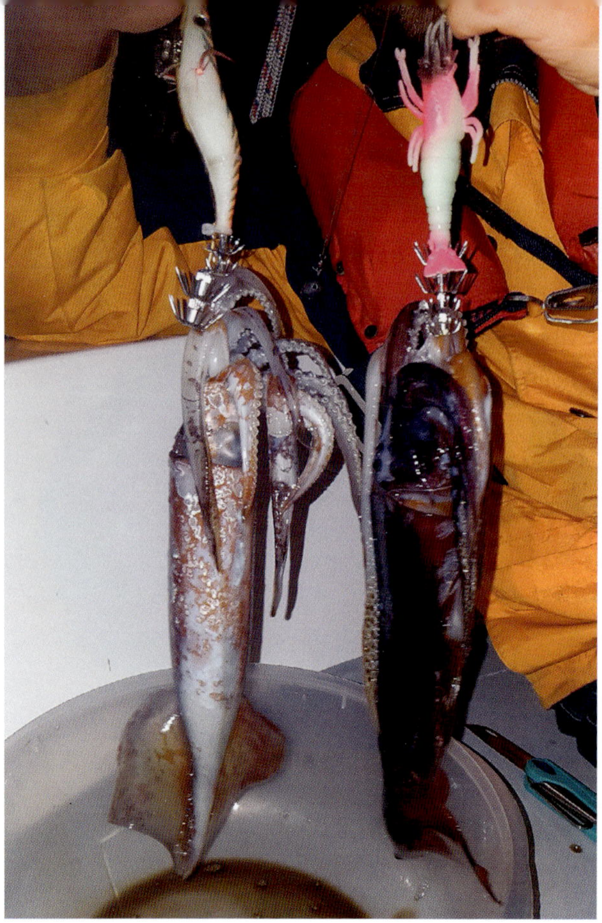

An zusätzlich angebrachten größeren Dornenkränzen reißen Kalmare nicht so leicht ab.

Rute und Rolle können also tagsüber zum Trolling oder nachts zum Tintenfischfang eingesetzt werden. Wem dieser Aufwand zu groß ist, kann die Kalmare auch mit einer kürzeren und leichteren Handleine fischen. Diese Technik wird im Kapitel „Trolling mit Lebendköder" im Abschnitt „Kalmare fangen – auch für die Küche" im Detail beschrieben.

Doch zurück an Bord zum Nachtfischen. Segler Jakob (von ihm stammt das schöne Aufmacherfoto zu diesem Kapitel) fing sie mit Rute und Rolle erstmals bei einem Törn von Gibraltar nach Lefkas in Griechenland, etwa 50 Seemeilen südöstlich der Balearen. Dieses Nachtfischen hatten er und die Seinen dann nochmal zwischen Sardinien und Sizilien sowie im Ionischen Meer wiederholt. Das Ergebnis war immer phänomenal: „Es hat in der Regel keine 2 Minuten bis zum ersten Biss gebraucht. Wir hätten das Boot wohl innerhalb von kürzester Zeit mit Kalmaren füllen können", sagt er. Der Berliner fischte seine Rolle mit sehr leicht eingestellter Bremse. So leicht, dass der Zug von Köder und Blei gerade so ausgeglichen war. Dies ist wichtig, denn ansonsten würden die schwachen Fangarme der Kalmare bei einem Anbiss durch einen zu starken Bremswiderstand abreißen. Deshalb sollte die Schleppgeschwindigkeit 2,5 Knoten auch nicht überschreiten.

Motorboote halten zum Einholen des Kalmars dann einfach an. Segler können das nicht, sie müssen die Tiere gegen 2,5 Knoten Fahrt einholen. Weil dabei dann doch einige verlorengehen, hatte Jakob seine Köder mit weiteren großen Hakenkränzen (siehe Bezugsquelle) modifiziert. „Diese Haken haben geholfen!", sagt er.

Geschlachtet werden Kalmare, indem man den Kopf samt Fangarmen aus der Tube (Mantel) zieht und den Schulp, das innere transparente Knochengerüst, entfernt. Meist wird nur der Mantel gegessen. Kopf und Fangarme (voller Zähnchen bei manchen Arten) gehen über Bord und werden dort von Artgenossen rasch verzehrt.

Im Mittelmeer existieren über 16 Kalmar-Arten. Berufsfischer fangen weit draußen zumeist den bis zu 1,5 kg schweren Loligo vulgaris. Er schmeckt ebenso köstlich wie der Loligo forbesi mit einer Mantellänge von bis zu 90 cm. Und dann ist da noch der bis zu 30 kg schwere Rhomben-Kalmar (Thysanotheutis rhombus) für die XXL-Pfanne an Bord.

Gerätetipps und Bezugsquellen

Viel Zubehör hat der deutsche Online-Shop tackle24.de: Unter anderem monofile Schnüre für Vorfächer und Handleinen, von günstigen 100 m Ringen bis hin 50 m Spulen (etwa der LEMAX Fish On Leader mit 1,28 mm Durchmesser und einer Tragkraft von 220 lb) sowie passende Quetschhülsen und die Zangen dazu. Zudem kann man sich hier eindecken mit hochwertigen Wirbeln mit Einhänger (kugelgelagert, salzwasserfest), den nötigen Haken vom Typ „O'Shaugnessy (VMC 9255Ps)" in Größe 5/0 und 8/0 und auch einigen Trolling Lures.

Im Internet finden sich eine Vielzahl passender Spinn-, Jig- oder leichten Pilkruten (auch als mehrteilige Reiserute), die für das Fischen auf Kalmar genutzt werden können. Diese Ruten sollten eine semiparabolische Aktion haben, etwa 2,25–2,40 m lang sein und ein Wurfgewicht von maximal 80 g haben. Auch die Stationärrollen müssen für den Einsatz im Salzwasser geeignet sein. Gute Modelle gibt es von Tica oder Pen. Die hochpreisigen Rollen von Shimano oder Daiwa können, müssen für diese Fischerei aber nicht sein.

Schleppköder mit Köpfen aus transparentem Kunstharz gibt es sehr günstig (auch fertig montiert) und in vielen Varianten beim chinesischen Onliner-Händler temu.com. Dort einfach „Marlin Lure", „Hochseeangeln", „Meeresangeln", oder „Big Game Angeln" eingeben und nach den Abbildungen schauen (nicht den absurden Übersetzungen). Haken mit abgewinkeltem Öhr an Fertigmontagen müssen allerdings getauscht werden. Temu führt auch Birds in 13 cm und 17,5 cm für wenige Euro das Stück.

Bei Temu findet man zudem Squid-Jigs mit Tauchschaufel oder einem Bleikiel unter dem Kopf. Die oben erwähnten zusätzlichen Hakenkränze zum Pimpen der Jigs führt Temu unter der Bezeichnung „Edelstahl-Tintenfischhaken, Regenschirmhaken".

Octopus Skirts (auch Oktopus-Beifänger genannt) für den günstigen Eigenbau bietet Amazon unter der Bezeichnung „Fladen Muppets" an. Konische Bleie im Kopf der Skirts mit 20–30 g bringen das nötige Gewicht. Online-Shops führen sie unter der Bezeichnung „Texas-Rig-Blei".

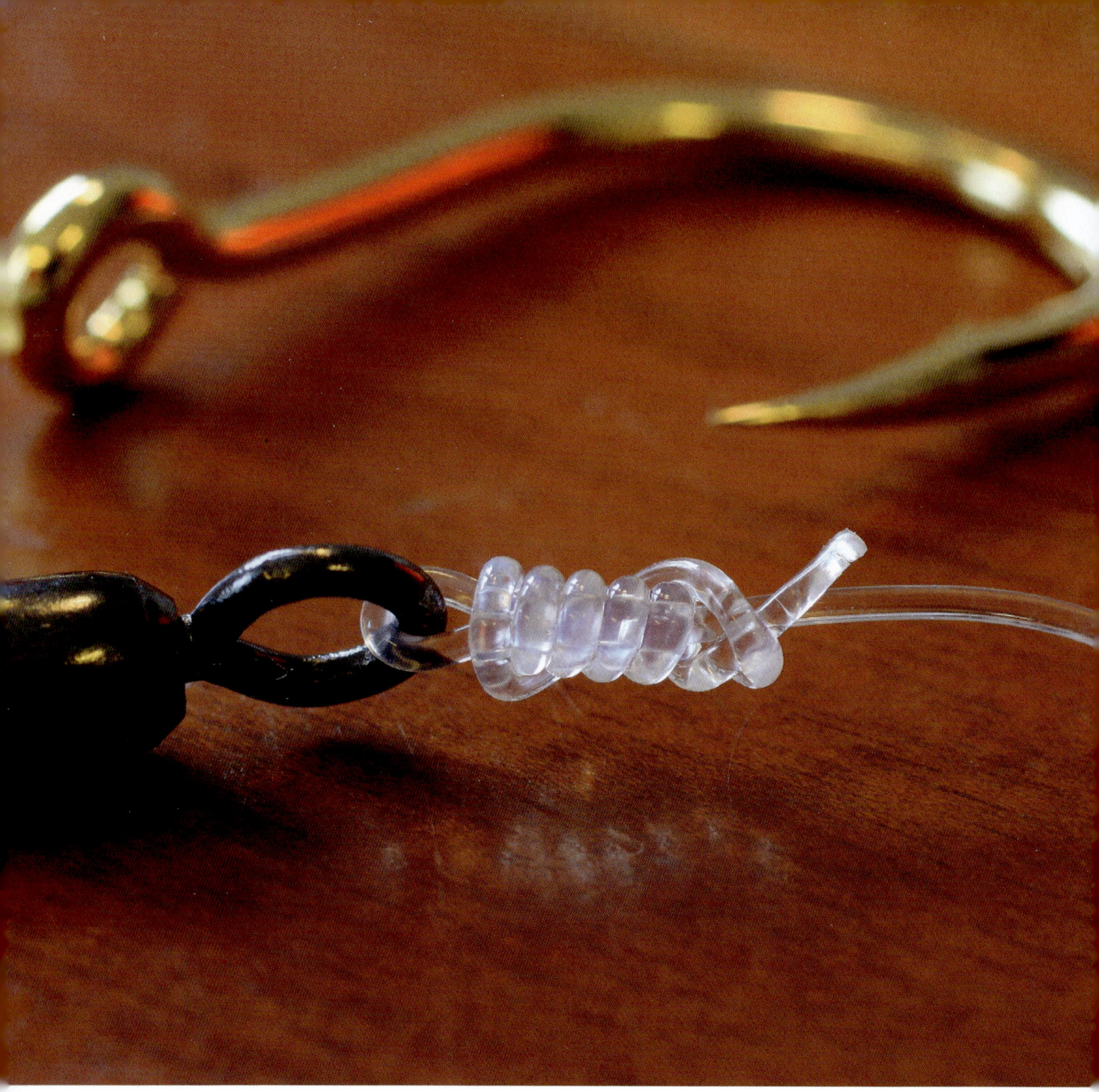

Der Knoten – Das schwächste Glied

Für ihre Leidenschaft können Angler alles kaufen, nur keine Knoten. Sie sind das schwächste Glied zwischen Angler und Fisch. Auf Charterbooten übernehmen meist Mates das Verbinden von Schnüren, Wirbeln und Haken. Die wichtigsten Knoten sollten Angler aber schon beherrschen.

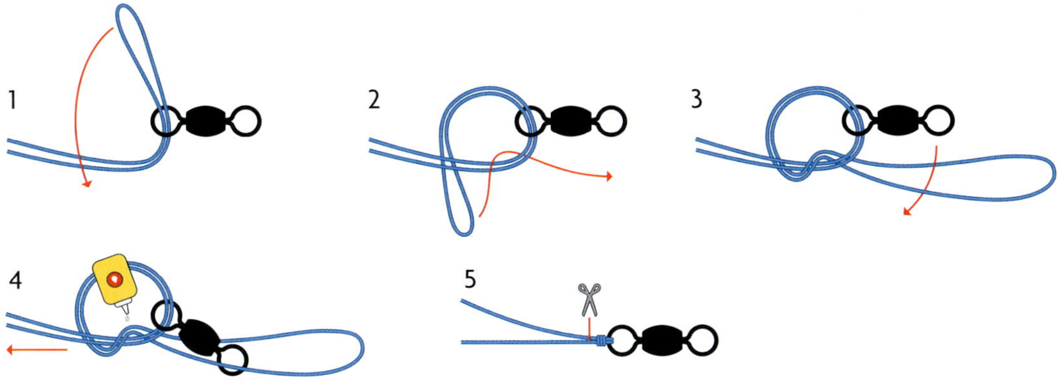

Palomar-Knoten

Der Knoten ist perfekt geeignet, um dünnere geflochtene Schnüre direkt mit einem Wirbel oder Einhänger zu verbinden. Zudem geht er leicht von der Hand.

Zunächst wird die Schnur ein Stück weit doppelt gelegt. Diese gedoppelte Schnur wird dann durch das Wirbelöhr geführt und ein einfacher Überhandknoten gebunden, der den Wirbel umschließt. Durch die so entstandene Schlaufe (sie sollte groß genug sein) wird nun der Wirbel geführt. Jetzt den Knoten befeuchten und langsam zuziehen. Eine Hand hält dabei den Wirbel (Einhänger) fest und die andere zieht beide Schnüre gleichzeitig zu. Das kurze Schnurende abschneiden und fertig!

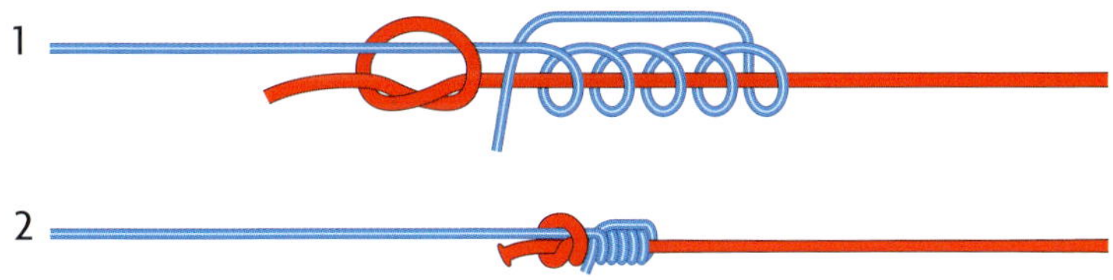

Schlagschnurknoten

Der Schlagschnurknoten verbindet geflochtene Schnüre mit einer monofilen Schnur. Vor allem beim Spinnfischen im Meer ist solch ein monofiles Stück Schnur (Leader/Topshot) wichtig, um einen Kontakt der empfindlichen geflochtenen Schnur mit Felsen zu vermeiden. Dieser Leader kann etwas länger als die Rute sein. Der Knoten gleitet gut durch die ersten Rutenringe, er darf aber nicht auf die Spule mit der geflochtenen Schnur gewickelt werden. Dort verursacht er beim Auswerfen ansonsten heillose Schnurperücken.

Zunächst wird am Ende der monofilen Schnur ein einfacher loser Überhandknoten gebunden und die geflochtene Hauptschnur durch den noch offenen Überhandknoten geführt. Erst nun wird der Überhandknoten so fest wie möglich zugezogen. Eine Zange am kurzen Schnurende hilft dabei.

Dann wird die Hauptschnur um das Monovorfach gewunden. Die erste Windung bleibt geöffnet, man hält sie dafür zwischen Daumen und Zeigefinger fest. Es folgen etwa 10–15 weitere Windungen (je dünner die PE-Schnur, umso mehr Windungen). Danach wird das freie Ende der Hauptschnur wie bei einem Clinchknoten durch die erste, von den Fingern offen gehaltene Windung geführt.

Jetzt diesen Knoten leicht straffziehen, bis alle Windungen nebeneinander liegen, anfeuchten(!) falls nötig, noch zum Überhandknoten schieben und dann erst kräftig zuziehen. Vorsichtige Angler schmelzen das Ende des Monoknotens noch vorsichtig mit einem Feuerzeug an, damit die entstehende Verdickung den Knoten gegen Durchrutschen sichert. Bei glattem und sperrigem Fluorocarbon ist das manchmal notwendig.

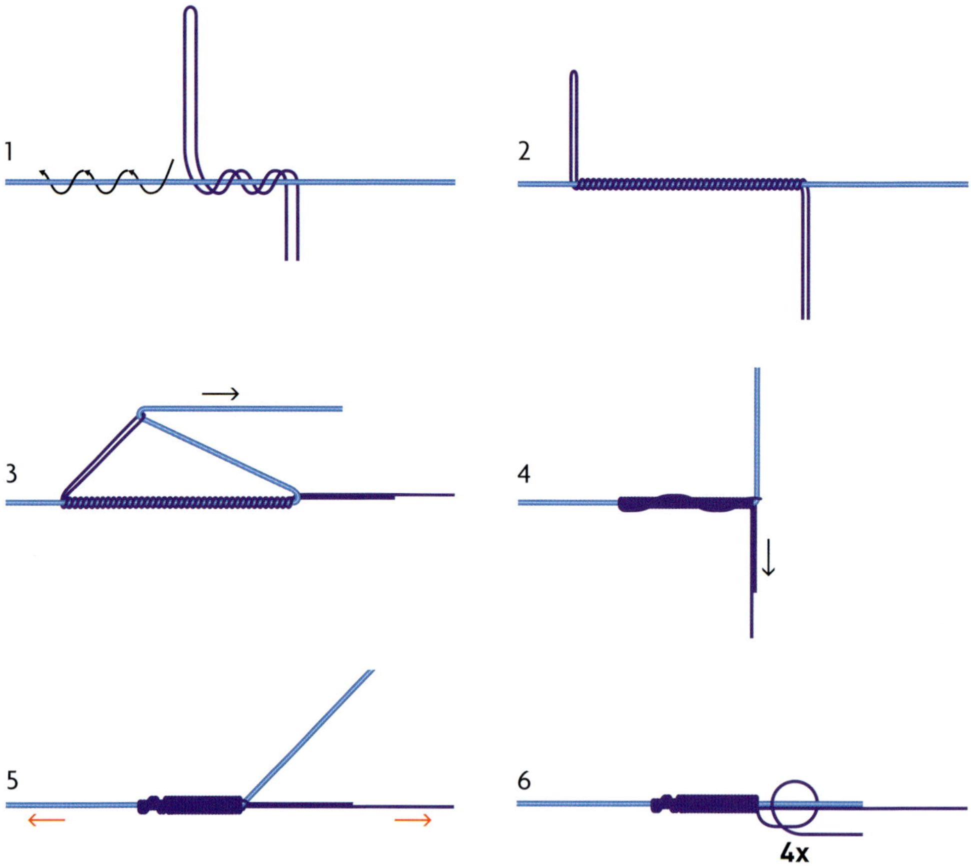

SC-Knoten

Dieser Knoten ist beim Spinnfischen die beste und stärkste Verbindung zwischen einer geflochtenen Hauptschnur und einem monofilen Leader! Mit ihm gelingen die weitesten Würfe, da er kaum aufträgt und ohne großen Widerstand durch die Rutenringe gleitet. Er gelingt zudem schneller und ist einfacher als der legendäre FC-Knoten. Angler sollten den SC-Knoten also beherrschen.

Die hier folgende, längliche Erklärung wird sehr schnell verständlich, wenn man sich zuvor im Internet anschaut, wie der Knoten in der Praxis gemacht wird. Einfach in der Suchmaske „Moo Moo Outdoors“ und „SC Knot“ eingeben, und schon sieht man in einem YouTube-Clip nachvollziehbar, was die folgenden Grafiken nochmal verdeutlichen.

Zunächst doppelt man die geflochtene Hauptschnur auf einer Länge von etwa 25 cm zu einer Schlaufe. Das meiste davon braucht man später zum Festhalten, wenn der Knoten zugezogen wird. Mit dieser Schlaufe wird die Mono-Schnur mehr als 20mal umwickelt. Die Länge der Schlaufe hängt ab vom Durchmesser des Leaders. Deutlich weniger als 10 cm reichen bei dünneren Schnüren aus, wird mit einem stärkeren Leader gefischt (etwa auf Thun), sollte die Schlaufe länger sein. – Also üben und probieren.

Man beginnt mit dem Umwickeln der Mono-Schnur etwa 15 cm oberhalb ihres Endes. Ob es nun 20 oder 25 oder mehr Wicklungen werden, spielt keine Rolle. Sehr viel wichtiger ist dagegen, dass die übriggebliebene Schlaufe zum Schluss deutlich kürzer ist als die Gesamtlänge der Wicklungen.

Durch diese kurze Schlaufe führt man nun das Mono-Ende und zieht es zum Anfang der Wicklungen wie auf Bild 3 zurück. Dort hält man die Schlaufe und Wicklungen mit einer Hand fest. Aber auch den Leader davor, auf ihm muss etwas Spannung sein! Nun zieht man wie auf Bild 4 das Mono-Ende mit den Zähnen nach oben und die beiden Geflechtschnüre nach unten, bei gleichzeitigem Zug des Leaders nach links.

Der Knoten zieht sich nun langsam zu, dabei legt sich die Schlaufe zunächst wie eine Spirale um die Windungen wie auf Bild 5 dargestellt. Nun den Knoten anfeuchten und sowohl am Leader und den beiden geflochtenen Schnüren in einer Ebene so fest wie möglich zuziehen (Bild 6). Dabei wird die Spirale immer enger und legt sich Windung an Windung fest über die Grundwicklung.

Fast fertig! Nun wird das kurze Ende der Hauptschnur mit 4 halben Schlägen gesichert (Bild 6) und die Überstände von Mono und kurzer Geflochtener werden gekürzt. Mit ein bisschen Übung geht das alles sehr viel schneller als das Lesen dieses Textes.

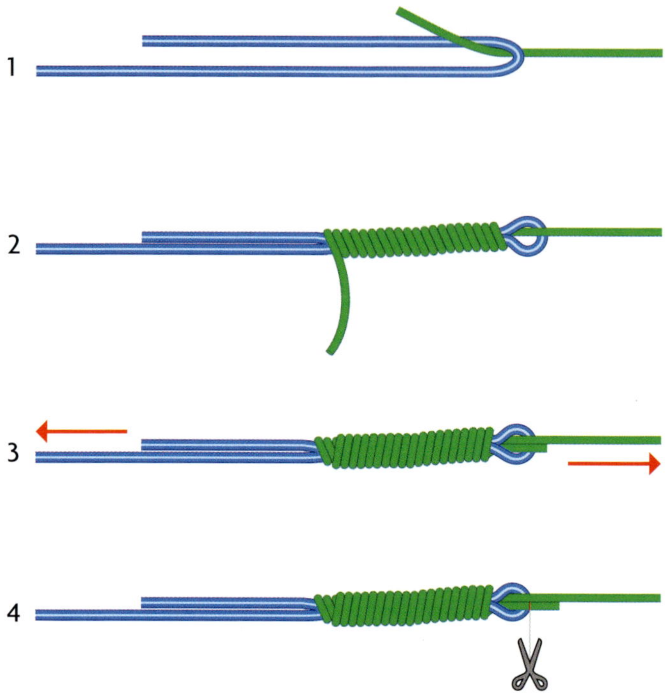

Gedoppelter Albright-Knoten

Dieser Knoten hat viele Namen, im Englischen wird er „Improved Albright" oder „Alberto Knot" genannt. Der Knoten ist ideal, um eine dicke monofile Schnur mit einer dünnen geflochtenen zu verbinden. Big Game Angler nutzen den Albright, um ihre oftmals mehr als 1 mm starken (und 50 m langen) monofilen Top Shots mit der geflochtenen Hauptschnur zu verbinden. Der Knoten trägt zwar etwas auf, passt aber gleichwohl durch die großen (Roller-) Ringe der Bootsruten.

Zunächst wird das dicke Mono gedoppelt und damit zu einer Schlaufe gelegt. Durch diese Schlaufe wird die geflochtene Hauptschnur gefädelt und die doppelt gelegte Monofile mit der Geflochtenen 7-10mal umwickelt.

Nun windet man das Geflecht wieder über die zuvor gelegten Wicklungen gleichmäßig zurück. Dann wird das Schnurende so durch die Mono-Schlaufe geführt, dass es auf derselben Seite wie die Hauptschnur herauskommt.

Jetzt wird der Doppelpack der Windungen vorsichtig zugezogen und diese Wicklungen bis ans Ende der Monoschlaufe geschoben Nun alles anfeuchten und festziehen. Dann kann man die Enden kappen.

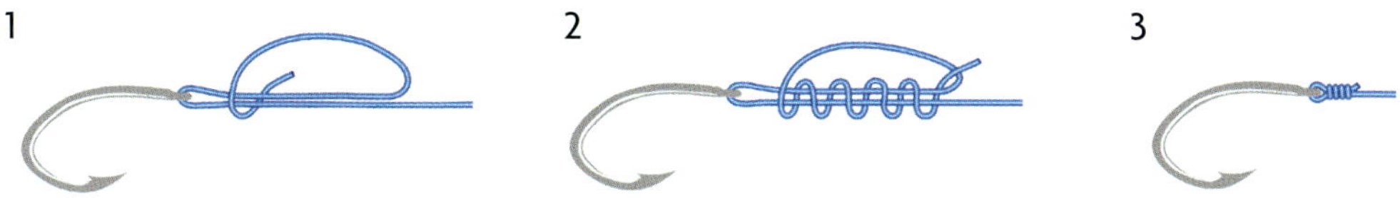

Uni Knot/Grinnerknoten

Dieser einfache, aber sehr starke Knoten verbindet alle Arten von Schüren mit Haken oder Wirbeln gleichermaßen. Er ist universell und heißt im Englischen auch so: Uni steht für universell. Hierzulande ist er auch als Grinnerknoten bekannt.

Die Schnur wird durch das Öhr geführt und dann damit eine Schlaufe gelegt, und zwar so, dass das Schnurende beim Öhr ankommt. Nun werden beide Schnüre (die Hauptschnur und jene an der Basis der Schlaufe) mit dem Schnurende durch die Schlaufe hindurch 5-7-mal umwickelt. Jetzt wird der Knoten leicht festgelegt, angefeuchtet und danach erst zugezogen. Das restliche Ende abschneiden und das war's auch schon. Werden sehr dünne Leinen gefischt, sollten sie zu Beginn 2mal durch das Öhr geführt und erst dann die erste Schlaufe gelegt werden.

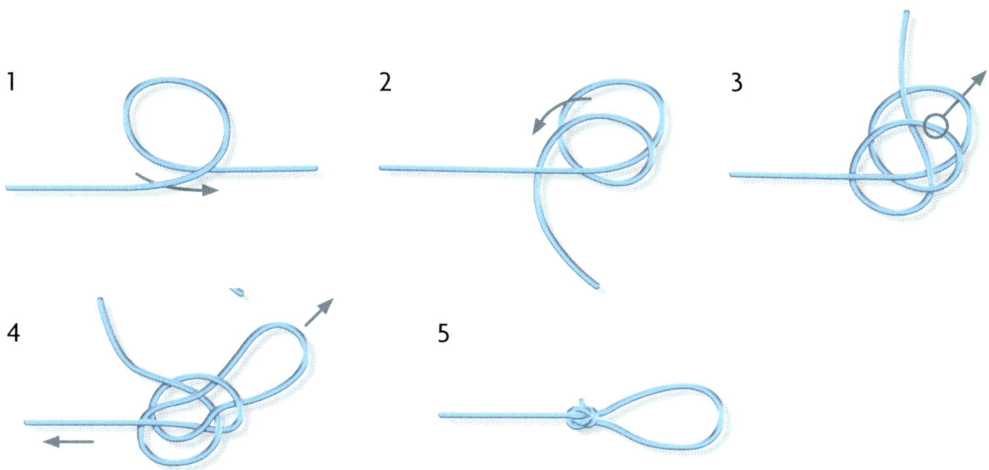

Perfection Loop

Der Perfection Loop wurde entwickelt, um an dicken monofilen Vorfächern eine feststehende Schlaufe zu knoten, wenn keine passenden Quetschhülsen zur Hand sind. Selbst ein freischwingender Haken an Trolling Lures kann damit angebracht werden. Soll der Knoten dazu genutzt werden, darf das Hakenöhr erst beim Legen der zweiten Schlinge auf die Schnur gefädelt werden, weil diese Schlinge mit dem Haken daran durch die erste Schlinge geführt werden muss. (Grafik: Hannes Dänekas)

Wie heißt mein Fisch?

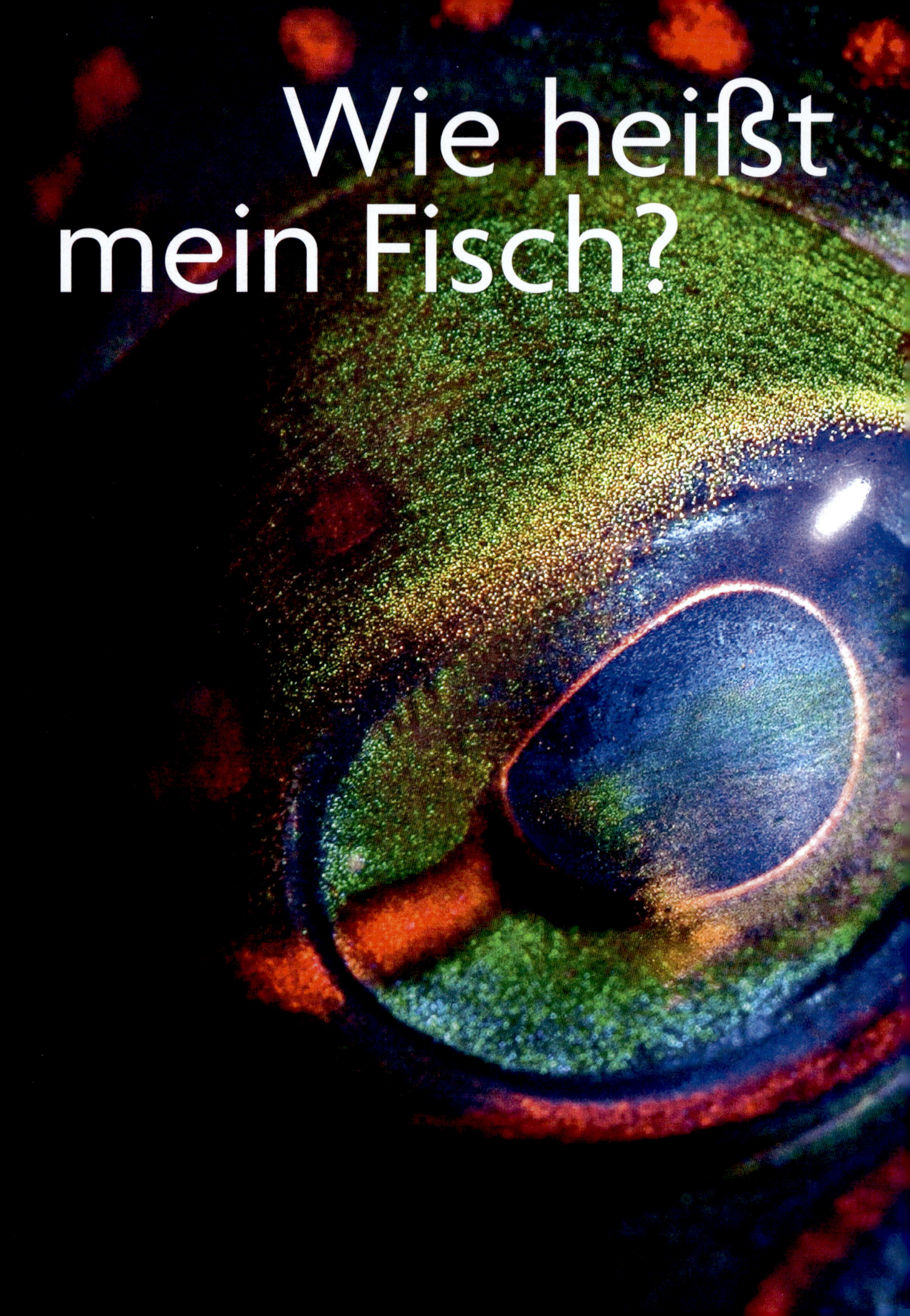

Die Antwort auf diese Frage soll das folgende Kapitel für einige der rund 700 im Mittelmeer vorkommenden Arten geben. Durchaus verzwickt ist allerdings, wie all die Fische zu sortieren sind: etwa alphabetisch, nach deutschen oder gar lateinischen Namen, wie in vielen Fischführern üblich? Weil dies beim Blick auf einen unbekannten Fisch kaum weiterhilft, wurden die großen und kleinen Flossenträger nach ihrem Lebensraum und ähnlichem Aussehen zusammengefasst.

Es mag kundigen Taxonomen ein Graus sein, dass deshalb Conger und Muräne hier einträchtig nebeneinanderstehen, weil beide schlangenartig lang sind. Wie sinnvoll aber die Annährungen an den Fisch am Haken über dessen Äußeres ist, zeigt sich vor allem in der Abteilung „Bunt und Gestreift": Das Zusammenfassen von ähnlich gefärbten, gestreiften oder geformten Fischen erleichtert deren Bestimmung auf einen Blick.

Die Auswahl der vier Kategorien „Uferfern", „Ufernah", „Am Grund" sowie „Bunt und Gestreift" hat allerdings auch Schwächen: Wo ist etwa die Bernsteinmakrele (Amberjack) einzuordnen? Im Winter werden Amberjacks vor Kroatien an Unterwasserbergen in Tiefen von 70–120 m weit vor der Küste gefangen, und im Sommer ziehen die Räuber dann vergleichsweise ufernah an vorgelagerten Inseln entlang. Wer die Kategorisierung der einen oder anderen Art deshalb für willkürlich hält, hat durchaus recht.

Finger weg!

Manche Mittelmeer-Fische müssen mit Vorsicht „behandelt" werden. Im eigentlichen Wortsinn, also mit Händen anfassen, sollte man etwa die gut schmeckenden Petermännchen nur, wenn sie tot sind. Und selbst dann mit Vorsicht: Die Stachelstrahlen der ersten Rückenflosse und auf den Kiemendeckeln beinhalten ein extrem schmerzhaftes Gift. Sind die Stacheln mit einer Zange abgeknipst, wird aus dem Fisch eine Delikatesse.

Zu einer Delikatesse wird dagegen der Hasenkopf-Kugelfisch niemals: Der aus dem Roten Meer ins Mittelmeer eingewanderte Lagocephalus sceleratus produziert das sehr starke Nervengift Tetrodotoxin, an dem auch schon Mittelmeeranrainer gestorben sind! Also: Finger weg, vor allem auch von den Zahnplatten, die Finger wie Seitenschneider kappen können! Den Fisch aber töten und an Land entsorgen. Er bedroht mittlerweile küstennahe Biotope so sehr, dass türkische Berufsfischer Kopfprämien für ihn bekommen, wenn sie den Kugelfisch an Sammelstellen abgeben.

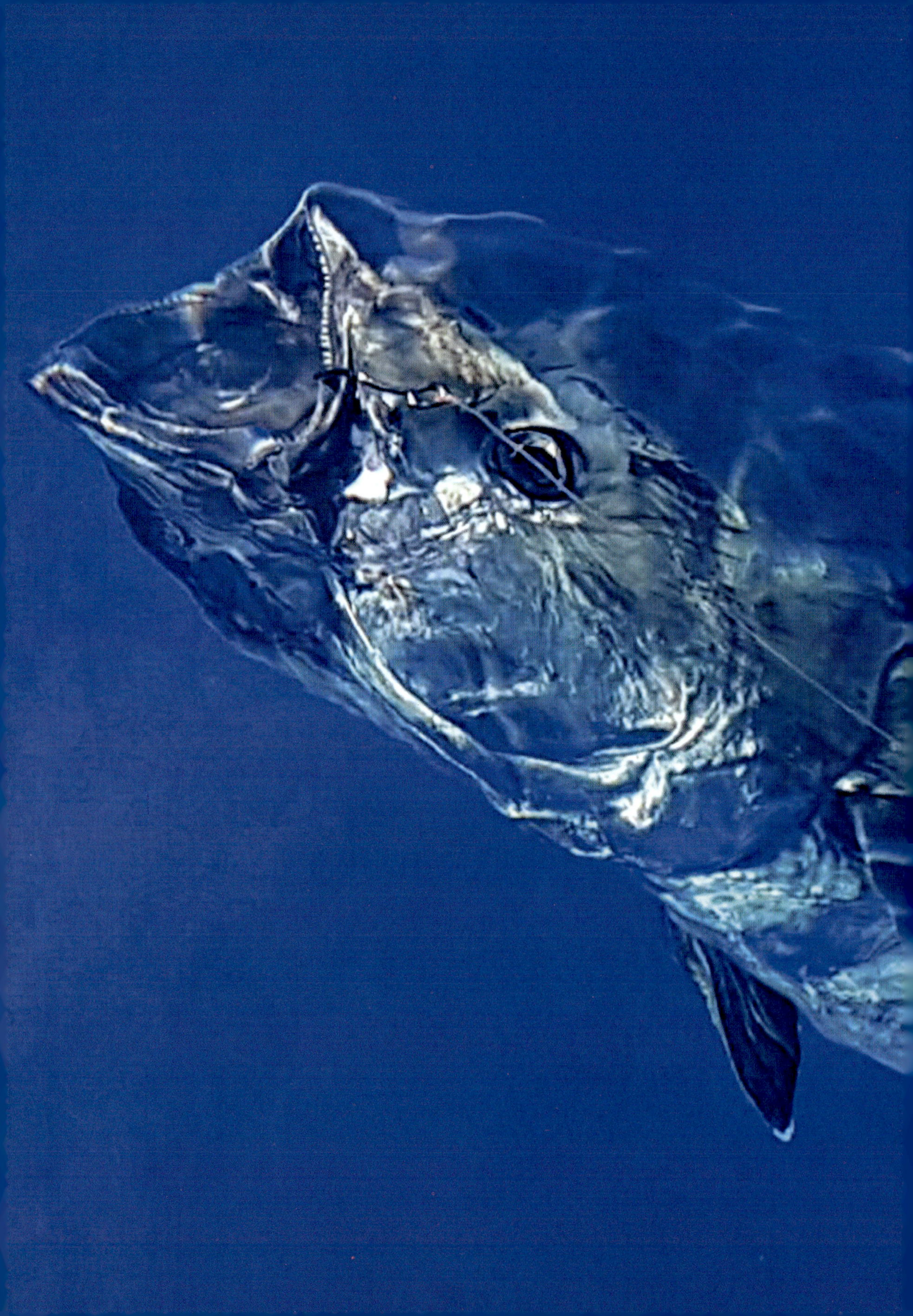

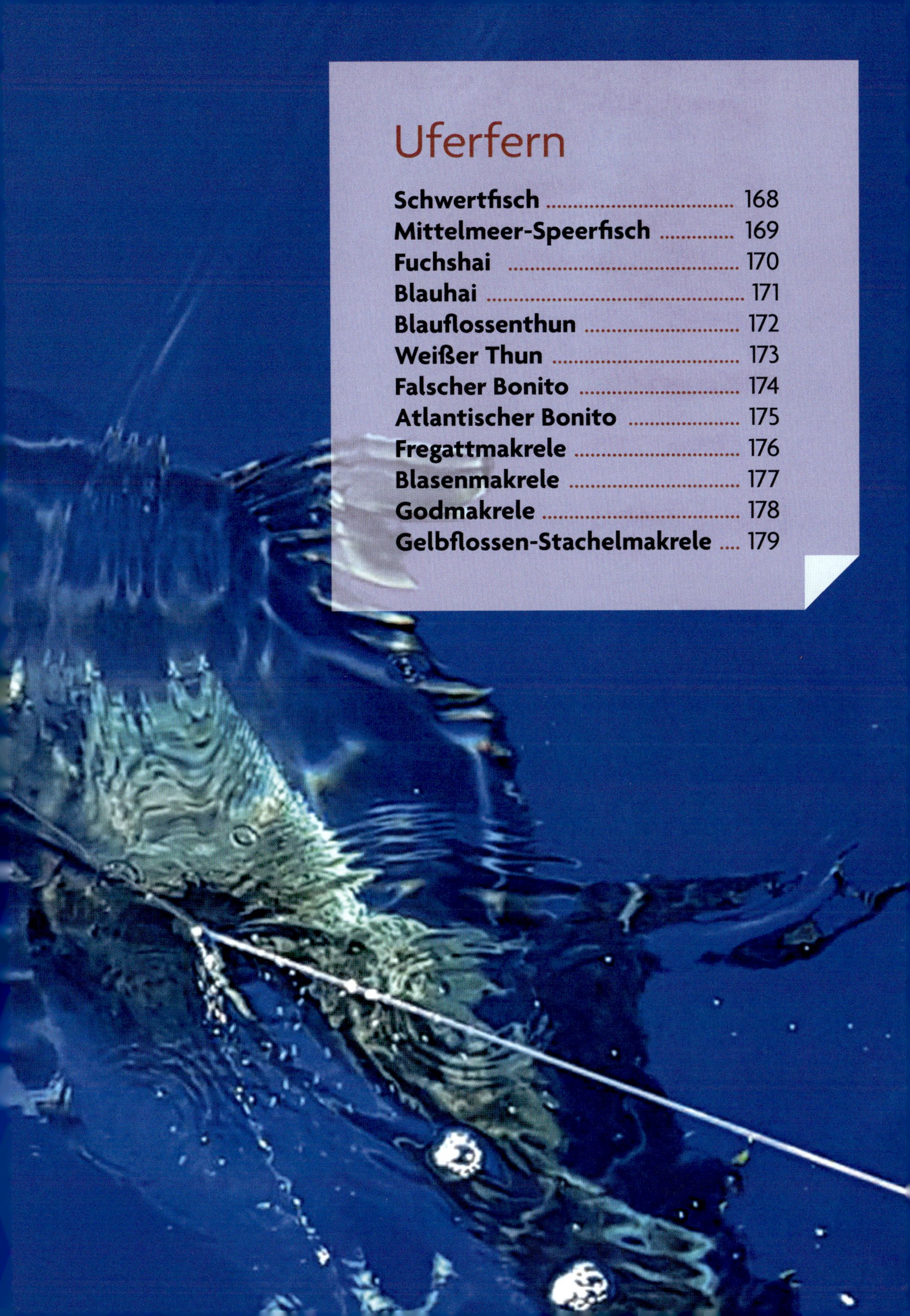

Uferfern

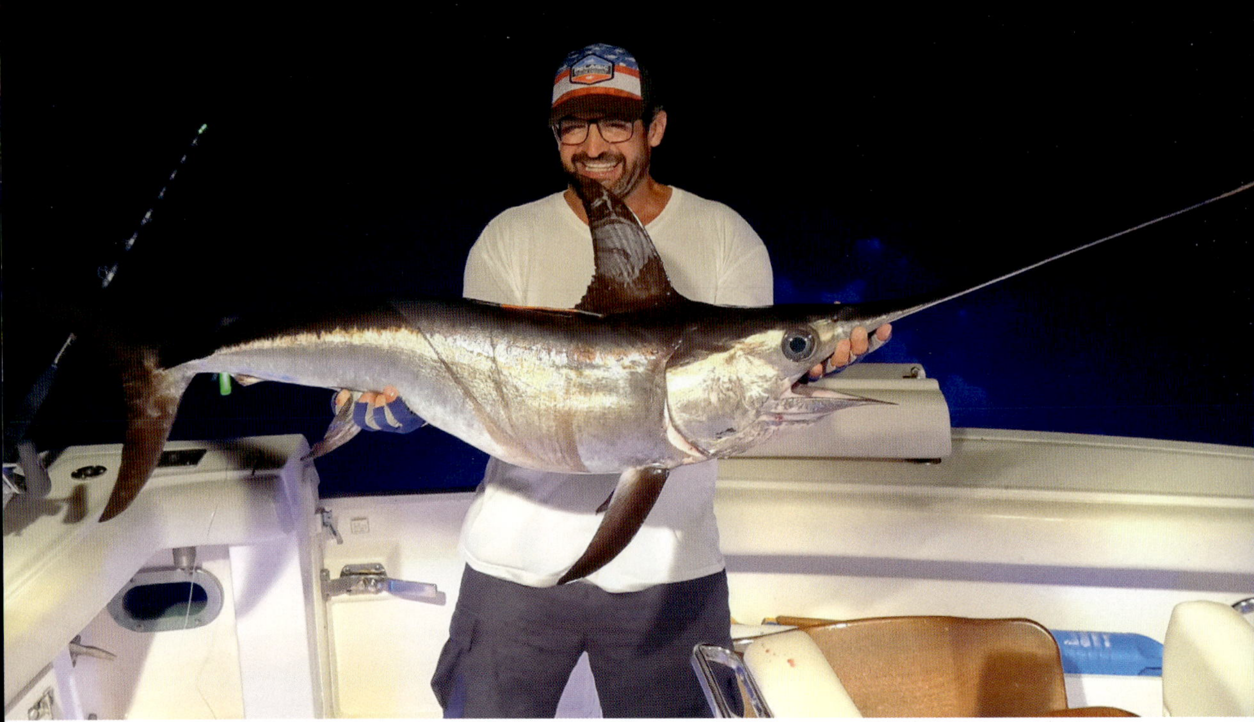

Schwertfisch

NAMEN: **Xiphias gladius** (wiss.), **Espadon** (Frankreich), **Pez espada** (Spanien), **Pesce spada** (Italien), **Iglun** (Kroatien), **Swordfish** (engl.)

VORKOMMEN: **Im gesamten Mittelmeer**

Der Fisch ist eindeutig an seinem Schwert zu identifizieren. Der lang ausgezogene Oberkiefer ist flach, hart und kann bis zu einem Drittel der Körperlänge ausmachen. Damit unterscheidet sich der Schwertfisch eindeutig von dem einzigen anderen Vertreter dieser Ordnung im Mittelmeer, dem Mittelmeer-Speerfisch. Dessen Schwert ist kaum länger als der Unterkiefer, rund und wie Sandpapier mit unzähligen Zähnchen besetzt.

Die Haut der Schwertfische ist schuppenlos und schleimbedeckt. Die Körperfärbung variiert am Rücken von dunklem Purpur über Graublau, Dunkelbraun bis Schwarz. Die Flanken sind silbergrau und die Flossen schwarz. Schwertfische sind sehr gute Kämpfer. Der weltweit schwerste gewogene Fisch brachte es auf 655 kg. Im Mittelmeer liegt das Durchschnittsgewicht der massiv überfischten Art meist unter 50 kg. Die Entnahme ist für Hobbyangler in manchen Ländern verboten!

TECHNIK: **Driften mit Naturköder tagsüber am Grund, Schleppfischen nachts.**

KÜCHE: **Der Geschmack ähnelt dem von Kalbfleisch. Das Fleisch ist fest, von feiner Textur und eignet sich als Steak bestens zum Grillen. Es wird allerdings schnell trocken.**

Mittelmeer-Speerfisch

NAMEN: Tetrapturus belone (wiss.), **Marlin de Mediterranée** (Frankreich), **Acura imperiale** (Italien), **Marlin des Mediterráneo** (Spanien), **Iglan** (Kroatien), **Mediterranean Spearfish** (engl.)

VORKOMMEN: Im gesamten Mittelmeer bis auf die nördliche Ägäis, häufig um Italien sowie im Norden von Mallorca.

Der Körper des bis zu 2,4 m langen Schwertträgers ist schlank und gestreckt. Der Rücken ist blau-schwarz gefärbt und die Flanken sind silber-weiß. Das Schwert ist kurz und kaum länger als der Unterkiefer. Dies unterscheidet ihn vom einzigen weiteren Schwertträger im Mittelmeer, dem Schwertfisch. Zudem ist der Körper des bis zu 70 kg schweren Fisches dicht bedeckt mit langen knochigen Schuppen, die in 3–5 Spitzen enden, die Haut des Schwertfischs ist dagegen schuppenlos. Vorab informieren, ob die Entnahme erlaubt ist.

TECHNIK: Trolling mit Lures, etwa dem 14 cm langen „Sailfishcatcher" von Williamson.

KÜCHE: Wird ein Fisch entnommen, sollte er für die Küche sofort ausgeblutet werden. Das Fleisch ist roh als Sashimi sehr wohlschmeckend, gegrillt nicht.

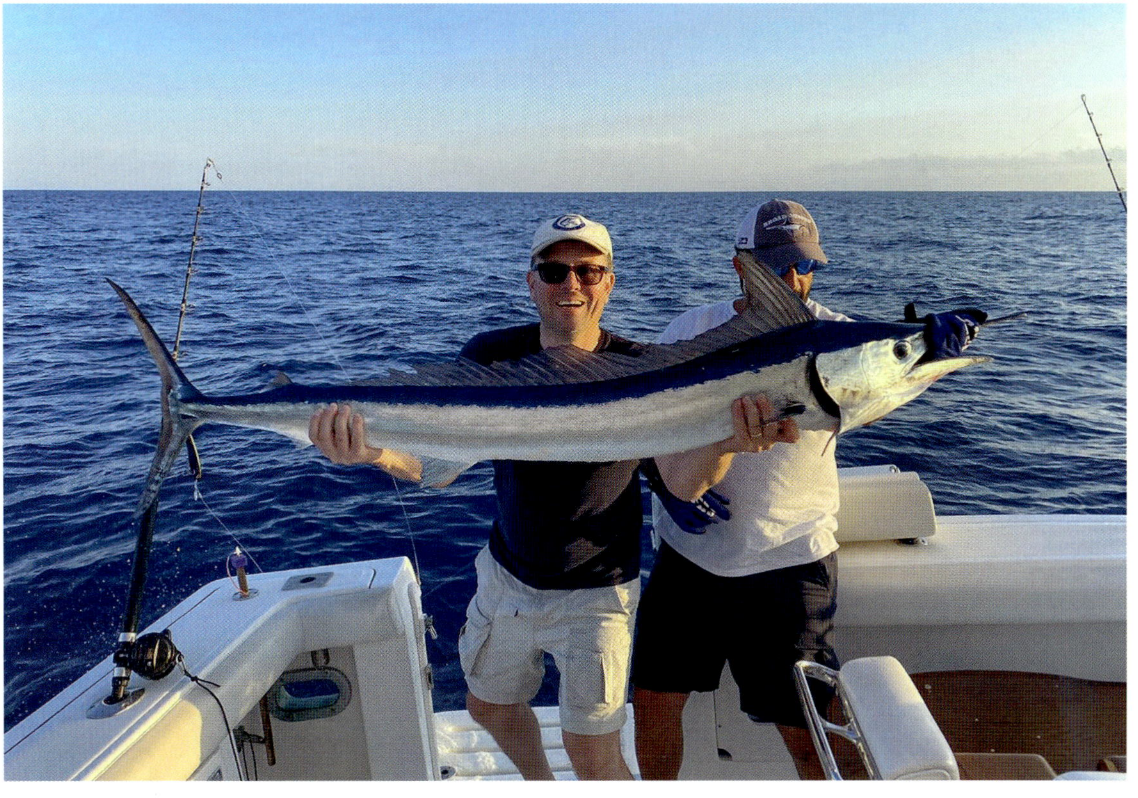

Fuchshai

NAMEN: **Alopias vulpinus** (wiss.), **Drescherhai** (dt.), **Requin renard** (Frankreich), **Tiburon zorro** (Spanien), **Morski pas vrsalica** (Kroatien), **Thresher shark** (engl.)

VORKOMMEN: Im gesamten Mittelmeer. Die Haie sind halb-pelagisch an Unterwasserbänken zu finden, leben aber auch in Küstennähe, wenn das Wasser dort tief ist.

Der kräftig gebauten Fuchshai ist wegen der extrem verlängerten oberen Schwanzflosse unverwechselbar. Der Lappen kann etwa die Hälfte der Gesamtlänge des Fisches erreichen. Rücken und Körperseiten sind grau bis braun, manchmal metallisch glänzend. Diese Haie können über 6 m lang und 400 kg schwer werden, wenn man sie lässt.

Fuchshaie ernähren sich überwiegend von kleinen Schwarmfischen wie Sardinen. Wie sie das tun, ist spektakulär und hat ihnen den Namen „Drescher“ gegeben: Haben die Haie einen Schwarm Sardinen oder Makrelen ausgemacht, schlagen mit ihren langen Schwanzflossen nach einzelnen Fischen, um sie zu betäuben. Beim Angeln werden immer wieder Fuchshaie an der Schwanzflosse gehakt, weil sie auch nach Ködern in der Drift schlagen. Fuchshaie sind sehr starke Kämpfer und springen im Drill oftmals auch aus dem Wasser. Die Bestände der Fuchshaie sind bedroht! Ihre Entnahme ist nicht nur in Spanien und Kroatien verboten!

TECHNIK: Zufallsfänge, wenn beim Angeln auf Blauflossenthun mit Sardinen angefüttert wird.

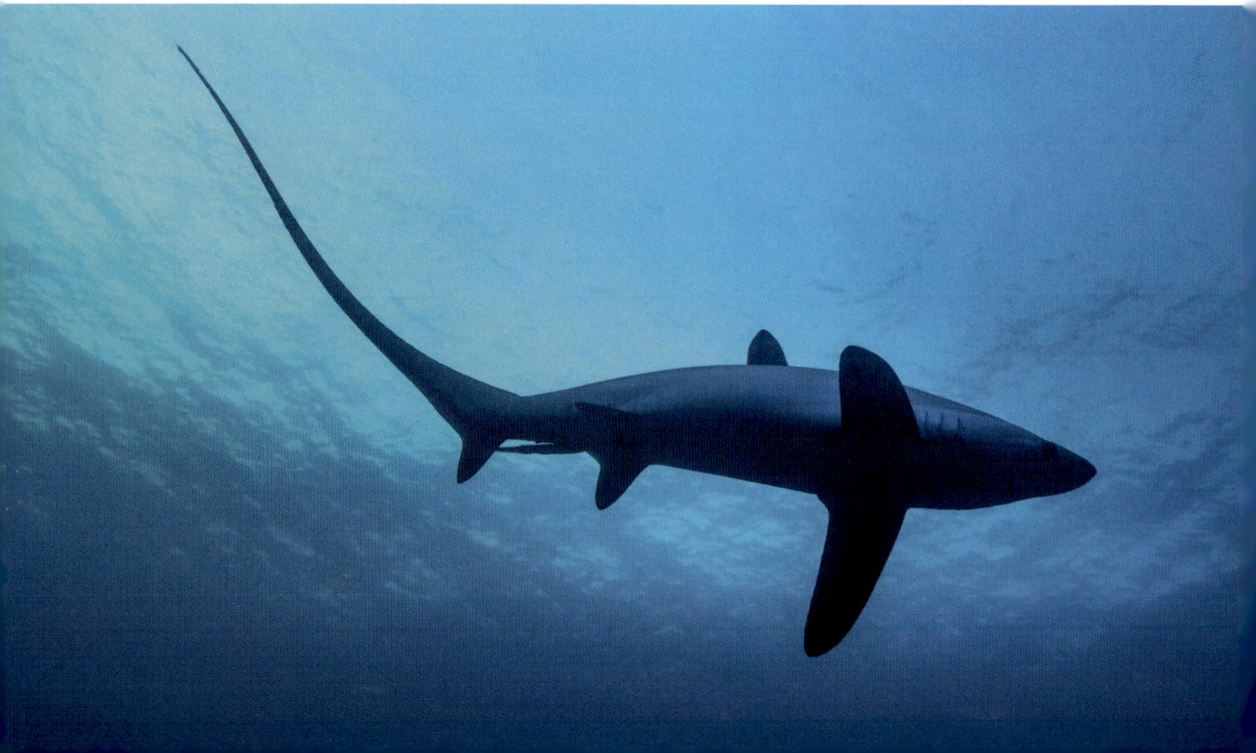

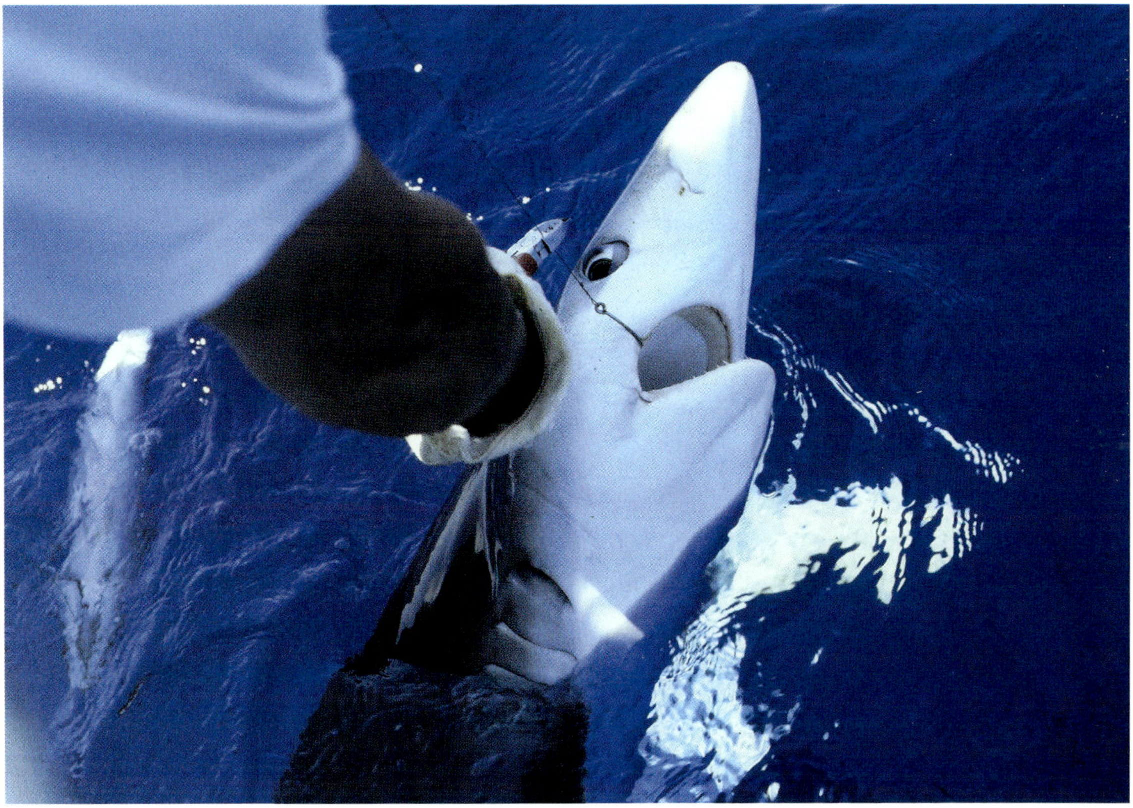

Blauhai

NAMEN: **Prionace glauca** (wiss.), **Requin bleu** (Frankreich), **Tiburón azul** (Spanien), **Plavi morski pas** (Kroatien), **Blue shark** (engl.)

VORKOMMEN: **Blauhaie sind im gesamten Mittelmeer heimisch. Sie bevorzugen das offene Meer, kommen aber auch küstennah vor, wenn das Wasser dort tief ist.**

Die auffällige indigo-blaue Färbung von Rücken und Seiten waren namensgebend. Der Bauch ist leuchtend weiß. Die Schnauze ist langgezogen und spitz, die Augen groß. Blauhaie sind schlanke, schnelle Jäger mit extrem großen Brustflossen. Deren Länge ist zumeist größer als die Distanz von der Schnauzenspitze bis zum ersten Kiemenschlitz. Die Zähne sind schlank, spitz und leicht gebogen. Blauhaie werden vermutlich älter als 20 Jahre und auch im Mittelmeer über 3 m lang. Diese Art ist durch industriellen Fang mittlerweile bedroht und Hobbyanglern die Entnahme meist untersagt. Bei einem Zufallsfang sollte der Hai im Wasser gelassen und das Vorfach knapp abgeschnitten werden.

TECHNIK: **Beifang beim Anfüttern mit Sardinen auf Blauflossenthun.**

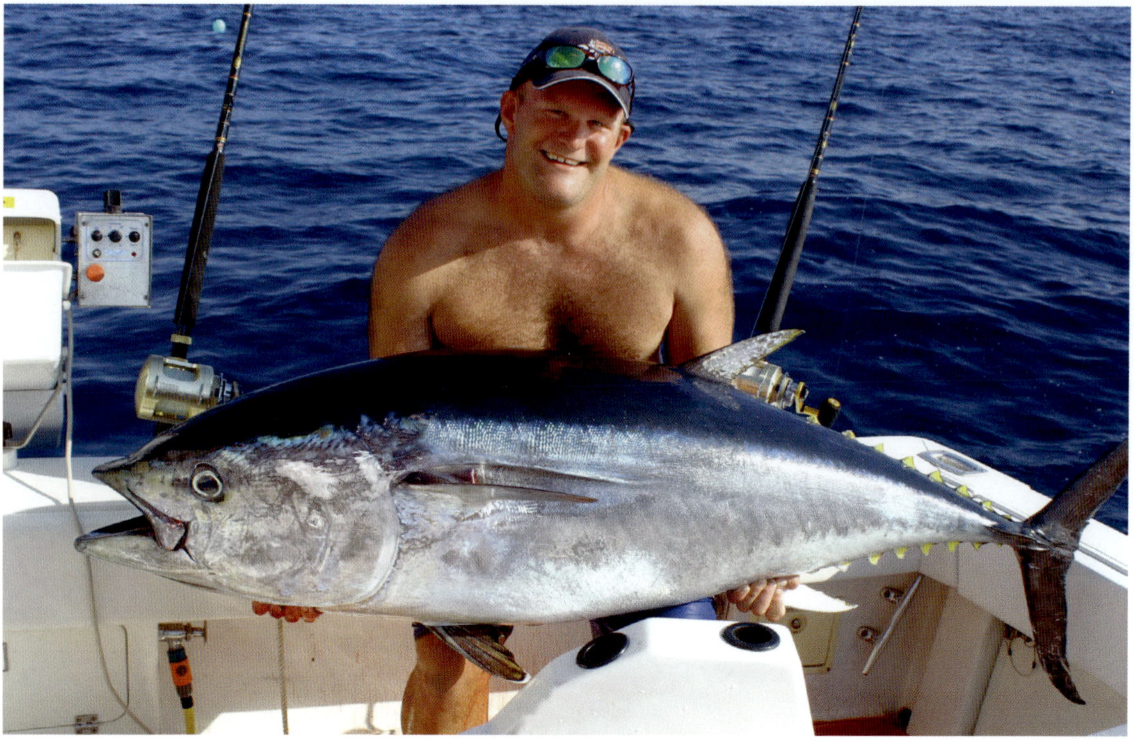

Blauflossenthun

NAMEN: **Thunnus thynnus** (wiss.), **Roter Thunfisch** (dt.), **Atún rojo** (Spanien), **Thon rouge** (Frankreich), **Tonno rosso** (Italien), **Tuna plava** (Kroatien), **Tonnos** (Griechenland), **Bluefin tuna** (engl.)

VORKOMMEN: **Im gesamten Mittelmeer**

Der Blauflossenthun ist der größte aller Thune. Sein Körper ist spindelförmig, mit dem größten Durchmesser auf der Hälfte der angelegten Brustflosse. Danach verjüngt sich der Rumpf kontinuierlich bis zur schmalen Schwanzwurzel. Im Vergleich zu anderen Thunen ist der Kopf lang und etwas spitz, die Augen sind klein. Die Brustflossen sind relativ kurz und reichen an den Körper angelegt nicht über das Ende der ersten Rückenflosse hinaus. Das unterscheidet ihn vom Weißen Thun (Albacore) und dessen sehr langen Brustflossen. Im Mittelmeer wurden schon über 500 kg schwere Bluefins gelandet. Doch das sind seltene Ausnahmen: Die Masse der geangelten Fische wiegt zwischen 30–60 kg; Thune mit über 100–300 kg sind aber je nach Region und Jahreszeit durchaus zu fangen. Es gilt weithin ein Entnahmeverbot für Sportangler.

TECHNIK: **Driftfischen und Anfüttern mit Sardine, Poppern, Jiggen, Schleppfischen**

KÜCHE: **Vom Feinsten, wer Sushis und Sashimi mag. Auf dem Grill kann das Fleisch schnell trocken werden.**

Weißer Thun

NAMEN: **Thunnus alalunga** (wiss.), **Atùn blanco** (Spanien), **Germon** (Frankreich), **Alalonga** (Italien), **Albakor** (Kroatien), **Tonnos makropteros** (Griechenland), **Ton baligi** (Türkei), **Albacore** (engl.)

VORKOMMEN: **Im gesamten Mittelmeer**

Der Körper ist im Vergleich mit anderen Thun-Arten lang gestreckt und erreicht den größten Durchmesser erst an der zweiten Rückenflosse. Eindeutiges Erkennungsmerkmal sind die extrem langen Brustflossen. An den Körper angelegt, reichen sie (bei Fischen über 50 cm Länge) bis über die Afterflosse hinaus. Damit kann der Weiße Thun eindeutig von einem kleinen Blauflossenthun unterschieden werden. Die Fische können bis 127 cm lang und über 40 kg schwer werden; Fänge mit über 20 kg sind im Mittelmeer eher selten. Weiße Thune ziehen meist uferfern umher und sind hoch geschätzte Kämpfer an leichtem Gerät.

TECHNIK: **Schleppfischen mit künstlichen Ködern. Albacore sind nicht bootsscheu und attackieren selbst Wobbler 10 m hinter dem Boot.**

KÜCHE: **Albacore sind begehrte Speisefische. In den USA werden sie als „white meat tuna", als weißfleischiger Thun, vermarktet. Nach dem Fang sofort ausbluten.**

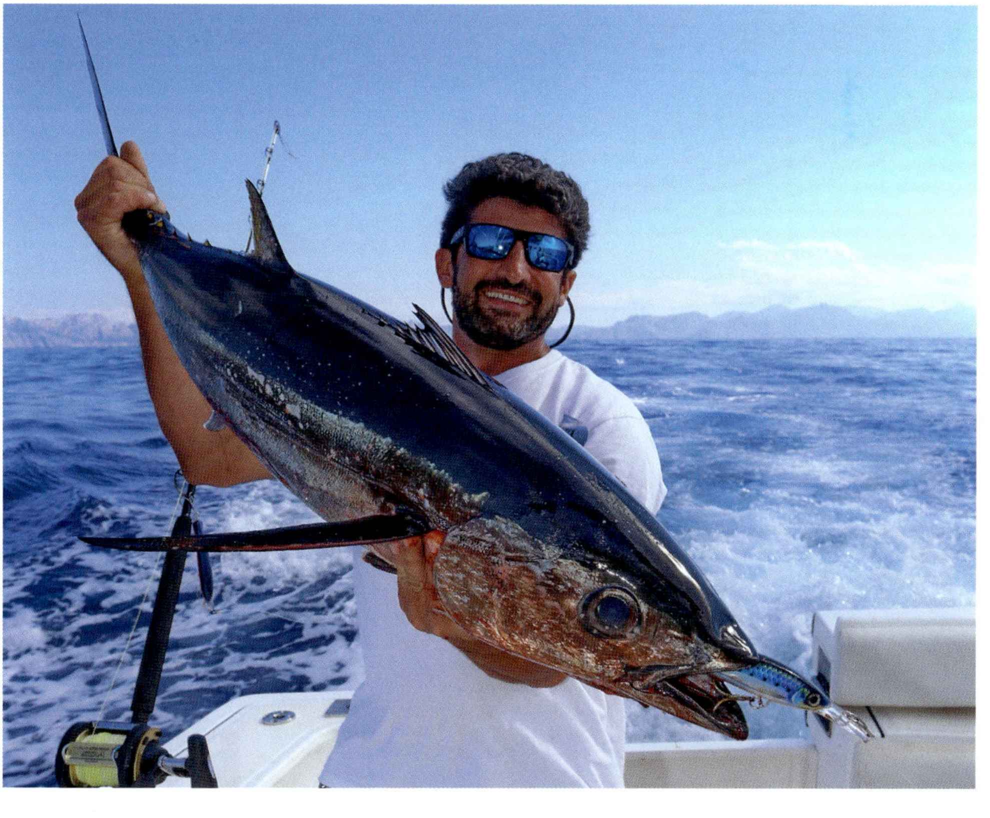

Falscher Bonito

NAMEN: Euthynnus alletteratus (wiss.), **Bacoreta** (Spanien), **Thonine** (Frankreich), **Tonetto** (Italien), **Luc** (Kroatien), **Karvouni** (Griechenland), **Yaziliorkinus** (Türkei), **Little tunny, False Albacore** (engl.)

VORKOMMEN: Im gesamten Mittelmeer

Der Rücken des Falschen Bonitos ist dunkel-türkis bis stahlblau, die Flanken und der Bauch silberweiß. Auf dem Rücken zeigen sich gebrochene, dunkle wellige Streifen. Sie beginnen ab der Mitte der ersten Rückenflosse und werden nach unten durch das Seitenlinienorgan begrenzt. Little Tunny sind von allen anderen Thunarten leicht durch die 3–7 schwarzen Flecken zu unterscheiden, die zwischen Bauch- und Brustflosse zu sehen sind.

Der pelagisch lebende Fisch wird bis zu 10 Jahre alt, 1,2 m lang und 20 kg schwer. In der Adria können vor Kroatien Exemplare mit 13–14 kg gefangen werden.

TECHNIK: Schleppfischen mit künstlichen Ködern, Shore Jigging. Der Fisch ist scheu, deshalb nicht in einen Schwarm hineinfahren, allenfalls hineindriften lassen.

KÜCHE: Das Fleisch hat einen starken Eigengeschmack und ist für viele von minderer Qualität. Der fischige Geschmack verschwindet aber, wenn der Fisch sofort ausgeblutet und die dunkleren (blutreichen) Anteile abgetrennt werden. Die hellen Filets werden in Salzwasser ausgewaschen, bis das Wasser klar ist und schmecken dann köstlich.

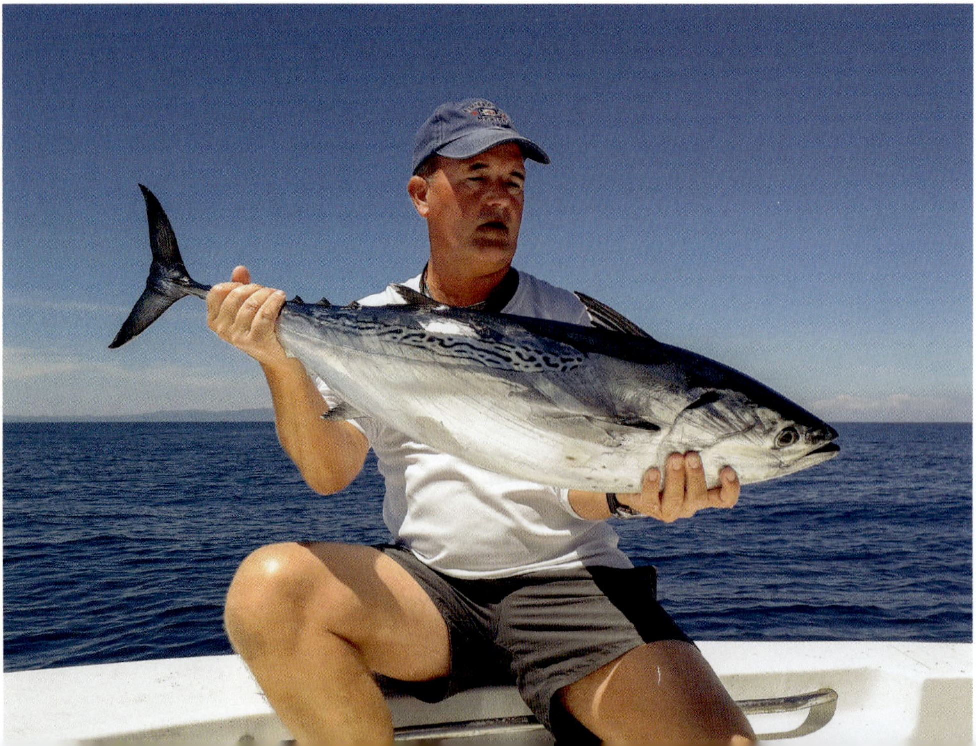

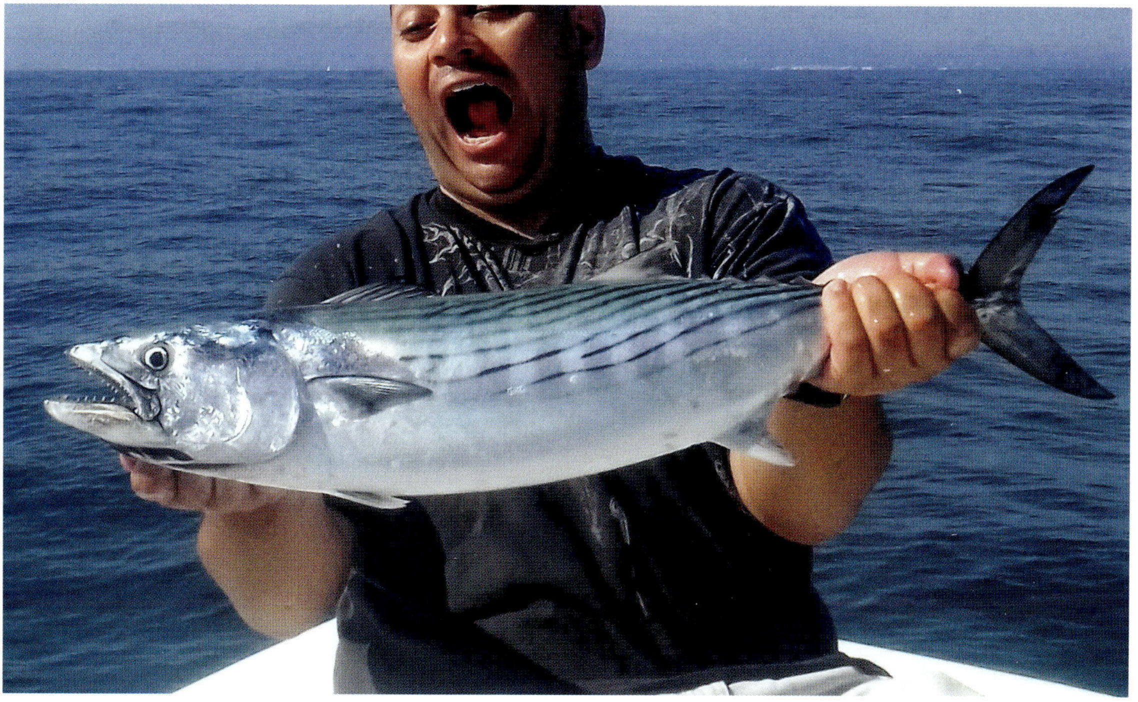

Atlantischer Bonito

NAMEN: **Sarda sarda** (wiss.), **Bonito del norte** (Spanien), **Bonite, Pélamide** (Frankreich), **Palamida** (Kroatien), **Palamidi (Albanien), Palamida** (Griechenland), **Palamut** (Türkei), **Atlantic bonito** (engl.)

VORKOMMEN: **Im gesamten Mittelmeer**

Der Rücken des Bonitos ist stahlblau bis blaugrün, die Flanken und der Bauch sind silbern. Auf dem Rücken verlaufen 7–20 lang gezogene diagonale Streifen. Sie fallen von hinten nach vorne zum Kopf hin ab und reichen über die Seitenlinie hinaus. Noch nicht geschlechtsreife Jungtiere tragen an den Flanken überdies 10–12 breite vertikale und dunkelblaue Streifen.

Das Maul des Bonitos ist größer als das der Thune, dies gilt auch für die Zähne. Im Mittelmeer wird der Fisch mit etwa 40 cm geschlechtsreif und laicht zwischen Mai und Juni. Er kann bis zu 91 cm lang und 11 kg schwer werden. Erwachsene Bonitos schwimmen in kleinen Schulen und sind in Relation zu ihrem Gewicht sehr starke Kämpfer.

TECHNIK: **Schleppfischen mit kleineren künstlichen Ködern, Chumming mit Sardinen vom verankerten Boot aus.**

KÜCHE: **Atlantische Bonitos schmecken sehr gut; es lohnt sich, sie aufzuspüren.**

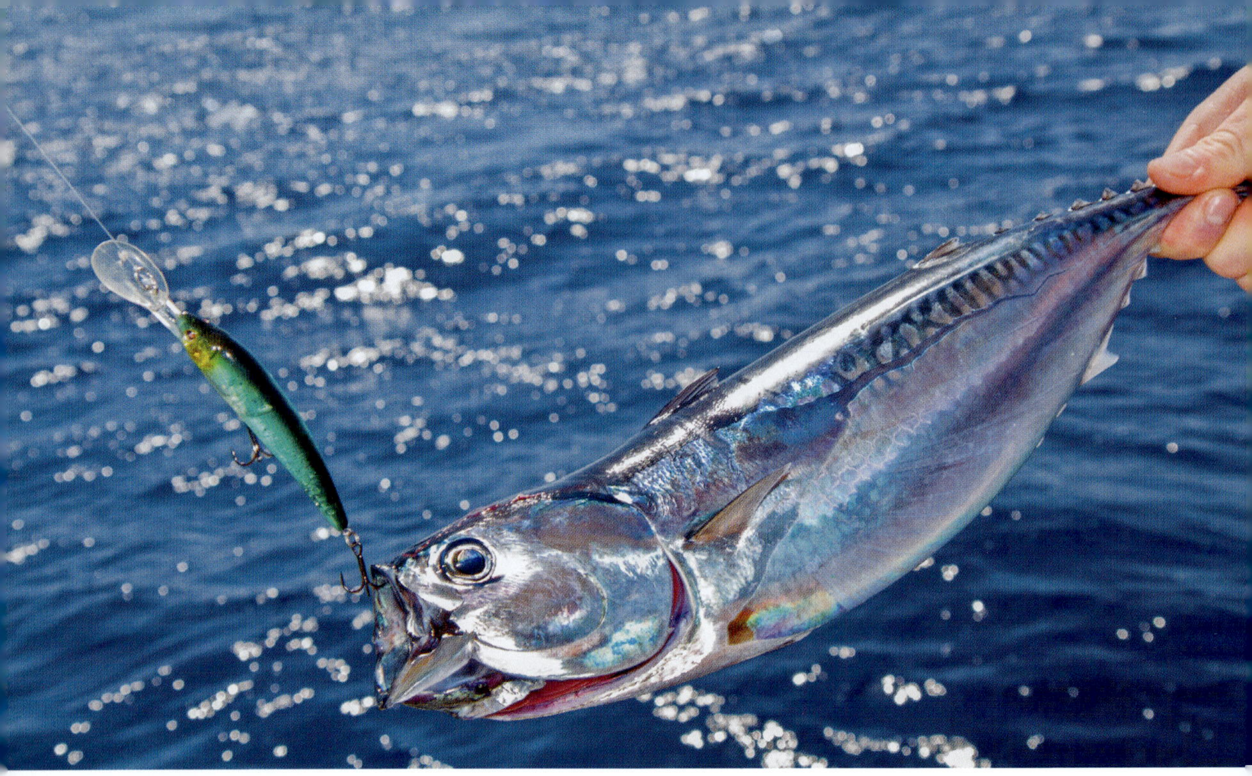

Fregattmakrele

NAMEN: **Auxis rochei** (wiss.), **Melva canutera** (Spanien), **Auxide** (Frankreich), **Tombarello** (Italien), **Trup** (Kroatien), **Kopáni** (Griechenland), **Tombik baligi** (Türkei), **Bullet Tuna, Frigate Mackerel** (engl.)

VORKOMMEN: Im gesamten Mittelmeer

Der Fisch ähnelt der Atlantischen Makrele. Er hat aber einen rundlicheren, geschossförmigen Körper, daher auch der englische Name „Bullet" (für Geschoss). Der Rücken ist dunkelblau und geht zum Kopf hin in dunkelviolett bis schwarz über. Auf den oberen Seiten zeigt sich hinter der ersten Rückenflosse ein Muster von 15 oder mehr breiten, gezackten unregelmäßigen Streifen. Die Flanken sind silbern, der Bauch ist weiß. Um die Brustflossen findet sich ein schmales Band kleiner Schuppen. Vor den Ebro ziehen die dort so genannten „Melvas" im Juni/Juli und verschwinden meist Anfang Oktober wieder. Die Fische werden etwa 5 Jahre alt und knapp 2 kg schwer. Der All Tackle Weltrekord wurde 2004 vor L'Ampolla (Spanien), aufgestellt und wog 1,84 kg. Wegen ihrer Häufigkeit gilt diese Art als wichtiges Glied in der Nahrungskette größerer Raubfische.

TECHNIK: Künstliche und natürliche Köder an leichtem Gerät. An der Fliege sind sie echte Spaßbringer. Die Fische sind leicht zu orten, da sie sichtbar an der Oberfläche rauben.

KÜCHE: Das Fleisch ist von minderer Qualität.

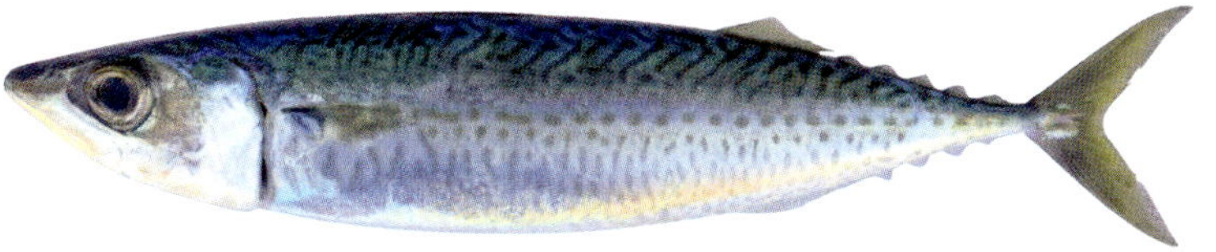

Blasenmakrele

NAMEN: **Scomber colias** (wiss.), **Estornio** (Spanien), **Maquereau espagnol, Maquereau blanc (Französisch), Lanzardo** (Italien), **Atlantic chub mackerel** (engl.)

VORKOMMEN: Im gesamten Mittelmeer

Die Blasen- oder Mittelmeermakrele ähnelt mit ihrem gestreckten Körper und den welligen Streifen am Rücken der Atlantischen Makrele. Die Augen sind größer als die der Atlantischen Makrele.

Auffällig ist ihre Körperzeichnung. Der metallblaue Rücken ist bis unter die Seitenlinie mit dunklen Wellenlinien gezeichnet. Die helleren Flanken sind mit unregelmäßigen, oftmals länglichen und graublauen Flecken bedeckt. Weil diese bis zu 35 cm lange und 2 kg schwere Makrelenart im Gegensatz zu ihrem atlantischen Vetter eine Schwimmblase besitzt, wird sie im Deutschen auch so genannt: Blasenmakrele.

TECHNIK: Kleine künstliche und natürliche Köder, vor allem an leichtem Gerät oder an der Fliegenrute ist der Fisch ein toller Kämpfer.

KÜCHE: Wohlschmeckend, gebraten, gegrillt oder geräuchert. Im Mittelmeerraum wird sie auf vielen Märkten angeboten.

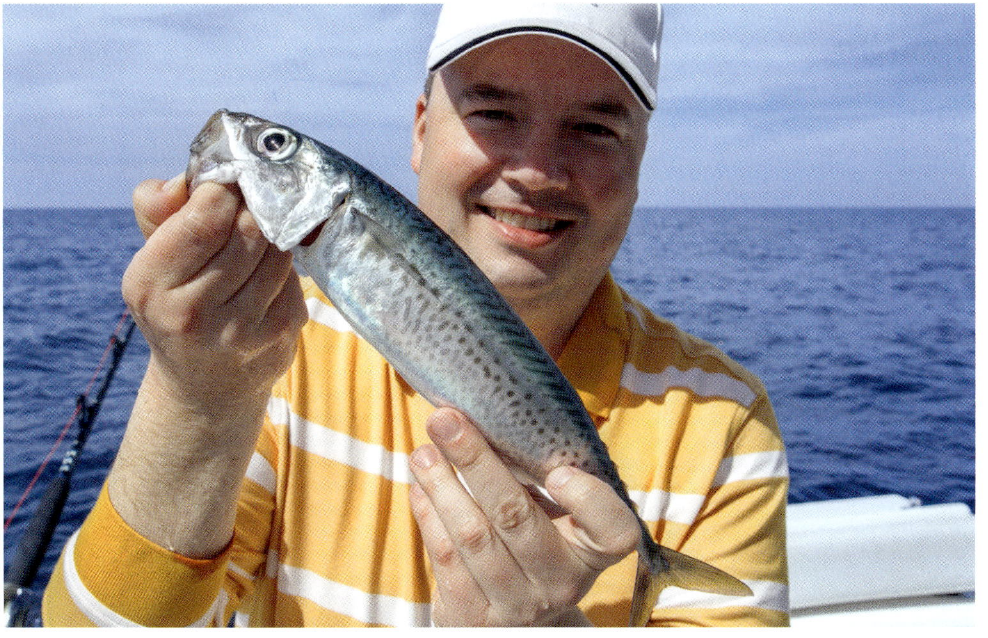

Goldmakrele

NAMEN: **Coryphaena hippurus** (wiss.), **Llampuga** (Spanien), **Coryphène** (Frankreich), **Lampuga, Corifena cavallina** (Italien), **Lampuga** (Kroatien), **Dolphinfish, Dorado** (engl.)

VORKOMMEN: **Im gesamten Mittelmeer**

Die Keilform und ihre goldgrüne Färbung mit den vielen kleinen, metallischblaugrünen oder schwarzen Punkten machen die Goldmakrele unverwechselbar. Ihr Körper verjüngt sich hinter dem Kopf gleichmäßig bis zur Schwanzwurzel; überdies sind die Flanken des Fisches sehr flach. Weibliche Fische können von männlichen leicht an ihrer Schädelform unterschieden werden: Rogner haben eine rundliche Stirn und Milchner eine eckige.

Goldmakrelen wachsen extrem schnell. Nach nur 6 Monaten sind sie bereits 80 cm lang und erreichen im ersten Lebensjahr ein Gewicht von bis zu 18 kg bei einer Länge von 122 cm. Sie werden nur 4 Jahre alt und können dann über 30 kg wiegen. Goldmakrelen suchen Schutz unter Objekten an der Wasseroberfläche und können etwa an umhertreibenden Holzpaletten oder anderem Unrat gefangen werden. Im westlichen Mittelmeer sind im Herbst Massenfänge möglich. Die erst einige Monate alten Fische sind meist nur um die 40 cm lang, werden aber vor allem auf spanischen Fischmärkten angeboten.

TECHNIK: **Schleppen, Spinnfischen, Driften mit Sardinenstücken**

KÜCHE: **Hervorragend! Das Fleisch wird auch roh für Sashimi verarbeitet.**

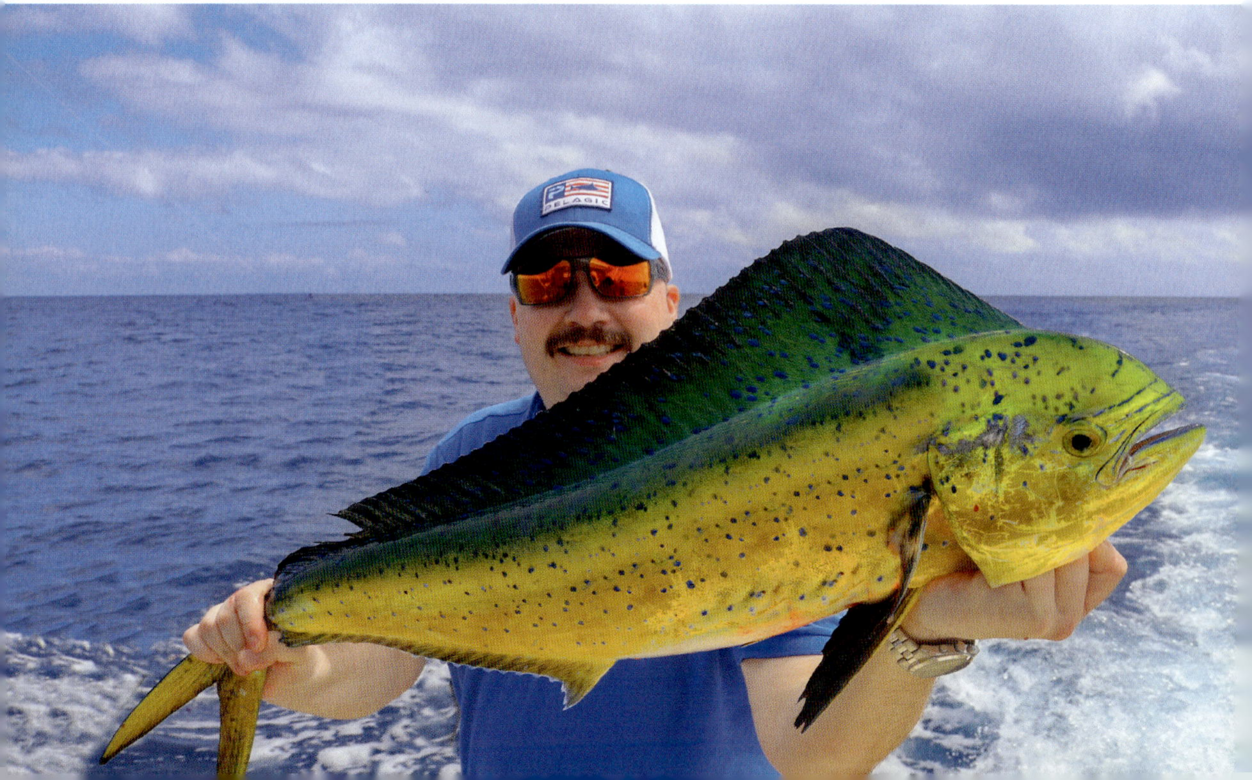

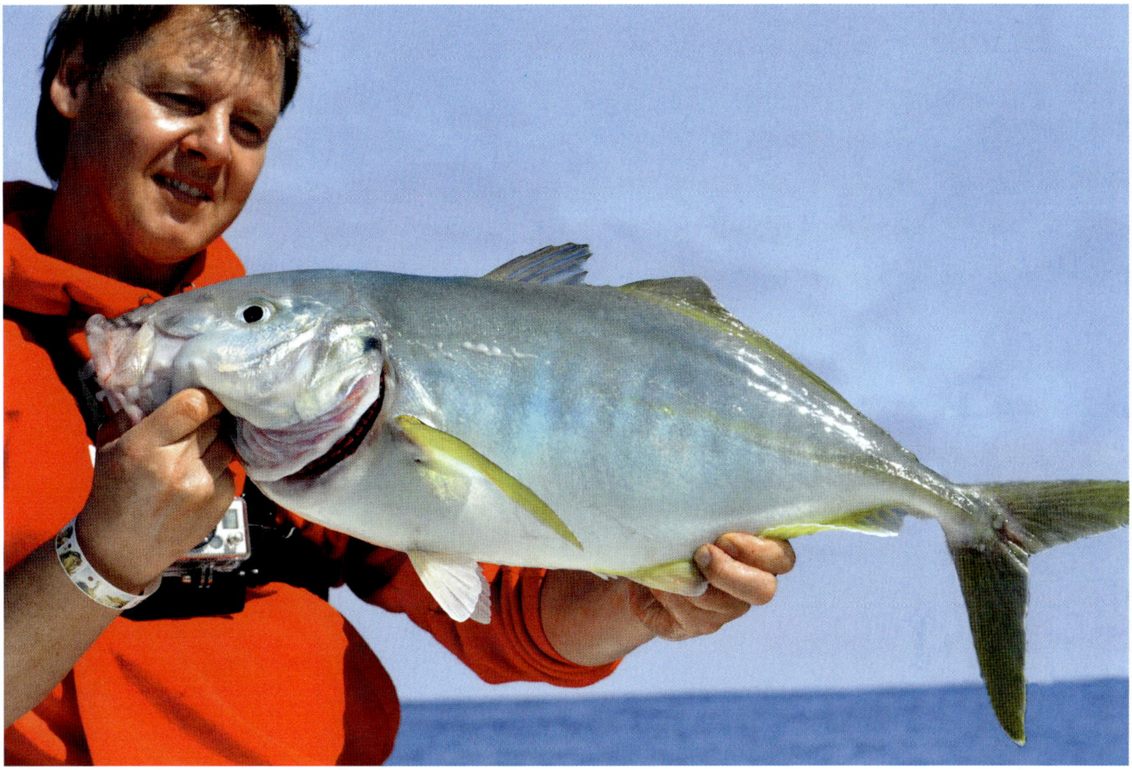

Gelbflossen-Stachelmakrele

NAMEN: **Pseudocaranx dentex** (wiss.), **Jurel denton** (Spanien), **Carange dentue** (Frankreich), **Carangu dentice** (Italien), **Šnjurak** (Kroatien), **Kokali** (Griechenland), **Guelly jack, White trevally** (engl.)

VORKOMMEN: Im gesamten Mittelmeer, außer in der nördlichen und mittleren Adria.

Der Körper ist gestreckt, seitlich abgeflacht, von blasser grün-blauer Farbe am Rücken und silbern an den Flanken. Die Flossen sind zumeist dunkelgelb. Auf dem oberen Rand des Kiemendeckels sitzt ein deutlicher schwarzer Fleck. Dies ist ebenso ein Erkennungsmerkmal, wie die zwei vor der Afterflosse stehenden Stachelstrahlen. Die Seitenlinie ist nur leicht gebogen, auf ihrem hinteren Ende finden sich 34–36 harte, kantige Schuppen. Auf der Mitte der Körperseiten verläuft meist ein gelber Streifen, der sich zur Schwanzwurzel hin verbreitert. Die bis zu 80 cm langen Schwarmfische leben zumeist über dem kontinentalen Schelf. Sie ziehen aber auch unter die Küste und in Buchten. Die übliche Fanggröße im Mittelmeer schwankt um die 45 cm.

TECHNIK: Zufallsfänge beim Schlepp- oder Driftfischen

KÜCHE: Gehört mit zu den besten Speisefischen! Auf der Atlantikinsel St. Helena wird der Fisch als „Lachs“ bezeichnet und in Japan in Aquakulturen gezüchtet.

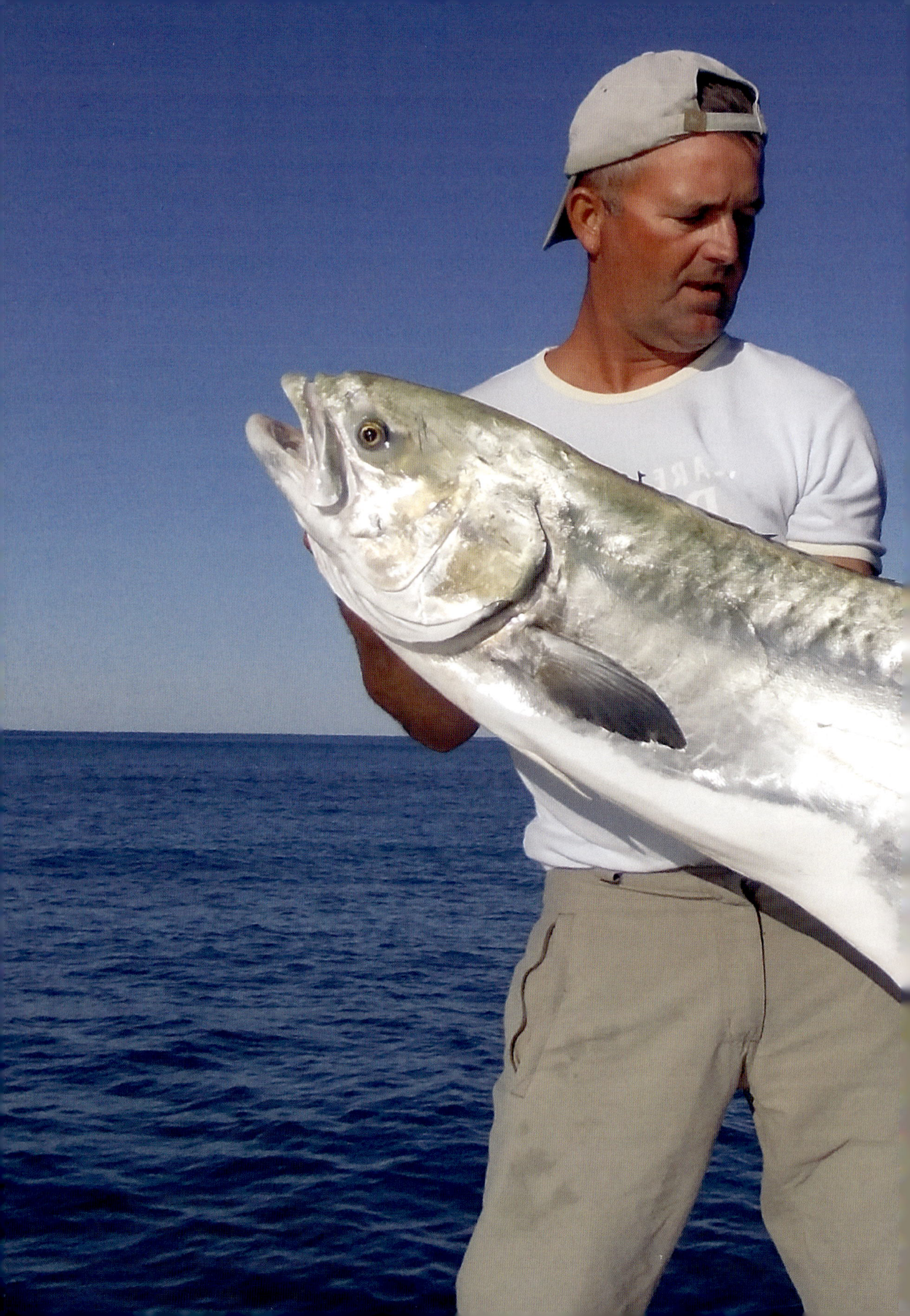

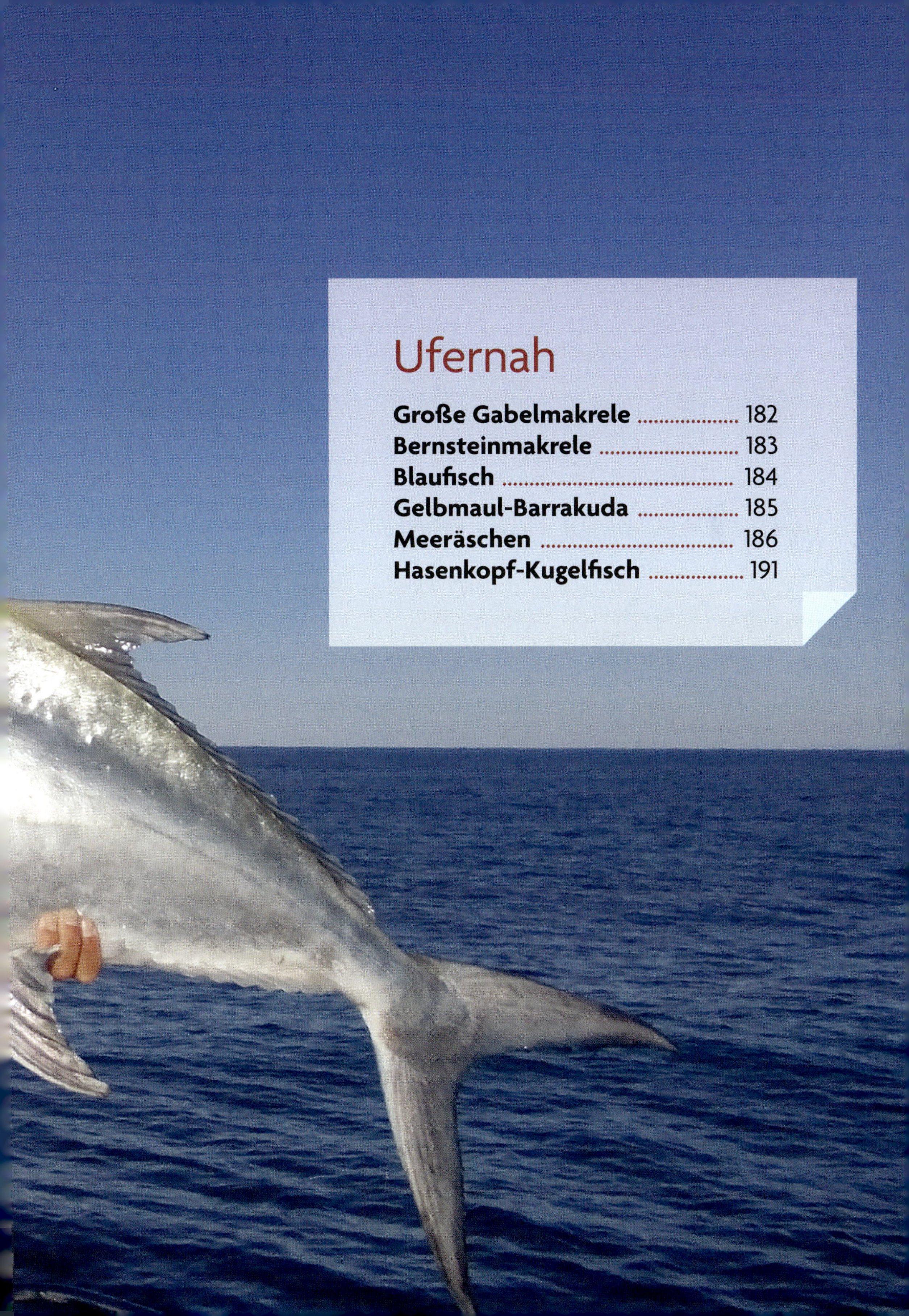

Ufernah

Große Gabelmakrele

NAMEN: Lichia amina (wiss), Palometa, Palometon (Spanien), **Liche** (Frankreich), **Leccie** (Italien), **Lica bjelica** (Kroatien), **Liza** (Griechenland), **Leerfish, Garrick** (engl.)

VORKOMMEN: Im gesamten Mittelmeer

Der Fisch kann auf den ersten Blick an seiner ausgeprägt wellenförmigen Seitenlinie erkannt werden: Sie setzt hoch über der Brustflosse an, fällt entlang der Körpermitte ab, steigt im Bereich der Afterflosse wieder an und verläuft erst im letzten Körperviertel horizontal. Auf den Seiten unterhalb des braungrünen Rückens befindet sich eine Reihe von dunklen Punkten. Die helle Haut ist schuppenfrei und hat der Art den ursprünglich holländischen Namen „Leerfis“ für „Lederfisch“ gegeben. Das Maul ist groß und tief, die Kieferenden reichen über den hinteren Augenrand hinaus. Große Gabelmakrelen werden bis zu 2,0 m lang und können vor Spanien 50 kg schwer werden. In der Adria liegt das Maximalgewicht bei etwa 30 kg. Die Gabelmakrelen jagen küstennah an der Oberfläche und ziehen auch in Flussmündungen. Regelmäßig gute Fänge sind vor dem Ebro-Delta möglich.

TECHNIK: Schleppfischen mit Wobblern (um die 15 cm) und totem Köderfisch, Spinnfischen vom Ufer aus in der Brandung.

KÜCHE: Das Fleisch schmeckt zu Steaks filetiert und frisch gegrillt sehr gut.

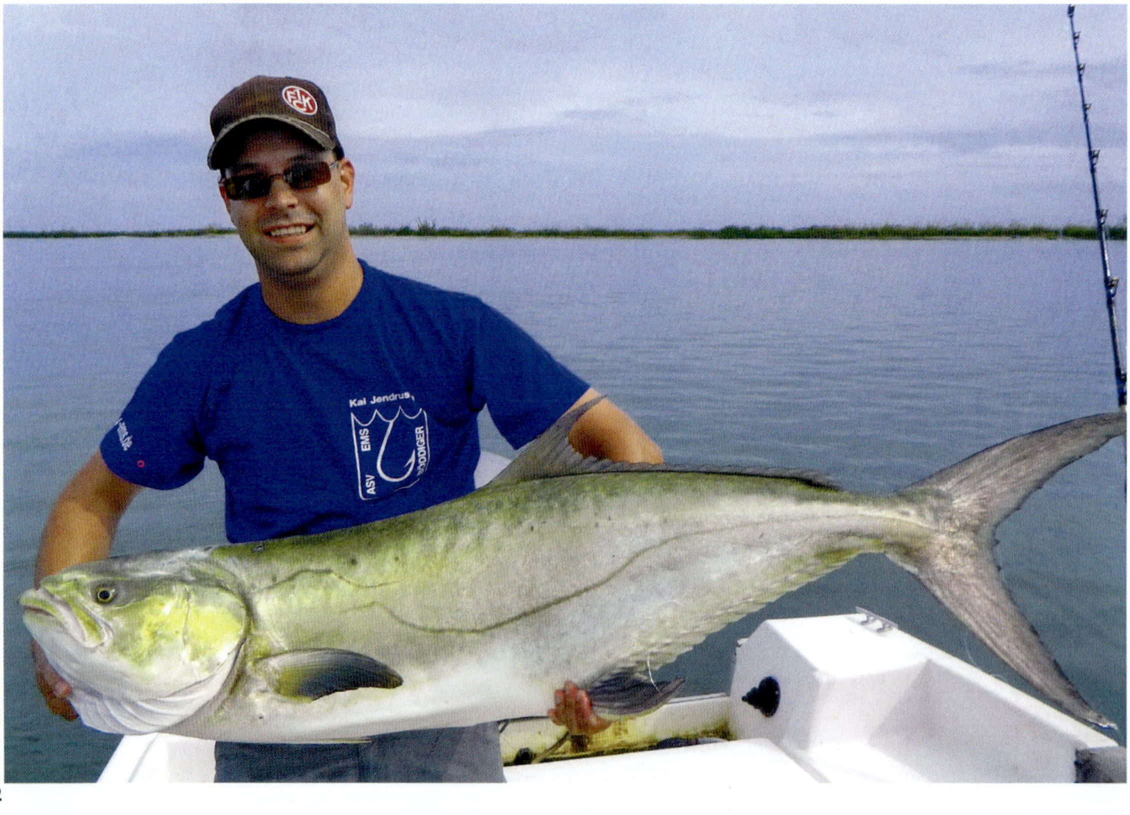

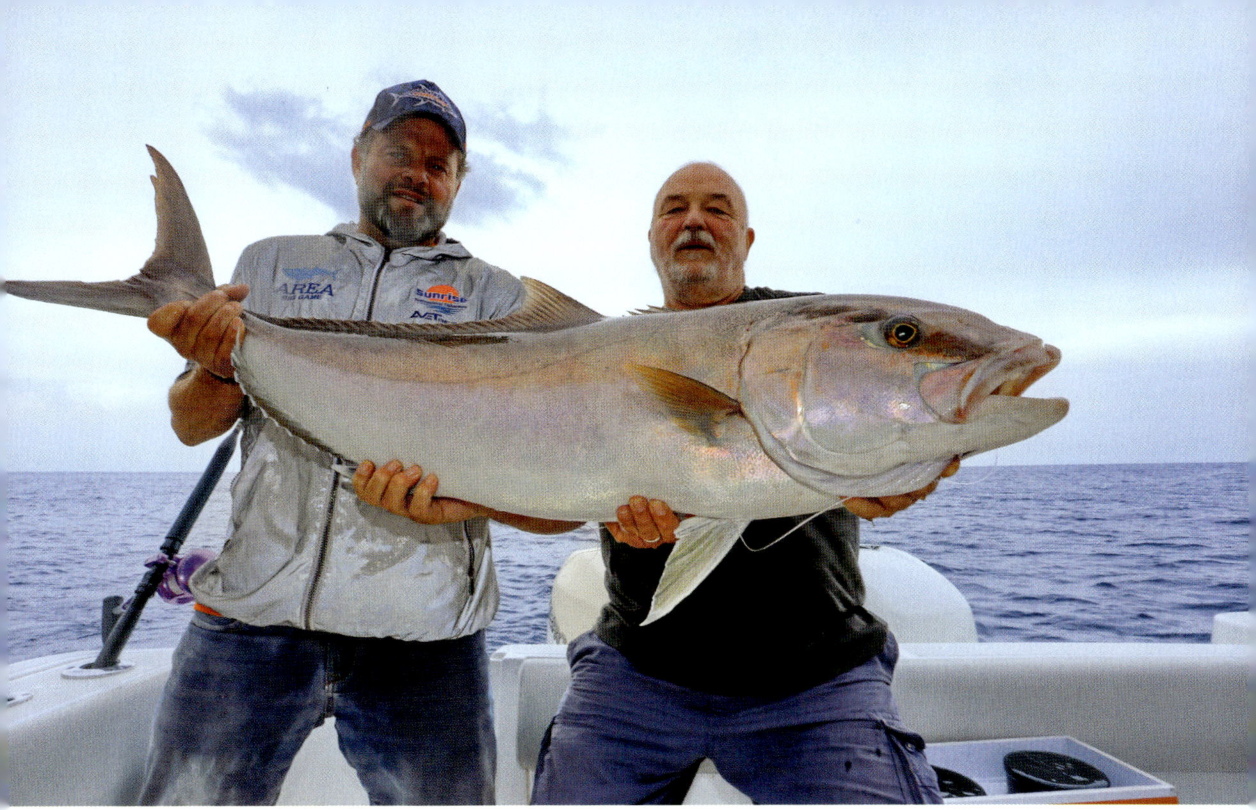

Bernsteinmakrele

NAMEN: **Seriola dumerili** (wiss.), **Pez de lemon** (Spanien), **Sériole couronnée** (Frankreich), **Lampuga** (Italien), **Gof** (Kroatien), **Magiatiko** (Griechenland), **Avci baliği** (Türkei), **Amberjack** (engl.)

VORKOMMEN: Im gesamten Mittelmeer

Der Körper ist langgestreckt und der Kopf kurz und spitz. Der Rücken und die obere Körperhälfte bis zur Seitenlinie sind blau-braun, die Körperflanken silbern. Vom Auge bis zum Ansatz der Rückenflosse verläuft ein bernsteinfarbener Streifen, der dem Fisch den Namen gab. Die Zähne der Fische sind klein. Das Maul ist groß und die breiten Kiefer reichen bis auf die Höhe der Augen. Die relativ kurzen Brustflossen sind etwa so lang wie die Bauchflossen. Die beiden Rückenflossen sind klein. Die V-förmige Schwanzflosse weist den Amberjack als schnellen und kräftigen Schwimmer aus. Amberjacks können über 17 Jahre alt, bis 1,9 m lang und über 80 kg schwer werden. Ihre Kampfkraft steht der von Thunfischen kaum nach. Fische mit um die 70 kg wurden in der Adria sowie vor dem Ebro-Delta schon gefangen. Das Durchschnittsgewicht liegt bei 10–20 kg.

TECHNIK: **Schleppfischen mit natürlichen Ködern, Jiggen im Winter**

KÜCHE: **Rundum ein Genuss! Auch fernöstliche Zutaten wie Sojasoße, Ingwer oder Sesam-Panade harmonieren gut mit dem Fleisch.**

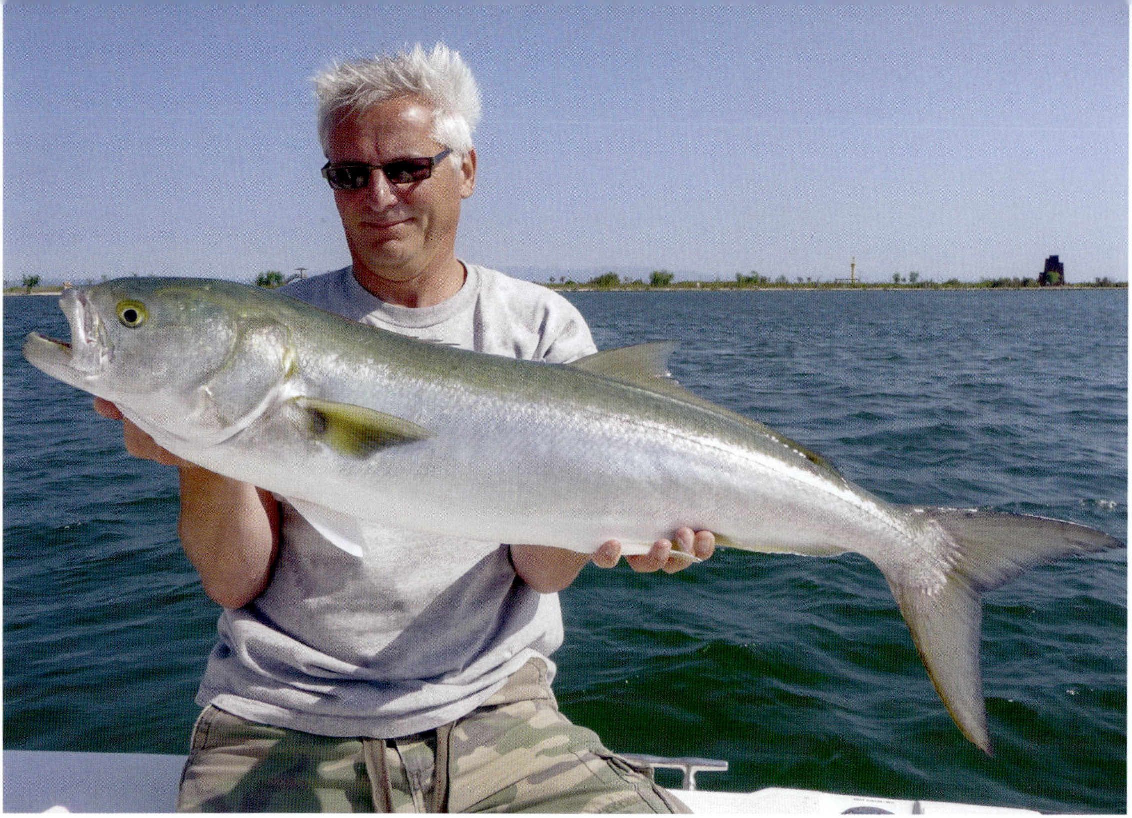

Blaufisch

NAMEN: Pomatomus saltatrix (wiss.), **Pez azul** (Spanien), **Tassergal** (Frankreich), **Serra** (Italien), **Strijelka** (Kroatien), **Gofári** (Griechenland), **Lüfer baligi** (Türkei), **Bluefish** (engl.)

VORKOMMEN: Im gesamten Mittelmeer

Der Rücken des langestreckten Fisches ist grünlich-dunkelblau. Die Seiten und der Bauch sind silbrig weiß, mit kleineren, deutlich sichtbaren Schuppen. Die erste Rückenflosse wird von 7–8 kurzen Strahlen gehalten und kann vom Fisch in einer Körpergrube angelegt werden. Die Schwanzflosse ist tief gegabelt. Auffälligstes Kennzeichen sind die messerscharfen (!) Zähnchen in Ober- und Unterkiefer des großen Mauls. Blaufische werden bis zu 9 Jahre alt, 1,3 m lang und bis zu 15 kg schwer. Sie ziehen im Sommer und Herbst zur Jagd unter die Küsten. Dabei greifen sie Schwärme kleinerer Fische wie etwa Meeräschen an und töten oft wesentlich mehr Tiere, als sie fressen können. Die Räuber jagen auch ufernah an Küsten mit Brandung und ziehen in Flussmündungen wie die Neretwa (Kroatien) oder den Ebro (Spanien).

TECHNIK: Schleppfischen mit künstlichen und natürlichen Ködern, Spinnfischen vom Ufer aus. Stahlvorfach ist Pflicht.

KÜCHE: Sehr schmackhaft und geschätzt. Das grätenarme Fleisch hat eine leicht nussige Note und kann auf der Haut gegrillt oder gebraten werden.

Wolfsbarsch

NAMEN: **Dicentrarchus labrax** (wiss.), **Róbalo,** (Spanien), **Llop** (Mallorquin), **Bar** (Frankreich), **Branzino** (Italien), **Brancin** (Kroatien), **Lavráki** (Griechenland), **Çizgili mercan** (Türkei), **European bass** (engl.)

VORKOMMEN: Im gesamten Mittelmeer

Wolfsbarsche haben einen langgestreckten, spindelförmigen Körper. Ihr Rücken ist dunkel-graubraun, die Flanken sind heller, der Bauch weiß. Die Seitenlinie ist dunkel und gut erkennbar. Auf dem oberen Kiemendeckel sitzt häufig ein brauner Fleck. Der Kopf ist vollständig beschuppt. Der Hauptkiemendeckel ist mit zwei horizontalen, flachen Dornen besetzt. Die bis zu 12 kg schweren Räuber sind nachtaktiv und ziehen im Winter unter die Küsten.

TECHNIK: In den Wintermonaten bestens: abends und nachts Schleppfischen mit Wobblern oder Köderfisch. In der Dämmerung Spinnfischen an Steinpackungen von Hafeneinfahrten, Flussmündungen oder felsigen Uferabschnitten mit Wobblern oder Gummifisch (11–15 cm) sowie Brandungsangeln mit natürlichen Ködern auf Grund. Wolfsbarsche sind im Drill an leichtem Gerät echte Kämpfer und Spaßbringer.

KÜCHE: Das saftige, grätenfreie Fleisch ist von zarter Textur und hat ein sehr feines Aroma. Filets schmecken auf der entschuppten Haut knusprig gebraten oder gegrillt vorzüglich.

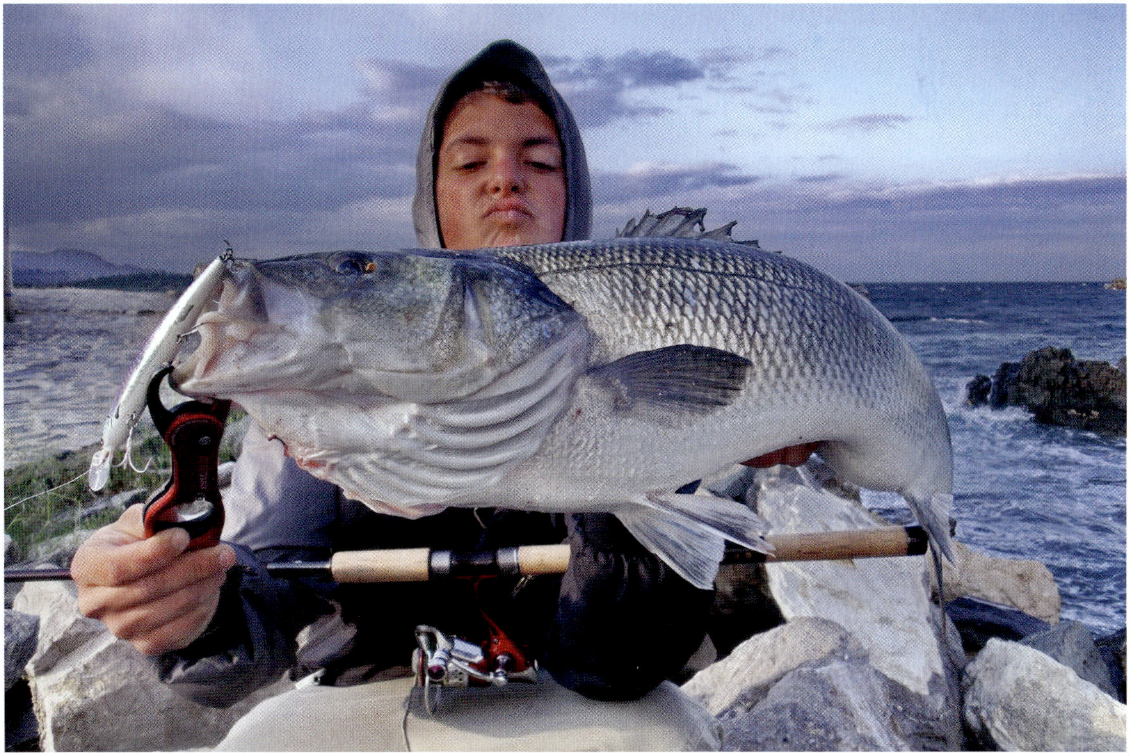

Gelbmaul-Barrakuda

NAMEN: **Sphyraena viridensis** (wiss.), **Espetón boca amarilla** (Spanien), **Bécune bouche jaune** (Frankreich), **Barracuda mediterraneo** (Italien), **Žutousna barracuda** (Kroatien), **Kitrinostomoloutsos** (Griechenland), **Iskarmoz baliği** (Türkei), **Yellowmouth barracuda** (engl.)

VORKOMMEN: Vermutlich im gesamten Mittelmeer

Die Verbreitung des Gelbmaul-Barrakudas ist im Mittelmeer nicht eindeutig geklärt, weil der Fisch häufig mit dem Europäischen Barrakuda (Sphyraena sphyraena) verwechselt wird. Eindeutiges Merkmal ist das namengebende leicht gelblich gefärbte Maulinnere. Zudem ragen die senkrechten dunklen Bänder auf den Seiten in der vorderen Körperhälfte über die Seitenlinie hinaus. Weiteres Merkmal: Beim Gelbmaul reicht das Ende der Brustflosse nicht bis an die Basis der Bauchflosse heran, wie das bei anderen Barrakuda-Arten der Fall ist. Gelbmaul-Barrakudas sind vergleichsweise schlank. Sie werden zwar bis 1,28 m lang, aber nur knapp über 8 kg schwer. Kleinere Exemplare werden in spanischen Märkten als Espetón gehandelt und eignen sich zum Schleppfischen auf Große Gabelmakrelen (Palometa).

TECHNIK: Spinnfischen vom Ufer in felsigen Abschnitten, Schleppfischen mit kleineren Wobblern

KÜCHE: Gut. Weit besser als der Europäische Barrakuda!

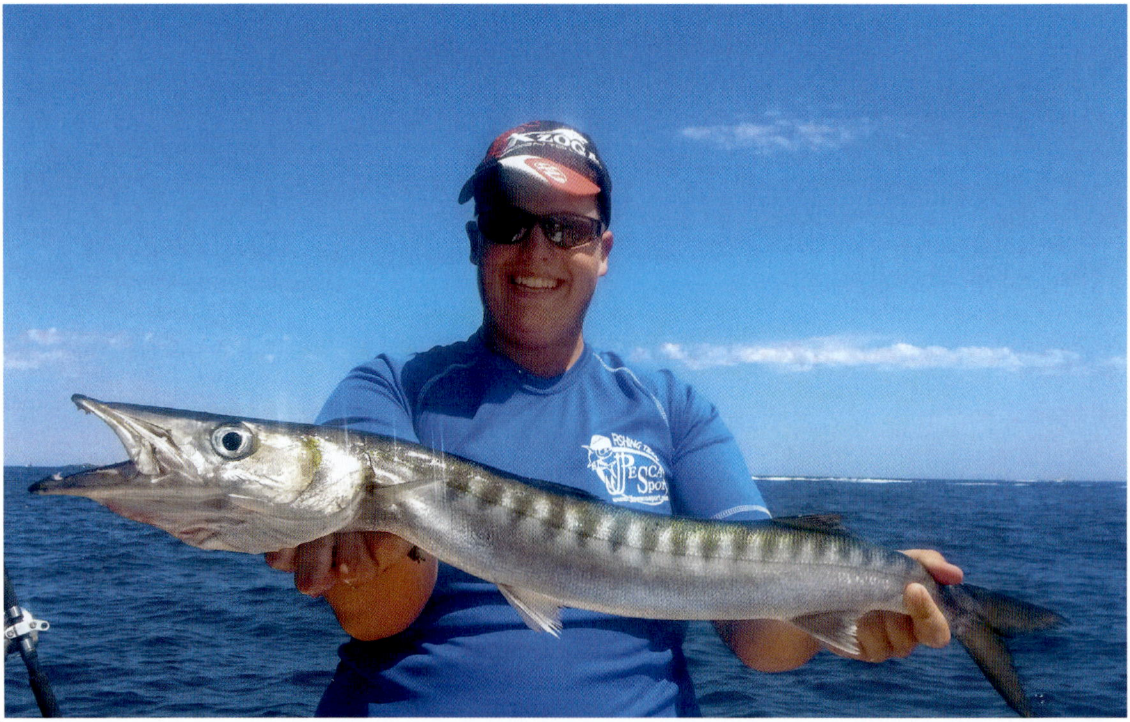

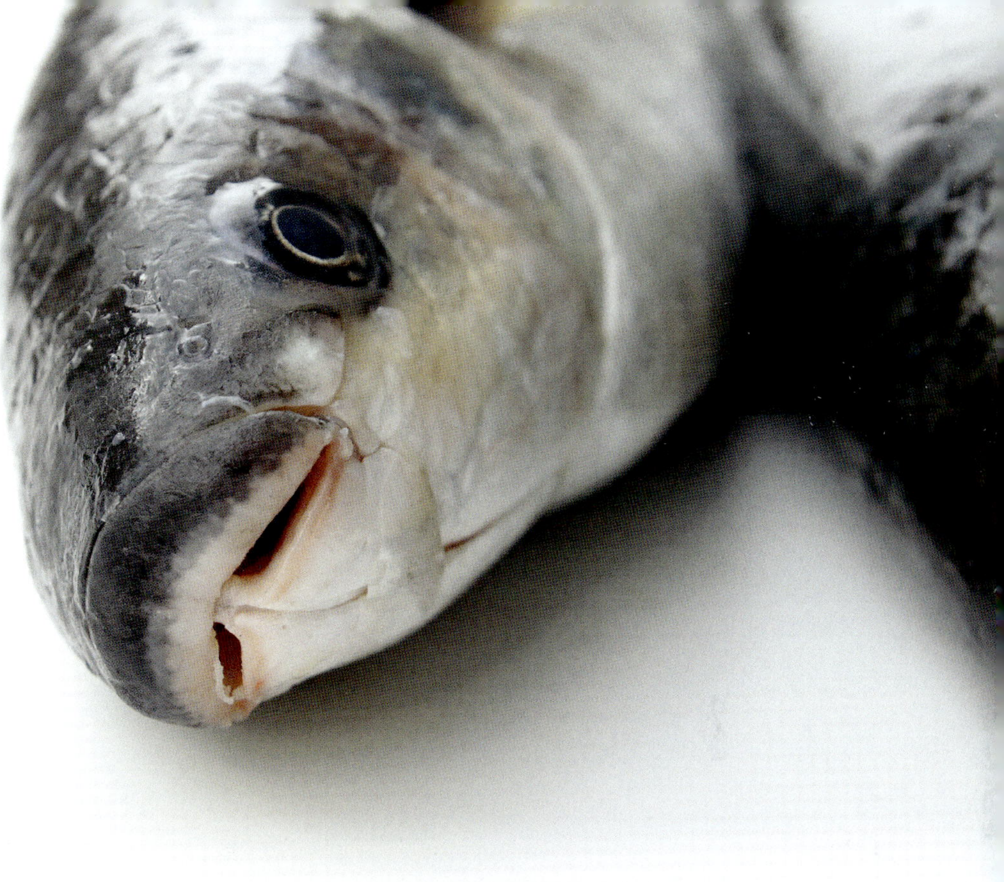

Meeräschen

Im Mittelmeer leben durch Zuwanderung über den Suez-Kanal mittlerweile neun Meeräschen-Arten. Zu den vier wichtigsten zählen die Dicklippen- und die Dünnlippenmeeräsche, sowie die Gold- und die Großkopfmeeräsche. Alle Meeräschen haben einen spindelförmig-langestrecken Körper, der mit großen, silbernen Schuppen besetzt ist. Der Rücken ist zumeist dunkelgrau. Über die silbergrauen Flanken laufen mehrere dunkle Längsstreifen. Die Brustflossenbasis befindet sich auffällig hoch am Körper. Die Bauchflossen an der Körperunterseite stehen immer deutlich hinter den Brustflossen.

Meeräschen sind Schwarmfische und leben nah an den Küsten. Nur im Winter ziehen sie in tiefere Regionen zum Laichen. Meeräschen ernähren sich von Zooplankton, Algen und wirbellosen Tieren am Boden.

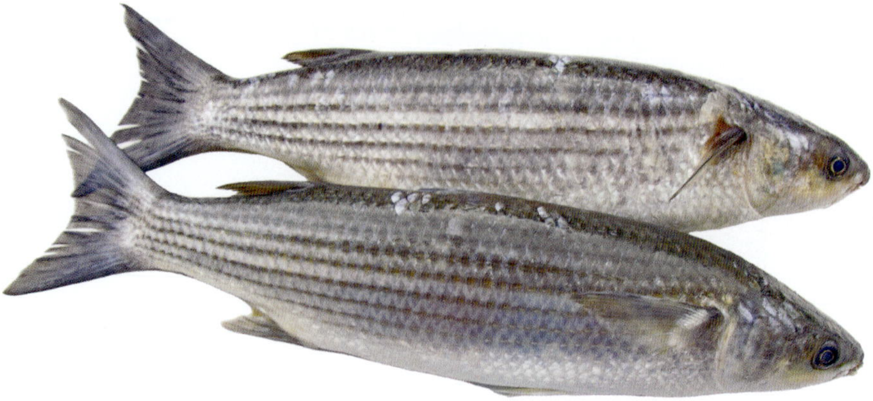

Dicklippige Meeräsche

NAMEN: **Chelon labrosus** (wiss.), **Llisa avera** (Spanien), **Muge lippu** (Frankreich), **Cefalo chelone, Cefalo bosega** (Italien), **Cipal putnik** (Kroatien), **Sivribu runkefa** (Türkei), **Thick-lipped greymullet** (engl.)

Das charakteristische Kennzeichen, das dem Fisch den Namen gab, ist die vergrößerte Oberlippe (siehe Bild auf der Seite zuvor), sowie die darauf sitzenden kleinen warzenähnlichen Erhebungen (Papillen). Diese Art wird bis zu 80 cm lang und 4,5 kg schwer.

Dünnlippige Meeräsche

NAMEN: **Liza ramada** (wiss.), **Llissa de cappla** (Spanien), **Muge capiton** (Frankreich), **Muggine calamita** (Italien), **Tankousti cipelj** (Slowenien), **Thinlip greymullet** (engl.)

Wie der Name besagt, ist die Oberlippe dieser Meeräsche schmal. Ihr fehlen auch die Papillen ihrer dicklippigen Verwandten. Der Fisch wird bis zu 70 cm lang und 3 kg schwer.

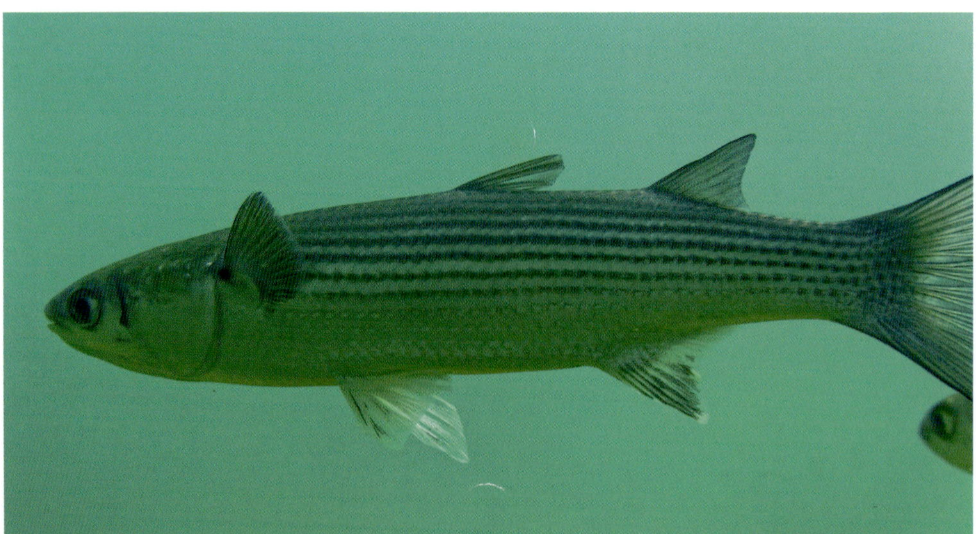

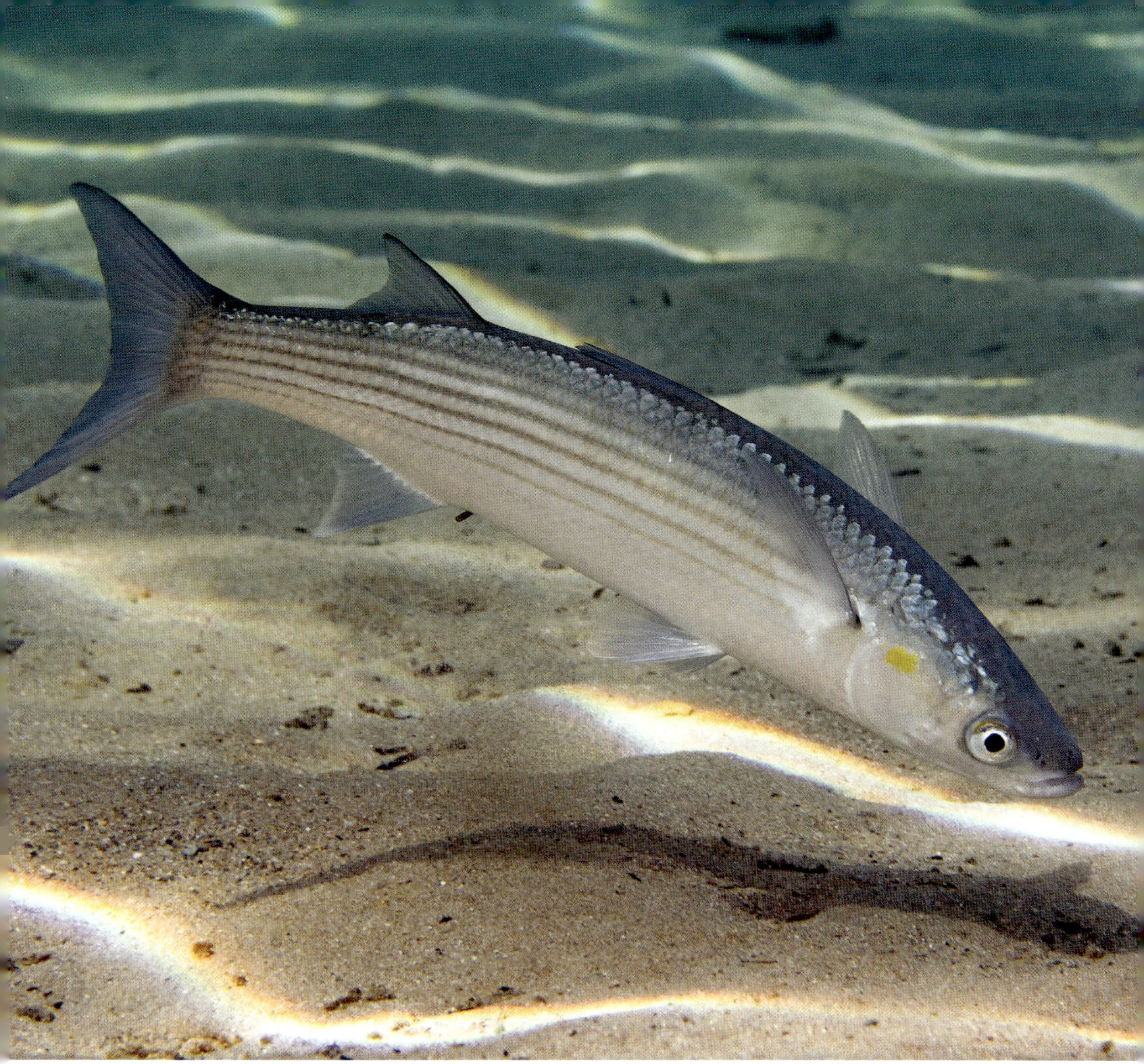

Gold-Meeräsche

NAMEN: **Liza aurata** (wiss.), **Llisa dorada** (Spanien), **Galta-roig (katalanisch),** **Muge doré** (Frankreich), **Muggine dorata** (Italien), **Cipalzlatac** (Kroatien), **Golden greymullet** (engl.)

Auch diesem bis zu 60 cm großen Fisch fehlt die vergrößerte Oberlippe der Dicklippigen Meeräsche. Ihr Erkennungszeichen ist ein deutlicher goldener Fleck auf den Kiemendeckeln.

Großkopfmeeräsche

NAMEN: **Mugil cephalus** (wiss.), **Llissa llobarrera** (Spanien), **Muge cephale** (Frankreich), **Cefalo** (Italien), **Cipal batas** (Kroatien), **Kephalos** (Griechenland), **Flathead grey mullet** (engl.)

Der große, breite und zwischen den Augen abgeflachte Kopf hat ihr den Namen gegeben. Zudem sind die Brustflossen kurz und erreichen nicht die Augen, wenn sie nach vorne geklappt werden. Großkopfmeeräschen können bis zu einem Meter lang werden und sind damit die größte Art in der Familie.

TECHNIK: **Die scheuen Fische sind nur schwer zu fangen. Ein Teig aus Brot und Käsepulver (→ Uferfischen) hilft manchmal. Vor Spanien und anderswo greifen Einheimische in der Not zum Wurfnetz oder gar zum verbotenen Reißdrilling.**

KÜCHE: **Bestens. Meeräschen werden wegen ihres guten Geschmacks mittlerweile in Aquakulturen aufgezogen. Ihr getrockneter Rogen gilt in Italien und Frankreich als Spezialität.**

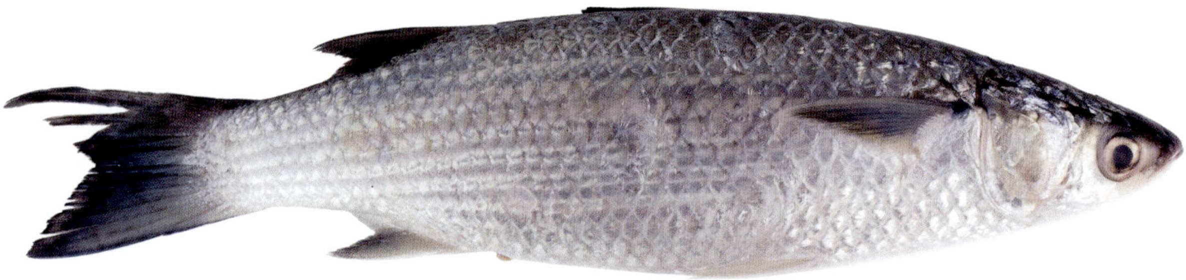

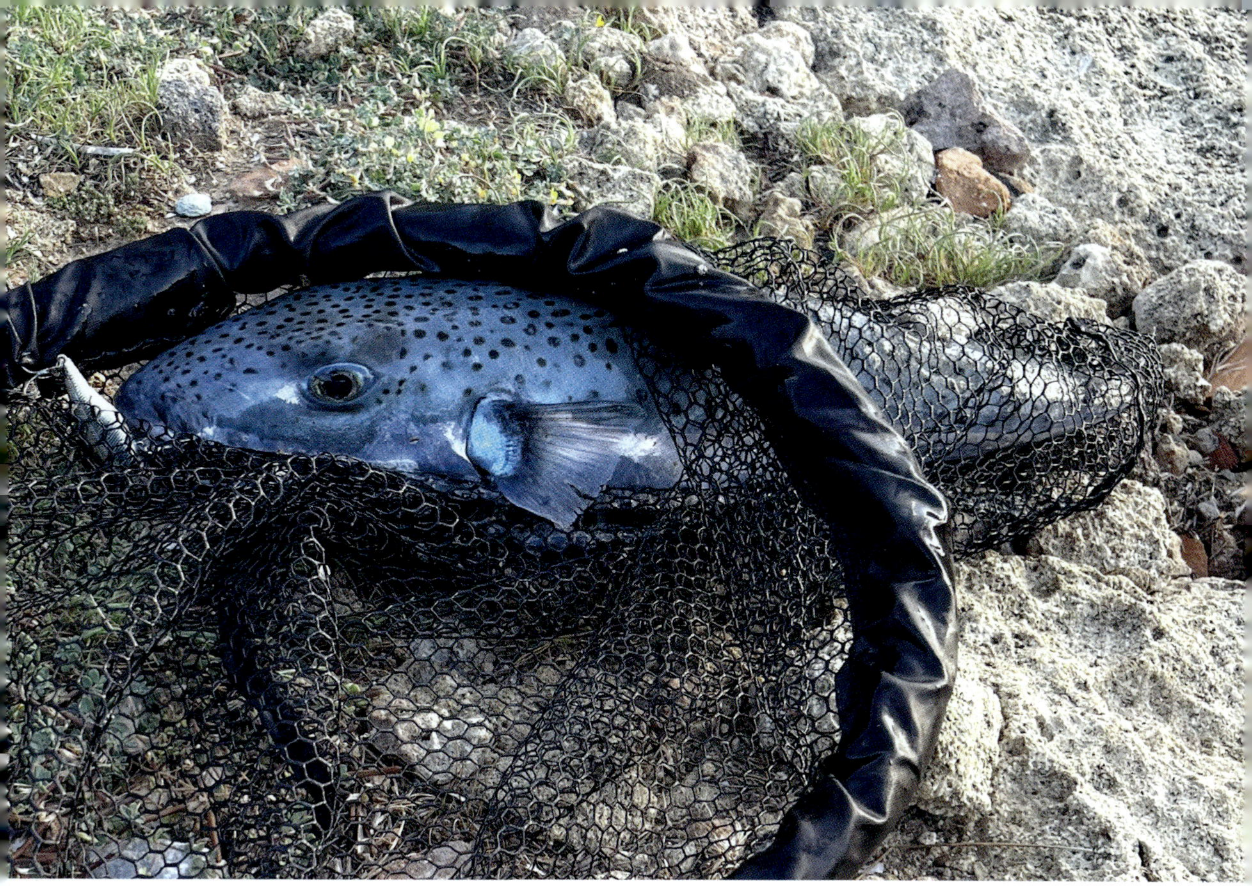

Hasenkopf-Kugelfisch

NAMEN: **Lagocephalus sceleratus** (wiss.), **Ballon a bande argentée** (Frankreich), **Pesce palla, Tetradonte** (Italien), **Pez globo** (Spanien), **Lagokefalos** (Griechenland), **Ballon baligi** (Türkei), **Silver-cheeked toadfish** (engl.)

VORKOMMEN: Im gesamten Mittelmeer

Der sich verjüngende, langgestreckte Kopf, und die Fähigkeit, bei Gefahr den Bauch aufzublasen, hat dem Fisch seinen Namen gegeben. Die Färbung seiners mit zahlreichen schwarzen Punkten bedeckten Rückens variiert von braungrün bis bläulich. Vom Maul zur Schwanzflosse verläuft ein silbernes Band. Der Fisch ist meist 30–40 cm lang und darf NICHT verzehrt werden. Er enthält eines der tödlichsten Nervengifte überhaupt, das atemlähmende Tetrodoxin. Die invasive und aggressive Art ist über den Suez-Kanal ins Mittelmeer eingewandert und bedroht dort die küstennahe Biodiversität. Die Türkei setzte deshalb bereits ein Kopfgeld auf ihn aus. Zufallsfänge sollten getötet und sicher an Land entsorgt werden. Vorsicht beim Abhaken; die messerscharfen Zähne können mühelos eine Fingerkuppe durchtrennen.

TECHNIK: Geht vor allem beim küstennahen Spinnfischen an den Haken.

KÜCHE: NICHT essen, der Fisch ist giftig!

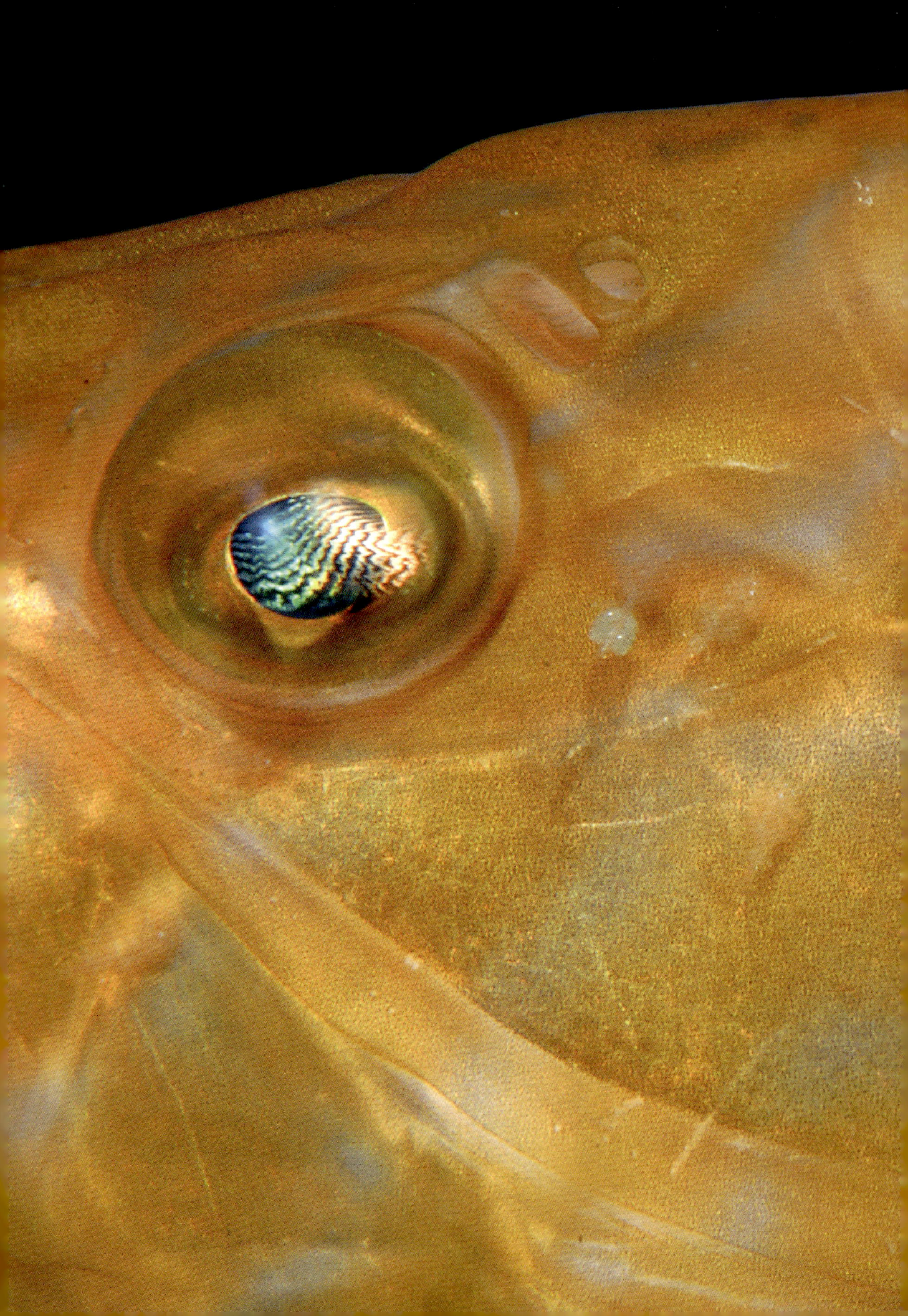

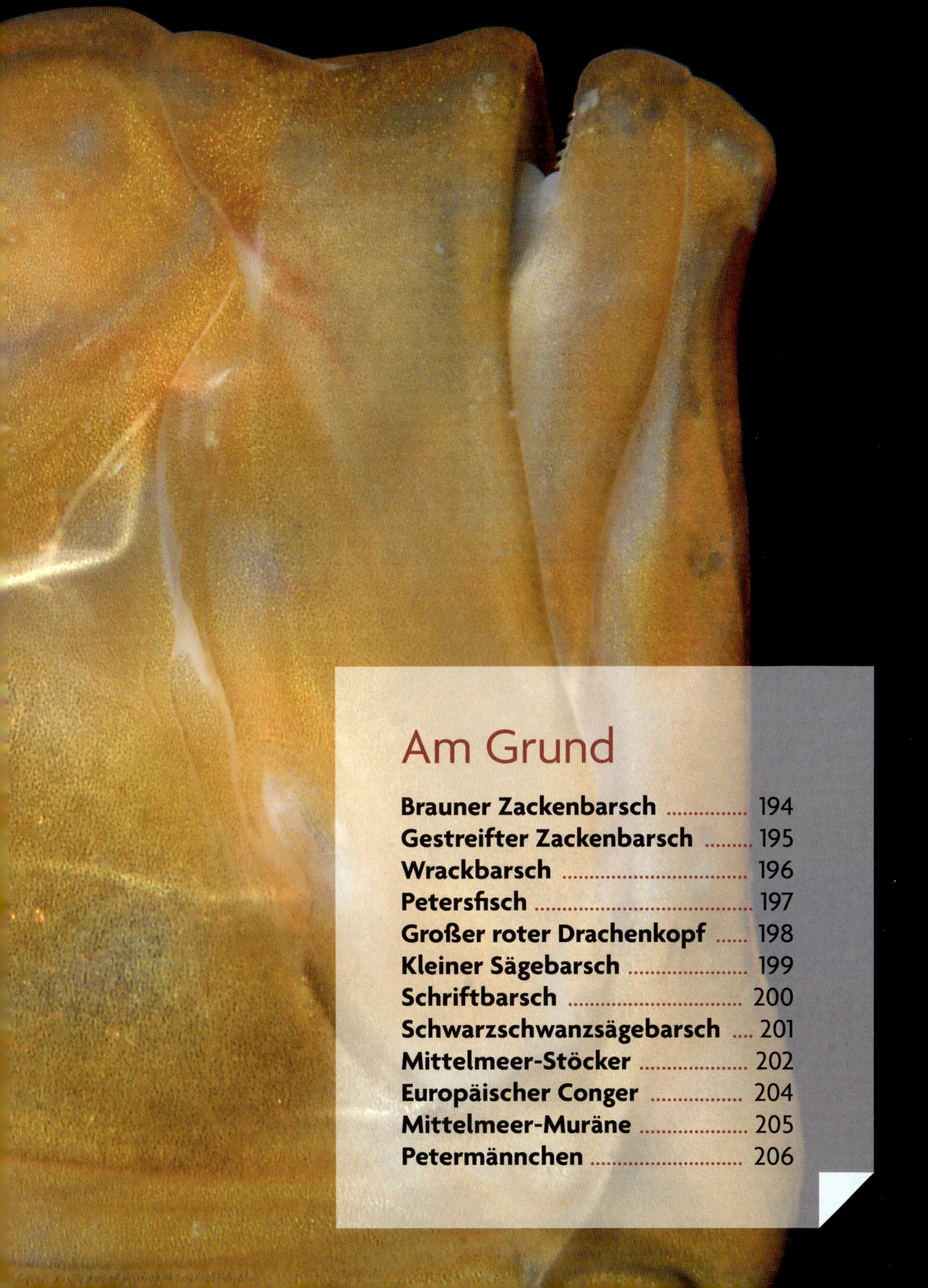

Am Grund

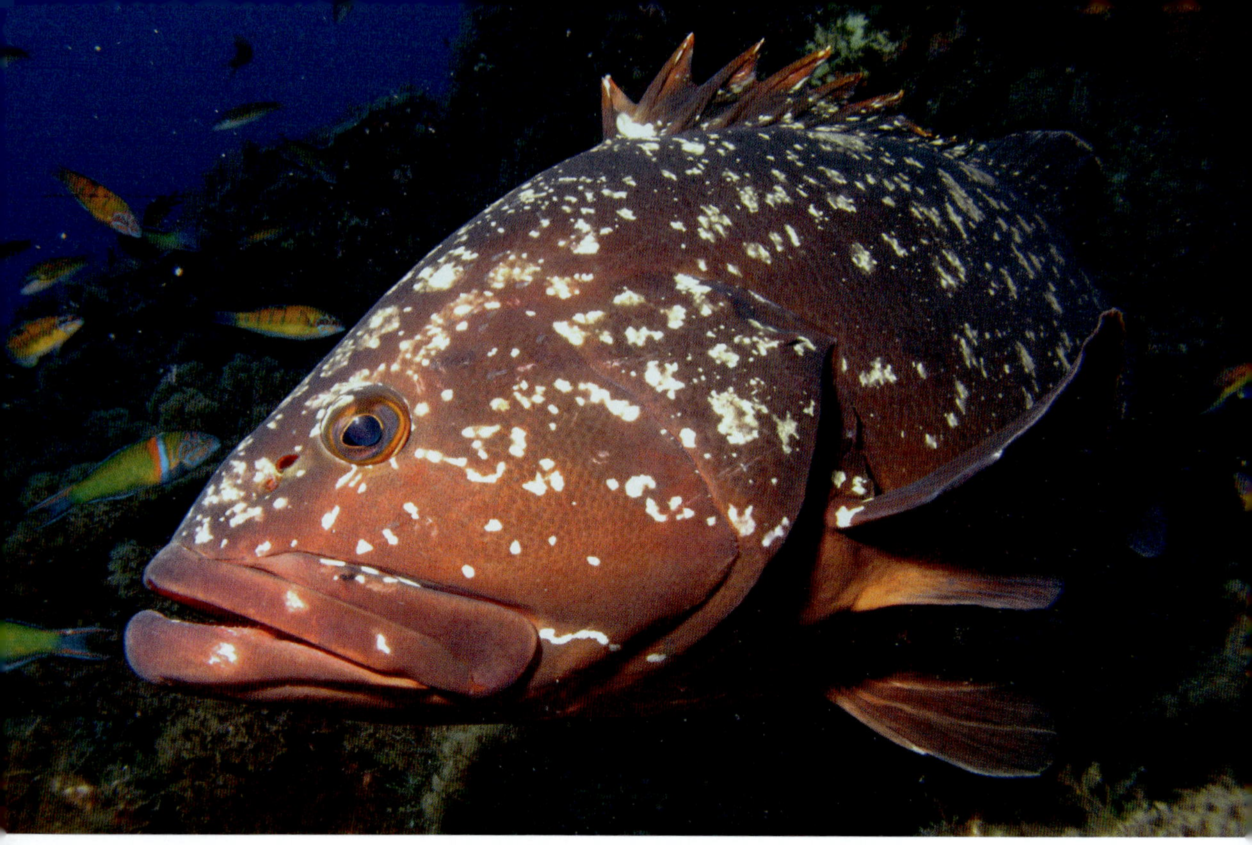

Brauner Zackenbarsch

NAMEN: **Epinephelus marginatus** (wiss.), **Mero moreno** (Spanien), **Merou brun** (Frankreich) **Cernia bruna** (Italien), **Kirnja** (Kroatien), **Rofos** (Griechenland), **Orfoz baliği** (Türkei), **Dusky Grouper** (engl.)

VORKOMMEN: Im gesamten Mittelmeer

Kopf und Rücken sind zumeist dunkel-rotbraun oder gräulich, der Bauch ist goldgelb. An Kopf und Körper befinden sich unregelmäßige weiße oder blasse grüngelbe Flecken, die meist vertikal angeordnet sind. Die Kanten der Brust- und Afterflossen sind manchmal in einen schmalen weißen Saum gefasst. Die Kante der Knochenplatte auf dem Kiemendeckel ist gerundet. Dieser schöne Grouper wird etwa 50 Jahre alt. Er lebt als territorialer Einzelgänger in Tiefen von bis zu 300 m. Nur in der Laichzeit kommen Fische in Gruppen zusammen. Die überfischten Zackenbarsche können bis zu 1,5 m lang und 60 kg schwer werden, Fänge von 3–5 kg sind aber die Regel. Zu ihrer Hauptbeute zählen Krabben, Rifffische und Oktopus.

Die Art gilt als gefährdet und sollte, falls möglich, nach dem Fang zurückgesetzt werden.

TECHNIK: Grundfischen mit Kalmar, Fisch oder Kraken, Jiggen

KÜCHE: Begehrter Speisefisch mit festem Fleisch

Gestreifter Zackenbarsch

NAMEN: **Epinephelus costae** (wiss.), **Falso abadejo** (Spanien), **Badèche** (Frankreich), **Cernia dorata** (Italien), **Kirnja zlatica** (Kroatien), **Stira** (Griechenland), **Kara lahoz** (Türkei), **Goldblotch grouper** (engl.)

VORKOMMEN: Im gesamten Mittelmeer

Jungtiere zeigen bräunliche horizontale Streifen über den gesamten Körper (daher der Name). Der Kopf ist spitzer und sein Körper stromlinienförmiger als der, anderer Zackenbarsche. Erwachsene Fische sind oftmals einheitlich braun bis graubraun gefärbt und können leicht an einem unregelmäßigen goldfarbenen Fleck auf dem Körper unterhalb der Rückenflosse erkannt werden. Alle Flossen sind dunkler als der Körper. Jüngere Fische zeigen am Kopf zwei dunkle Linien: eine verläuft vom unteren Augenrand diagonal nach unten zur Knochenplatte auf dem Kiemendeckel und die zweite vom Kieferrand zum unteren Ende der Knochenplatte.

Der Fisch lebt zumeist in Tiefen von 20–80 m über Sand, Schlamm und felsigem Grund. Dieser Grouper kann über 1,4 m lang werden und gehört damit zu den größten im Mittelmeer.

TECHNIK: Tote Köderfische oder Oktopus grundnah angeboten, Shore Jigging

KÜCHE: Sehr gut

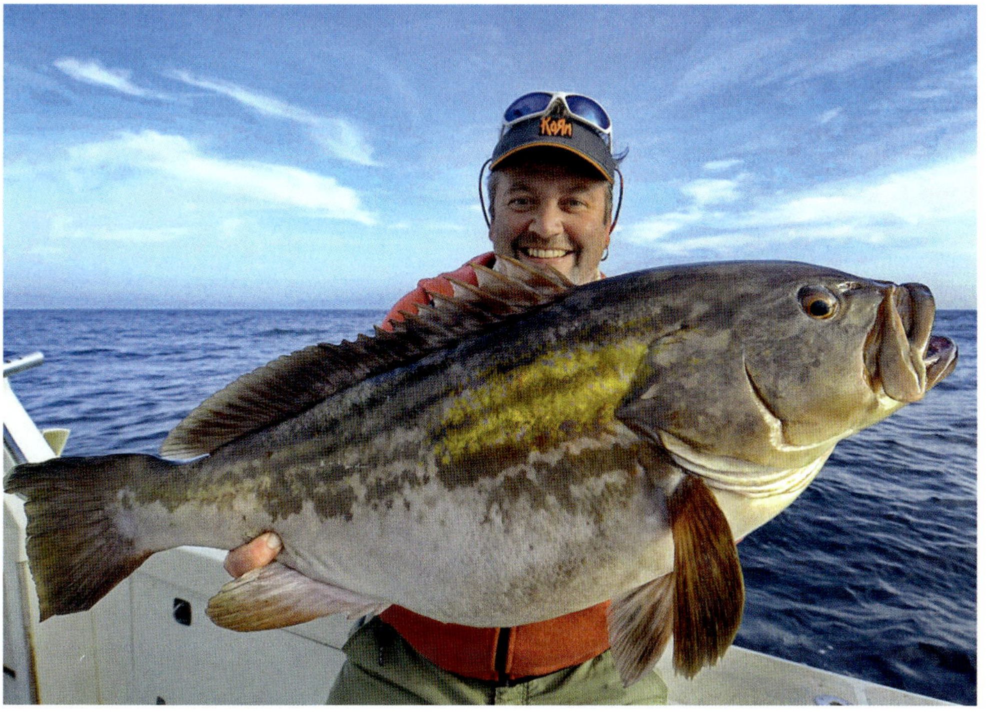

Wrackbarsch

NAMEN: **Polyprion americanus** (wiss.), **Cherna** (Spanien), **Cernier commun** (Frankreich), **Cernia di fondali** (Italien), **Kirnja glavulja** (Kroatien), **Vlachos** (Griechenland), **Iskorpit hanisi** (Türkei), **Wreckfish** (engl.)

VORKOMMEN: **Im gesamten Mittelmeer, ohne nördliche und mittlere Adria**

Der Rücken des massigen Fisches ist blaugrau, die Seiten sind heller und schimmern silbern. Die Flossen sind schwarzbraun. Jungtiere tragen schwarze Punkte auf Kopf und Körper. Der Wrackbarsch kann eindeutig an dem starken knöchernen Grat erkannt werden, der sich horizontal über den oberen Kiemendeckel zieht. Zudem weist der Rand des Kiemendeckels nur einen spitzen Dorn auf und ist nicht gezackt wie bei den Zackenbarschen. Ein Fisch der Extreme: Das höchste Alter für einen Wrackbarsch wurde auf 81 Jahre bestimmt. Die Fische können bis 2,1 m lang und womöglich bis 200 kg schwer werden. Die Durchschnittsgröße liegt bei etwa 80 cm. Die standorttreuen Einzelgänger leben zumeist in Tiefen von 60–500 m, wurden aber auch schon in 1000 m Tiefe gesichtet. Sie bevorzugen felsigen Grund mit Höhlen oder tiefen Spalten, sowie Schiffswracks als Unterstand.

TECHNIK: **Grundfischen mit schwerstem Gerät und natürlichen Ködern**

KÜCHE: **Das Fleisch ist zart und sehr geschätzt.**

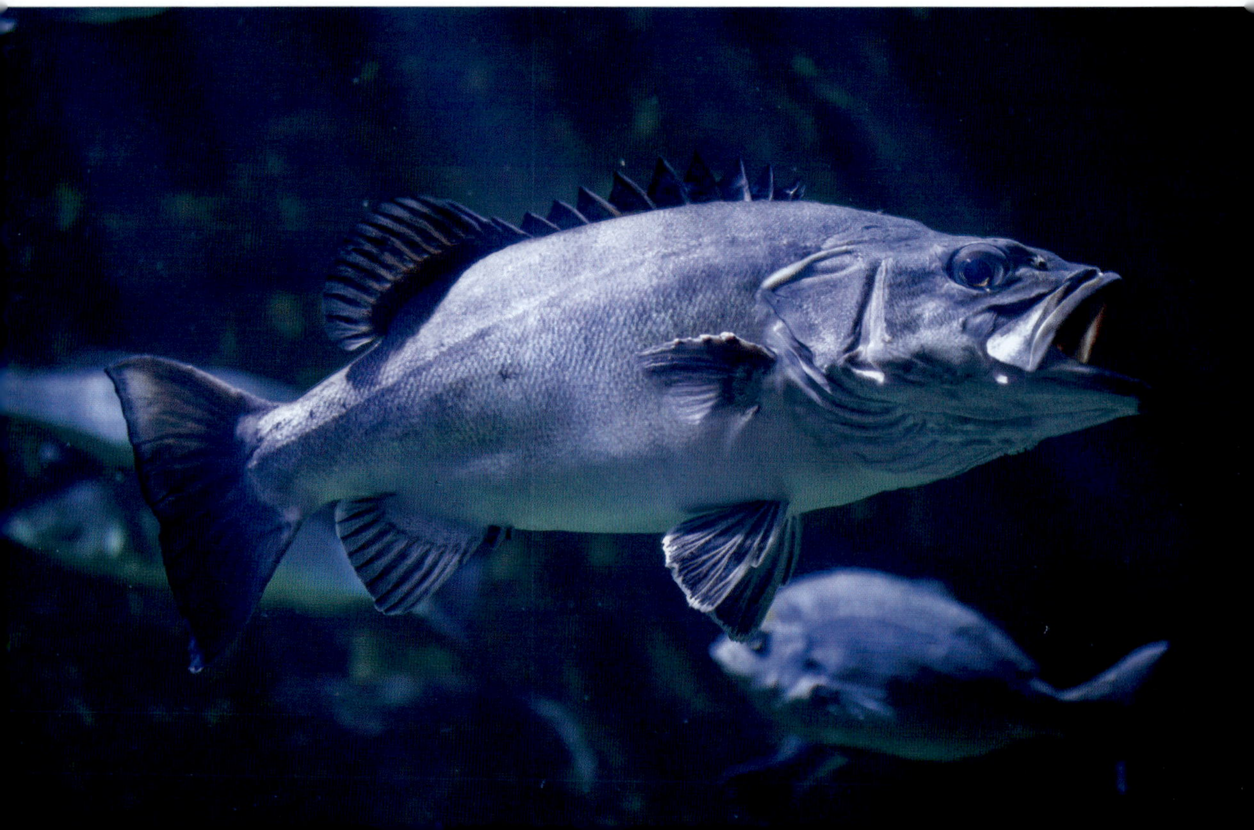

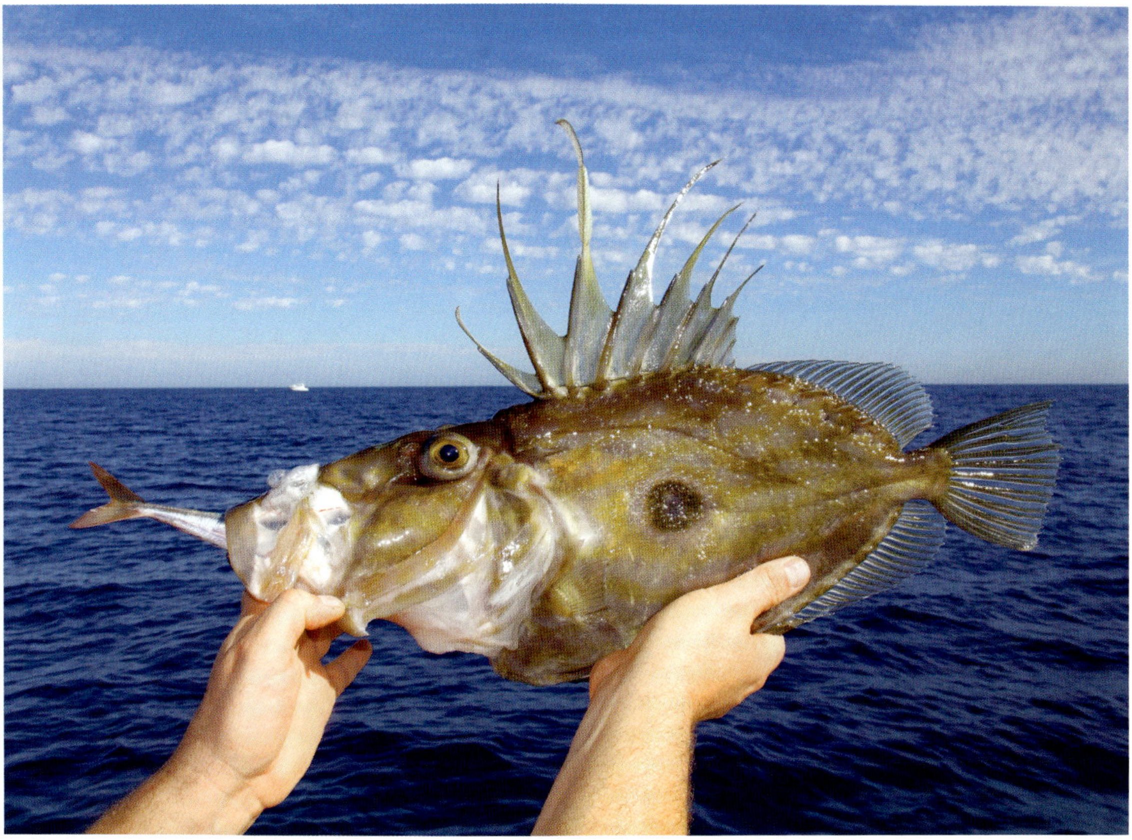

Petersfisch

NAMEN: **Zeus faber** (wiss.), **Heringskönig (dt.)**, **Pez de San Pedro** (Spanien), **Saint-Pierre** (Frankreich), **Pesce S. Pietro** (Italien), **Kovac** (Kroatien), **Christopsaro** (Griechenland), **Peygamber baligi** (Türkei), **John Dory, St. Peter's fish** (engl.)

VORKOMMEN: Im gesamten Mittelmeer

Der diskusförmige Körper ist grau bis grünlichgelb gefärbt. Auf den Seiten zeigt sich ein großer und runder, schwarzer Fleck, der oftmals gelblichweiß umsäumt ist: Einer Legende nach ist es der Fingerabdruck des Apostels Petrus. Die vordere der zwei Rückenflossen trägt 9–10 auffallend lange Stachelstrahlen. Der räuberische Fisch kann bis zu 12 Jahre alt sowie 90 cm groß werden. Er lebt über Grund in Tiefen von bis zu 200 m. Dort macht er Jagd auf Schwarmfische, wie etwa Stöcker oder andere kleinere Arten, die er mit seinem großen und weit ausstülpbaren Maul einsaugt. Im Deutschen ist er auch unter dem Namen Heringskönig bekannt, weil er in der Nordsee Heringsschwärmen folgt.

TECHNIK: **Lebende Köderfische am Grund mit der →Überbeißmontage.**

KÜCHE: **Eine Delikatesse! In Frankreich wird er wegen seines festen und weißen Fleisches auch „poule de mer" (Meerhühnchen) genannt.**

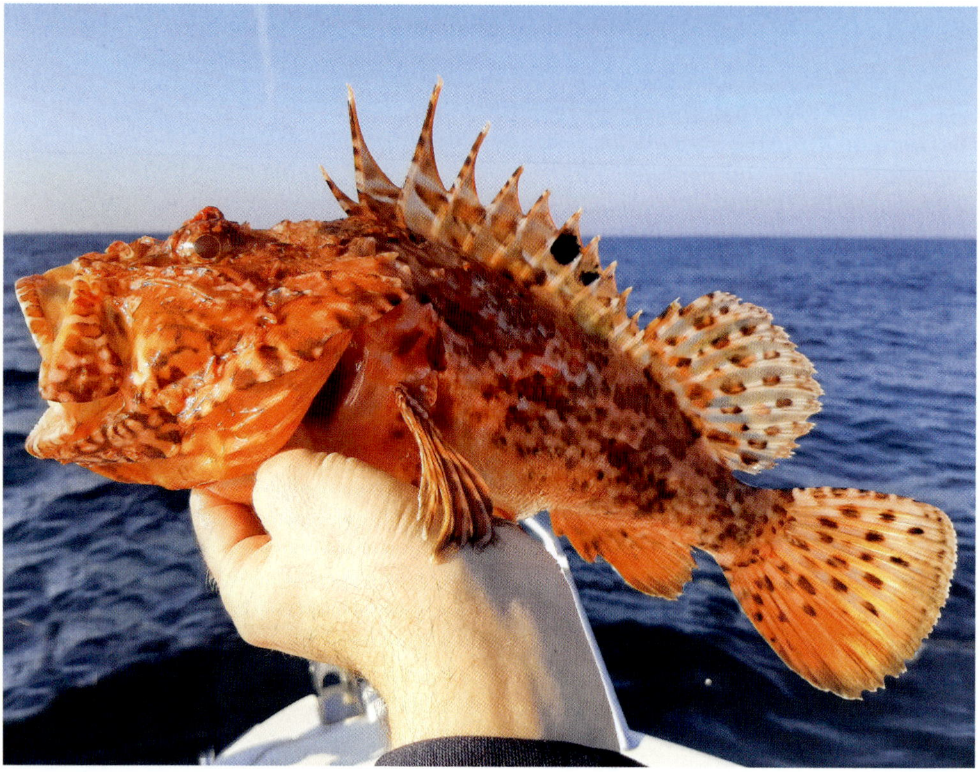

Großer roter Drachenkopf

NAMEN: **Scorpaena scrofa** (wiss.), **Cabracho, Rascacio** (Spanien), **Rascasse rouge** (Frankreich), **Scarpina rossa** (Italien), **Škrpina** (Kroatien), **Skorpina** (Griechenland), **Lipsoz** (Türkei), **Red scorpionfish** (engl.)

VORKOMMEN: **Im gesamten Mittelmeer**

Der Körper ist gedrungen und der Kopf mit Stacheln besetzt. Der Fisch ist zumeist rot marmoriert bis orange und braun oder schwarz gefleckt. Die Rückenflosse ist tief eingeschnitten und ihr stachelstrahliger vordere Teil länger als der weichstrahlige. Die Brustflossen sind groß und breit. Über den Augen und auf den Nasenlöchern sitzen tentakelartige Hautfortsätze. Der Einzelgänger wird bis zu 50 cm lang und etwa 3 kg schwer. Der Grundfisch lebt in Tiefen von 20–500 m von kleineren Fischen und Schalentieren.

VORSICHT: ***Die Stachelstrahlen der Rückenflosse und die Dornen der Kiemendeckel führen Gift, das auch für Menschen schmerzhaft sein kann.***

TECHNIK: **Grundfischen mit natürlichen oder künstlichen Ködern wie Slider und Inchikus.**

KÜCHE: **Das Fleisch ist besonders wohlschmeckend. In Südfrankreich gilt er als Krönung jeder Bouillabaisse. Große Fische werden im Ganzen gegrillt oder gebraten.**

Kleiner Sägebarsch

NAMEN: **Serranus cabrilla** (wiss.), **Cabrilla** (Spanien), **Serran-chèvre** (Frankreich), **Sciarrano cabrilla** (Italien), **Kanjac** (Kroatien), **Comber** (engl.)

VORKOMMEN: **Im gesamten Mittelmeer**

Der Körper des bis zu 40 cm langen Fisches ist gestreckt und je nach Standort rötlich bis bräunlich gefärbt. Über die Flanken ziehen sich 7–9 rotbraune breite Streifen. Sie werden durch bis zu drei horizontale helle Linien unterbrochen, die vom Kopf bis zum Schwanz verlaufen. Die Augen sitzen in dem spitzen Kopf weit oben. Der Vorderkiemendeckel ist am hinteren Rand gesägt; der Hauptkiemendeckel weist meist 2 bis 3 Dornen auf.

Die Brustflossen sind abgerundet und die Bauchflossen hell. Der maximal 40 cm lange Fisch ist ein echter Zwitter, hat also gleichzeitig funktionstüchtige männliche und weibliche Keimdrüsen. Sägebarsche leben am Grund in Tiefen von bis zu 450 m. Sie sind standorttreu und bilden Reviere, die sie gegenüber Artgenossen verteidigen, sie laichen von April bis Juli.

TECHNIK: **Grundfischen mit Sardinen, Krebsen und anderen natürlichen Ködern**

KÜCHE: **Vorzüglich und sehr begehrt!**

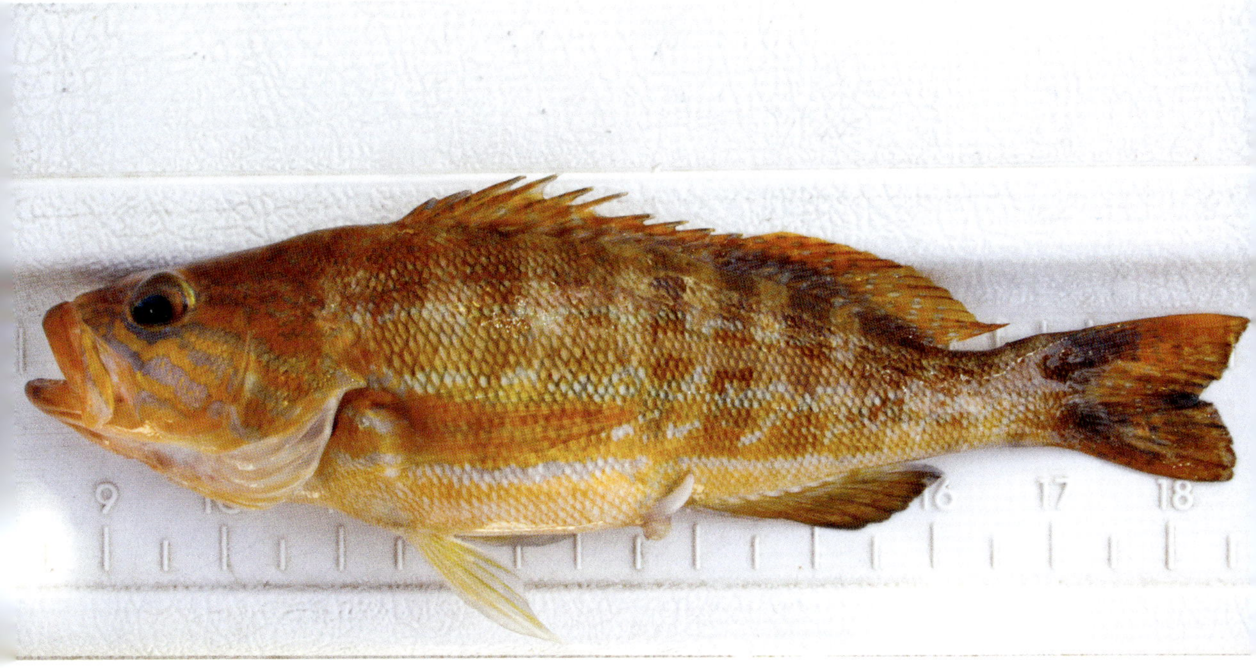

Schriftbarsch

NAMEN: **Serranus scriba** (wiss.), **Serrano esccribano** (Spanien), **Serran écriture** (Frankreich), **Barchetta** (Italien), **Pirga** (Kroatien), **Ker bibil** (Albanien), **Yazili hani** (Türkei), **Painted comber** (engl.)

VORKOMMEN: **Im gesamten Mittelmeer**

Der Schriftbarsch hat einen gedrungenen Körper mit einem relativ großen und spitz zulaufenden Kopf. Rücken und Flanken sind braunrot und der Bauch grau gefärbt. Über die Seiten verlaufen 5–6 senkrechte breite Streifen, wovon sich einige unterhalb der Seitenline aufspalten. Die Kopfzeichnung besteht aus unzähligen, verschnörkelten braunen Linien, die an arabische Schriftzeichen erinnern. Dies erklärt auch die Namensgebung. Weiteres Kennzeichen ist überdies ein sehr großer und intensiv leuchtender violett-hellblauer Fleck auf der Seite oberhalb des Ansatzes der Afterflosse.

Schriftbarsche werden 36 cm lang und leben an felsigen Küsten in Tiefen von bis zu 150 Metern. Die Einzelgänger jagen Krustentiere, Sardellen und andere kleine Fische.

TECHNIK: **Grundfischen mit natürlichen Ködern.**

KÜCHE: **Das grätenarme Fleisch schmeckt besonders gut gebraten oder gegrillt.**

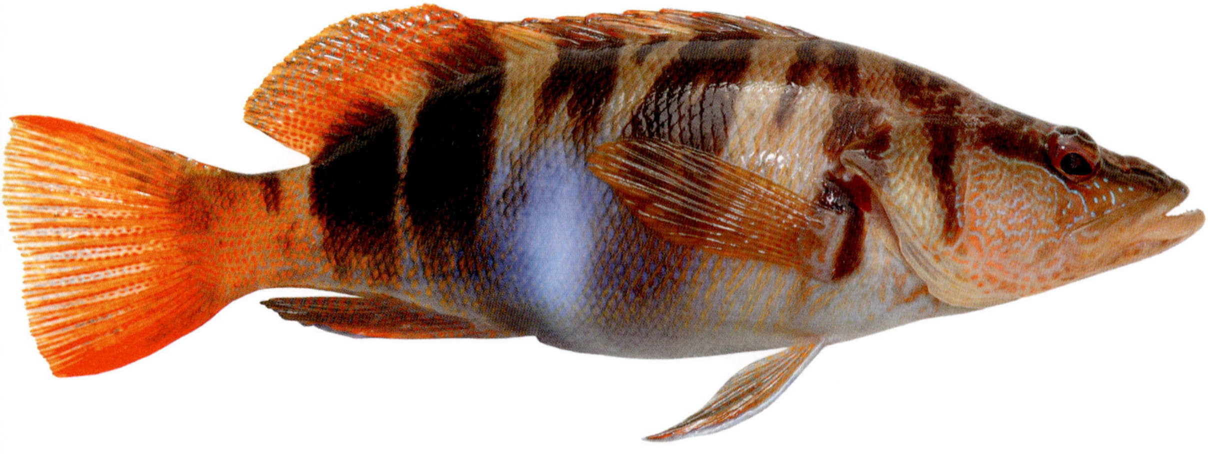

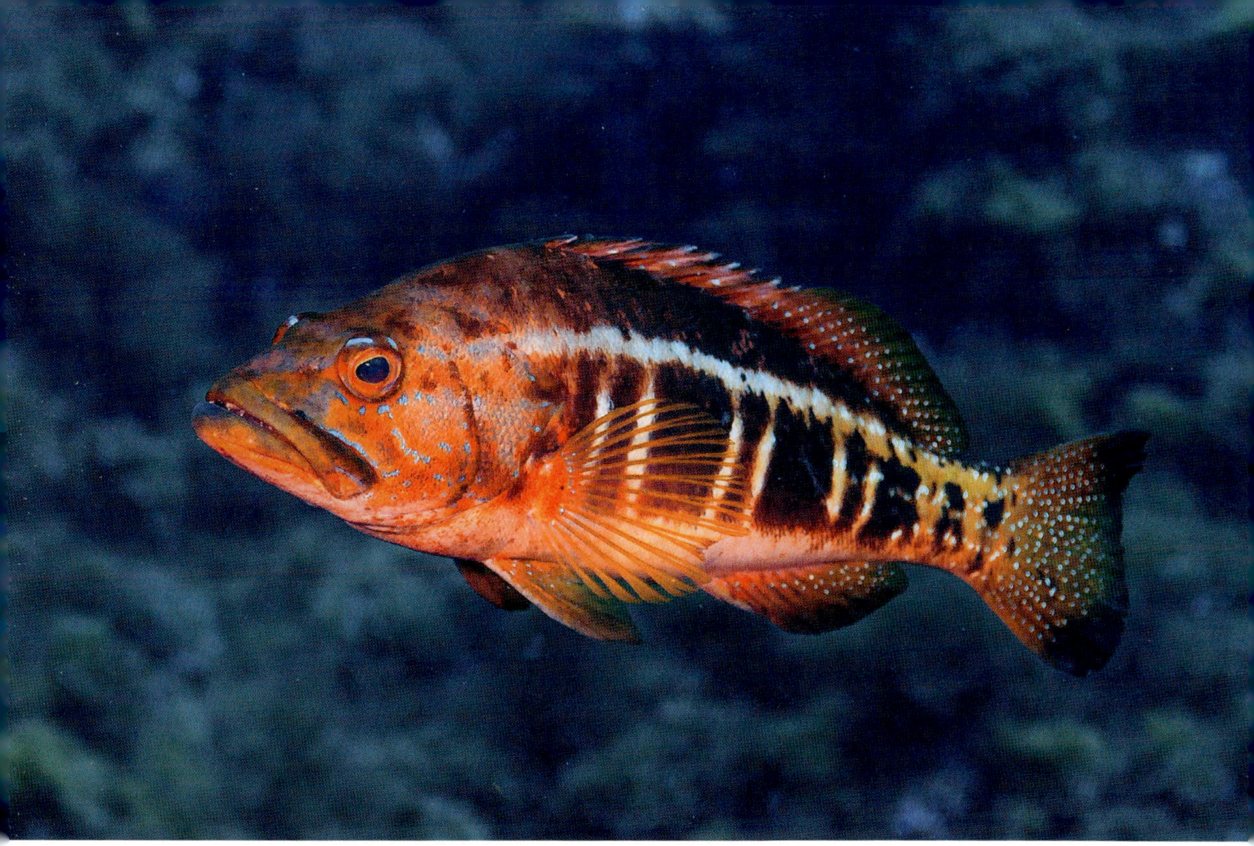

Schwarzschwanzsägebarsch

NAMEN: **Serranus atricauda** (wiss.), **Serrano Imperial** (Spanien), **Serran à queue noir** (Frankreich), **Sciarrano** (Italien), **Blacktail comber** (engl.)

VORKOMMEN: **Im westlichen Mittelmeer vor Spanien, Frankreich, Algerien und Marokko**

Der Körperbau ist barschartig langestreckt und hellbraun gefärbt. Auf den Flanken befinden sich 4–5 große, unregelmäßig rechteckige dunkelbraune Flecken. Die Rückenflosse und die schwarze Schwanzflosse sind mit leuchtend blauen Punkten besetzt. Die erste Rückenflosse wird überdies von zehn Hartstrahlen gestützt.

Der Fisch lebt in Küstengewässern bis 150 m Tiefe über felsigem und sandigem Meeresgrund. Der strandorttreue Barsch kann ausgewachsen bis zu 43 cm lang werden und frisst Krustentiere und kleine Fische. Auch dieser Barsch ist ein echter Zwitter, hat also gleichzeitig funktionstüchtige männliche und weibliche Keimdrüsen. Trotz seiner durchschnittlichen Größe von nur etwa 25 cm wird er in seinem gesamten Verbreitungsgebiet semiprofessionell befischt und vermarktet.

TECHNIK: Grundangeln mit natürlichen Ködern

KÜCHE: Gut!

Mittelmeer-Stöcker

NAMEN: **Trachurus mediterraneus** (wiss.), **Jurel, Sorel** (Spanien), **Saurel** (Frankreich), **Suro** (Italien), **Mediteranski Šarun** (Kroatien), **Mediterranean horse mackerel** (engl.)

VORKOMMEN: Im gesamten Mittelmeer

Diese Art ist eine von drei Verwandten, die im Mittelmeer vorkommen und sich nur in Details unterscheiden. Bei den beiden anderen Spezies handelt es sich um die eigentliche Holz- oder Bastardmakrele (Trachurus trachurus), die auch Stöcker genannt wird sowie um die Blaue Bastardmakrele (Trachurus picturatus), die vor allem im westlichen Mittelmeer vorkommt.

Der Mittelmeer-Stöcker hat einen einheitlich graugrün-metallisch gefärbten Rücken und trägt einen schwarzen Fleck auf dem Kiemendeckel. Er ähnelt damit der Holzmakrele. Allerdings sind beim Mittelmeer-Stöcker die Knochenschilde auf dem gekrümmten Teil der Seitenlinie deutlich kleiner als bei der Holzmakrele.

Die Blaue Bastardmakrele (bläulich schimmert ihr Rücken) kann von ihren Verwandten durch einen Blick auf die Afterflosse unterschieden werden: Nur beim Mittelmeer-Stöcker und der Holzmakrele sitzen vor der Afterflosse noch zwei zusätzliche getrennte kleine Stachelstrahlen, sie fehlen bei der Blauen Bastardmakrele.

Mittelmeer-Stöcker werden bis zu 50 cm lang; Holzmakrelen und Blaue Bastardmakrelen erreichen bis zu 60 cm. Alle drei Arten sind Schwarmfische und leben zumeist bodennah in Tiefen von bis zu 500 m. Sie ernähren sich überwiegend von Kleinfischen wie Sardinen und Anchovis oder von Krustentieren.

TECHNIK: Paternoster mit „Makrelenfliegen“ (Sabiki Rig), natürliche Köder an Seitenarm-Montagen einige Meter über Grund angeboten. Optimal sind Schwanzstücke von Sardinen an Haken mit einer Weite zwischen Schenkel und Hakenspitze von etwa 18 mm.

KÜCHE: Gegrillt sehr gut!

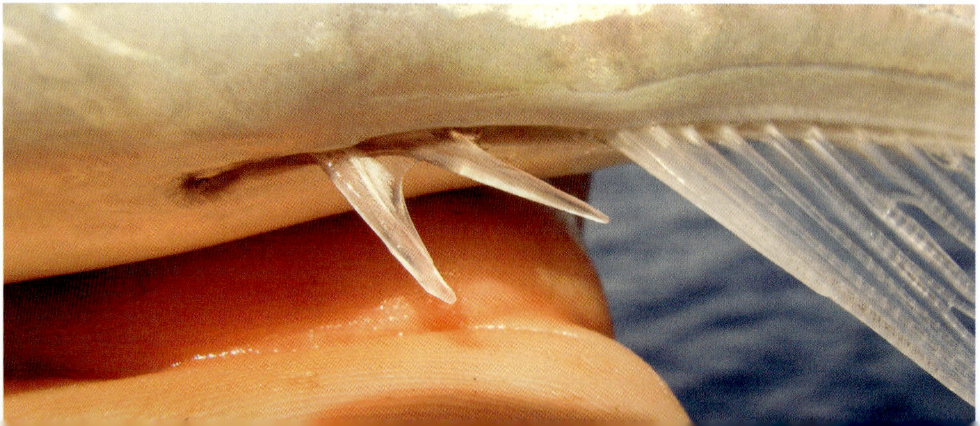

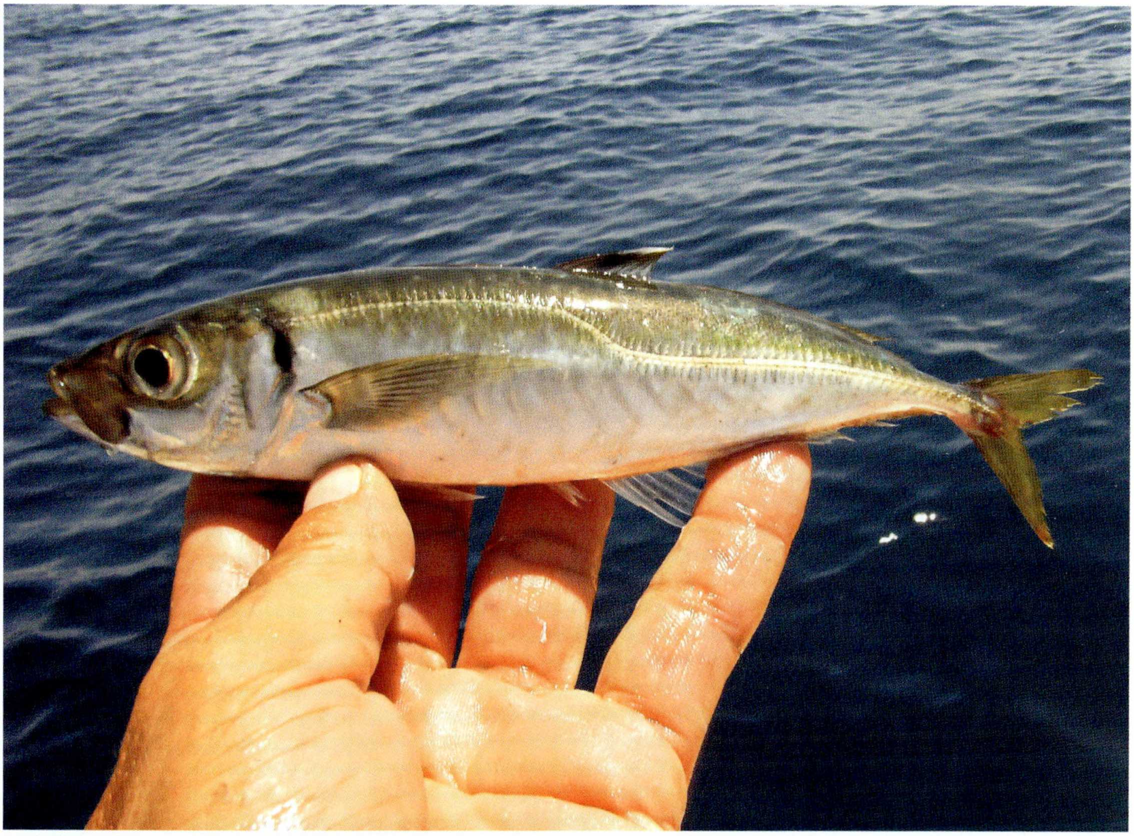

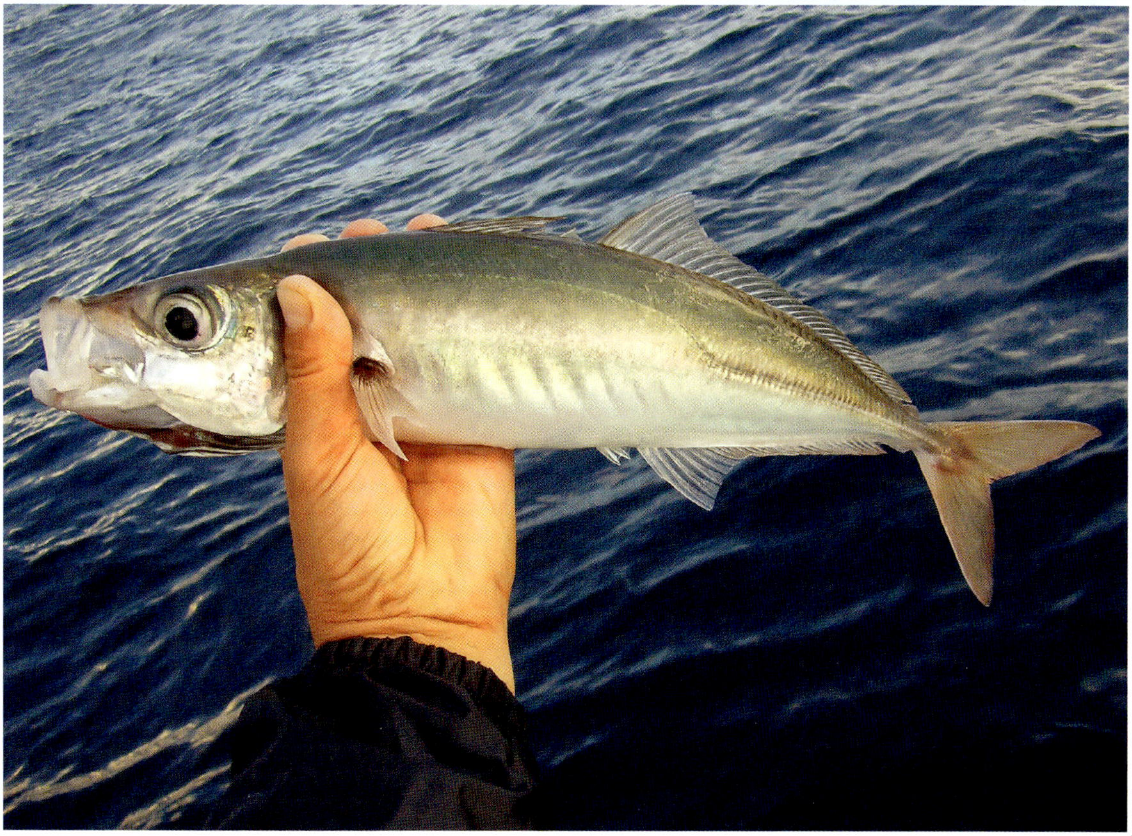

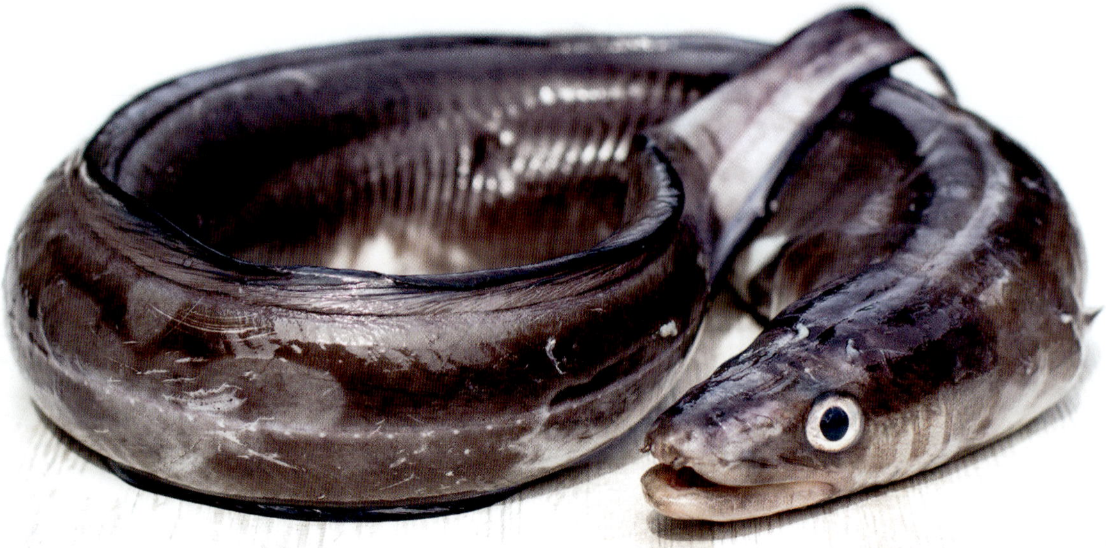

Europäischer Conger

NAMEN: **Conger conger** (wiss.), **Congrio comùn** (Spanien), **Congre d'Europe** (Frankreich), **Ruongo** (Italien), **Ugor** (Kroatien), **Mougri** (Griechenland), **Migri** (Türkei), **Conger eel** (engl.)

VORKOMMEN: **Im gesamten Mittelmeer**

Der Fisch ähnelt auf den ersten Blick einem heimischen Aal. Sein Kopf ist aber größer und das tiefe Maul des Congers reicht bis unter das vergleichsweise große Auge. Der Körper, der zum Schwanz hin flacher wird, ist im Gegensatz zu Muränen einfarbig dunkelbraun bis dunkelgrau. Zudem haben Conger Brustflossen, Muränen nicht.

Der Europäische Conger kann bis zu 3 m lang und über 110 kg schwer werden. Der nachtaktive Räuber lebt auf felsigen Böden bis in Tiefen von bis zu 1000 m und lauert dort auf Fische, Kraken und Krustentiere. Conger ziehen im Alter von 5–15 Jahren zum Laichen in bis zu 3000 m Tiefe. Im Mittelmeer sind zwei weitere Conger-Arten heimisch: der bis zu 50 cm lange Balearen-Conger (Arioso mabalearicum) sowie der bis zu 60 cm lange Dünnlippen-Conger (Gnathopinus mystax).

TECHNIK: **Grundfischen mit schwerem Gerät und totem Köderfisch, Slider mit Streifen vom Tintenfisch an Wracks**

KÜCHE: **Gut. Das wohlschmeckende Fleisch ist fest, mit hohem Fettanteil.**

Mittelmeer-Muräne

NAMEN: **Muraena helena** (wiss.), **Morena mediterranea** (Spanien), **Murène de Mediterranée** (Frankreich), **Murena comune** (Italien), **Murina** (Kroatien), **Smerna** (Griechenland), **Merina** (Türkei), **Mediterranean moray** (engl.)

VORKOMMEN: Im gesamten Mittelmeer

Muränen sind an ihrem schlangenförmigen, aber seitlich stark abgeflachten Körper zu erkennen. Er ist braun bis schwärzlich-braun gefärbt und gelb gefleckt. Die Rückenflosse setzt noch vor der Kiemenspalte an und geht naht- -los in Schwanz- und Afterflosse über. Die Nasenlöcher sind röhrenförmig verlängert. Das Maul ist sehr groß und reicht bis hinter die Kiemen. Die langen und spitzen Zähne sind nach hinten gebogen. Zudem sitzt tief im Schlund eine weitere Reihe Zähne, die nach vorne gestülpt werden können, um gepackte Beute in den Rachen zu ziehen. Ihre Mundhöhle kann durch Aas Giftstoffe enthalten. Eigenes Gift produzieren Muränen nicht. Die nachtaktiven Räuber leben in Felsspalten und Löchern in Tiefen von bis zu 300 m und können bis zu 1,50 m lang werden.

TECHNIK: **Grundfischen mit natürlichen Ködern, Slider mit Streifen vom Tintenfisch**

KÜCHE: **Das etwas fette Fleisch ist schmackhaft und war schon in der Antike im gesamten Mittelmeerraum beliebt. Vor dem Braten die dicke Haut abziehen. Aus ihr wurde früher Leder hergestellt.**

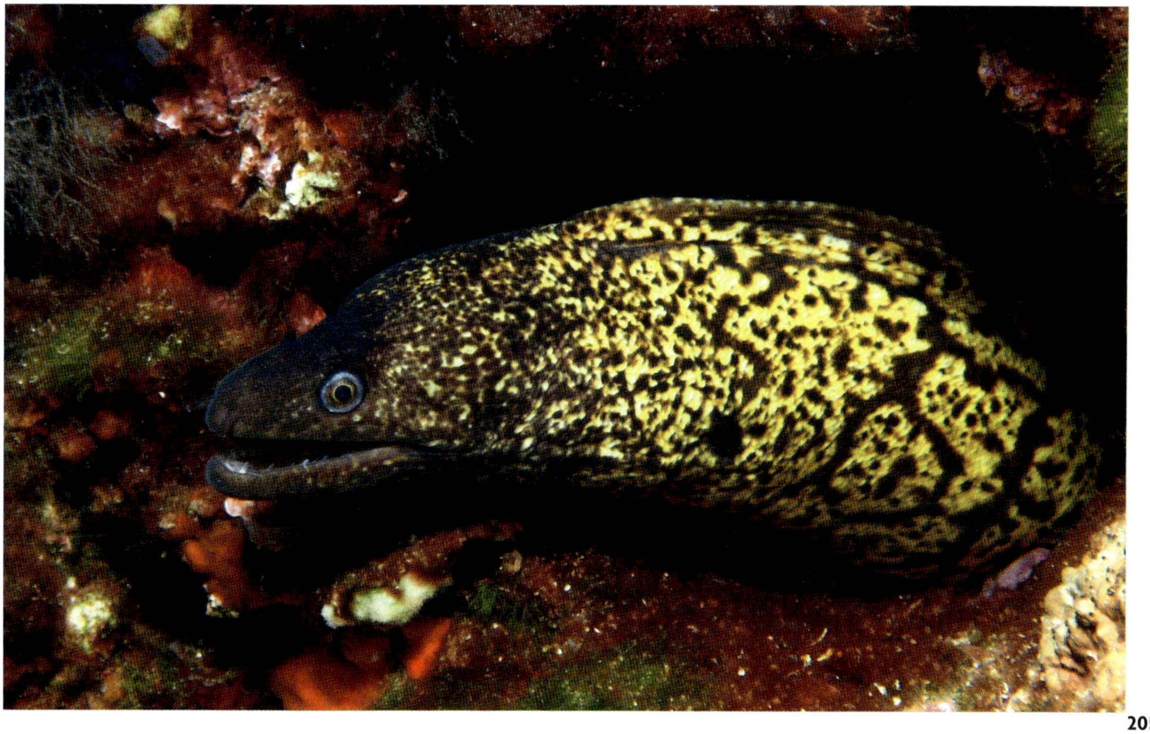

Petermännchen

NAMEN: Trachinus draco. (wiss.), **Araña** (Spanien), **Grande Vive** (Frankreich), **Dragena** (Italien), **Pauk** (Kroatien), **Drakéna** (Griechenland), **Trakonya** (Türkisch), **Great weever fish** (engl.)

VORSICHT: ***Hinter dem witzig klingenden deutschen Namen versteckt sich eines der giftigsten Tiere Europas!***

VORKOMMEN: Im gesamten Mittelmeer

Ihr Fang lohnt sich. Im Mittelmeer kommen fünf verschiedene Arten vor, die sich äußerlich nur durch Färbung und Größe unterscheiden. Alle Vertreter haben einen keilförmigen und seitlich abgeflachten Körper, der sich zur Schwanzwurzel hin verjüngt. Ihre Augen liegen auf der Kopfoberseite, das Maul ist steil nach oben gerichtet. Auffällig ist die zweigeteilte Rückenflosse. Die erste ist kurz, oftmals schwarz und wird von 5–7 Giftstacheln gestützt, die zweite ist langgestreckt und zählt 21–32 Weichstrahlen. Ein weiterer Giftstachel verläuft horizontal am oberen Rand des Kiemendeckels. Die Körperfärbung ist meist dem Bodengrund angepasst und besteht aus dunkelbraunen bis schwarzen unregelmäßigen Tarnflecken auf hellem Braun. Petermännchen werden je nach Art 15 bis 53 cm lang und über 2 kg schwer.

Neben dem Großen Petermännchen (Trachinus draco), das auch im Atlantik verbreitet ist, kommen im Mittelmeer drei weitere Arten vor: die Viperqueise (Echiichthys vipera), das Mittelmeer-Petermännchen (Trachinus aranaeus) und das Strahlen-Petermännchen (Trachinus radiatus).

Das Gift der Stacheln kann große Schmerzen, Taubheitsgefühl und starke Schwellungen hervorrufen. Ist kein Arzt in der Nähe, sollte als Erste Hilfe das betroffene Körperteil für mindestens 15 Minuten in noch erträglich heißes Wasser (45 °C) gehalten werden, weil damit das Eiweiß des Giftes zerstört werden kann. Um Verbrennungen der manchmal schon gefühllosen Körperstelle zu vermeiden, sollte die Wassertemperatur etwa mit einer gesunden Hand kontrolliert werden. Angler sollten Fische mit einer Flachzange packen, töten und die Giftstrahlen abzwicken, weil sie auch über den Tod des Fisches hinaus noch für längere Zeit aktiv sind.

TECHNIK: Mit Naturköder am Grund, Inchikus, Slow Jigging

KÜCHE: Das delikate Fleisch ist etwas trocken, aber überaus schmackhaft.

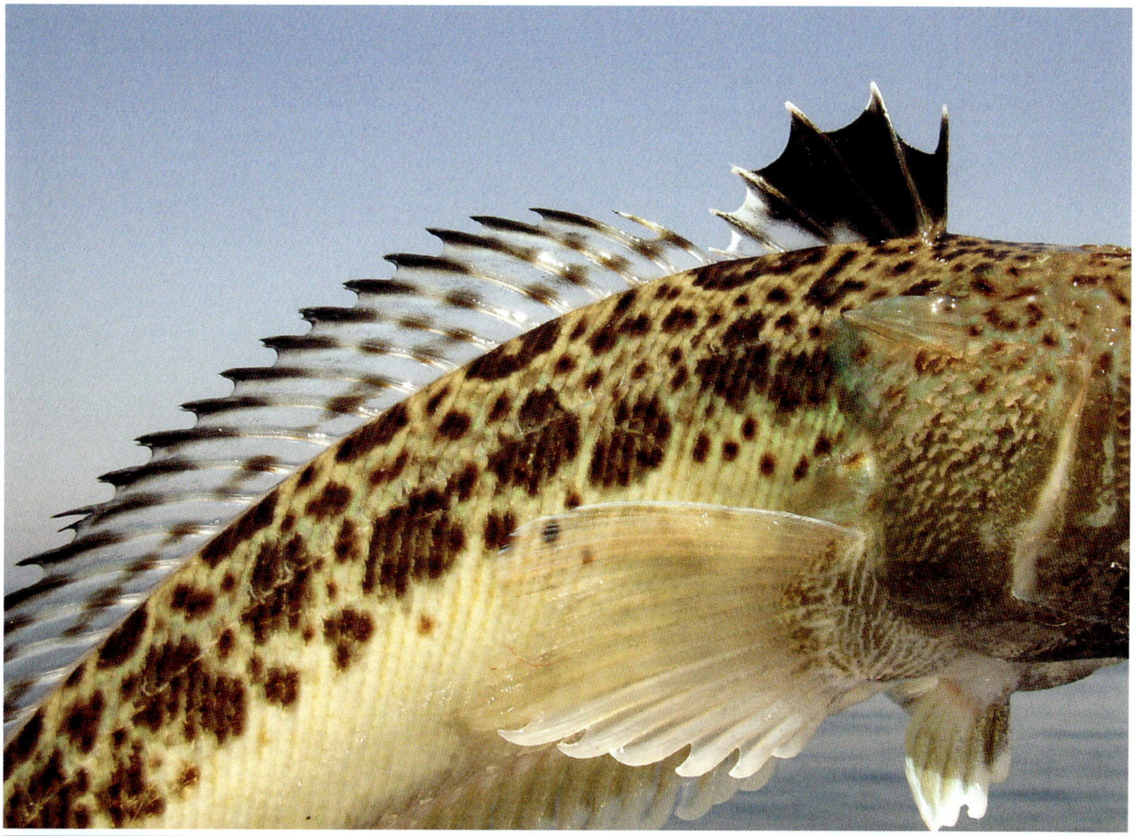

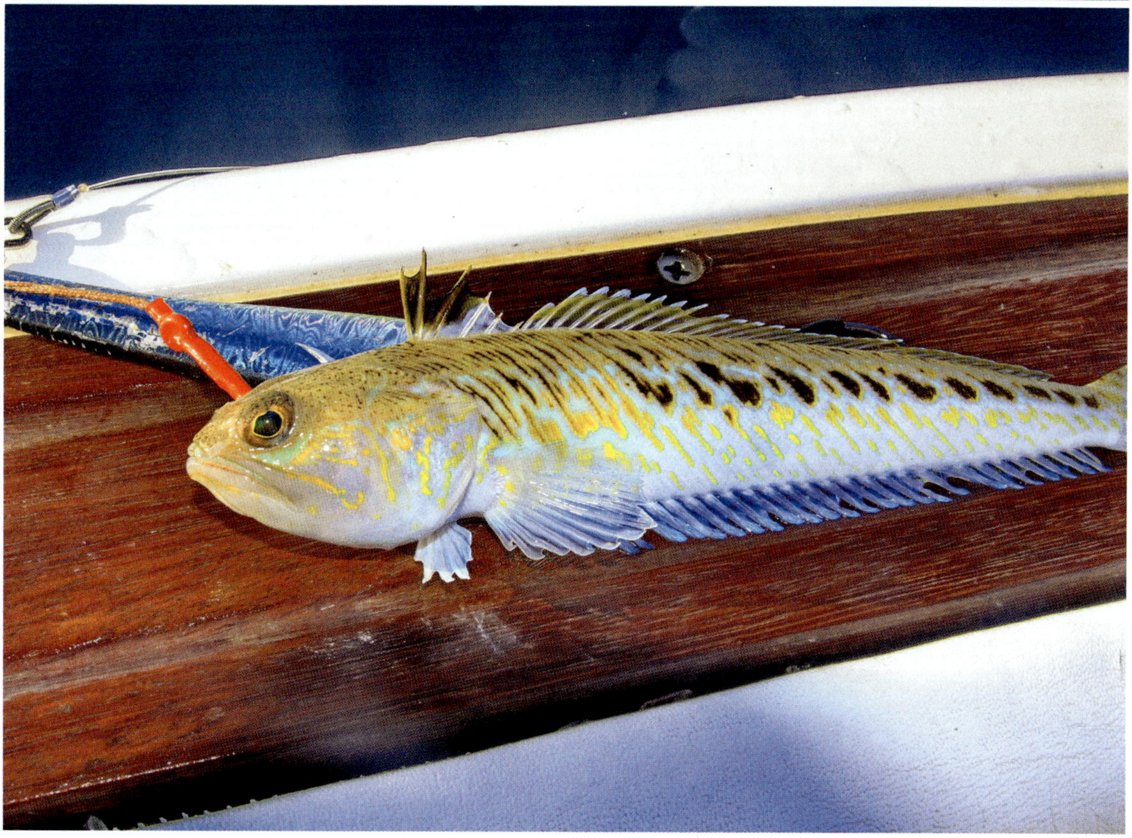

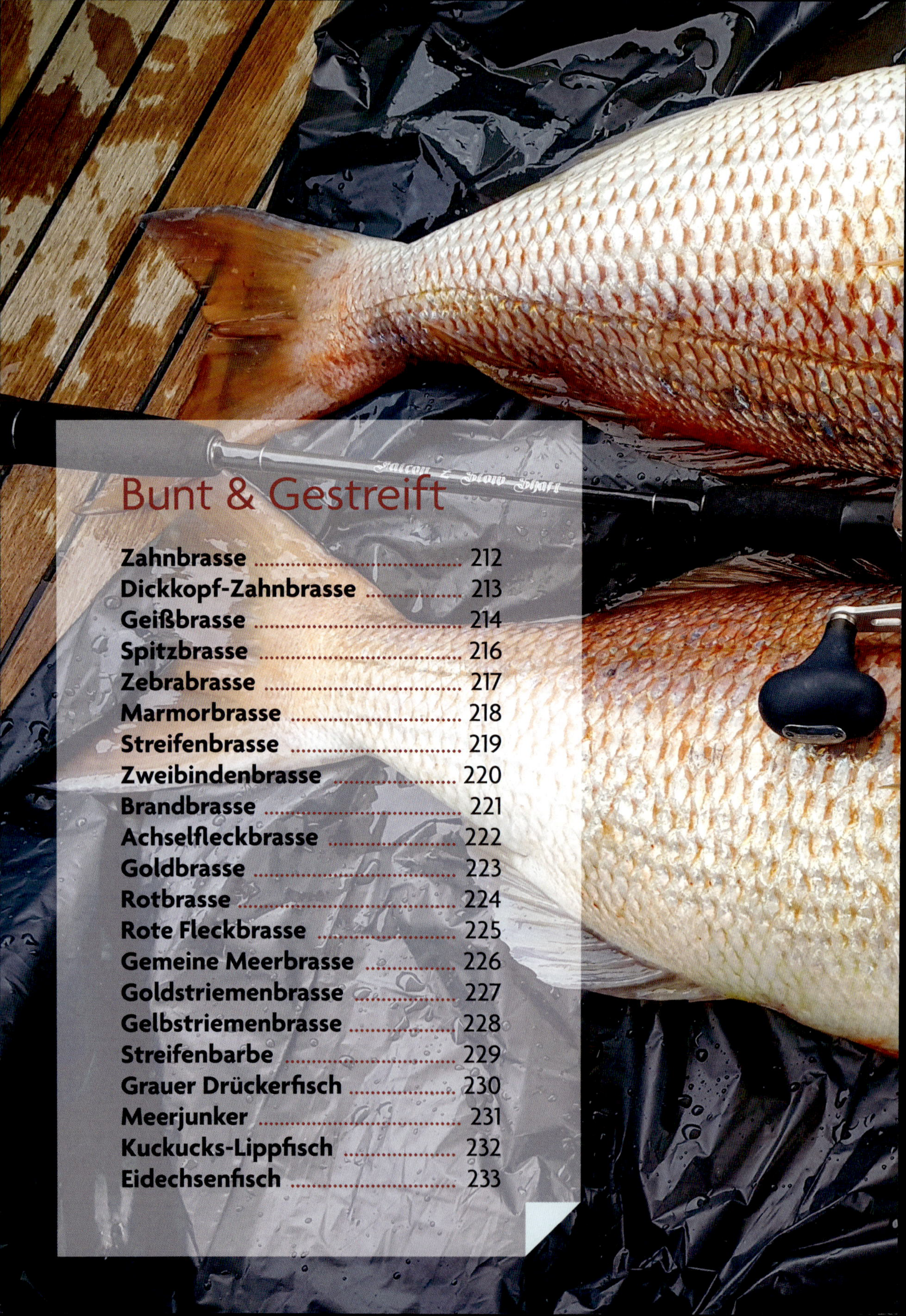

Bunt & Gestreift

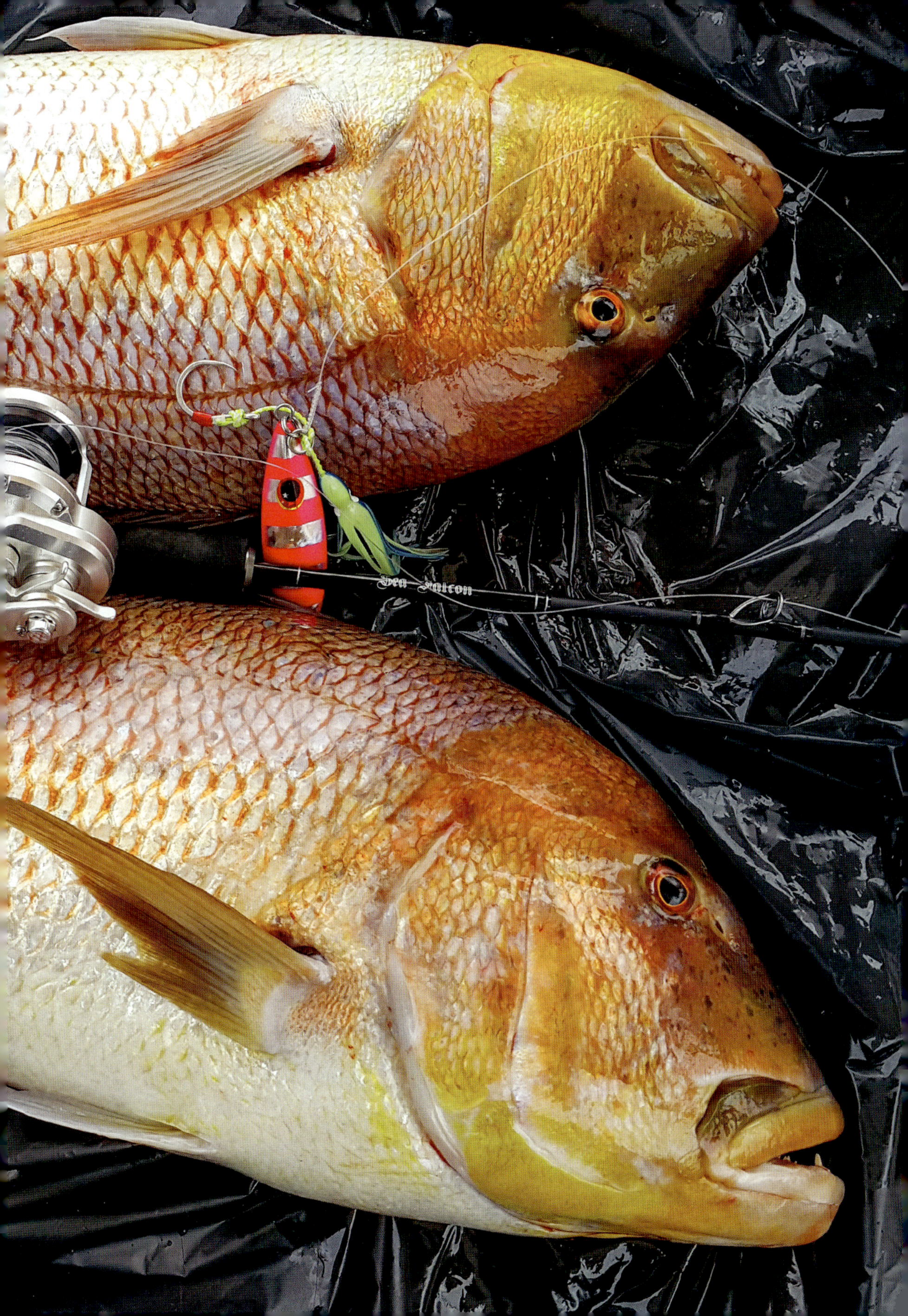
Sea Falcon

Zahnbrasse

Dentex dentex

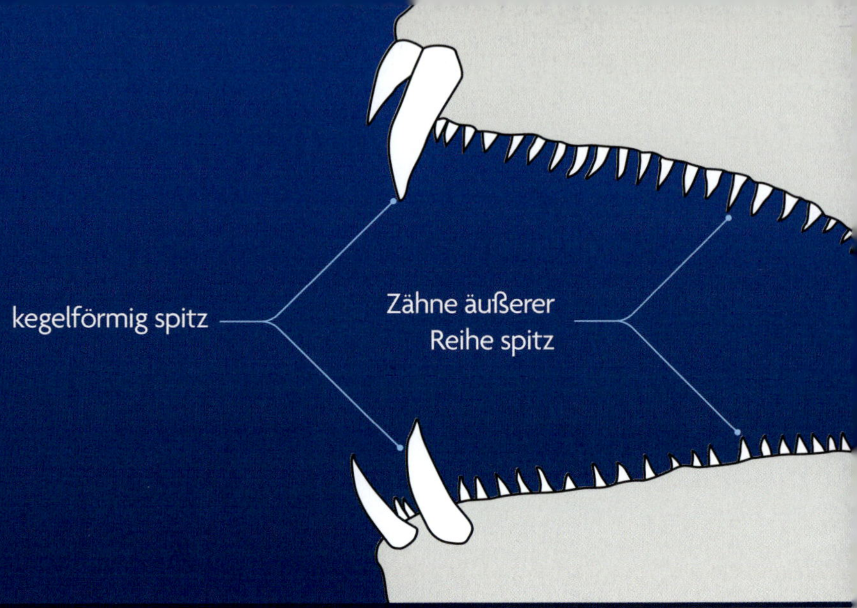

1 m | 14 kg

Gemeine Meerbrasse

Pagrus pagrus

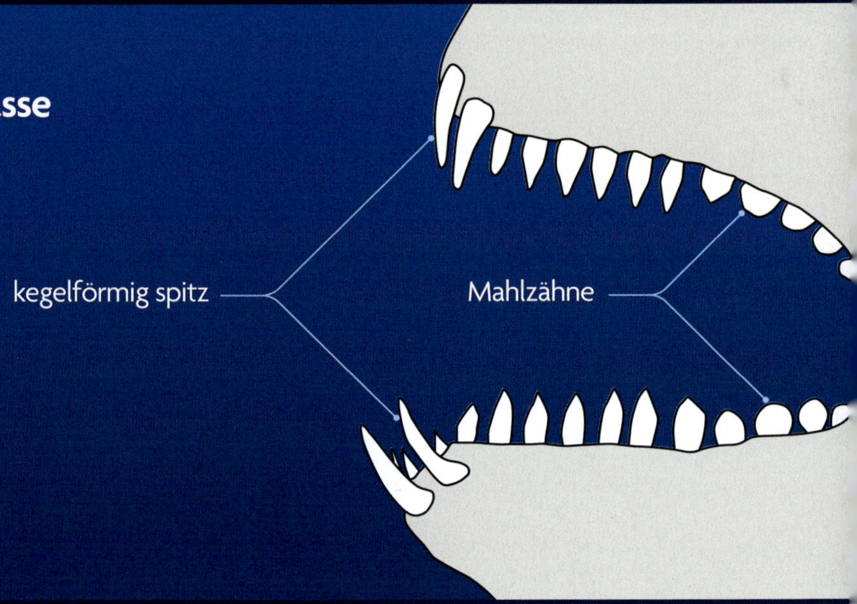

30-40 cm | 17 kg

Achselfleckbrasse

Pagellus acarne

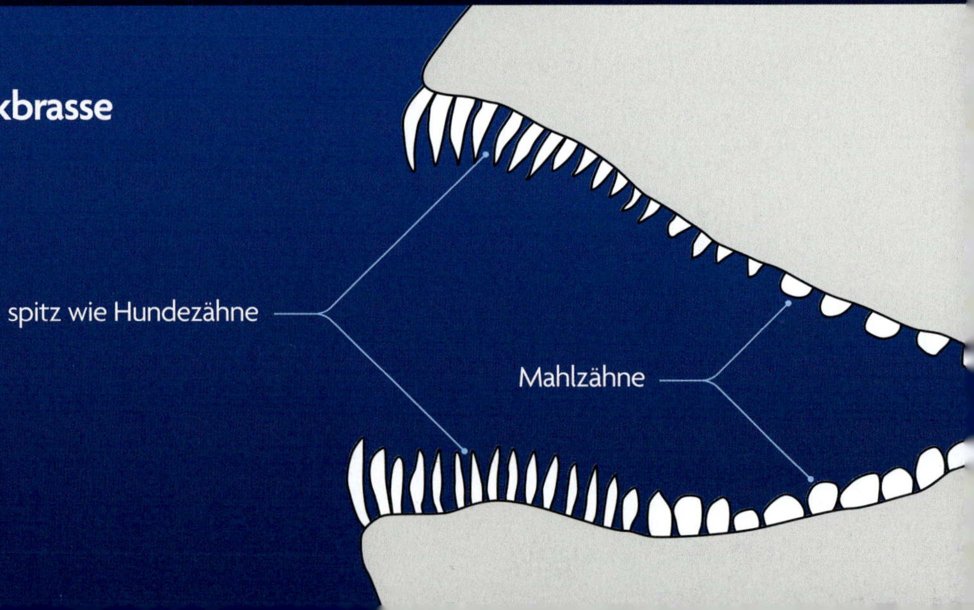

36 cm

Geißbrasse

Diplodus sargus

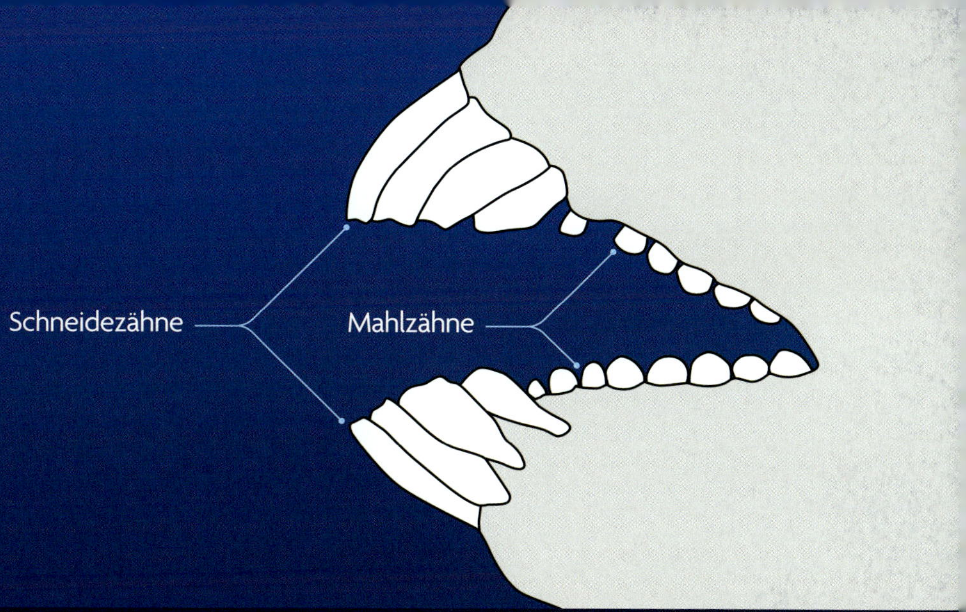

50 cm | 2 kg

Brandbrasse

Oblada melanura

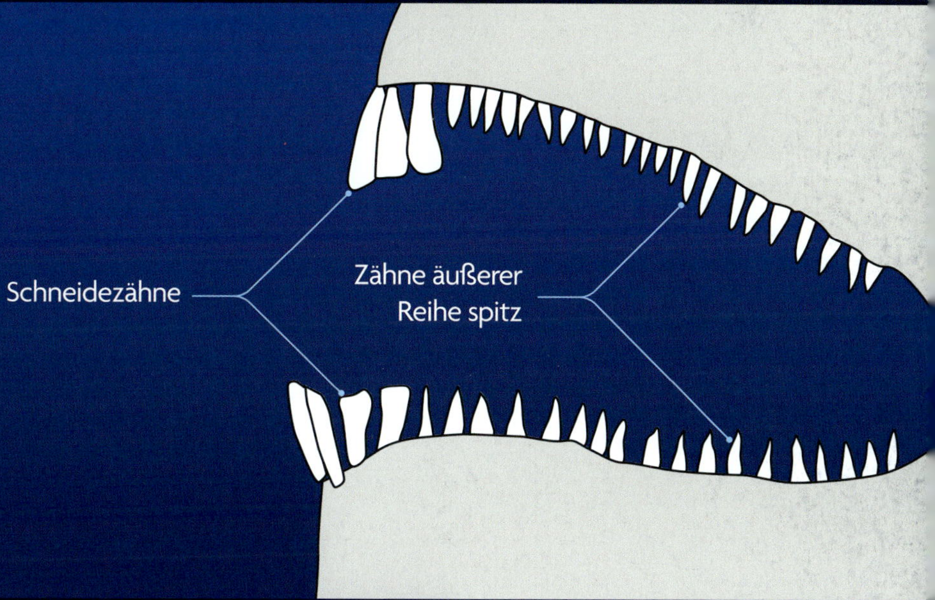

35 cm | 600 g

Gelbstriemenbrasse

Boops boops

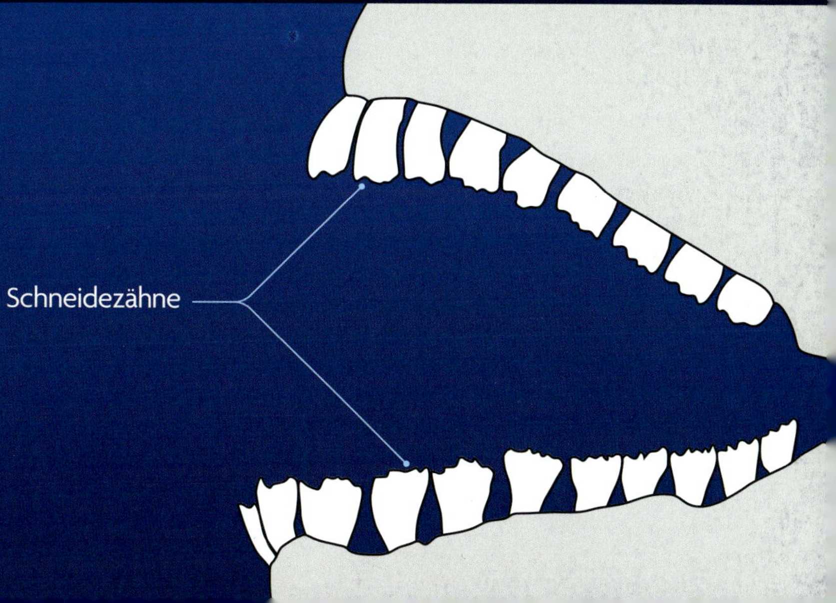

36 cm

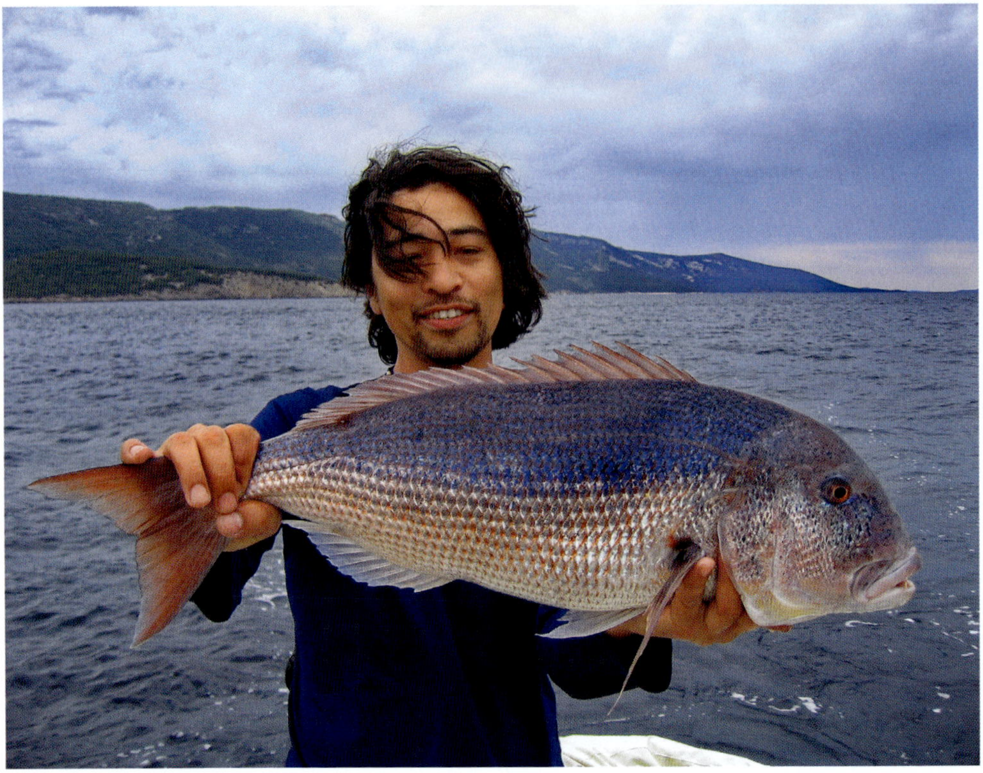

Zahnbrasse

NAMEN: **Dentex dentex** (wiss.), **Dentón** (Spanien), **Denté** (Frankreich), **Dentato** (Italien), **Zubatac** (Kroatien), **Synagrida** (Griechenland), **Sinagrit** (Türkei), **Common dentex** (engl.)

VORKOMMEN: Im gesamten Mittelmeer

Der Körper dieser Art ist oval und seitlich abgeflacht, das Kopfprofil rundlich, die Backen sind mit Schuppen besetzt. Jüngere Fische sind dunkelgrau auf dem Rücken, die Flanken werden rosa mit einsetzender Geschlechtsreife. Auf Rücken und den oberen Seiten zeigen sich deutliche schwarze Punkte. Der Rücken und die Flanken größerer Fische sind blaugrau und mit verblassenden Punkten. Einige Fische haben eine gelbe Färbung hinter dem Maulwinkel und auf dem Kiemendeckel. Die Rückenflosse wird gehalten von 11 harten Dornen sowie 11–12 weichen Strahlen. Zahnbrassen leben über hartem Grund zumeist in Tiefen von unter 50 m. Sie werden bis zu 1 m lang und 14 kg schwer.

TECHNIK: Am besten ist Schleppfischen mit lebenden Kalmaren oder Hornhechten. Im Winter sowie Mai/Juni auch mit Inchikus und tiefgeschleppten Wobblern. Beim Grundfischen mit lebenden Gelbstriemenbrassen an einer Seitenarmmontage sollten die Haken eine Öffnung von 15–25 mm haben.

KÜCHE: Hervorragend. Wildfänge erzielen höchste Preise.

Dickkopf-Zahnbrasse

NAMEN: **Dentex gibbosus** (wiss.), **Sama de pluma** (Spanien), **Denté bossu** (Frankreich), **Dentice corazziere** (Italien), **Zubatac krunaš** (Kroatien), **Fagri koronato** (Griechenland), **Atelnli balik** (Türkei), **Pink dentex** (engl.)

Vorkommen: Vermutlich im gesamten Mittelmeer. Vor der französischen Küste und in der nordwestlichen Adria eher selten. Diese Art hat den gleichen hochrückigen Körperbau wie ihre nahe Verwandte, die Zahnbrasse (Dentex dentex). Die rosa Grundfarbe gab ihr den englischen Namen „Pink Dentex". Der deutsche Name bezieht sich die kantige Schädelform erwachsener Tiere. Diese Art kann von anderen mit einem Blick auf die Rückenflosse unterschieden werden: Die beiden ersten Hartstrahlen sind sehr kurz, die beiden folgenden dagegen extrem lang. Weiteres Kennzeichen: Auf dem Rücken ist hinter dem Ende der Rückenflosse ein deutlicher schwarzer Fleck zu sehen und ein bräunlicher an der Basis der Brustflossen. Dickkopf-Zahnbrassen werden bis zu 106 cm lang und 15 kg schwer. Sie leben in Tiefen von 20 bis 220 m.

TECHNIK: **Bestens ist das Schleppfischen mit lebenden Kalmaren wenige Meter über Grund, aber auch stationär mit Arche-Noah-Muscheln (Schale anknacken, aber nicht ganz entfernen).**

KÜCHE: **Sehr begehrt rund ums Mittelmeer.**

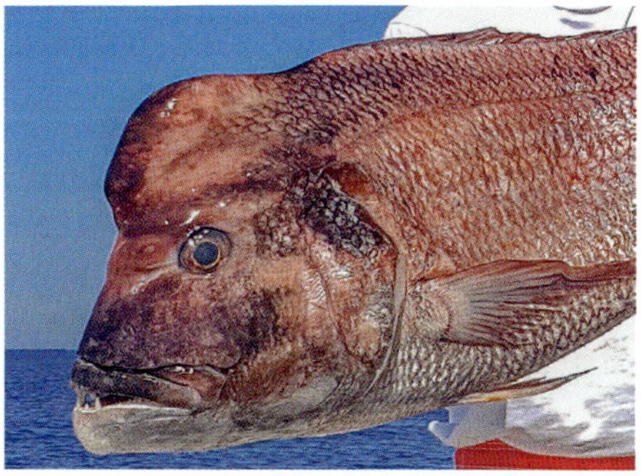

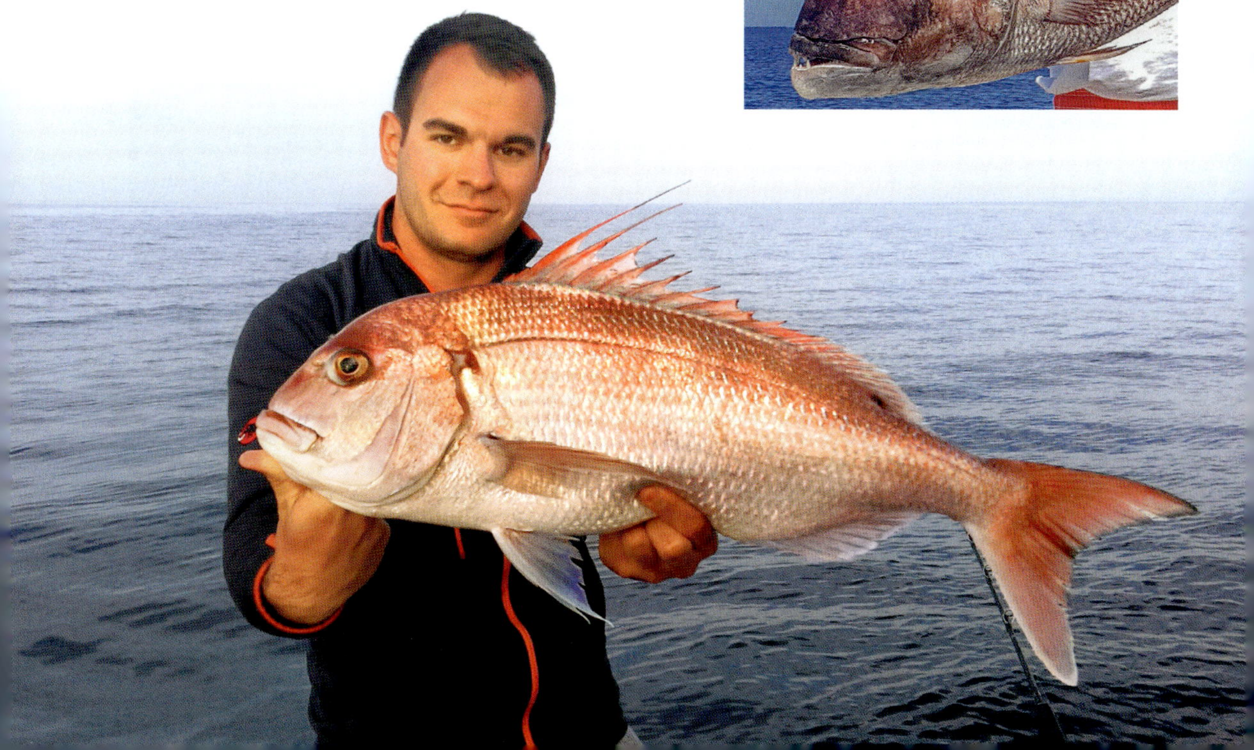

Geißbrasse

NAMEN: Diplodus sargus sargus (wiss.), **Sargo** (Spanien), **Sargo rigato** (Italien), **Šarag** (Kroatien), **Sargos** (Griechenland), **Karagoz** (Türkei), **White seabream** (engl.)

VORKOMMEN: Im gesamten Mittelmeer

Der Körper der auch Bindenbrasse genannten Art ist hochrückig, oval und seitlich abgeflacht. Der Abstand von der Maulspitze zum Augenrand ist größer als der Augendurchmesser. Der Rücken ist gelblich-braun gefärbt und die Seiten silbergrau. Über die Flanken ziehen 8–9 senkrechte dunkle Streifen, 4–5 davon sind stärker ausgeprägt. Auffällig ist ein schwarzer ovaler Sattelfleck an der Schwanzwurzel. Die hintere Kante der Schwanzflosse ist deutlich schwarz umsäumt. Von der ähnlichen Spitzbrasse (Diplodus puntazzo) unterscheidet sich die Geißbrasse durch ihr steileres Kopfprofil und das nicht so spitze Maul. Geißbrassen werden bis zu 50 cm lang und 2 kg schwer. Sie leben grundnah bis in Tiefen von 150 m. Die Fische sind nachtaktiv und fressen mit Vorliebe Seeigel, Muscheln und Krustentiere, die sie mit ihren großen Mahlzähnen knacken.

TECHNIK: In der Dämmerung küstennah an Grund mit natürlichen Ködern. Schwanzstücke von Sardinen an Haken mit einer Öffnung von 10–15 mm und Fluorocarbon-Vorfach.

KÜCHE: Wohlschmeckendes, weißes Fleisch mit mittlerem Fettgehalt, optimal geeignet zum Braten, Schmoren, Backen und Grillen. Beim Ausnehmen unbedingt die schwarze Haut in der Bauchhöhle entfernen, sonst schmeckt der Fisch bitter.

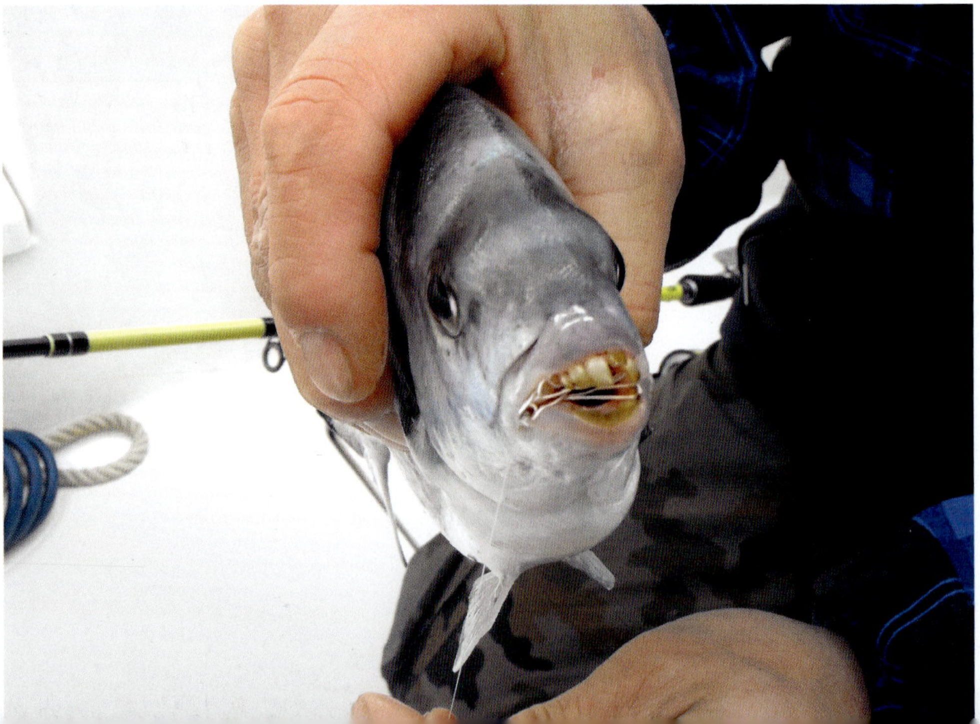

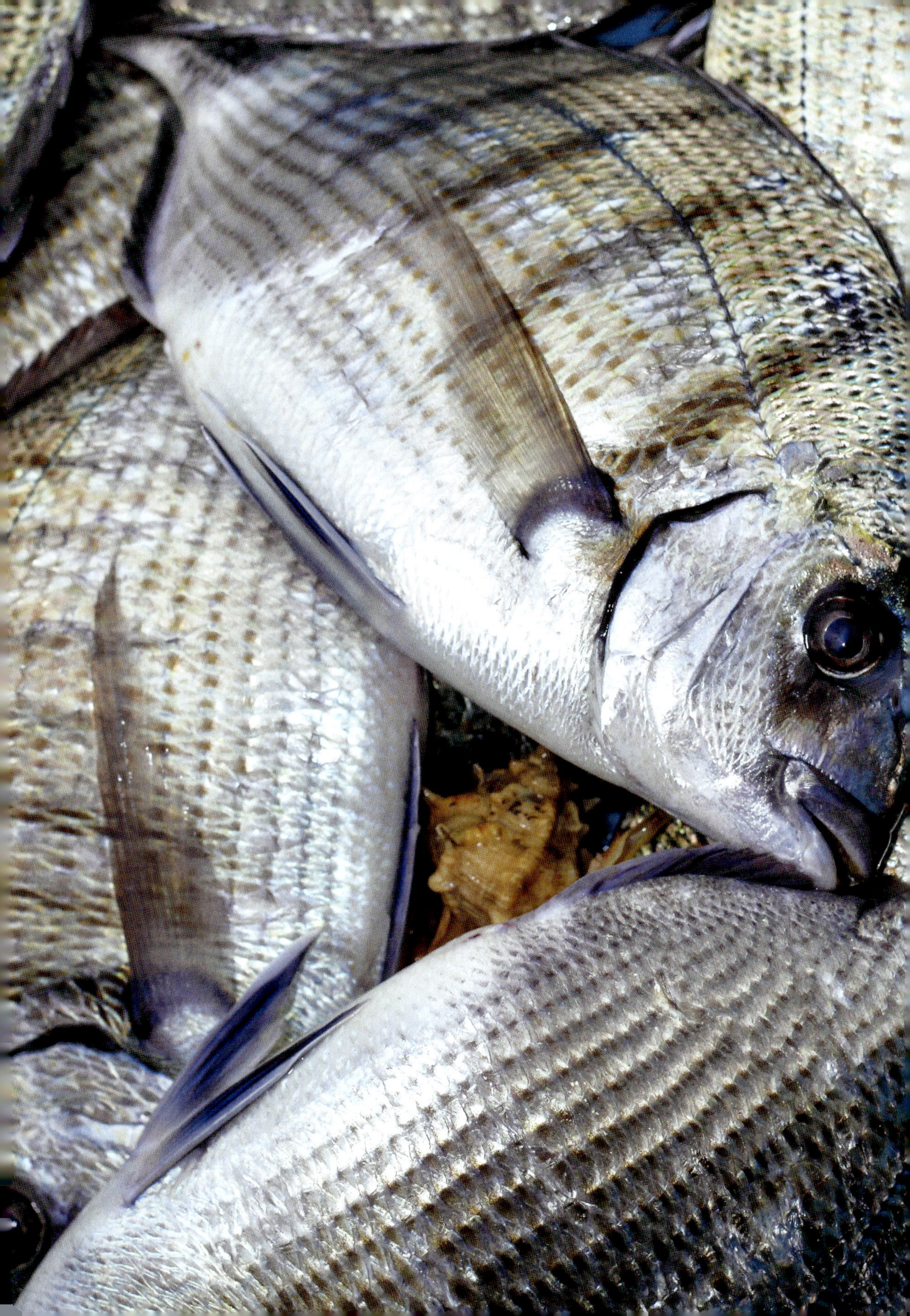

Spitzbrasse

NAMEN: **Diplodus puntazzo** (wiss.), **Sargo picudo** (Spanien), **Sar á museau pointu** (Frankreich), **Sarago pizutto** (Italien), **Pic** (Kroatien), **Mytaki** (Griechenland), **Sivriburun karagoz** (Türkei), **Sharpsnout seabream** (engl.)

VORKOMMEN: Im gesamten Mittelmeer weit verbreitet

Der hochrückige und seitlich abgeflachte Fisch fällt durch seine lange spitze Schnauze auf, die ihm den Namen gab. Die Stirnlinie ist auf Augenhöhe eingebuchtet. Weiteres Erkennungsmerkmal sind 7–9 breite vertikale Streifen sowie ein schwarzer Halbring an der Wurzel der Schwanzflosse. Der hintere Rand der Schwanzflosse ist meist schwarz gesäumt.

Diese bis zu 60 cm große Art lebt küstennah in Brandungszonen, aber auch über felsigem und sandigem Grund in Tiefen bis 50 m. Die Spitzbrassen ernähren sich vor allem von Seegras, Würmern, Garnelen und Muscheln. Sie werden durchschnittlich 30 cm groß.

TECHNIK: Grundnahes Fischen mit Miesmuscheln, Garnelen, Würmern oder Rinderleber. Die Fische haben ein sehr sensibles Maul und sind misstrauisch; deshalb muss fein und mit kleineren Haken (Öffnung von 10–12 mm) geangelt werden. Anfüttern mit Fischabfällen lohnt sich.

KÜCHE: Geschätzter Speisefisch!

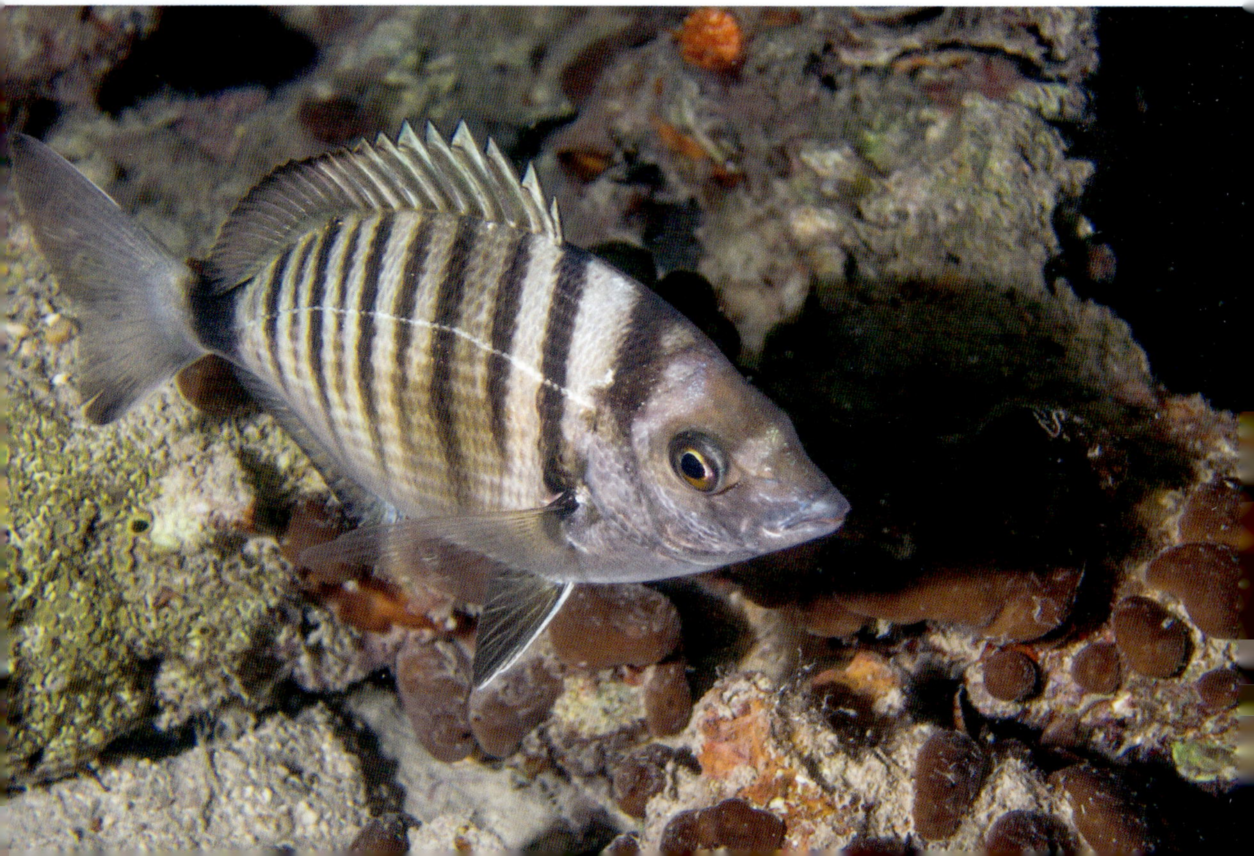

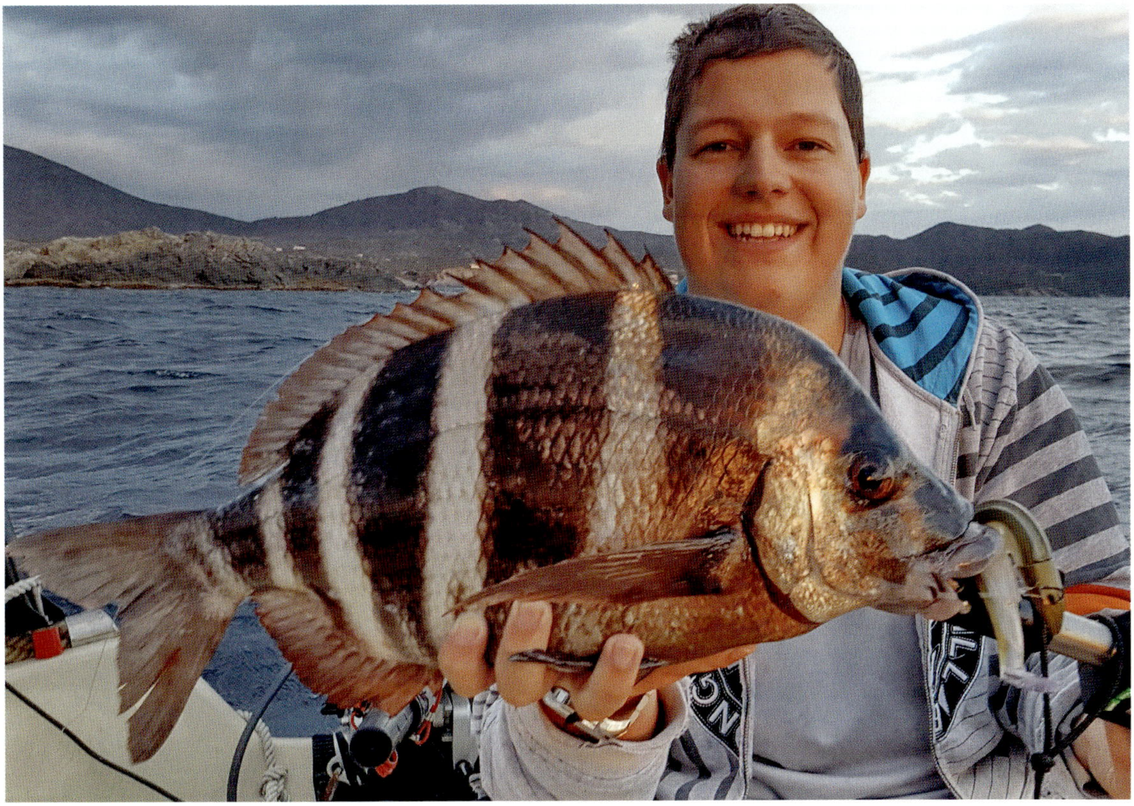

Zebrabrasse

NAMEN: **Diplodus cervinus cervinus** (wiss.), **Sargo imperial** (Spanien), **Sar a grosses lévres** (Frankreich), **Fanfarù** (Italien), **Zevro sparos** (Griechenland), **Šarag** (Kroatien), **Cizgili mercan** (Türkei), **Zebra seabram** (engl.)

VORKOMMEN: Im gesamten Mittelmeer

Der Fisch ist hochrückig, seitlich abgeflacht und hat eine steil ansteigende Stirnlinie. Auffälligstes Merkmal sind 5 breite schwarze Bänder, die vertikal über die silberfarbenen Flanken verlaufen. Das erste Band beginnt vor dem Ansatz der Rückenflosse, das letzte verläuft an der Schwanzflossenwurzel. Ein zusätzlicher schmalerer dunkler Streifen zieht am Kopf über das Auge bis zur Backe hinter dem Unterkiefer. Dieser Streifen fehlt bei der Spitzbrasse (Diplodus puntazzo).

Die bis zu 55 cm großen und 1,9 kg schweren Fische leben küstennah über felsigem Grund in Tiefen von 30–80 m. Sie bilden kleinere Gruppen und fressen Garnelen, Würmer, Muscheln oder Seegras, wie andere Brassen auch.

TECHNIK: Grundnahes Fischen mit natürlichen Ködern

KÜCHE: Gut

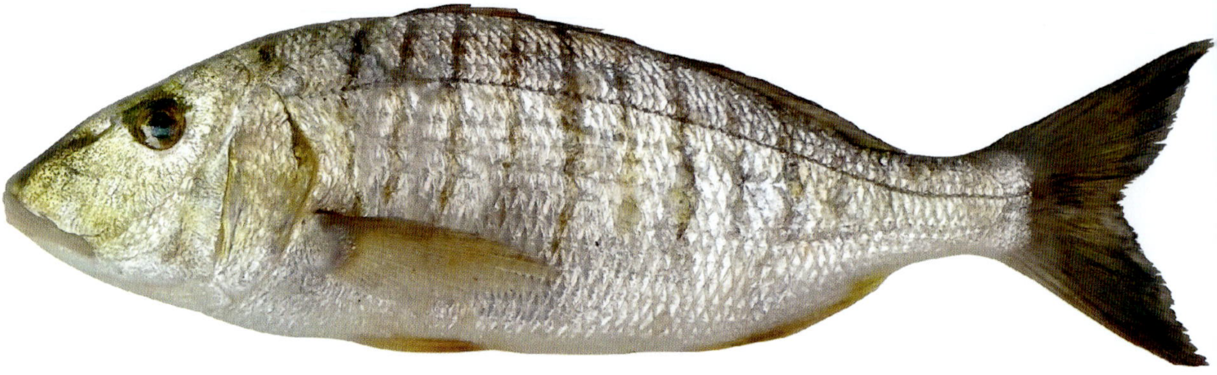

Marmorbrasse

NAMEN: Lithognathus mormyrus (wiss.), **Mabre** (Spanien), **Marbré** (Frankreich), **Mormora** (Italien), **Ovčica** (Kroatien), **Mourmoura** (Griechenland), **Cizgili Mercan** (Türkei), **Striped seabream** (engl.)

VORKOMMEN: Im gesamten Mittelmeer weit verbreitet

Der längliche Körper ist auf dem Rücken dunkel-braungrau gefärbt, die Körperseiten sind silbern-hell. Die Stirnlinie steigt nahezu gleichmäßig an und ist nur über Höhe der Augen leicht eingebuchtet. Das große Maul ist länglich und spitz, die Lippen dick. Auf den Flanken verlaufen 12–15 braunschwarze Streifen. Daran kann der Fisch erkannt werden.

Marmorbrassen werden maximal 55 cm lang und 2 kg schwer. Sie leben küstennah, meist in Gruppen über Sand- und Weichböden sowie Seegraswiesen in Tiefen von 3 bis 80 m. Die Fische sind nachtaktiv und gehen abends auf Nahrungssuche. Auf ihrem Speiseplan stehen Muscheln, Garnelen, Krabben, Schnecken und Würmer.

TECHNIK: Marmorbrassen halten sich gerne an Muschelbänken auf und können dort gezielt gefischt werden. Angeln über Grund mit Muschelfleisch, Garnelen oder Borstenwurm. In der Adria sind 15 m eine gute Tiefe. Die Haken sollten scharf sein und eine Öffnung von 12–15 mm haben.

KÜCHE: Ein geschätzter Speisefisch.

Streifenbrasse

NAMEN: Spondyliosoma cantharus (lat.), Cantera (Spanien), **Canthare** (Frankreich), **Cantaro** (Italien), **Kantar** (Kroatien), **Skathari** (Griechenland), **Sarigöz** (Türkei), **Black seabram** (international)

VORKOMMEN: Im gesamten Mittelmeer

Auch bei dieser Brassenart ist der Körper hochrückig und seitlich abgeflacht. Der Kopf ist spitz und weist eine kleine Delle über den Augen auf. Der Rücken schimmert dunkel bis bräunlich-grau. Auf den Flanken verlaufen 6-9 vertikale, dunkelbraune, breitere Streifen sowie zahlreiche horizontale schmale Linien, die mehrfach unterbrochen sind. Die Seitenlinie verläuft parallel zur Rückenlinie. Der Kopf ist zwischen den Augen und zum Maul hin ebenfalls dunkel. Rücken-, Schwanz- und Afterflosse sind dunkler als der Körper. Ein weiteres Merkmal sind 4–6 Reihen feiner und spitzer Borstenzähne in beiden Kiefern.

Die bis zu 60 cm langen Schwarmfische leben küstennah in Tiefen von meist 15–50 m über Seegraswiesen sowie Sand- und Felsböden. Die Fische sind Allesfresser und ernähren sich von Krustentieren bis hin zu Algen.

TECHNIK: Grundnahes Angeln mit kleineren natürlichen Ködern

KÜCHE: Gut

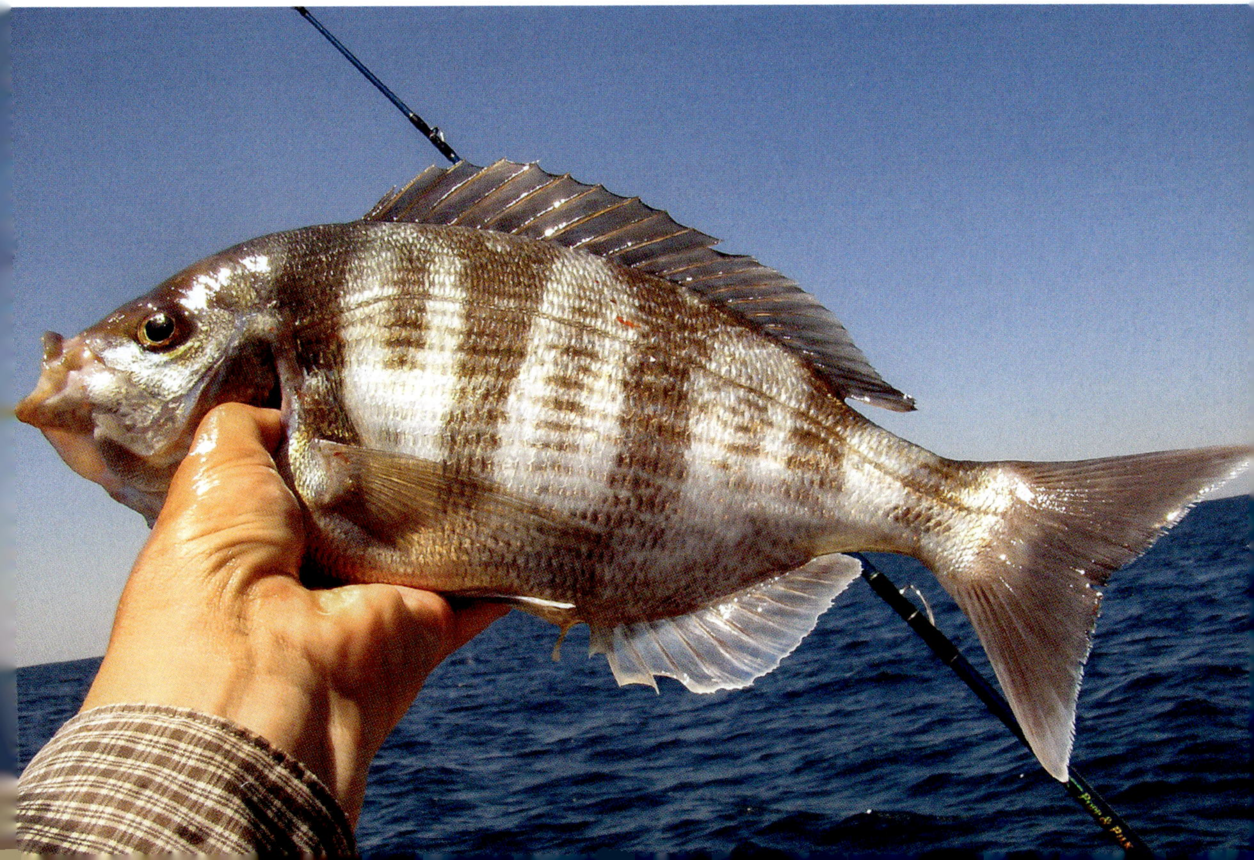

Zweibindenbrasse

NAMEN: **Diplodus vulgaris** (wiss.), **Mojarra** (Spanien), **Sar a tête noire** (Frankreich), **Saragotesta nera** (Italien), **Fratar** (Kroatien), **Karagoz** (Türkei), **Common two-banded seabream** (engl.)

VORKOMMEN: Im gesamten Mittelmeer

Namensgebend für den hochrückigen Fisch sind zwei dunkle senkrechte Bänder. Der erste verläuft auf Höhe der Brustflosse, der zweite vor der Schwanzwurzel. Kroaten erinnern diese dunklen Bänder auf dem ansonsten silberfarbenen Schuppenkleid an die Tracht der Priester, daher der kroatische Name „Fratar". Diese Art sehr große Augen und ein kleines Maul. Zweibindenbrassen werden bis zu 45 cm lang 2 kg schwer. Sie werden alle als Männchen geboren und mit 1–2 Jahren geschlechtsreif. Im Alter von 2–3 Jahren wechseln die Fische ihr Geschlecht.

TECHNIK: Grundnah an Riffen und Klippen in Tiefen von 15–30 m mit Krebsen, Wurm- oder Sardinenstücken. Anfüttern mit einer Mischung aus Brot, Fischresten und zerstoßenen Seeigeln hilft beim Überlisten. Gute Beißzeiten sind zwei Tage vor Vollmond sowie am späten Nachmittag und abends.

KÜCHE: Sehr guter Speisefisch, der in der Adria semiindustriell gefangen wird. Das strukturierte, weiße Fleisch eignet sich optimal fürs Braten, Backen und Grillen.

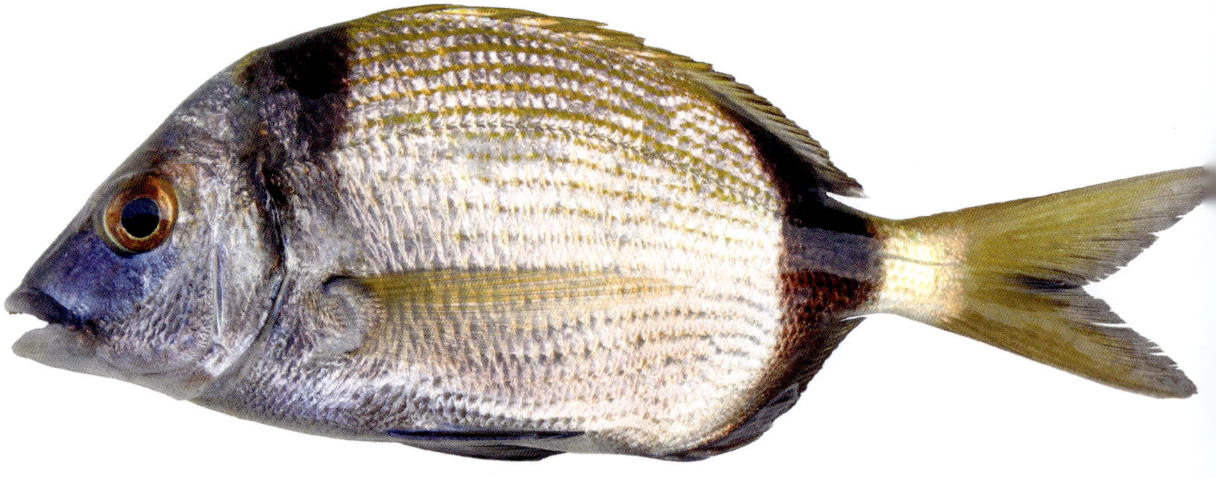

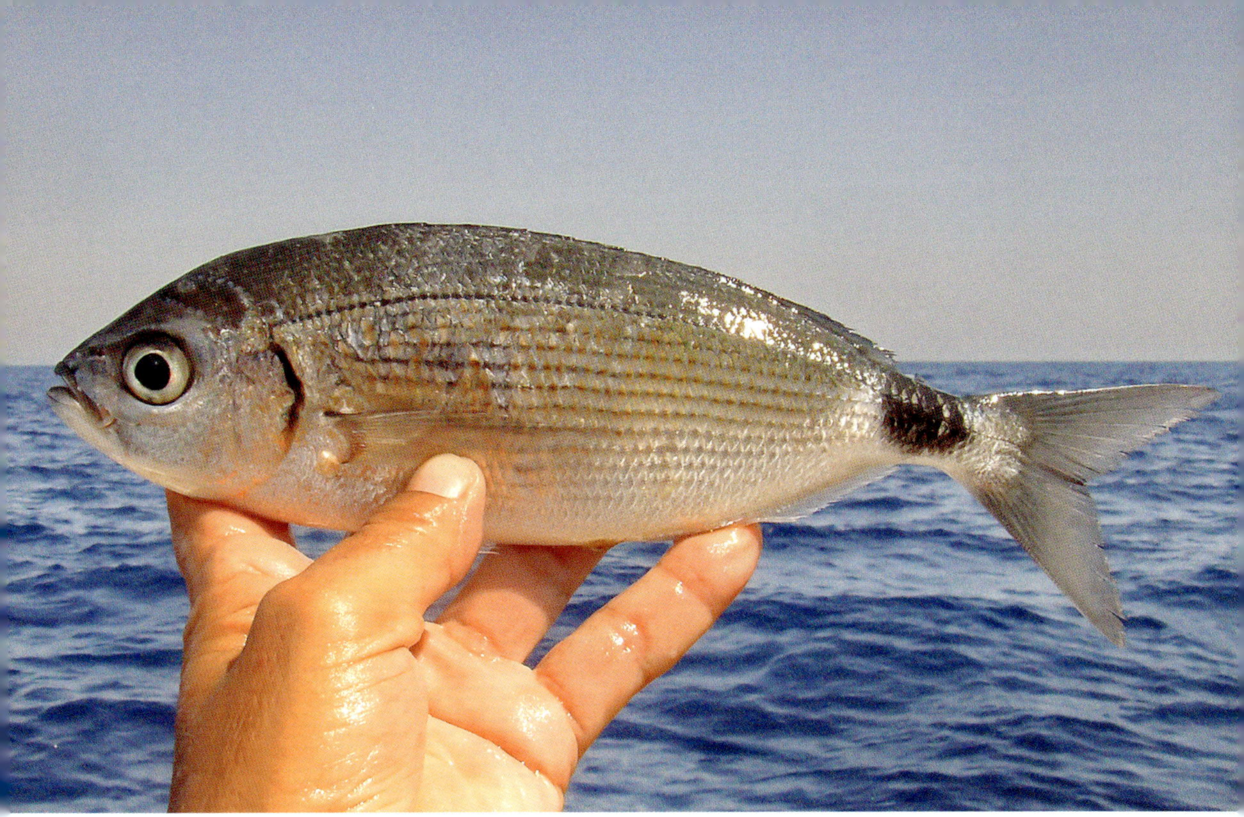

Brandbrasse

NAMEN: Oblada melanura (wiss.), **Oblada** (Spanien), **Oblade** (Frankreich), **Oblata** (Italien), **Ušata** (Kroatien), **Melanouri** (Griechenland), **Melanura** (Türkei), **Saddled seabream** (engl.)

VORKOMMEN: Im gesamten Mittelmeer

Der Rücken ist braun-blau und die Seiten blausilber bis blaugrau. Eindeutiges Erkennungszeichen ist ein großer schwarzer Sattelfleck am Schwanzstil. Die Kiefer sind mit Schneidezähnen und kleineren Mahlzähnen besetzt.

Bandbrassen leben meist oberflächennah in kleinen Schulen und bevorzugen felsiger Küsten, die auch von Algen bewachsen sein dürfen. Zu ihrem Lebensraum gehören überdies Flachwasserzonen von Sandstränden, wo sie sich bis 30 Meter Wassertiefe aufhalten. Bei starker Sonneneinstrahlung suchen sie den Schatten von Felsen oder Mole. Brandbrassen werden bis 35 cm lang und maximal 600 Gramm schwer.

TECHNIK: Über Grund oder im Mittelwasser mit Fischstücken oder frischen Garnelen

KÜCHE: Brandbrassen gelten seit der Antike als vorzügliche Speisefische mit zartem Fleisch. Größere Exemplare werden im Ganzen gegrillt oder gebraten, kleine machen sich gut in Fischsuppen.

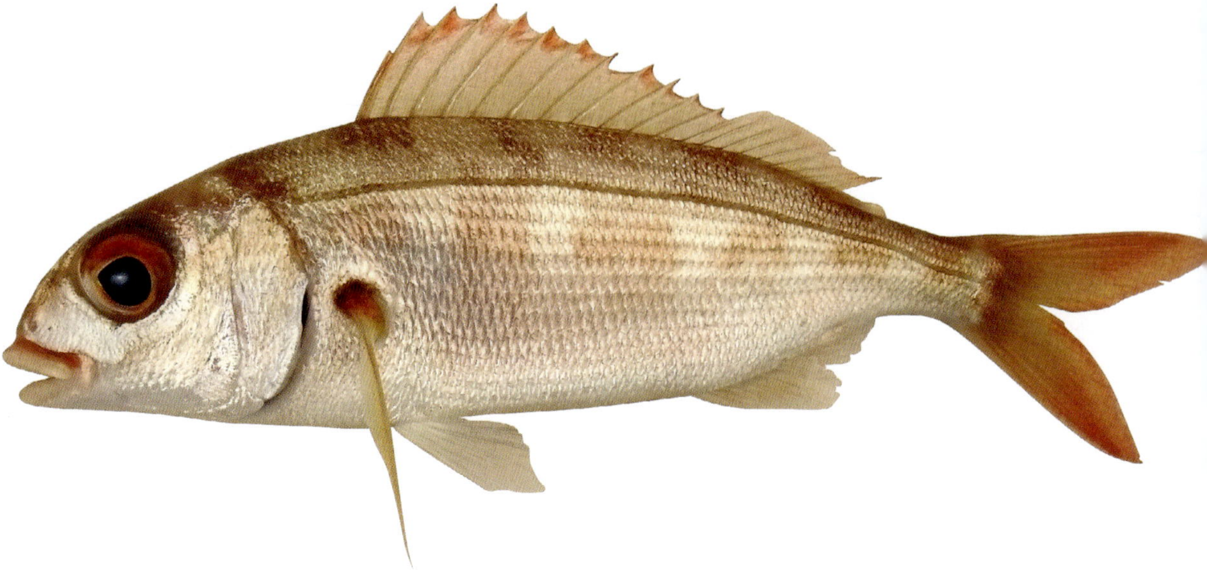

Achselfleckbrasse

NAMEN: **Pagellus acarne** (wiss.), **Besugo, Aligote** (Spanien), **Pageot acarne** (Frankreich), **Pagello bastardo** (Italien), **Batoglavac** (Kroatien), **Mousmouli** (Griechenland), **Kirma mercan** (Türkei), **Axillary seabream** (engl.)

VORKOMMEN: Im gesamten Mittelmeer

Der Körper ist hochrückig. Die relativ großen Augen sitzen hoch am oberen Rand des Kopfes. Die Schnauze ist länger als der Augendurchmesser. Die rötliche Rückenfärbung geht in silbrig rosige Seiten über; der Bauch ist weiß. Es zeigen sich weder Streifen noch Bänder. Auffällig und namengebend ist ein schwarzer Fleck am Ansatz der Brustflossen.

Die Schwarmfische leben küstennah zumeist in Tiefen von 5–80 m über sandigem oder seegrasbedecktem Grund. Größere Exemplare dringen in Tiefen von bis zu 500 m vor. Achselfleckbrassen werden bis 36 cm groß. Sie sind Allesfresser und ernähren sich von kleinen Fischen, Würmern und Krebsen.

TECHNIK: **Grundfischen mit natürlichen Ködern. Guter Köderfisch zum Angeln auf Petersfisch mit der →Überbeißmontage.**

KÜCHE: Geschätzter Speisefisch

Goldbrasse (Dorade)

NAMEN: **Sparus aurata** (wiss.), **Dorada** (Spanien), **Dorade royale** (Frankreich), **Orata** (Italien), **Orada** (Kroatien), **Tsipura** (Griechenland), **Cipura baligi** (Türkei), **Gilthead seabream** (engl.)

VORKOMMEN: Im gesamten Mittelmeer

Dieser im Handel „Dorade" genannte Fisch hat einen hohen Rücken, der blaugolden bis olivgrün schimmert. Die Seiten sind grau-gelb gefärbt und schimmern golden, der Bauch ist silbrig. Der Abstand von der Maulspitze bis zum Auge ist mehr als zwei Mal so groß wie der Augendurchmesser. Auffällige Merkmale sind ein zwischen den Augen quer verlaufendes goldglänzendes Stirnband sowie ein dunkler Fleck am oberen Ende der Kiemenspalten. Auf den Kiemendeckeln ist zudem meist ein blasser goldener Fleck zu sehen. Die bis zu 70 cm großen Goldbrassen leben in Tiefen von 5–50 m. An Steilufern sind sie selten. Die Fische knacken mit Vorliebe Muscheln, ernähren sich aber auch von Krebsen und Würmern.

TECHNIK: **In Tiefen von um die 10 m mit Stücken vom Riesenborstenwurm Eunice (→Grundangeln) oder Miesmuscheln: Eine Muschel leicht öffnen oder eine der Schalen anschlagen, um den Haken darin unterzubringen, dann warten auf „Schlürf und Knack". Das harte Maul erfordert einen kräftigen Anhieb.**

KÜCHE: **Einer der besten und teuersten Speisefische!**

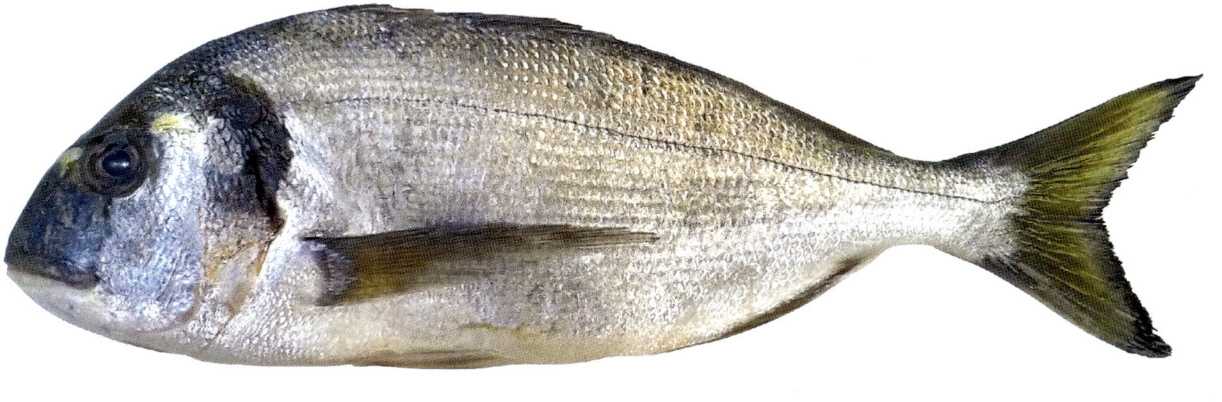

Rotbrasse

NAMEN: **Pagellus erythrinus** (wiss.), **Pagel** (Spanien), **Pageot** (Frankreich), **Rossetto** (Italien), **Arbun** (Kroatien), **Lethrini** (Griechenland), **Mercan** (Türkei), **Common pandora** (engl.)

VORKOMMEN: **Im gesamten Mittelmeer**

Der Körper der Rotbrasse ist länglich und seitlich abgeflacht. Die rötlich bis rosig-silbern gefärbten Körperschuppen schimmern oftmals auch bläulich. Die Körperoberfläche zeigt kleine blaue Punkte. Die Rückenflosse ist durchgehend. Die langen Brustflossen reichen bis hinter den Ansatz der Afterflosse. Die Lippen des tief stehenden Maules sind wulstig. Wichtiges Erkennungsmerkmal ist der meist rot gesäumte Kiemendeckel.

Der gesellige Schwarmfisch bevorzugt sandigen Grund in Tiefen von 10–180 m. Rotbrassen fressen Muscheln und Weichtiere. Der Fisch kann bis zu 60 cm lang werden, seine Durchschnittsgröße liegt bei 30 cm. Alle Rotbrassen werden im Alter von etwa einem bis zwei Jahren als Weibchen geschlechtsreif und wandeln sich später in Männchen um.

TECHNIK: **Paternoster mit Springern aus Fluorcarbon (0,20 mm) über Grund und kleineren Haken mit einer Öffnung von 10–15 mm. Die Fische lieben Fleisch. Miesmuscheln, Krebsfleisch, Kalmar- oder Sardinenstücke sowie Borstenwürmer sind gute Köder.**

KÜCHE: **Wohlschmeckend und sehr geschätzt.**

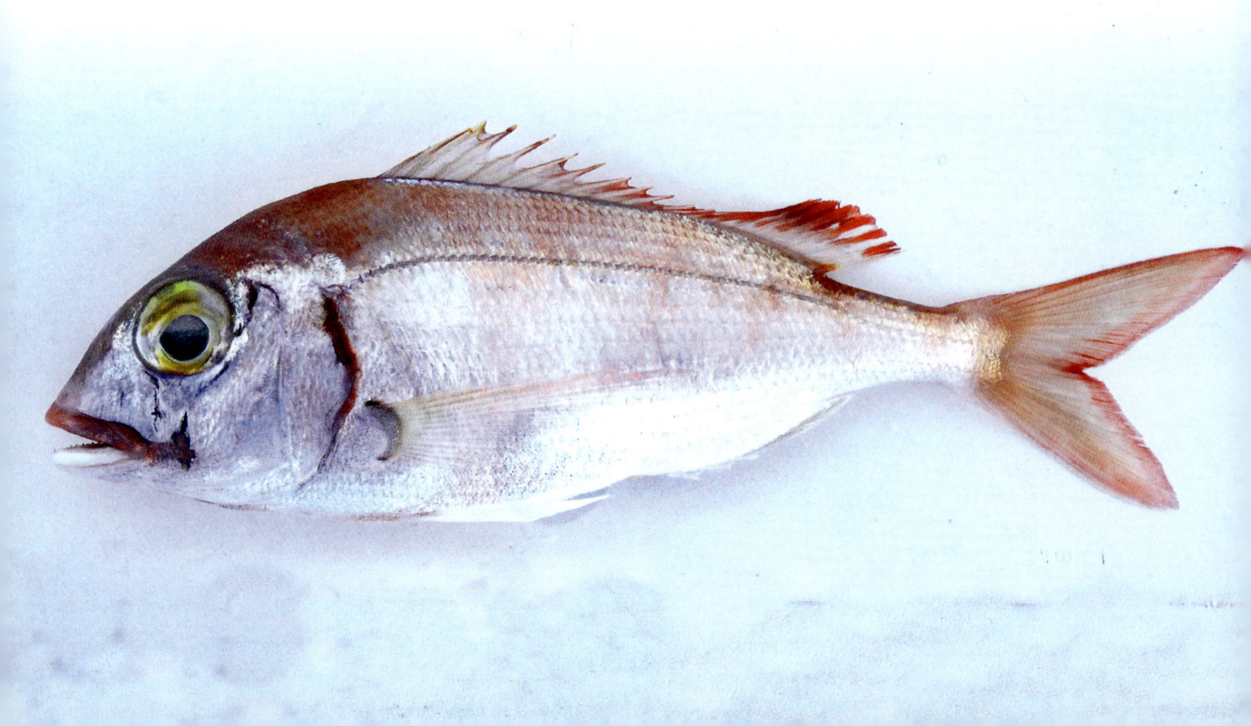

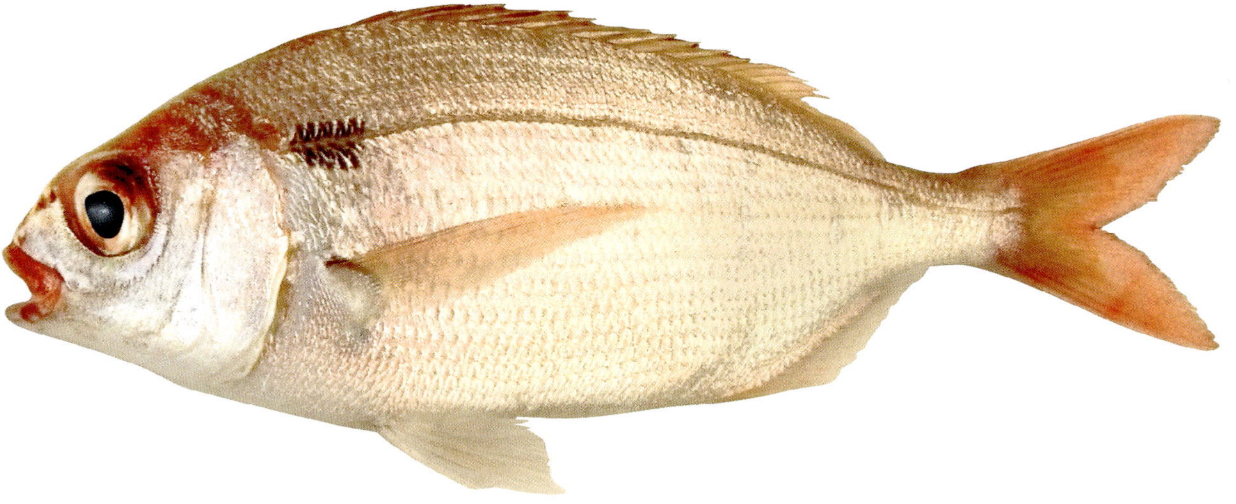

Rote Fleckbrasse

NAMEN: **Pagellus bogaraveo** (wiss.), **Besugo** (Spanien), **Dorade rose** (Frankreich), **Pagello** (Italien), **Okan** (Kroatien), **Kefalas** (Griechenland), **Mandagoz mercan** (Türkei), **Blackspot seabream** (engl.),

VORKOMMEN: Westliches Mittelmeer häufig, östlich von Sizilien seltener

Der gedrungene Fisch ist hochrückig und seitlich abgeflacht. Seine Körperfarbe variiert von silbern bis rosa und ist frei von Längs- oder Querstreifen. Die Schwanzflossen sind oftmals rötlich. Die Schnauze ist kürzer als der Augendurchmesser.

Die Rote Fleckbrasse kann an einem deutlichen schwarzen Fleck über der Brustflosse auf Höhe der Seitenlinie identifiziert werden. Dies unterscheidet sie von der Achselfleckbrasse (Pagellus acarne), die einen schwarzen Fleck auf der Brustflossenbasis zeigt. Die Rote Fleckbrasse wird bis zu 70 cm lang, 5 kg schwer und 15 Jahre alt. Sie lebt über schlammigem Grund in Tiefen von bis zu 400 m und zieht zum Laichen im Frühjahr in flachere Schelfzonen.

TECHNIK: Grundangeln mit Naturködern

KÜCHE: Sehr guter Speisefisch

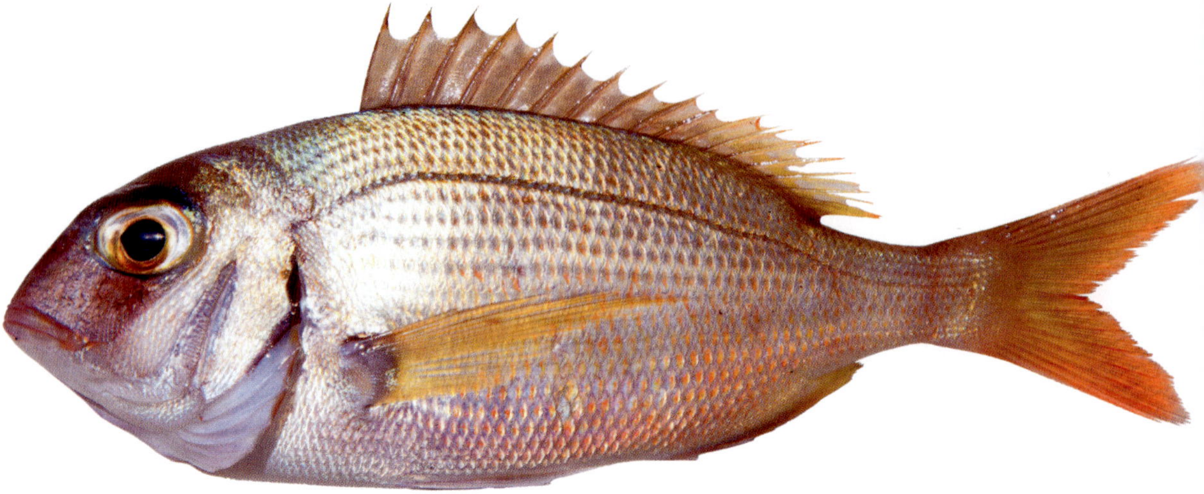

Gemeine Meerbrasse

NAMEN: Pagrus pagrus (wiss.), **Pagre (Spanien, Frankreich), Pagro** (Italien), **Pagar** (Kroatien), **Fagri** (Griechenland), **Fangri baliği** (Türkei), **Common seabram, Red porgy** (engl.)

VORKOMMEN: Im gesamten Mittelmeer

Rotbrassen haben einen seitlich abgeflachten Körper. Die Schuppen schimmern hellrosa bis pink. Der Kopf ist dunkler als der Körper und schimmert bläulich. Oberhalb der Seitenlinie sitzt auf den Schuppen jeweils ein gelber Punkt, die zusammen einen Streifeneffekt ergeben. Gelblich ist auch die Oberlippe. Rücken-, Schwanz- und Brustflossen sind rosa. Die Rückenflosse besteht aus 12 harten Flossendornen sowie 10 bis 11 weichen Flossenstrahlen.

Der Fisch kann bis zu 5 kg schwer werden, erreicht aber meist nur eine Länge von 30 bis 40 cm. Er lebt wie viele seiner Verwandten grundnah über Felsen und Sandböden bis auf 250 m Tiefe. Alle Meerbrassen werden als Weibchen geboren und erreichen mit 2–3 Jahren Geschlechtsreife. Danach wechseln einige der Fische ihr Geschlecht.

TECHNIK: Mit Sardinen oder kleinen Tintenfischen um Wracks oder in Tiefen von 10 bis 80 m. Die Fische reagieren auch auf kleinere Jigs.

KÜCHE: Sehr gut. Gemeine Meerbrassen zeichnen sich durch dickes und saftiges Fleisch aus. Es kann gegrillt, geschmort oder gebraten werden.

Goldstriemenbrasse

NAMEN: **Sarpa salpa** (wiss.), **Salema** (Spanien), **Saupe** (Frankreich), **Salpa** (Italien), **Salpa** (Kroatien), **Tsipoura** (Griechenland), **Salpan** (Türkei), **Salpa** (engl.)

VORKOMMEN: Im gesamten Mittelmeer

Der Körper ist elliptisch und an den Seiten etwas abgeflacht. Die Seitenlinie verläuft hoch am blau-grauen Rücken und folgt dessen Kontur. Auffällig und namengebend sind 10–12 orange-goldene, schmale Längsstreifen. Auffallend ist überdies ein schwarzer Fleck an der Basis der Brustflosse. Die Augen mit goldener Iris sind relativ groß.

Der Fisch ähnelt auf den ersten Blick der Gelbstriemenbrasse (Boops boops). Diese ist jedoch deutlich schlanker und hat nur 3–5 gelbliche Längsstreifen.

Diese bis zu 45 cm große und tagaktive Brassenart lebt küstennah in Tiefen von bis zu 50 m und ernährt sich meist von Algen wie Neptungras und kleinen Krustentieren. Goldstriemenbrassen fressen im östlichen Mittelmeer auch eine aus dem Indopazifik eingeschleppte giftige Grünalge. Dort sollten die Fische im Zweifel nicht verzehrt werden.

TECHNIK: Garnelen an kleinen Haken.

KÜCHE: An der Adria ein beliebter Speisefisch

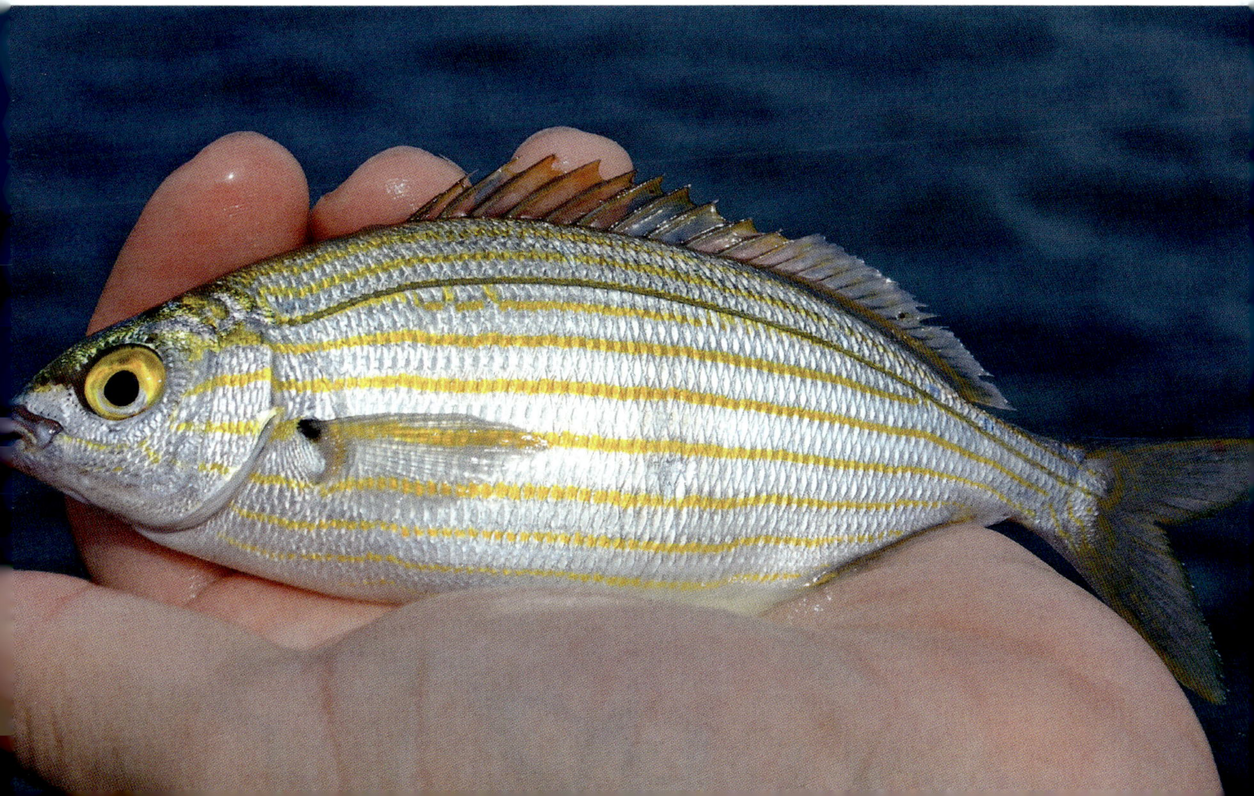

Gelbstriemenbrasse

NAMEN: **Boops boops** (wiss.), **Boga** (Spanien), **Bogue** (Frankreich), **Boga** (Italien), **Bugva** (Kroatien), **Gopa** (Griechenland), **Bopa** (Türkei), **Bogue** (engl.)

VORKOMMEN: Im gesamten Mittelmeer

Gelbstriemenbrassen haben einen schlanken, langestreckten und zylindrischen Körper. Die Augen sind groß und das Maul klein und abgeschrägt. Der Rücken schimmert grünlichgelb bis bräunlich-grau; die Seiten silbrig weiß. Unterhalb der Seitenlinie verlaufen 3 bis 5 blass-goldgelbe Längsstreifen. Am oberen Brustflossenansatz sitzt ein schwarzer Fleck.

Die bis zu 36 cm langen Brassen leben in größeren Schwärmen in Tiefen von 10–350 m und ernähren sich unter anderem von Krebsen und Garnelen.

TECHNIK: Herings-Paternoster mit „Fischhaut"-Folie am Haken (Sabiki Rig)

KÜCHE: **Das Fleisch ist wohlschmeckend. Die Fische sollten aber gleich nach dem Fang ausgenommen werden, damit der unangenehme Geruch der Innereien nicht das Fleisch verdirbt.**

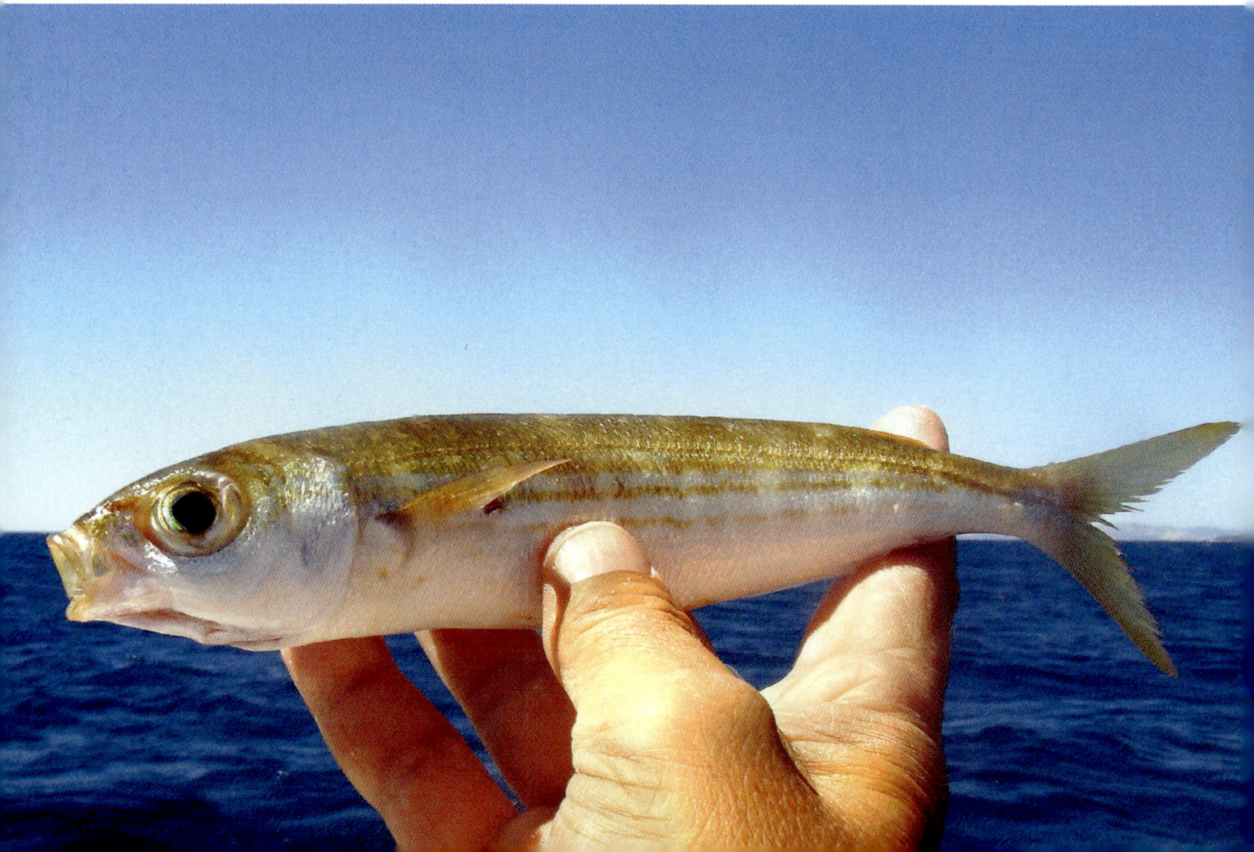

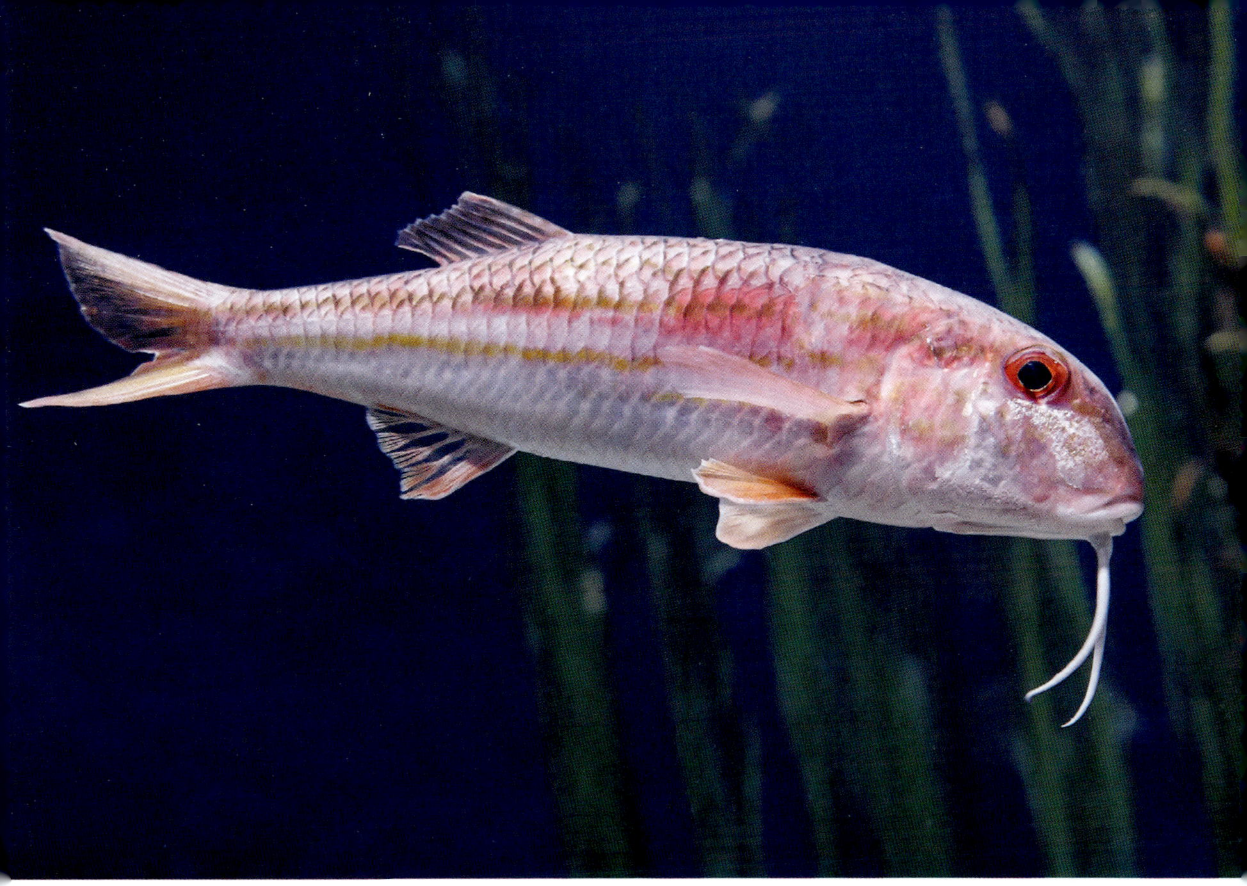

Streifenbarbe

NAMEN: **Mullus surmuletus** (wiss.), **Salmonete de roca** (Spanien), **Rouget de roche** (Frankreich), **Triglia di scoglio** (Italien), **Barbun** (Kroatien), **Surmullet** (engl.)

VORKOMMEN: Im gesamten Mittelmeer

Der langgestreckte und seitlich etwas zusammengedrückte Körper der Streifenbarben ist von großen Schuppen bedeckt. Das Kopfprofil steigt moderat steil an. Eindeutiges Kennzeichen: Am Kinn befinden sich zwei gut ausgebildete Barteln, die länger als die Brustflossen sind. Der Körper ist variabel rotgetönt, über die Seiten verlaufen zwei bis vier deutliche gelbe Längsstreifen, die dem Fisch den Namen gaben. Die Streifenbarbe trägt zwei verhältnismäßig kurze und klar getrennte Rückenflossen. Die erste Rückenflosse ist dunkelbraun gestreift.

Die bis zu 40 cm langen Streifenbarben leben küstennah über sandigem Grund zwischen Fels und Geröll und ernähren sich von kleinen Bodentieren.

TECHNIK: Feineres Grundfischen mit kleineren natürlichen Ködern.

KÜCHE: Ausgezeichneter Speisefisch zum Braten, Backen oder Kochen. Die Leber galt schon im alten Rom als Delikatesse.

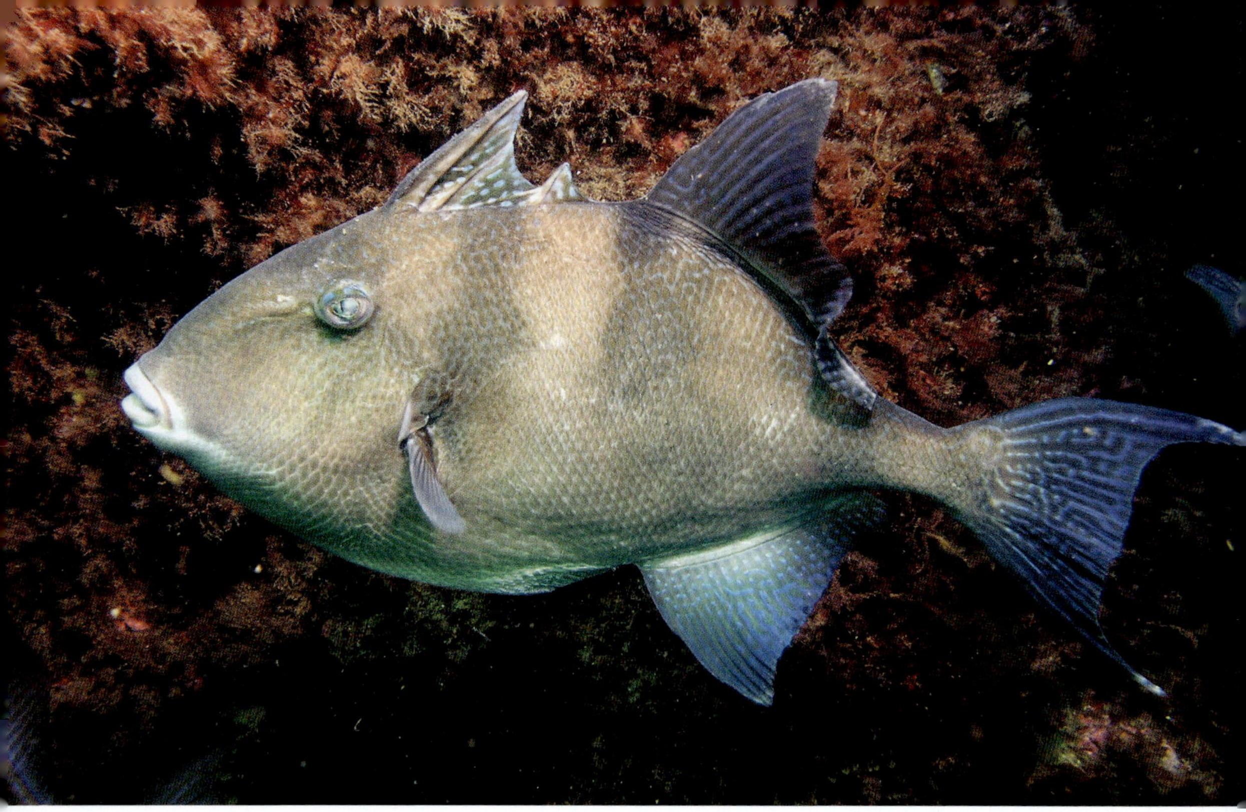

Grauer Drückerfisch

NAMEN: **Balistes capriscus** (wiss.), **Pez ballesta** (Spanien), **Baliste** (Frankreich), **Pesce balestra** (Italien), **Buc** (Kroatien), **Monochiros** (Griechenland), **Cutre** (Türkei), **Triggerfish** (engl.)

VORKOMMEN: Im gesamten Mittelmeer

Der Körper ist kurz, hochrückig und flachgedrückt. Die Fische sind einfarbig blaugrau, blaugrün, oder bräunlich. Über die Flanken verlaufen oftmals drei schwach dunkle, breitere Streifen. Die Augen und Kiemenöffnungen sind klein und die Brustflossen kurz. Die Rücken-, After- und Schwanzflossen sind mit kleinen hellblauen Punkten bedeckt. Die dicke Haut ist mit breiten Schuppen besetzt.

Der Fisch verdankt seinen Namen einem Mechanismus, mit dem er den längsten Stachel der Rückenflosse aufrecht fixieren kann. Gemeinsam mit dem Flossenstachel am Bauch klemmen sich die Fische so zum Schlafen in Riffspalten und sind vor Feinden geschützt. Drückerfische leben in 10 bis zumeist 50 m Tiefe über felsigem Grund. Sie werden bis zu 60 cm lang.

TECHNIK: **Kleinere natürliche Köder wie Stücke vom Kalmar oder einer Sardine. Wegen des harten Mauls muss mit kleinen, nadelspitzen Haken gefischt werden.**

KÜCHE: Mancherorts geschätzt

Meerjunker

NAMEN: **Coris julis** (wiss.), **Donzella** (Frankreich), **Doncella** (Spanien), **Dundica** (Kroatien), **Ghylos** (Griechenland), **Mediterranean rainbow wrasse** (engl.)

VORKOMMEN: **Im gesamten Mittelmeer**

Der farbenfrohe Meerjunker gehört zur großen Familie der Lippfische. Seine längliche Körperform, ist aber weniger hochrückig als viele andere seiner Verwandten. Der Rücken größerer Fische ist meist blaugrün. Auf den Körperseiten verläuft horizontal ein orangefarbenes, zickzackförmiges Band sowie ein dunkelblauer Fleck darunter, der von der Schulter bis zur Afterflosse reichen kann. Auch diese Art macht eine Geschlechtsumwandlung durch. Kleinere Fische sind sowohl weiblich als auch männlich. Mit zunehmender Größe ändern die Weibchen dann aber ihr Geschlecht und werden zu Männchen.

Meerjunker werden 25–30 cm lang und ernähren sich von Schnecken, Krustentieren, Muscheln und kleineren Fischen.

TECHNIK: **Grundangeln mit Naturködern und kleineren Haken.**

KÜCHE: **Trotz der geringen Größe gut essbar.**

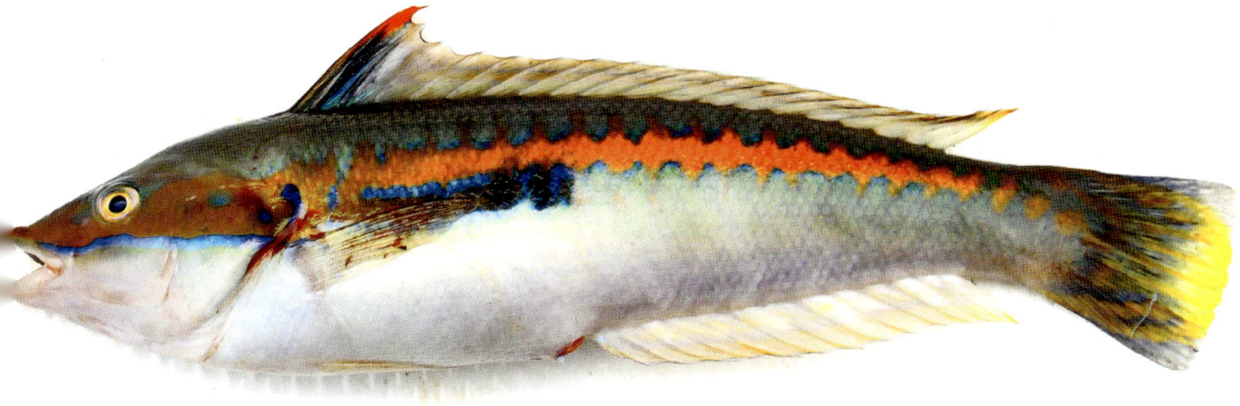

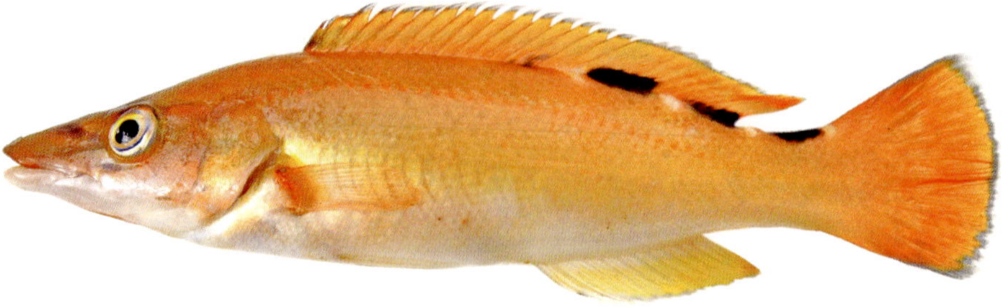

Kuckucks-Lippfisch

NAMEN: **Labrus mixtus** (wiss.), **Gallano** (Spanien), **Coquette** (Frankreich), **Tordo fischiette** (Italien), **Kukavica gubara** (Kroatien), **Cuckoo wrasse** (engl.)

VORKOMMEN: Im gesamten Mittelmeer

Der Kuckuckslippfisch hat einen langgestreckten Körper und einen langen, spitzen Kopf mit fleischig dicken Lippen. Die Männchen werden mit bis zu 40 cm nicht nur größer als die Weibchen (30 cm), sie sind auch bunter gefärbt. Ihre Zeichnung kann je nach Region sehr unterschiedlich ausfallen. Allen gemeinsam ist eine bräunlich-gelbliche Grundfarbe und blaue Längslinien an den Flanken. Die weiblichen Fische sind einheitlich rot bis orange gefärbt und haben auf dem Rücken im Bereich vor der Schwanzflosse wechselweise drei größere schwarze und vier kleinere weiße Flecken, die in einer Reihe verlaufen. Dieser Lippfisch kann bis zu 20 Jahre alt werden.

TECHNIK: Grundangeln mit kleineren Naturködern.

KÜCHE: Sehr gut!

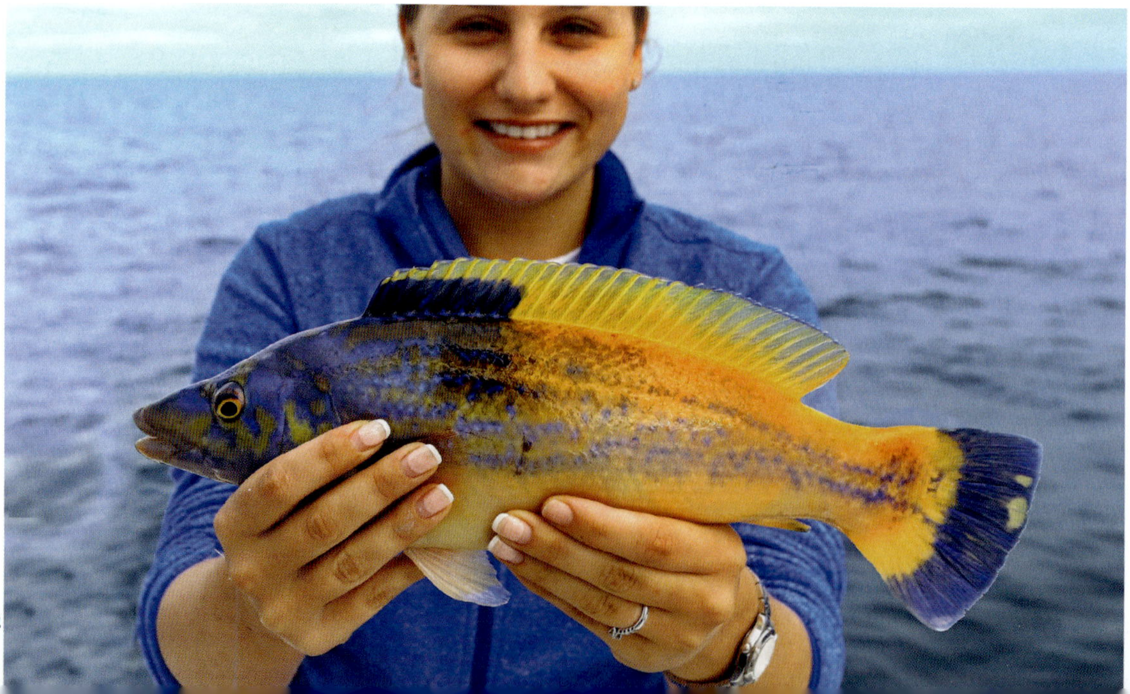

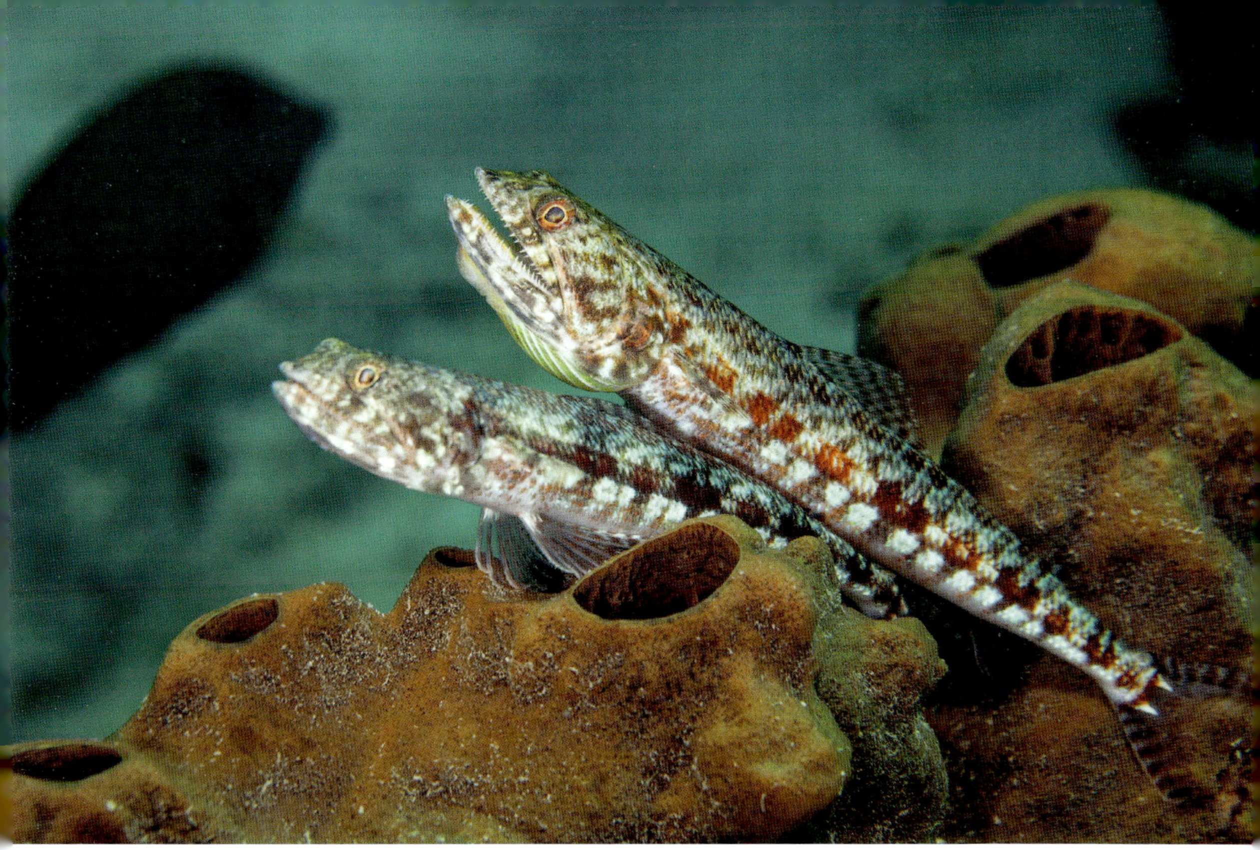

Eidechsenfisch

NAMEN: **Synodus saurus (wiss.) Peix de Sant Francesc (Spanien), Lézard** (Frankreich), **Lazerta (Italien), Blavor (Kroatien), Skarmos (Griechenland), Lizardfish (engl.)**

VORKOMMEN: **Häufig an Sandstränden rund um das Mittelmeer**

Der große Kopf und sein schlanker Körper ähneln dem einer Eidechse, daher auch der Name. Eindeutiges Erkennungszeichen ist sein sehr großes Maul. Es reicht bis weit hinter die kleinen Augen und ist voller beeindruckend spitzer Zähne. Die Körperfarbe des 20–40 cm langen Fisches variiert je nach Umgebung zwischen bräunlich und sandfarben. Auf dem Rücken verlaufen etwa 8 mehr oder weniger dunkle Querbänder und an den Körperseiten feine, unregelmäßige blaue oder weißen Linien. Diese Musterung ist eine perfekte Tarnung für den gefräßigen Lauerjäger: Der Fisch sitzt auf seinen Bauchflossen am Meeresgrund mit erhobenem Oberkörper und schaut nach oben. Hat er eine Beute erspäht, schießt er blitzartig bis zu 5 m hoch und packt dann mit seinem großen Maul zielsicher zu. Selbst große Kunstköder schrecken ihn nicht ab.

TECHNIK: **Spinnfischen mit Wobbler und Gummifisch nah am Grund.**

KÜCHE: **Der Fisch schmeckt, wie er aussieht – nicht so gut.**

Werden Angler zu besseren Menschen?

An meinen ersten »richtigen« Fisch erinnere ich mich mehr als 50 Jahre später noch ebenso intensiv, wie an die Glücksschauer beim ersten Kuss und anderen ersten Malen. Den Fang, es war ein kapitales Rotauge, verdanke ich eigentlich dem schwachen Nervenkostüm meiner Mutter.

Meine frühe Karriere als schwarzangelnder Lausbub am Fluss hinter dem Haus, der Alb, hatte ein jähes Ende gefunden, als ein Kontrolleur des Angelvereins mich mit Schnur, Haken und Wurm am Wasser erwischte und mit einer Gardinenpredigt zu Hause ablieferte. Meine Mutter tat das einzig Vernünftige, sie meldete ihren Wildfang umgehend in der Jugendgruppe des Angelvereins an.

Der Leiter dieser Jugendgruppe, Herr Haas, war ein gütiger älterer Angler, der, wie so manche älteren Angler, Freude darin fand, sein Wissen und seine Erfahrung an angelbegeisterte Kinder weiterzugeben. Wir lernten bei ihm die richtigen Techniken ebenso wie die Geduld, aus Fehlern (wie etwa beim Binden von14er Häkchen) zu lernen und Rückschläge als Teil des Weges zu akzeptieren.

Er begann beim kleinen Einmaleins des Stippfischens. Und getreu seinem Rat hatte ich meine neue Bambusrute mit der Vollglasspitze (einem von Mutter erbetteltes Vorab-Geburtstagsschenk) montiert mit einer fein ausgebleiten Stachelschweinpose und mit dem besagten Vorfach mit 14er Häkchen. Und dann (das Schwarzfischer-Gen in mir?) nutzte ich die erstbeste Gelegenheit, um unbeaufsichtigt und allein an einem der Vereinsseen selbst mein Glück zu versuchen.

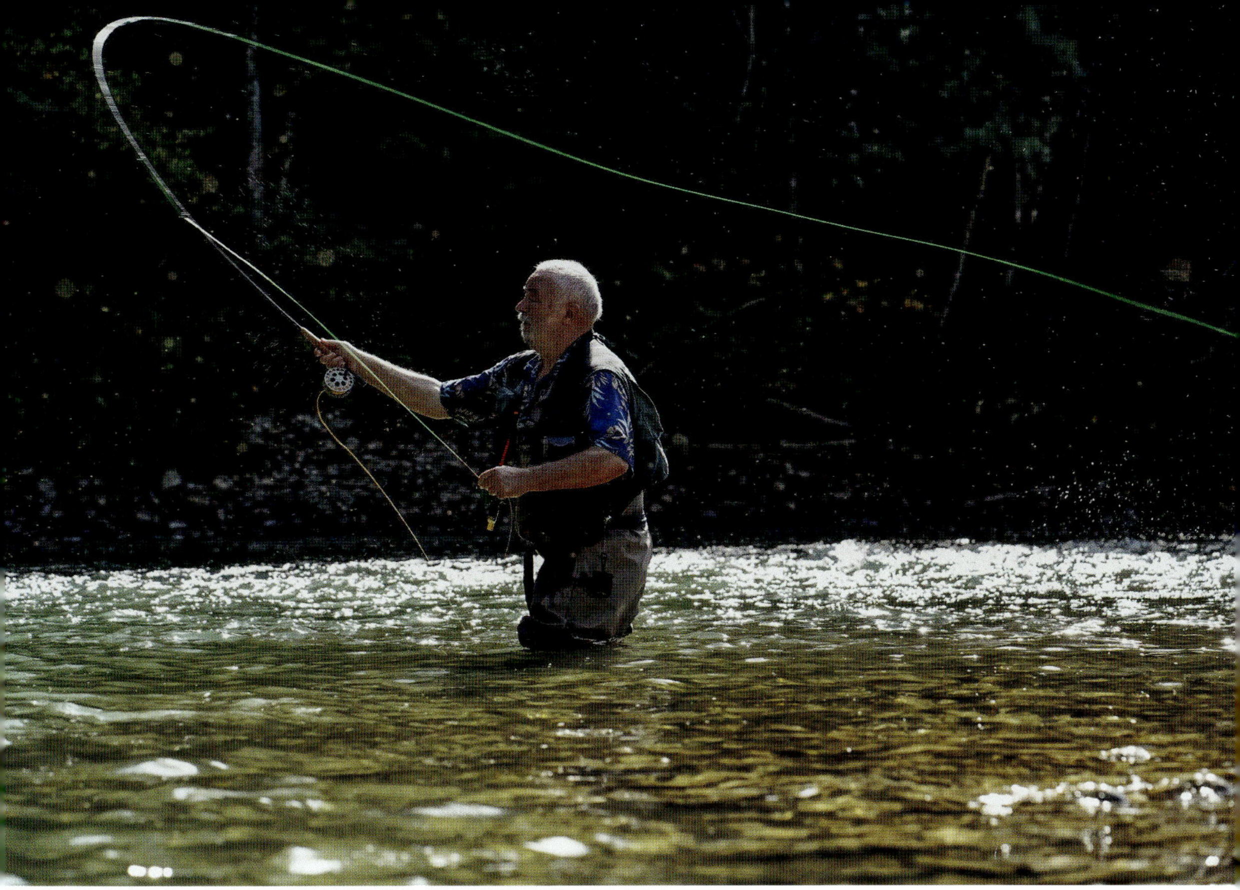

Ich fütterte wie gelernt mit Kleie an und versteckte den Haken in einer weichen Brotflocke. Sie verschwand, vom Blei nach unten gezogen, und mit ihr verschwand nahezu zeitgleich der Schwimmer. Mein zum Glück mehr der Irritation geschuldetes vorsichtiges Anheben der Rute wurde von einem mächtigen Gegenüber mit wildem Rucken und Kreisbahnen erwidert, die erst nach gefühlten Ewigkeiten kleiner wurden. Und dann lag es da, vor mir im Wasser, das ermattete, riesenhafte Rotauge. In meiner Aufregung zog ich es rückwärtsgehend ans Ufer, über die Böschung hinweg und völlig unsinnig auf den Kescher, der ein Stück weit hinter mir im Gras lag. Dass der Fisch dabei nicht freikam, verdanke ich (aus heutiger Sicht) sicherlich einem Augenzwinkern von Petrus, der mich Anfänger in einer Gemeinde willkommen hieß, die Nichtangler einem angelnden Literaten zufolge »als eigene Klasse oder Unterrasse inmitten der Erdenbewohner« bezeichnen.

Zu Hause musste mir Mutter den Fang sogleich panieren und ausbacken. Beim Stochern durch die vielen kleinen Gräten keimte in mir dann eine kühne Idee: Ich hatte gelernt, wie man Fische fängt, würde weiterhin große Fische fangen und so neben Papa zum Co-Ernährer unserer fünfköpfigen Familie avancieren. Das würde dann mein Taschengeld aufbessern und ich könnte mir neues »Arbeitsgerät« wie eine der neumodischen, todschicken Teleskopruten leisten.

Mit diesem Plan im Hinterkopf bat ich den gütigen Herrn Haas um eine private Blitzausbildung für das Angeln auf gewichtige Döbel in der Alb. Und so kam es, dass ich an einem Sommerabend umherbrummende Juni-Käfer aus der Luft schlug, während Herr Haas eine Wasserkugel (die er mir dann schenkte) an die Schnur knüpfte und ein gefettetes Vorfach mit dünn drahtigem Haken. Auf ihn wurde der Käfer vorsichtig gespießt und zu Wasser gelassen. Was soll ich sagen? Die mir neue Technik war phänomenal. An jenem Abend fing ich vier große Döbel und durfte einen davon mitnehmen.

Beim Heimradeln reifte mein Plan vom Co-Ernährer zu voller Blüte. Er fand aber ein jähes, bitteres Ende, nachdem ich den schleimigen Fisch voller Stolz auf den Küchentisch klatschte. »Was ist das?«, fragte meine Mutter misstrauisch äugend. Mir schwante noch nichts, und voller Überschwang sagte ich: »Das ist ein Döbel. Im Verein nennen sie die Fische Milben und gefangen habe ich ihn mit einem Juni-Käfer!« Das war dann doch des Schlechten zu viel für meine Mutter und man konnte sehen, was in ihr vorging: Milben, also Ungeziefer, gefangen mit Ungeziefer, das würde sie nie essen. »Du schaffst das Tier sofort aus dem Haus, bring ihn der Tante Emma, die isst ihn vielleicht«, sagte sie und schrubbte sichtlich angeekelt den Döbel-Schleim mit Essigreiniger vom kontaminierten Wachstischtuch.

Meine kindlich-pubertäre Seele traf dieses Verdikt wie ein Hammerschlag. Der Stolz auf die neu erlernten Fähigkeiten und der Wunsch, auch zum Wohl der Familie Fische zu fangen, implodierten in einem schwarzen Loch. Ich brachte nach diesem Tag nie wieder einen Fisch mit nach Hause. Tante Emma bekam sie alle und freute sich immer darüber. Erst später verstand ich, dass Mutter Fische einfach nicht mochte und ihre Ablehnung nur ihnen und nicht mir galt.

Warum erzähle ich das? Bei diesem und anderen Rückschlägen in meiner Angler-Karriere lernte ich, mit Misserfolgen umzugehen. Ich lernte auf Neudeutsch also die so genannte Frustrationstoleranz. Und aus den bereits erwähnten Glücksschauern lernte ich das Vertrauen in die eigenen Fähigkeiten. Ich lernte die Geduld und Ausdauer weiterzumachen, auch wenn sich Erfolge nicht gleich einstellen.

Angeln kann, so betrachtet, durchaus den Charakter formen. Angeln ist eine Schule für den tagtäglichen Lebenskampf und gibt Kraft, die Zumutungen des Daseins zu bestehen. Vor allem die positiven Erinnerungen, wie vielleicht an den Fang des schönen Zanders am vergangenen Wochenende, können zu einem stabilen Schutzschirm des Gemüts werden. Man reagiert dann etwa auf Zwist in der Partnerschaft oder den nervigen Chef eher mit Gelassenheit, statt unterdrückter Aggression. Psychologen sprechen mit Blick darauf von mentalen Ankern. Geankert werden positive Gefühle und Fähigkeiten, um sich selbst (und anderen) nicht durch überschießende Reaktionen zu schaden.

Überhöhe ich die Wertschätzung des Angelns? Von ihrer positiven Wirkung berichten größere Geister als ich schon seit Jahrhunderten. Das erste schriftliche Zeugnis stammt von der 1388 geborenen englischen Adeligen Dame Juliana Bernes. In ihrem weltberühmten »Traktat über das Fischen mit der

Angel« schrieb sie vor mehr als einem halben Jahrtausend: »Angele zu deinem Troste, zum Erhalt der Gesundheit deines Körpers und vor allem deiner Seele.«

Wie groß das Rotauge damals wirklich war? Vermutlich erging es ihm und mir über die Zeit so, wie es der angelnde Weltliterat Ernest Hemingway einst auf den Punkt brachte: »Das interessanteste Geschöpf aller Tiergattungen ist der Fisch. Er wächst noch, wenn er längst verspeist ist. Jedenfalls in den Augen des Anglers.« Stimmt schon, und vor allem auch die im Drill verloren gegangen Fische wachsen in der Erinnerung ins Unermessliche und führen nächtens als Widergänger zu unruhigem Schlaf.

Doch ob nun Rotauge, Wolfsbarsch oder Thun: Das Glück wird nicht in Zentimetern gemessen. Ich weiß aber noch immer genau, dass ich damals mit dem Blick auf mein Rotauge vor Glück glühte. Das allein ist, was zählt. Die blaublütige Juliana wusste auch davon. Ihr Traktat kommt zu dem Fazit: »Fängt ein Angler Fische, so gibt es wohl keinen glücklicheren Menschen auf der Erde.«

In diesem Sinn wünsche ich Dir, lieber Leser, bei Deinen Streifzügen rund um das Mittelmeer viel Glück!

Danksagung

Ohne die Mithilfe vieler Freunde und Kameraden wäre dieses Buch nicht entstanden. Dies gilt vor allem auch für etliche ihrer Fotos. Sie verdanke ich:

Ivan Babic, Robert Balkow, Johann Bauernhofer, Jonas Bock, Dirk Brauer, Max Docken, Tunana Fishing, Dario Gajewski, Les Gallagher, Thomas Huber, Christoph Hübner, Marc Inoue, Kai Jendrusch, Renee Kempf, Rainer Korn, Kraus Jakob, Dave Lewis, Axel Nanko, Ron Nieuweboer, Oliver Possenig, Sasa Rakar, Thorsten Reiss, Toni Riera, Vince Riera, Alexander Schmidt, Alex Snoeijs, Max Wagner, Jürgen Wendling, Andreas Winter

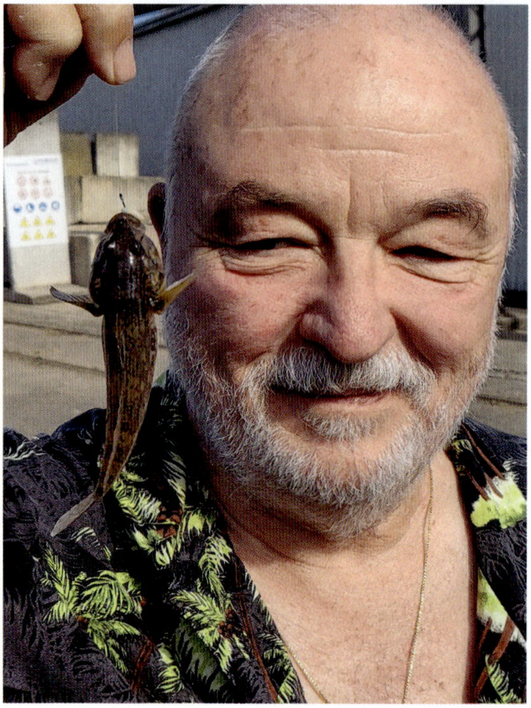

Über den Autor

Jürgen Oeder (Jahrgang 1953) ist Journalist, arbeitete viele Jahre als Korrespondent für die französische Nachrichtenagentur AFP und schrieb in seinem Berufsleben auch für deutschsprachige und internationale Angelmagazine.

Warum für den Autor alles, was Flossen und Schuppen hat, zu einer Leidenschaft wurde, weiß in seiner Familie niemand zu sagen. Klar ist nur, dass er schon im zarten Alter von 8 Jahren Stichlinge im Fluss hinter dem Haus in Karlsruhe fing und bis zu deren vorzeitig schnellem Ende in einem Gurkengas hälterte. Jürgen wurde später dann vom Allround-Angler zum Fliegenfischer, für ihn »die komplizierteste Art, keinen Fisch zu fangen«.

Die Weichen ins Salzwasser wurden während eines Mexiko-Urlaubs gestellt. Er fuhr mit einem Berufsfischer auf dessen kleinem Boot, einer Panga, hinaus auf den Pazifik, fing einen Segelfisch an einer Handleine und fühlte sich nach dem fast schon archaisch anmutenden Kampf wie Hemingways »Alter Mann«. »Ich war geimpft fürs Leben, Salzwasserangeln wurde mein Ding«, wie er sagt.

Etliche Angelreisen rund um den Globus und viele ans Mittelmeer führten dann zu dem hier vorliegenden Buch und einem weiteren, das mittlerweile als Standardwerk und »Bibel« der Hochseeangler gilt. Es heißt »Das große Buch vom Big Game Angeln – Fische, Köder und Reviere«. Auf 470 Seiten werden darin die wichtigsten Fischarten beschrieben, die erfolgreichsten Fangtechniken, und um Enttäuschungen zu vermeiden, werden im letzten Drittel 60 der besten Reiseziele weltweit vorgestellt. Das Buch ist noch bei Amazon erhältlich oder direkt vom Autor (juergen.oeder@gmx.de).

WEITERE INTERESSANTE BÜCHER AUS DEM ANGEL-PROGRAMM

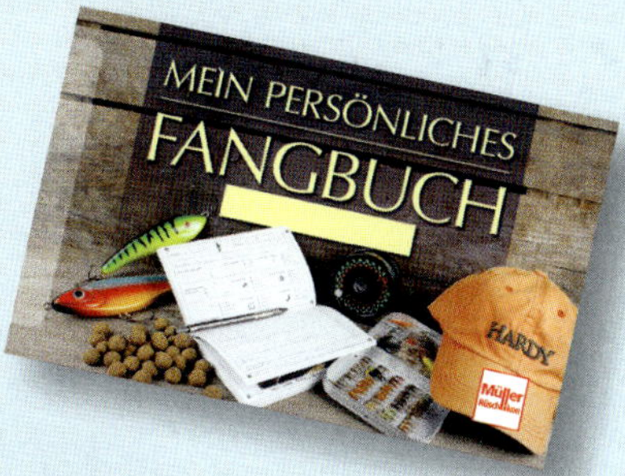

Frank Weissert
Meine persönliches Fangbuch

192 Seiten
ISBN 978-3-275-01844-4
€ 5,95 / € (A) 6,20

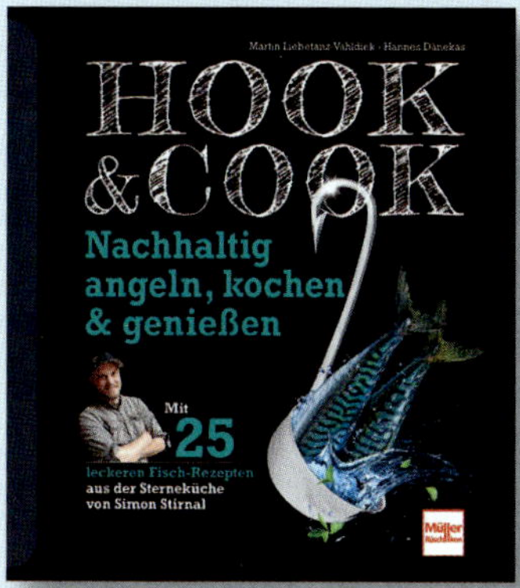

Martin Liebetanz-Vahldiek/Hannes Dänekas
Hook & Cook
Nachhaltig angeln, kochen & genießen

208 Seiten, 333 Bilder
ISBN 978-3-275-02262-5
€ 34,90 / € (A) 35,60

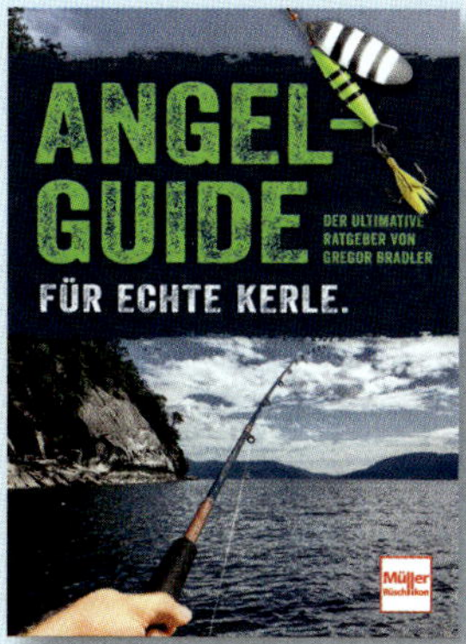

Gregor Bradler
Angel-Guide für echte Kerle
Der ultimative Ratgeber von Gregor Bradler

256 Seiten, 486 Bilder
ISBN 978-3-275-02189-5
€ 19,95 / € (A) 20,60

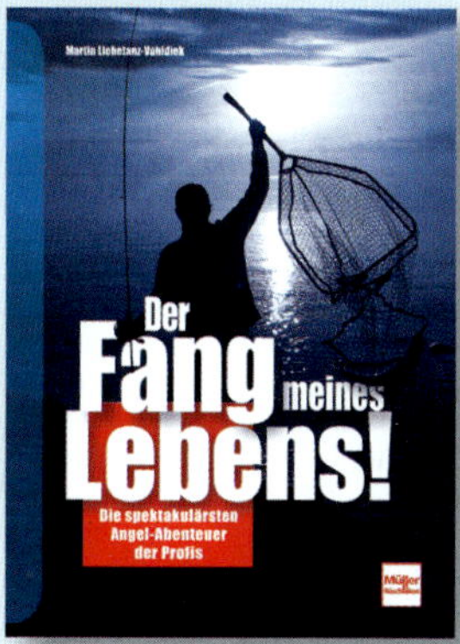

Martin Liebetanz-Vahldiek
Der Fang meines Lebens!
Die spektakulärsten Angel-Abenteuer der Profis

176 Seiten, 258 Bilder
ISBN 978-3-275-02230-4
€ 19,95 / € (A) 20,60

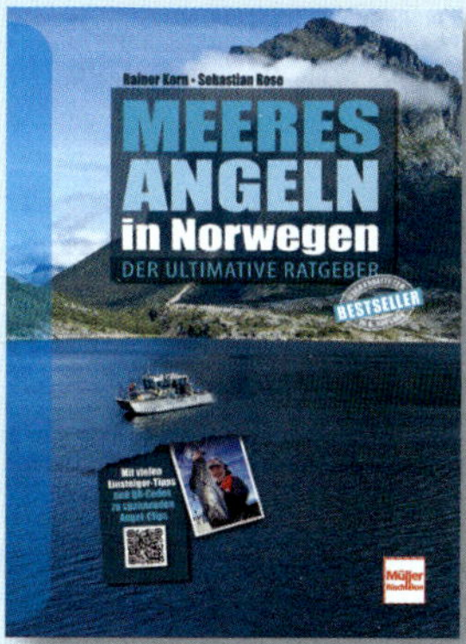

Rainer Korn/Sebastian Rose
Meeresangeln in Norwegen
Der ultimative Ratgeber

288 Seiten, 450 Bilder
ISBN 978-3-275-02293-9
€ 34,90 / € (A) 35,90

Änderungen in Preis und
Lieferfähigkeit vorbehalten

Überall, wo es Bücher gibt oder
www.mueller-rueschlikon.de
Service-Hotline: 0711-78 992151

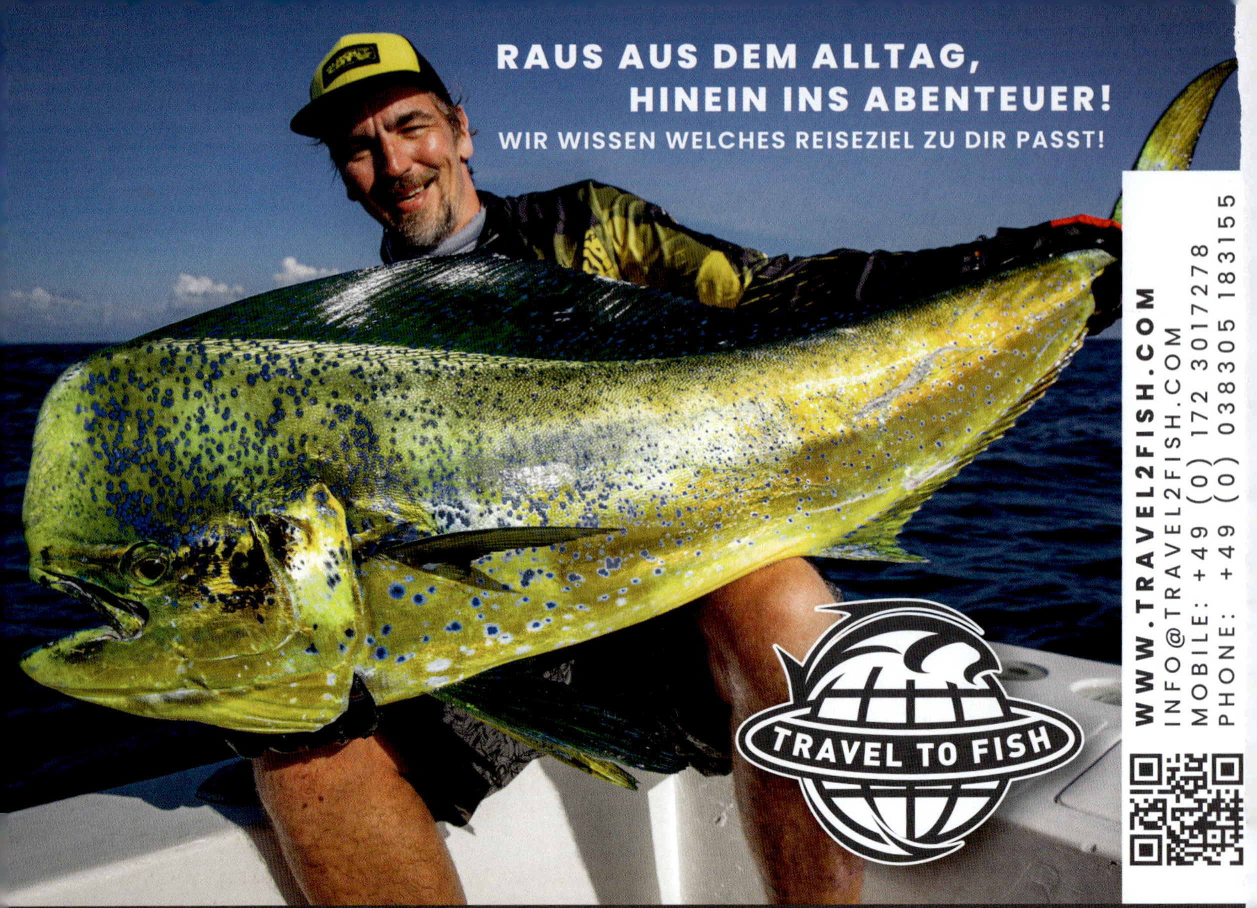
RAUS AUS DEM ALLTAG,
HINEIN INS ABENTEUER!
WIR WISSEN WELCHES REISEZIEL ZU DIR PASST!
TRAVEL TO FISH
WWW.TRAVEL2FISH.COM
INFO@TRAVEL2FISH.COM
MOBILE: +49 (0) 172 3017278
PHONE: +49 (0) 038305 183155

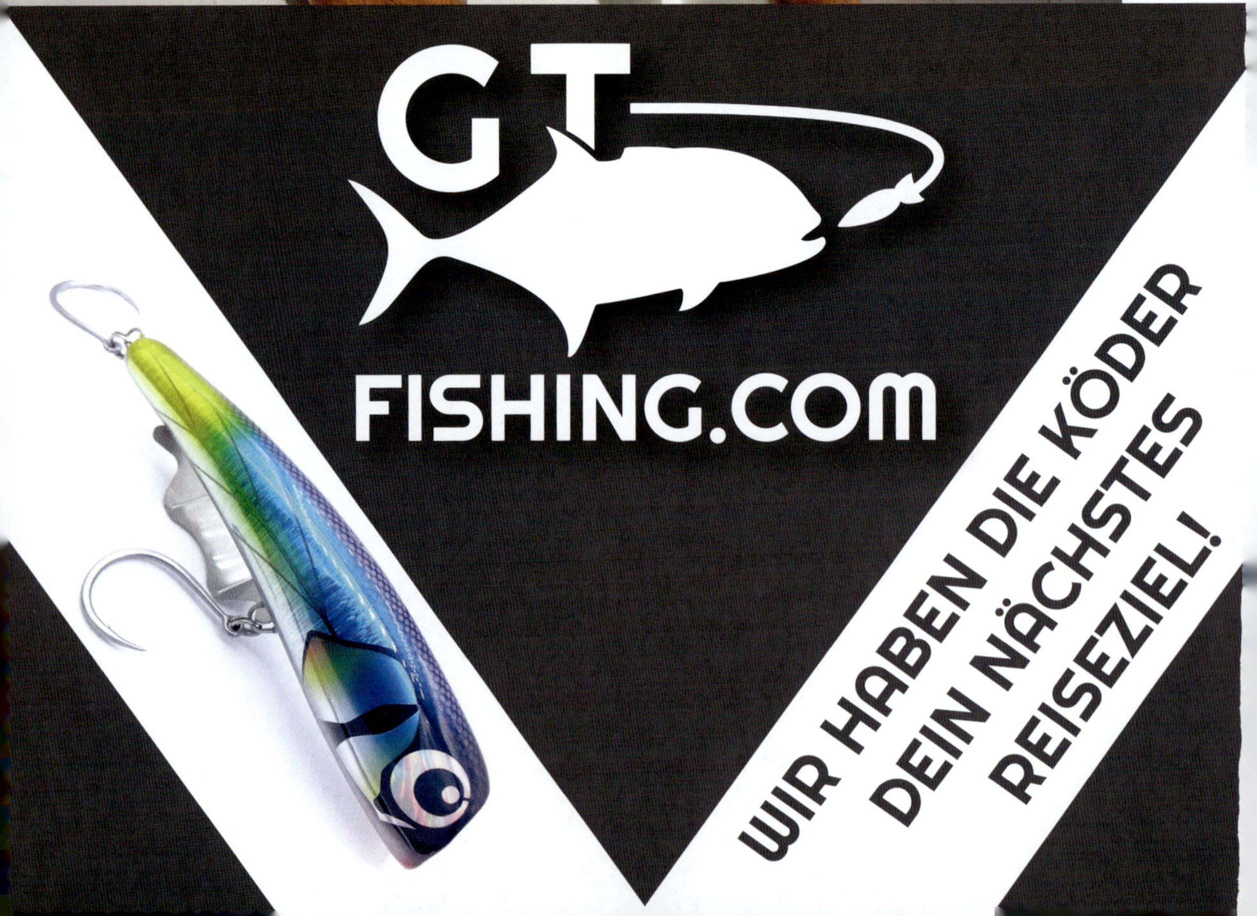
GT
FISHING.COM
WIR HABEN DIE KÖDER
DEIN NÄCHSTES
REISEZIEL!